Gerda Bödefeld

Die Villen von
Siena und ihre Bauherren

Architektur und Lebenswirklichkeit
im frühen 16. Jahrhundert

Bibliografische Information der Deutschen Bibliothek
Die Deutsche Bibliothek verzeichnet diese Publikation in der
Deutschen Nationalbibliografie; detaillierte bibliografische Daten
sind im Internet über *http://dnb.ddb.de* abrufbar

Umschlaggestaltung unter Verwendung
von Fotos von Carlo Cantini (Palazzo Venturi)
und Fabio Lensini (Villa di Argiano)

© 2003 by Dietrich Reimer Verlag GmbH
  Zimmerstraße 26–27
  10969 Berlin
  www.dietrichreimerverlag.de

Zugl.: Kassel, Univ., Diss., 2001

ISBN 3-496-01273-0

In memoriam Günther Eckert

Inhalt

Die Villa – Basis des Wohlstands

Dokumentation

Anhang

Karten

Vorwort und Danksagung

Das Wissen, mit dieser Arbeit *terra incognita* zu betreten, war das Motiv für deren Beginn. Die Sieneser Villen sind in ihrer Gesamtheit nahezu unbekannt, sie sind nicht inventarisiert oder zumindest registriert und mit Ausnahme der prominenten Chigi-Villa „alle Volte Alte" unerforscht. Hinsichtlich der frühen Bauten sind verlässliche Informationen kaum greifbar, Hinweise auf Baudaten oder Baumeister fehlen ebenso wie solche auf die meist inkorporierten mittelalterlichen Vorgängerstrukturen. Eine archivalische Spurensuche nach Zeugnissen, die den Werdegang einzelner Werke dokumentieren könnten, entwickelt sich unweigerlich zum Jahre dauernden detektivischen Großprojekt mit unsicherem Ausgang. Die vorhandene Literatur beschränkt sich auf verstreute Einzelbeschreibungen in Ausstellungskatalogen und Veröffentlichungen lokaler Banken und Sparkassen. Auch der im Jahr 2000 von der Bank Monte dei Paschi di Siena herausgebrachte opulente Bildband *Vita in villa nel Senese* bietet für die frühen Bauten wenig mehr als das geläufige, kaum gesicherte Datenrepertoire.

Das historische Territorium von Siena – die heutigen Provinzen Siena und Grosseto – ist kultureller Randbezirk, war kaum je Gegenstand eines mehr als flüchtigen Interesses seitens der Kunstwissenschaft. Dass auch hinsichtlich der städtischen Sieneser Profanarchitektur der Renaissance ein erhebliches Forschungsdefizit besteht, erklärt das Fehlen einer tiefer greifenden Erkundung der Landarchitektur nur zum Teil. Ein weiterer Grund mag darin liegen, dass die Villen des Senese, gleichförmig schlicht und spröde und stets überschattet von der soviel blendenderen Florentiner Szene, zu wenig Anreiz für eine intensive Auseinandersetzung mit ihren Ursprüngen, ihrer Architektur, ihren kulturgeschichtlichen Wurzeln bieten. Die vorliegende Arbeit, im Sommer 2001 von der Universität Kassel als Dissertation angenommen, will dazu beitragen, die aufgezeigte Forschungslücke zu schließen. Dass nur ein intensives Quellenstudium zu einer zumindest annähernden Lösung vieler der offenen Fragen führen konnte, wies dem Vorhaben die Richtung. Erst aufwändige Archivrecherchen schufen die Basis für einen Zugang zur Genese der Bauten. War das Aufspüren relevanter Dokumente der eine meiner beiden Wege zum Verständnis der Sieneser Landarchitektur und ihres gesellschaftlichen Hintergrundes, so führte der andere zu den Villen selbst, zu ihrer genauen Betrachtung, dem Vergleich ihrer Auf- und Grundrisse (die in dieser Arbeit erstmals vorgelegt werden) und deren Gegenüberstellung mit Material aus anderen Villenregionen Italiens.

Ohne die Kooperation der Besitzer hätte ich freilich unverrichteter Dinge kehrtmachen müssen. Sie haben mir nicht nur ihre normalerweise verschlossenen Häuser geöffnet, sondern in jeder Weise mit Informationen weitergeholfen. Stellvertretend für sie seien hier Grazia Vailati Prinzessin von Schönburg Waldenburg und Gianfranco Vailati genannt, die unermüdlich hilfsbereiten Besitzer des Palazzo Venturi. Besonderen Dank schulde ich ebenso Giuliana Galeotti Ottieri della Ciaja (Villa La Fratta). Als es darum ging, die Gebäude stilistisch zu bewerten und zeitlich einzuordnen, konnte ich auf Gutachten und bauarchäologischen Rat zurückgreifen. Dafür bin ich in allererster Linie dem Architekten Günther Eckert † verpflichtet, meinem unvergessenen Münchner Freund. Er fungierte recht eigentlich als Geburtshelfer des umfangreichen Unternehmens; ich verdanke ihm wesentliche Einsichten – und viele der Architekturzeichnungen. Ebenso gedankt sei Matthias Quast, Rom, der mich zu manchem Objekt begleitet, und Giovanni Corti, Sinalunga, der mir die Ergebnisse seiner bislang unveröffentlichten Forschungen zum Werdegang von La Fratta überlassen hat.

Außerordentliche Hilfe wurde mir vonseiten der Mitarbeiter des Archivio di Stato di Siena zuteil. Sie alle, Direktorin wie Archivarinnen, die Bibliothekarin wie das gesamte Personal, standen mir von Anbeginn an kenntnisreich und verlässlich zur Seite, als es um das Finden und Entziffern der Urkunden ging, ein mir zunächst schier aussichtslos scheinendes Vorhaben. Unterstützung kam ebenso von Kollegen und Freunden, von Lucia Bonelli Conenna und Laura Vigni, Giuseppe Chironi, Ludwin Paardekooper und Herbert Bardenheuer. Ihnen allen sei gedankt. Nicht zu vergessen als Adressatin herzlichen Erinnerns: Maria Laura Forquet Palmieri Nuti, die Besitzerin des Archivs Venturi Del Testa Piccolomini, die mir in großzügigster Weise ihr Haus und ihre Aktenschränke geöffnet hat.

Berthold Hinz hat meine Arbeit betreut; dafür möchte ich ihm auch an dieser Stelle danken. Die mit ihm gemeinsam veröffentlichten Bücher über die Villen des Veneto (Köln 1987, Darmstadt 1998) und der Toscana (Köln 1991) gaben einen ersten Anstoß zu weiterer Forschung. Gedankt sei zu guter Letzt meiner Schwester, Edith A. Boedefeld, für ihre stets ermutigende Begleitung meiner Arbeit.

Einleitung

Die Sieneser Villen repräsentieren den Bestand des frühen Cinquecento in zum Teil noch authentischer Form. Das politische Ende der Republik – 1555 – brachte die Entwicklung der Landarchitektur zum Stillstand. Anders als etwa im Veneto, anders auch als in den Nachbarprovinzen Florenz oder Lucca, veränderte sich die bauliche Situation im Raum Siena in den Folgejahrhunderten nicht mehr signifikant. Erst mit Beginn des 19. Jahrhunderts zeigte sich eine deutliche Zäsur: Viele der Objekte, die bis dahin überlebt hatten, wurden nun Opfer einer Welle historisierender Renovierungen. Das Ergebnis war mitunter fatal: eine Verfremdung, wenn nicht gänzliche Zerstörung des alten Bildes.

An einer Hand voll noch vor Mitte des Cinquecento errichteter Villen ging der Sturm jedoch vorüber. In der Mehrzahl sind sie Vertreter des sogenannten Peruzzi-Stils, Ziegelbauten mit zweigeschossiger Loggia und sparsamer Fassadendekoration – der in der Provinz meistverbreitete Typus. Sie haben die ländliche Architektur im Senese geprägt, die Normen des Bauens hier bleibend vorgegeben. Rund zwanzig von ihnen haben nahezu unverfälscht überdauert – dank Geldmangels ihrer Besitzer oder aber dank deren unausrottbaren Glaubens, Baldassarre Peruzzi (1481–1536) sei der Architekt gewesen. Zwar wird der große Meister mit etlichen Sieneser Objekten in Verbindung gebracht, sicher zugeschrieben ist ihm jedoch keines. Gerade das nährt die Überzeugung, die eigene Villa verdanke sich seiner Urheberschaft: Die Grauzone bietet willkommenen Raum für solcherlei Illusionen und dient damit gleichzeitig der Rettung baulichen Erbes.

Es ist ein Glücksfall für die Forschung, dass erstmals fünf der frühesten Objekte untersucht und dokumentiert werden konnten. An ihnen ließen sich die Anfänge der Villa, ihr Werden als Architektur wie als Institution, exemplarisch klären. Die Ergebnisse haben Gültigkeit über die Grenzen Sienas hinaus; wenngleich nur Ausschnitt, repräsentieren diese Bauten doch das Ganze jener Kultur, die in Nord- und Mittelitalien tausendfachen Ausdruck gefunden hat: Die Frage, was eine Villa sei, ist ungeachtet der Vielfalt ihrer Erscheinungsformen nicht anders als einheitlich zu beantworten. Über die historische Entwicklung hinaus beleuchtet die Untersuchung die elementare wirtschaftliche Bedeutung der Anlagen – einen von der Kunstwissenschaft gemeinhin übergangenen Aspekt, der sich im Senese besonders eindrucksvoll darbietet. Offenkundiger als in reicheren Gebieten kam im „Grundrentnerstaat" Siena der Funktionstüchtigkeit der Einrichtungen größtes Gewicht zu, ohne dass damit das architektonische Anspruchsniveau aufgegeben worden wäre.

Die bauliche Struktur der Villen erweist sich hier von Anbeginn an als reproduzierbares Schema, als Frucht eines gleichsam standardisierten Konzepts. Schon der erste prüfende Blick auf die Häuser führt zur erstaunlichen Entdeckung einer Homogenität, die so weitgehend bislang nirgends festgestellt wurde. Dass das Phänomen seriell auftretender, oft spiegelbildlicher Baugleichheiten ähnlich auch in anderen Villenregionen nachweisbar wäre, lässt sich vermuten.[1] Es wurde jedoch an den Sieneser Objekten erstmals untersucht. Tatsächlich geht in ihrem Fall die Übereinstimmung bis in Details. Sie umfasst Form und Dekoration, nahezu sämtliche inneren und äußeren Abmessungen und damit auch die ebenso genialen wie einfachen Proportionskonzepte. Gerade deren systematisch an allen Bauten durchgeführte Analyse erwies sich als überaus genaues Instrument, um Entstehungszusammenhänge aufzudecken und die Tradierung der Muster über Generationen hin zu verfolgen.

Wie wurde die Auswahl getroffen? Nicht der ganze Komplex „Villa", zu welchem durchweg auch Gärten, Wirtschaftsbauten und eine Kapelle gehören, war Gegenstand der Studie, sondern das aus dieser Gesamtheit herausgelöste Hauptgebäude. Seine Bauzeit sollte sich auf die frühen Jahrzehnte des Cinquecento eingrenzen lassen und die für die Sieneser Renaissance typischen Form- und Stilmerkmale unverfälscht bieten. Aber nicht nur diese Forderungen beschränkten die Zahl der Objekte, die mutmaßlich ohne Ausnahme den 1520er bis 1540er Jahren entstammen: Den Ausschlag gab letzten Endes die Zugänglichkeit. Samt und sonders in privatem Besitz, sind in der Regel nicht nur die Häuser, sondern meist bereits die Tore zum umgebenden Gelände versperrt. Die untersuchten Villen unterscheiden sich also von einer etwa gleichen Anzahl anderer, gleichrangiger, vor allem dadurch, dass die Besitzer ihre Türen öffneten. Im Fall des Palazzo Venturi, der in der Untersuchung den breitesten Raum einnimmt, kam hinzu, dass bedeutendes Archivmaterial erschlossen werden konnte. Ebenso stand hier – wie im Übrigen für die Villa La Fratta – eine komplette, bislang nicht publizierte Bauaufnahme zur Verfügung. Die Fassadenvermessung dreier weiterer Villen (Medane, Montosoli, Vicobello) wurde im Verlauf der Recherchen in Auftrag gegeben, die Grundrisse stellte freundlicherweise das Sieneser Katasteramt zur Verfügung.

Die vorliegende Arbeit wendet sich in den ersten drei Kapiteln der Geburt der Villa als Baugattung und ihrer spezifischen Entwicklung im Raum Siena zu. Ein Überblick über den Gesamtbestand (IV) skizziert das Umfeld, aus welchem die in den Kapiteln V – VII ausführlich behandelten fünf Bauten ausgewählt wurden. Deren Geschichte wird schrittweise anhand der verfügbaren Archivalien nachgezeichnet, das sich stets wiederholende strukturelle Grundmuster aus der überkommenen Festungs- und Speicherarchitektur hergeleitet. Der sich anschließende Katalog (VIII) stellt weitere 20 Objekte des 15. bis 18. Jahrhunderts vor. Als Einrichtungen, die sich in erster Linie in ihrem Verhältnis zur Landwirtschaft definierten, hatten die Villen durchweg ähnliche Anforderungen zu erfüllen. Diese Bestimmtheit durch konkrete ökonomische Notwendigkeiten erklärt die Standardisierung des architektonischen Schemas ebenso wie das zähe Überleben des Modells. Inwieweit auch politische und soziale Konstellationen das Entstehen der Bauten bedingten, ist Thema des mit dem Titel „Die Villa – Basis des Wohlstands" überschriebenen Abschnitts. Er untersucht die raumgreifende Landnahme der Städter um 1500 und den hohen Stellenwert der Villen hinsichtlich einer Existenzsicherung ihrer Besitzer. Der abschließende Teil der Arbeit dokumentiert, was zusammenfassend unter Sieneser Alltagskultur des 16. Jahrhunderts subsumiert werden kann – freilich immer in Bezug zu den einzelnen Objekten. In der Mehrzahl werden erstmals transkribierte Dokumente vorgestellt, denen jeweils eine Erläuterung des Inhalts, gelegentlich auch eine Übersetzung beigegeben sind. Erst diese Quellen – Steuererklärungen, Kaufbelege, Prozessakten, Testamente, Villen-Inventare, Memoiren – eröffneten den Zugang zur Lebenswirklichkeit der Gesellschaft, die vor 500 Jahren jene Villen errichtete, die zu erforschen das Anliegen der Arbeit war.

Zu Geographie und Geschichte der Republik Siena

Stadt, Staat, Bevölkerung

Mit einer Ausdehnung von 6700 qkm – rund einem Drittel der Fläche der Toscana – war die einstige *Repubblica di Siena* 20 Prozent kleiner als das aktuelle Gebiet, die beiden Provinzen Siena und Grosseto. Vor allem im Norden wich die Grenzziehung von der jetzigen ab: Der Chianti und Poggibonsi waren florentinisch; im Osten fehlte Montepulciano, im Westen Piombino, Besitztum der Appiani. Zwei Anrainer umschlossen das Land: der Florentiner *contado* im Norden und der Kirchenstaat im Südosten. Die strukturelle Trennung zwischen dem historischen Sieneser *contado* – den früh städtischer Oberhoheit unterstellten zentralen Gebieten (3160 qkm) – und dem heute zur Provinz Grosseto mutierten „wilden Westen" der Republik, der Maremma (3515 qkm), hat immer bestanden, auch bevor die neuzeitlichen Verwaltungsreformen die Grenzen festschrieben. Noch bis zum 17. Jahrhun-

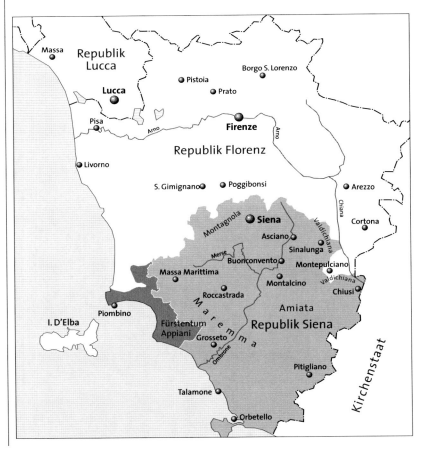

Abb. 1 Die Toscana um die Mitte des 15. Jahrhunderts

dert behaupteten sich in Teilen der Maremma kleinere Feudalherren. Darüber hinaus unterschieden sich beide Hälften des Staates, der Osten wie der Westen, fundamental hinsichtlich ihrer landschaftlichen Gegebenheiten und der daraus resultierenden Bevölkerungsdichte.

Bis zum Beginn des 20. Jahrhunderts versumpft und malariaverseucht, war die Maremma extrem dünn besiedelt. Sie zählte um die Mitte des 15. wie des 16. Jahrhunderts unverändert rund 22 000 Einwohner, kaum mehr als sechs pro Quadratkilometer, während der prosperierende *contado* von Siena im Vergleich die doppelte respektive dreifache Bewohnerzahl aufwies. Allerdings haben die Versuche der Forschung, die Bevölkerung statistisch zu erfassen, immer wieder zu stark voneinander abweichenden Ergebnissen geführt, da ausreichende demographische Anhaltspunkte für den genannten Zeitraum fehlen. Auch neue Berechnungen (Ginatempo 1988) gehen nur von Annäherungswerten aus; die Schwankungsbreite beträgt bis zu plus/minus 2500. In diesem Rahmen bewegen sich die folgenden Angaben: ländliche Gesamtbevölkerung der Republik (ohne Siena): 67 500 Personen Mitte des 15. und 83 500 im frühen 16. Jahrhundert; Gesamtbevölkerung inklusive der städtischen: 82 500 Personen Mitte des 15. und 100 – 110 000 im frühen 16. Jahrhundert. Siena selbst samt Vororten beherbergte noch hundert Jahre nach dem Ausbruch der Pest (1348) weniger als ein Drittel der auf vorher 50 000 Einwohner geschätzten Bevölkerung: Bis zur Mitte des 15. Jahrhunderts blieb es bei 14 – 15 000 Menschen (Florenz: 37 000). Erst danach setzte eine allmähliche demographische Erholung ein; um 1530 zählte die Stadt immerhin wieder 23 – 24 000 Einwohner.

1765 teilte Peter Leopold, Habsburger Großherzog der Toscana, das Territorium der einstigen Republik in die beiden Provinzen Siena und Grosseto. Grundlegende Verwaltungsreformen schlossen sich an. Die begonnene durchgreifende Sanierung der Maremma, vor allem ihre Trockenlegung sowie der Ausbau ihrer Infrastruktur, kam allerdings erst im 20. Jahrhundert zum Abschluss.

Der Konflikt mit Florenz – die historische Konstante

Seit den 1120er Jahren, dem Beginn seines Daseins als ein sich von bischöflicher Vorherrschaft befreiendes, von einem Bürgerkollektiv regiertes Gemeinwesen mit eigenem Heer und eigenständiger Territorialpolitik, war Siena Ziel der Expansionsgelüste der Nachbarkommune Florenz. Aber erst mehr als vier Jahrhunderte später, 1555, unterlag die Republik. Florenz hatte sich bereits bis zum Beginn des 15. Jahrhunderts nahezu alle Stadtstaaten einverleibt, die heute – als Provinzen – die Region Toscana bilden; lediglich Siena, die führende Macht neben Florenz, widerstand erfolgreich. Gewissermaßen im Sieneser Windschatten gelang es daneben dem kleinen Lucca, sich dem Florentiner Zugriff zu entziehen und bis zur Zeit Napoleons als Republik zu überleben.

Die Epochen
8. – 10. Jahrhundert
Karl der Große erobert das Langobardenreich (774); die Toscana (Tuscien) wird Markgrafschaft im fränkischen Reich. Herrschaft der Feudalherren und

mit feudalen Rechten ausgestatteten Klöster; die Bischofssitze fungieren als Machtbasen des Kaisertums.

11. – 12. Jahrhundert

Emanzipation der Städte. 1125: ältester Beleg für die Existenz eines Konsulats in Siena, Bischofssitz an der *via Francigena* genannten „Frankenstraße", der als Handels- und Pilgerweg bedeutenden Achse von Rom nach Norden. Die Kommune profiliert sich von nun an immer deutlicher neben dem Bischof, der 1168 endgültig aus der Stadt vertrieben wird. Unterstützt durch kaiserliche Privilegien (1158, 1167) gelingt es Siena, seine Autorität im *contado* zügig durchzusetzen. Während die Feudalstruktur in entfernteren Gebieten wie insbesondere der Maremma zum Teil noch bis ins 17. Jahrhundert hinein intakt bleibt, wird die politische Unterordnung der stadtnahen Feudalaristokratie meist auf dem Verhandlungsweg erreicht, durch Abschlüsse von Bündnissen etc., häufig auch durch Kauf seitens der Kommune. Die Burgherren verpflichten sich, einige Monate des Jahres innerhalb der Stadtmauern zu residieren und dort ihre Residenzen zu errichten; sie zahlen Abgaben und übernehmen politische Ämter. Ihre Kastelle bleiben in ihrem Besitz, unterstehen fortan jedoch städtischer Oberhoheit. Ab 1181 prägt Siena seine eigenen Münzen, Bank- und Kreditwesen gewinnen internationale Bedeutung, Sieneser Bankiers und Großkaufleute sind in Frankreich, England, Flandern und Deutschland erfolgreicher als die Florentiner. Die Stadt wächst zügig durch Eingemeindung von Vororten und Zuwanderung von Arbeitskräften.

13. Jahrhundert

Florenz holt auf und überflügelt die Sieneser Konkurrenz auf den internationalen Märkten. Die bäuerliche Bevölkerung zieht zahlreich aus den Kastellen teils in die Stadt, teils auf die von städtischen Bürgern neu erworbenen Ländereien. Deren Bewirtschaftung erfolgt unter der Vertragsform der Halbpacht, der *mezzadría*. Am 4. September 1260 siegt Siena bei Montaperti über Florenz; der Sieg geht als eines der bedeutendsten Ereignisse der Stadtgeschichte in die Annalen ein. 1287 konstituiert sich – aus den Kreisen der Kaufleute und Bankiers – das Regime der *Nove* (Nove governatori e Difensori del Comune e del Popolo di Siena), das rund 70 Jahre lang besteht und Siena eine Periode ökonomischer Blüte und großer Stabilität beschert.

14. Jahrhundert

Das Rathaus wird gebaut (1288 – 1310), mit geschätzten 50 000 Einwohnern wird ein demographischer Höchststand erreicht. Bereits in den 1320er Jahren setzt jedoch eine gravierende wirtschaftliche Rezession ein. Der Versuch, den Finanzhaushalt auf Basis einer landesweiten Vermögenserhebung zu sanieren (*Estimo*, 1318 – 20), scheitert. Schwere Krisen der großen Handelshäuser, extreme Hungersnöte und schließlich die Pest (1348) leiten den von jetzt an kontinuierlichen Niedergang des Staatswesens ein. Die Seuche dezimiert die städtische Bewohnerschaft um mehr als zwei Drittel, das entvölkerte Territorium verödet. Nach dem Sturz der *Nove* (1355) kommen wechselnde politische Kräfte an die Macht; interne Spannungen werden zum bleibenden Charakteristikum der Stadtgeschichte. Gegen Jahrhundertende formieren sich fünf *Monti* genannte politisch-soziale Gruppierungen; bis zum Ende des 18. Jahrhunderts bestimmen diese Korporationen in wechselnder Zahl und Zusammensetzung das öffentliche Leben. Der Zugang zu politischen Entscheidungen setzt die Zugehörigkeit zu einem *Monte* voraus und bleibt Privileg ausgewählter Familien. Da die Mitgliedschaft und mit ihr das Anrecht auf Regierungsbeteiligung erblich sind, vererben sich auch die Ämter – künftige Ursache schwerster innenpolitischer Krisen.

15. Jahrhundert

Siena dehnt seine Territorialherrschaft aus: 1438 *messa a contado* zahlreicher bislang noch autonomer Kastelle und Dörfer; sie werden in den *contado* einbezogen, das heißt sienesischer Verwaltung und Jurisdiktion unterstellt. Nach der Jahrhundertmitte verschlechtert sich die wirtschaftliche Lage zunehmend, Bankwesen und Handel erlahmen, der *contado* verarmt weiter. 1487 kommt Pandolfo Petrucci an die Macht. Alsbald unumschränkter Herrscher, verhilft er dem von Parteienkämpfen zerrissenen Staat zu einer Atempause und neuem Aufschwung, die Mechanismen zur Ausbeutung des *contado* erreichen jedoch unter seiner Regierung den absoluten Höhepunkt.

16. Jahrhundert

Nach Petruccis Tod, 1512, herrschen chaotische innenpolitische Verhältnisse. Innerhalb der europäischen Mächte wird die *questione di Siena* formuliert und diskutiert; 1530 schließt sich Siena Kaiser Karl V. an, dessen Vorherrschaft sich indes in zunehmenden Verletzungen der sienesischen Autonomie äußert. 1552 verjagen die Bürger die in der neu erbauten Festung verschanzten Spanier, Siena liiert sich mit Frankreich und einer Schar exilierter Florentiner unter Piero Strozzi. Ab Oktober 1554 belagert Cosimo I Medici die Stadt, die sich am 17. April 1555 ergibt. 650 Familien setzen den Widerstand weitere vier Jahre lang von Montalcino aus fort. Die „sienesische Frage" wird zwischen Frankreich und Spanien entschieden; die Verhandlungen führen zum Frieden von Cateau Cambrésis (Juli 1559); Siena wird in das florentinische Herzogtum eingegliedert, das damit zum Großherzogtum Toscana avanciert. Die nachfolgende tiefe ökonomische und demographische Krise der ehemaligen Republik dauert an bis zu den Landreformen von Peter Leopold (1765 – 1790), dem 1792 gestorbenen zweiten der Habsburger Großherzöge der Toscana und dritten Sohn Maria Theresias.[2]

Die Villa der Toscana um 1500

I Vom schwierigen Umgang mit der Terminologie

1. Was ist eine Villa?

Die italienische Villa entstammt als bauliches Konzept dem mittleren 15. Jahrhundert. Der Brauch der *villeggiatura* dagegen, des saisonweisen Aufenthalts auf dem eigenen Gut, war ein Erbe der römischen Antike. Ein Herrenhaus namens „Villa" gab es jedoch im alten Rom nicht: Der lateinische Begriff bezeichnete ein breites Spektrum unterschiedlichster Landbauten; zunächst waren nur die Wirtschafts- und Wohnanlagen einer Bauernsiedlung damit gemeint. Erst vom Ende des 2. Jahrhunderts v. Chr. an entwickelte sich jene Einrichtung, die zur Vorläuferin der Renaissancevilla wurde: Der Agrarbetrieb, der zugleich Ort der Kultur war, Stätte der Bildung, der Pflege von Kunst und Literatur. Der aristokratische Besitzer zog sich lediglich während bestimmter Wochen des Jahres dorthin zurück, sein Lebensmittelpunkt blieb die Stadt – ein entscheidendes Charakteristikum.[3]

Dieses Nutzungsschema lebte in nachantiker Zeit wieder auf. Sobald die Städter Mittel- und Norditaliens vom Hochmittelalter an begannen, im Umkreis ihrer Wohnorte Land zu erwerben, wurde die alljährliche *villeggiatura* zum Ritual, das von der Kontrolle der Erntearbeiten bis hin zur Flucht vor Hitze und Pest verschiedenen Zwecken diente. Die Bezeichnung *villa* galt jedoch weiterhin keineswegs der signorilen Residenz, sondern dem Dorf. „Andare in villa" hieß nichts anderes, als aufs Land zu gehen. Als die Villa als solche schließlich im 15. Jahrhundert architektonische Konturen gewann, blieb sie hinsichtlich ihrer Funktion dem überlieferten Programm treu. Sie blieb Landwirtschaftsbetrieb, der zugleich saisonweise als herrschaftlicher Wohnsitz diente, prinzipiell jenseits der Stadttore lag und Privateigentum eines Bürgers war.

So weit, so gut. Woran aber ist nun die Villa – von außen – zu erkennen? Es gibt kein allgemein gültiges Muster; eine verbindliche formale Bestimmung existiert nicht. Damit ist das Dilemma benannt. „Viele Bauten (liegen) im Grenzbereich zwischen Villa auf der einen Seite, Palast, Burg, Bauernhaus, Schloss oder Gutshaus auf der anderen" meint Ulmer; von Moos schreibt, es sei in der Tat „recht schwierig, eindeutig zu entscheiden, welche Bedingungen der Bau nun eigentlich erfüllen müsse, um als Villa zu gelten". Ackerman fasst den Begriff zwar sehr weit, entschärft aber den Definitionsnotstand in gewisser Weise, wenn er die Villa als Produkt der schöpferischen Phantasie eines Architekten bezeichnet, „typically the product of an architects imagination". Er greift damit die von Frommel bereits 1961 formulierte These auf, von einem „echten Villentypus" könne erst dann die Rede sein, „wenn sich die führenden Architekten ihrer Zeit dieser Aufgabe bemächtigt haben".[4] In den seit diesem Statement vergangenen vier Jahrzehnten ist die Villa zum immer breiter behandelten Gegenstand der Kunstwissenschaft geworden, der Umgang mit dem Thema jedoch unsicher geblieben. Mangel an Klarheit kennzeichnet nach wie vor insbesondere die Datierung, mit welcher ja die formalen Fragen eng zusammenhängen. Wann ist die Geburt der Villa als Bauaufgabe anzusetzen – im 15. Jahrhundert oder vielleicht doch schon im Hochmittelalter? Gab es eine Kontinuität architektonischer Konzepte von der Antike bis zur Renaissance? Welche Dauer soll man der Institution zugestehen? Sind Bauten der Gegenwart noch mit einzuschließen, sprich das moderne, von jedem historischen Bezug losgelöste Stadtrandhaus?

Da eine Arbeit wie die vorliegende nicht ohne begriffliche Eingrenzung auskommt, soll die Villa hier als Bauform verstanden sein, die zeitgeschichtlich bestimmt war, Ausdruck einer Kultur, die mit der Renaissance begann und um 1800 endete: mit der Französischen Revolution, dem Untergang des Alten Europa, der politischen Neuordnung Italiens. Inwieweit die Ursprünge der Definitionsproblematik in der notorischen Gleichsetzung von Villa mit *villeggiatura* zu suchen sind, ist Thema der folgenden Kapitel.

2. *Villa* und *villeggiatura*: Die Vermischung der Begriffe

In der kunstwissenschaftlichen Fachliteratur hat die hartnäckige Gleichsetzung des Landaufenthalts – der *villeggiatura* – mit der Villa als solcher eine lange Tradition. Die unpräzise Verwendung der Begriffe überdeckt einerseits den fehlenden Konsens hinsichtlich der Frage, was denn nun eine Villa sei, andererseits ist sie bequem: Sie erlaubt umstandslos eine Datierung der Renaissance der Baulichkeiten bereits ins Mittelalter. So liest man etwa bei Patzak, dem Nestor der Villenforschung: „Der reiche Kaufherr Bonaccorso Velluti gründete sich 1244 draußen vor den Toren der Arnostadt (…) eine prachtvolle Villa suburbana"[5] – die hier zitierte Vita[6] spricht jedoch von *casamento*, einem größeren, nicht unbedingt luxuriösen Baukomplex. Einigen von Patzaks Kollegen wiederum gilt Giovanni Villani, der Florentiner Chronist des Trecento, als Kronzeuge für eine bereits mittelalterliche Existenz der Villa. Die gängige Fehlübersetzung der Passage aus Villanis Bericht aus dem Jahr 1338 lautet: „Auf dem Lande baut man jetzt Villen, reicher als die Wohnungen in der Stadt, sodass Fremde schon drei Meilen vor der Stadt glauben, sie seien in Florenz angelangt".[7] Im Original dagegen heißt es: „non v'era cittadino popolano o grande che non avesse edificato o che non edificasse in contado grande e ricca possessione (…) e sì magnifica cosa era a vedere che i forestieri (…) credevano per li ricchi edificii e belli palagi ch'erano di fuori alla città d'intorno a tre miglia che tutti fossono della città a modo di Roma[8] sanza i ricchi palagi, torri, cortili, e giardini murati più di lunghi alla città che in altre contrade sarebbono chiamate castella".[9] Nicht von Villen, sondern von *castella* ist also die Rede, befestigten – in diesem Fall reichen – Anlagen.

Könnte man nicht-italienischen Wissenschaftlern billiger Weise lückenhafte Sprachkenntnisse zugute halten, so trifft dieses Argument in Italien selbst freilich nicht mehr zu. Aber auch hier wird die Terminologie recht sorglos gehandhabt. Weder der Historiker und Geograph Emanuele Repetti macht da in seinem *Dizionario geografico fisico storico della Toscana* eine Ausnahme,[10] noch Treccanis große *Enciclopedia Italiana*, die wiederum den

Ursprung der Villa explizit ins Mittelalter verlegt, indem sie sich auf das Villani-Zitat beruft: In den ersten Jahrzehnten des Trecento sei in Florenz kein vermögender Bürger gewesen, der nicht eine „Villa" außerhalb der Stadt besessen habe. Die Suche nach dem Ursprung des kunsthistorischen Missverständnisses, die Villa, als Architektur eine Schöpfung der Renaissance, sei bereits im dreizehnten wenn nicht gar zwölften (!) Jahrhundert wiedergeboren, liesse sich weiter fortsetzen; natürlich müsste hier auch Boccaccios notorisch zur Beweisführung missbrauchte Beschreibung eines Landpalasts – „palagio" – aus dem Decameron (1348–53)[11] herangezogen werden, welche selbst das Standardwerk Toscana der Reihe Ville Italiane falsch versteht.[12]

Ein letzter Exkurs zu einem Patzak-Zitat, das mit entwaffnender Deutlichkeit nicht nur mangelnde Sorgfalt im Umgang mit der Terminologie dokumentiert, sondern nachgerade den Unwillen des Autors, sie kritisch zu hinterfragen: „In zahlreichen Exemplaren ist in Toscana die Gattung der befestigten Villen des XIV. Jahrhunderts erhalten. Sie schlechtweg Burg (castello) zu nennen, wie das die Lokalschriftsteller in der Regel tun, halte ich für unrichtig".[13] Es sei dahingestellt, wer hier als „Lokalschriftsteller" abqualifiziert wurde, der Inhalt der Aussage muss jedoch bezweifelt werden: Die vermeintlich „befestigten Villen des XIV. Jahrhunderts" waren von ihrem Ursprung her die Residenzen der Feudalherren. Mit Ausweitung der Kommunalherrschaft über den contado zunehmend in der Hand von Bürgern, dienten sie auch als Ort der villeggiatura. Es geht also um einen entscheidenden Wechsel der Nutzung vorhandener Strukturen. Aber Brauchtum und bauliche Entsprechung klaffen – noch – auseinander als zwei klar voneinander zu trennende Phänomene. Die Villa als Produkt des Kunstwollens eines Auftraggebers und der Vorstellungskraft eines Architekten lässt sich vor dem frühen Quattrocento nicht nachweisen.[14]

II Zur Entwicklung der Formen

1. Die Vorgeschichte: castrum und villa

Für die in der hochmittelalterlichen toscanischen campagna vorherrschenden Besiedlungsformen finden sich in den Quellen mit großer Häufigkeit vor allem zwei Begriffe: castrum und villa. Beide Einheiten unterschieden sich im Wesentlichen durch das Vorhandensein (castrum) oder Nichtvorhandensein (villa) eines schützenden Mauerrings. Zusätzlich konnte sich auf dem höchsten Punkt des castrum die befestigte Residenz des Feudalherrn erheben, das eigentliche Kastell, ein Komplex von Wehrbauten mit Turm, torre, und/oder Turmhaus, casa-torre. (Als Synonyme für die ganze Gruppe oder einzelne der Gebäude gelten auch Bezeichnungen wie fortilitium, rocca, palatium respektive palagio). Castrum wie villa waren die Wohnsitze – das Kastell auch der Fluchtort – der Landbevölkerung. Die Größenskala der ungeschützten, nicht ummauerten ville reichte vom einzeln stehenden Anwesen, der casa isolata, bis zum bescheidenen Dorf, einer Hand voll Häuser mit zugehörigem Kirchlein.[15]

Kastelle waren im sienesischen Territorium vom 10. bis zum Beginn des 13. Jahrhunderts die Zentren der ländlichen Besiedlung. Innerhalb dieses Zeitraums zeichnet sich eine kontinuierliche Zunahme von Burgen, Türmen und Turmhäusern ab, Vorboten einer künftigen Entfaltung der Agrarwirtschaft wie auch des alsbald aufblühenden Immobilienhandels. Letzterer hing eng mit der um sich greifenden Fraktionierung und Schwächung des Feudalbesitzes aufgrund von Erbteilungen zusammen, die von 1000 an feststellbar ist. Im folgenden Jahrhundert setzte die freiwillige oder auch unfreiwillige Umsiedlung der Feudalherren in die Stadt ein;[16] die ihnen auferlegte Verpflichtung, sich dort Residenzen zu errichten, trug ihrerseits zur Umverteilung des Grundeigentums im *contado* bei. Städtisches Kapital wurde umfangreich in ländliche Immobilien investiert; kleiner und mittlerer Besitz von Bürgern ist – neben dem Großgrundbesitz der Feudalaristokratie und jenem kirchlicher Institutionen – bereits vom 12. Jahrhundert an dokumentiert.[17] Schon während der frühen, noch „goldenen" Jahrzehnte des Regimes der *Nove* (1287 bis 1355) gehörten 70 bis 80 Prozent des Territoriums im Umkreis von Siena Käufern aus der Stadt.[18]

Zu dieser Zeit des fortschreitenden *appoderamento*, der Organisation der Landwirtschaft in Form von Halbpachthöfen in bürgerlichem Besitz, *poderi*, scheinen die Bauern zahlreich aus *castra* und Dörfern ins sicherer werdende offene Land umgezogen zu sein. Mit dem Einsetzen ausgiebigerer schriftlicher Zeugnisse ab etwa 1300 weist die toscanische *campagna* bereits ein relativ engmaschiges Netz von *case isolate*, Einzelhöfen, oder auch versprengten Häusergruppen auf, *insediamenti sparsi*.[19] Darüber, wie die Bauten beschaffen waren, über ihre Struktur, ihre Größe, sagen die Dokumente wenig oder nichts. Auch erhaltene Notarsarchivalien, die die Transaktionen von Grundeigentum beurkunden oder die Pachtbedingungen festschreiben, bieten dazu kaum mehr als pauschale Informationen: „domus murata, domus terrena, domus magna, domus parva, domus sive capanna, domus sive turris, domus de terra tegolata".[20] Analog finden sich im ersten Grundstücksverzeichnis für den Sieneser *contado*, dem *Estimo* respektive der *Tavola delle possessioni del contado* von 1320, nur lakonische Angaben zum Baubestand. Die Dörfer lassen sich zwar in Umrissen erkennen, die Beschreibung der Häuser geht jedoch nicht über dürftige Anmerkungen hinaus. Ravacciano am nordöstlichen Stadtrand von Siena stellt sich beispielsweise dar als Ort mit einem Palazzo, einer Mühle und insgesamt 27 Häusern, davon einem „fornita di cortile o loggia (claustrum)" und 17 „di terra, ma tegolate, una di mattoni e terra e ugualmente coperta di tegole". Ziegeldächer also gibt es, aber das vorherrschende Baumaterial ist Lehm. Nicht weniger unscharf bleibt das Bild der Nachbargemeinde Papaiano mit ihrem Palazzo und 47 Häusern, von welchen 28 beschrieben werden: Zwölf sind aus Lehm, 13 aus Lehm mit Ziegeldach, eines ist aus Backstein, eines aus Lehm und Backstein, eines – wohl das des Pfarrers – aus Stein. Zwei der Lehmhäuser mit Ziegeldach verfügen über „claustrum e pozzo".[21]

2. Wo wohnte der *padrone* aus der Stadt?

Wo bezog nun der städtische Besitzer von Ländereien Quartier, wenn er auf seinen Hof kam? Wo war der Ort seiner *villeggiatura*?

Häufig wohnten *padrone* und *contadino* zusammen, der *padrone* samt Frau etwa in einem für ihn im Erdgeschoss reservierten Raum, die Benutzung von Taubenturm, *sala* und Küche inklusive: „riserbandomi la colonbaia e la chamera terena, e l'uso dela sala e chucina potella *(poterla)* abitare chome lui *(il mezzadro)* quando andare volessi in villa cholla mia donna".[22] Lässt in diesem Haus das Vorhandensein einer *sala* auf einen gewissermaßen gehobenen Standard schließen, so bietet sich anderenorts dem Besitzer der Komfort eines eigenen Obergeschosses, einer „casa in palco".[23] Oft erscheint in den Archivalien zugleich mit der Nennung eines *podere* der Zusatz „con casa da padrone" oder „casa da signore"; wird diese als „resedio ad uso di villa signorile" bezeichnet, dürfte es sich um einen stattlicheren Steinbau gehandelt haben.[24]

Sofern es das Vermögen des *padrone* zuließ, kaufte er sich einen ehemaligen Wehrbau, ein Kastell oder auch nur einen *palagio*, den er zum Wohnen herrichten, aber keineswegs seines geharnischten Aussehens entkleiden ließ, wie aus zeitgenössischen Quellen wie der erwähnten *Cronica* des Giovanni Villani hervorgeht oder auch aus dem *Libro segreto* des Florentiner Kaufmanns Giotto d'Arnoldo Peruzzi.[25] Die einstige Bedeutung dieser Bauten als Symbole feudaler Macht sollte zumindest im Außenbild erhalten bleiben. Auch auf ihren ländlichen Besitzungen übernahmen reiche Kaufleute „als soziale Aufsteiger die Wohnform des Adels" (Braune). So erwirbt Giotto d'Arnoldo im frühen Trecento in der Umgebung seiner Stadt etliche Grundstücke inklusive *palagi*,[26] von welchen er einen 1311 für teures Geld saniert. Seine Spesenaufstellung lässt das Bild dieses „palasio e merlato sopra teto", „mit Zinnen über dem Dach", in Umrissen deutlich werden; es kostet ihn 722 *lire*, dem Bau eine Außentreppe zu applizieren, während alle zugehörigen Häuser neue Dächer erhalten -"fare la scala di fuori e ricoprire tutte l'altre case de(l) risedio".[27] Schon einen Monat später steigen Giottos Ausgaben um weitere 642 *lire* für die Ummauerung seines neu erworbenen Landsitzes, „per ispese de le mura fatte fuori de(l) risedio lungho la via e lungho la stalla e la corte dietro ala stalla".[28]

3. „Prachtvolle Villen" schon im Trecento?

Die oben zitierten Florentiner Beispiele sind übertragbar auf Sieneser Verhältnisse, wie der erste Kataster der Republik belegt, die *Tavola delle possessioni*. Sie war das Ergebnis des von 1316 bis 1320 landesweit durchgeführten *Estimo*, der Bestandsaufnahme des bürgerlichen wie bäuerlichen Immobilienbesitzes in Stadt und *contado*.[29] So heißt es in der Deklaration des Fazio di Picciolo Gallerani, eines Angehörigen der reichsten Familie der Stadt mit Ländereien im Wert von insgesamt rund 36 800 *lire*: „habet (...) in comuni Sancti Gimignanelli unum podere, videlicet terras boscatas, laborativas et sodas cum domibus et molendino et cappannis et cum castro Sancti Gimignanelli predicti et palatio et domibus". Rund 630 Hektar groß ist dieser Landsitz mit Häusern, Hütten, einer Mühle, *castrum* und Palast etwa 30 Kilometer östlich von Siena; ein Vermögen wurde dafür bezahlt: 20 110 *lire*, 19 *soldi*. Der mit Fazio verwandte Ritter Bullione di Iacoppo de Galleranis „milex", der im prominenten Stadtbezirk San Cristoforo a lato dei Tolomei wohnt, deklariert unter anderem mit 2000 *lire* „palatium et domus de mactonibus positam in contrada di Rofeno".[30] „De mactonibus": Hier ist jenes Baumaterial benannt, das der Sieneser Architektur ihre warme rostrot-gelbliche Farbe gibt: Ziegel. Im florentinischen *contado* dagegen, weniger reich an Lehmvorkommen, wurde Stein bevorzugt.

Wie der Senese mit seinen Backsteinbauten damals aussah, wissen wir dank der Fresken des Ambrogio Lorenzetti im Sieneser Rathaus. Sie sind zwanzig Jahre nach der großen Immobilien-Erhebung entstanden, 1338/40, und erzählen von den Auswirkungen des „Buon Governo" der *Nove*, der Regierung, unter welcher Siena prosperierte wie später nie mehr. Auf der rund 13 Meter breiten Ostwand der *Sala della Pace* werden hier Stadt und *contado* in eben jener Zeit dargestellt, in welcher, will man kunstwissenschaftlichem Euphemismus glauben, das Hügelland der Toscana längst mit „prachtvollen Villen" (Patzak) förmlich übersät war.[31] Bei Lorenzetti hingegen ist nicht eine einzige Villa erkennbar. Abgesehen von etlichen im Bildhintergrund verschwindenden Ansiedlungen lassen sich 22 Gebäudegruppen sowie Einzelgehöfte identifizieren: zwei größere Dörfer mit Kirche, sieben *insediamenti sparsi* respektive *case isolate*, dreizehn *castra* und *castella*, darunter ein zinnenbekröntes Prachtstück *de mactonibus*, wie aus der kräftig roten Farbe zu schließen. Es thront über einem der sauber gescheitelten Weinberge direkt unter den Knien der geflügelten Securitas und bietet eines der gern als Villenkennzeichen gedeuteten Strukturelemente: Einen *cortile* unter luftiger Pergola, deren Blätterdach über die Mauer schaut.

Die Häuser des Dorfes im Vordergrund (rechts oberhalb des Kastells) und die Einzelhöfe rund um Siena sind ebenfalls aus Ziegel und, da stadtnah, im Notfall kaum wehrhaft.[32] Aus Sicherheitsgründen haben sie allerdings nur wenige Fenster. In weiterer Entfernung nehmen die Bauten der Landbevölkerung zu, wie am Material erkennbar: Lehm, gelegentlich auch Stein. Inmitten der arbeitenden Bauern ein wahres Mustergütchen, das vom städtischen Eigentümer sicher auch zur *villeggiatura* genutzt worden ist. Als „casa da signore" könnte ihm der Ziegelbau mit ummauertem *cortile* gedient haben oder auch der helle Gebäudekomplex gegenüber, auf der anderen Straßenseite: eine steinerne *casa-torre* älteren Datums. Bogenportale kennzeichnen bei fast allen Bauten das Erdgeschoss; sie schaffen die für den bäuerlichen Bedarf und Ertrag unabdingbaren hohen und weiten Einfahrten; auch der Portikus des Hauses rechts unterhalb des roten Kastells sowie der gedeckte Unterstand ein kleines Stück weiter dienen der Landwirtschaft, indem sie den Bauern bei schlechtem Wetter geschützten Arbeitsraum bieten. Hofarkaturen und Portiken sind somit obligat, aber die Loggia für den städtischen „Urlauber" fehlt durchweg: Noch bildet die Arkadenlaube nicht das repräsentative Zentrum des Herrenhauses.

Siehe Farbabb. 14

III Die Villa als Baukunst

1. Die Öffnung der Mitte

In den Jahrzehnten nach der Pest (1348) investieren Sieneser Bürger verstärkt in Grund und Boden: Elend und Armut als Folgen der Seuche machen immer mehr Land verfügbar, beschleunigen dessen Transfer in städtische Hände. Hatten bisher Kastell und Bauernhaus dem saisonalen Wohnbedarf der *padroni* genügt, so bereitet sich mit Beginn des Quattrocento eine Wende vor: Die verstärkte bürgerliche Zuwendung zum Land dürfte auch die Anforderungen an die dort verfügbaren Quartiere angehoben haben. Dabei ist – wie für den Veneto beschrieben[33] – von einer nachhaltigen Vorbildwirkung der städtischen auf die ländliche Baukunst auszugehen: Zumindest die vermögenden Grundbesitzer waren ja zugleich Herren eines Stadtpalasts. Eine präzise zeitliche Grenze für den Beginn der Entwicklung lässt sich jedoch nicht ziehen. Immerhin scheint es, als sei in der Toscana ein entscheidender Impuls von der Luccheser Villa Guinigi von 1413/20 ausgegangen.[34] Dieser Bau mit seiner rund 87 Meter breiten Arkadenfront weist in grandioser Übersteigerung jenes Merkmal auf, das die sich nun ausbildende Gattung Villa auf Dauer kenntlich machen wird: die Loggia, die repräsentativ gestaltete Öffnung der Mitte. Mit ihr wandelt sich die Fassade zur voll nach außen gerichteten Schaufläche.

Die Kastelle, und hatten sie noch so prächtig begrünte Höfe, lebten innerhalb und hinter Mauern; ihre traditionelle Funktion war Abwehr, nicht Öffnung. Auch die als früheste Medici-Villen gerühmten Bauten Il Trebbio (1451), Cafaggiolo (1451) und Careggi (1457) halten an der Abgeschlossenheit des Kastells fest, sind Relikte des Mittelalters. Wenngleich nur in Abbildungen (etwa bei Giotto) und schriftlichen Zeugnissen überliefert, ist zwar in der ländlichen Architektur schon des späten Dugento die isolierte Verwendung einzelner Elemente des Villenschemas unübersehbar, aber noch fehlt ihre Zusammenfügung zu einem organischen Ganzen. Loggien hat es in verschiedener Form und Funktion seit der Antike und schon immer auch außerhalb der Städte gegeben, Schlossgärten mit geometrisch angelegten Beeten bereits früh im Mittelalter; selbst die Fassade mit gereihter Arkatur in den oberen Zonen erscheint sporadisch, wie unter anderem am roten Palast des Sieneser „Buon Governo". Das Prinzip der demonstrativen Fassadenauflösung bei gleichzeitiger Betonung des *piano nobile* jedoch – das „prachtvolle Geöffnetsein" nach außen[35] – an welchem als bestimmendem Merkmal der genuinen Villa festgehalten werden soll, lässt sich in der Toscana erst mit der Villa des Luccheser Stadtherrn Paolo Guinigi fassen.

1458 respektive 1480 folgen die ersten Renaissance-Villen, die diesen Namen uneingeschränkt verdienen: Die Medici-Villen in Fiesole und Poggio a Caiano. Beide Bauten nehmen endgültig Abstand von den traditionellen Wehrformen. An beiden fällt die Dominanz der eben benannten Kennzeichen der authentischen Villa ins Auge: In Fiesole öffnet sich die Fassade in weiten Pfeilerarkaden zu einer Stufenfolge von Hangterrassen, in Poggio a Caiano in einem die ionische Tempelfront rekapitulierenden Portikus.[36] Die Loggia „als Grundelement der Villa in das Zentrum des Außenbaus gerückt und durch sie den von der Landschaft isolierten Innenhof ersetzt zu

Siehe Farbabb. 14

haben", so Frommel, bleibe des Architekten Michelozzo „bahnbrechende Leistung".[37] Die bauliche Entwicklung der Villa ist indes nicht ohne ideologische Wurzel denkbar: Die humanistische Komponente lässt sich bis zu Francesco Petrarca (1304–74) zurückverfolgen. Mit seiner Schrift *De Vita solitaria* (ab 1346), die die kontemplative ländliche Existenz als schlechthin vollkommene Lebensform für den Städter entwirft, wurde er neben seinem Zeitgenossen Giovanni Boccaccio (1313–1375) zu einer frühen Schlüsselfigur für eine – auch – kulturelle Aneignung von Land, das bis dahin vornehmlich als ökonomische Basis relevant gewesen war. So leiteten die Visionen der Vorläufer der Renaissance einen Mentalitätswandel ein, der tastend Form annahm, bis die Villa schließlich im Quattrocento als „eine der großen historischen Lebensformen Europas" bestimmbar wurde,[38] als Bauaufgabe, der sich fortan – bürgerlichen Reichtum stets vorausgesetzt – führende Architekten und ihre Schulen widmeten.

2. Die Loggienfassade: Schema und Urbild

Hier fragt sich nun, ob von einer Kontinuität altrömischer Bauformen über mehr als tausend Jahre hinweg ausgegangen werden kann, ob es ein Modell für die soeben als Typus sichtbar werdende Loggienvilla gegeben hat. Das trotz umfangreicher Kritik bis heute nicht als überholt geltende „Ja" kam 1918 von Karl Swoboda: Er führte die „Portikusvilla mit Eckrisaliten" in die wissenschaftliche Diskussion ein, einen vom 2. Jahrhundert an in zahlreichen Varianten in den Provinzen des Römischen Reiches geläufigen Landpalast. In Italien selbst ist dieser jedoch nicht einmal in Spuren nachzuweisen (auch die Annahme, das Muster habe in Gestalt der Theoderich-Villa von Galeata bei Forlí überlebt,[39] ließ sich nicht bestätigen). Seiner klimatischen Vorzüge wegen wurde auf der italienischen Halbinsel das ältere, in der ganzen antiken Welt verbreitete hellenistische Peristylhaus bevorzugt. Im Gegensatz zu dessen luftigen Fronten beschränkt sich die Wandauflösung bei der Portikusvilla auf das Fassadenzentrum; die von Säulen getragene Vorhalle ist zwischen massive risalierende oder auch plane Flanken eingespannt. Erst in späteren Versionen gewinnt der Komplex an Raumtiefe.[40]

Dieser weiterentwickelte Typus – geschlossene Seiten, repräsentativ geöffnete Mitte, dahinter ein sich in die Tiefe erstreckender mehrschiffiger Villenkörper – wurde vom Ende des Quattrocento an tausendfach auf heute italienischem Boden errichtet, nicht nur – wie bekannt – im Veneto, sondern unter anderem ebenso in der Toscana. Auf Unsicherheit stößt jedoch die Frage, wie der Ideentransfer vonstatten gegangen sein könnte, da ja heimische Vorläufer fehlten. Übereinstimmend wird zwar im venezianischen *Fondaco dei Turchi* die erste Neuauflage der Portikusfront seit ihrem letzten verbürgten Auftauchen am Diokletianspalast (295–305) in Spalato gesehen, aber nach dem „missing link", dem fehlenden Glied in der Kette der Überlieferung zwischen der spätantiken Welt und dem christlichen Mittelalter, wird weiter geforscht. Grabungsfunde machen indes eine ununterbrochene Tradierung im Osten immer wahrscheinlicher: Noch im 10. Jahrhundert war das Schema in Konstantinopel als Bauform lebendig;[41] die naheliegende Annahme einer weiteren Vermittlung nach Westen im Gefolge des Orienthandels findet damit eine Bestätigung. Venedig unterhielt souveräne diplomatische Beziehungen zu Konstantinopel und richtete dort schon im 9. Jahrhundert seine erste Niederlassung ein; andere Seemächte wie Genua und Pisa standen ebenso in intensivem Austausch mit der Metropole des Mittelmeerraums.

Angesichts der Bedeutung des Pisaner Hafens für die toscanischen Stadtrepubliken scheint es offenkundig, dass die Kenntnis byzantinischer Bauformen den Florentiner, Luccheser und Sieneser Raum ohne den Umweg über Venedig erreichten: Vor allem die Kaufleute, aber auch die Kreuzritter brachten das Know-how aus den Ursprungsländern mit.[42] So brauchte Michelozzo für sein Konzept der Medici-Villa von Fiesole (1458) nicht auf das Vorbild der formal wie funktionell recht entfernten Handelshöfe am *Canal Grande* zurückzugreifen – Orientierung bot sich vor der Haustür. Ein Einfluss Venedigs soll damit nicht ausgeschlossen werden, aber im Fall der toscanischen Loggienvillen könnte er sich erübrigt haben. Auch der Palast des Paolo Guinigi in Lucca dürfte sich auf den Ideenimport via Pisa berufen. Die Verwandtschaft der Konzepte diesseits wie jenseits des Apennin lässt sich somit aus einer gemeinsamen byzantinischen Wurzel herleiten, wobei die Vermittlung der Baugedanken getrennte Wege ging. Die toscanische Variante als „völlig eigenständig" entwickelt zu vermuten[43] überzeugt weniger; auch eine „Anlehnung an das literarische Vorbild" (Frommel 1961) wird den nach konkreten Lösungen suchenden Architekten kaum weitergeholfen haben, denn in den einschlägigen Quellen – zumal den dem Quattrocento bekannten Briefen Plinius d. J.[44] – finden sich keine Beschreibungen der Portikusvilla.

Siehe Farbabb. 1 und 2

Um den ersten Bedarf zu decken, besserte man die Immobilien im *contado* mit von mittelalterlichen Palästen übernommenen Bauformen nach; insbesondere Loggien wurden den über das Land verstreuten zahllosen Kastellen und Kastellchen eingefügt. Geschleifte Türme und einstige *case-torri* mutierten zu Flanken und wurden durch einen Portikustrakt miteinander verbunden – wie es im Senese beispielsweise die Villen Le Volte und Montosoli zeigen[45] –, oder aber die Loggia wurde vor den eventuell in alter Form belassenen Baukörper gesetzt, ihm vielleicht auch seitlich oder rückwärts appliziert. Es soll im Verlauf dieser Arbeit dargelegt werden, dass und warum die mit wenigen Ausnahmen von der Kunstgeschichte übergangenen Villen Sienas geradezu exemplarisches Anschauungsmaterial für die skizzierte Genese darstellen, exemplarisch sind für den Prozess der „Öffnung der Mitte", der im benachbarten Fiorentino weniger augenfällig ist.[46] Die frühe Geschichte der Gattung, deren Spuren in anderen Provinzen und Regionen ungleich schwerer aufzudecken sind, präsentiert sich im sienesischen *contado* wie im Bilderbuch, als abgeschlossenes Kapitel, dem keine Fortsetzung beschieden war. Nach dem politischen Ende der Republik gab es keine Weiterentwicklung von Bedeutung, die sich mit der Villenarchitektur der nördlichen (Florenz) oder nordwestlichen Toscana (Lucca, Pistoia), schon gar nicht mit jener des Veneto hätte messen können; der im Senese ohnehin seltene Barock gibt sich in den wenigen vorhandenen Beispielen als römischer Import zu erkennen.

Siehe Abb. 41 und 54

Die Villen im Senese

IV Die kurze Blüte der Sieneser Villenarchitektur

1. Zum Bestand

Setzt man die Geburtsstunde der sienesischen Villa parallel zu jener der Medici-Villen von Fiesole und Poggio a Caiano um die Mitte des Quattrocento
an und datiert man das Ende der Blüte in die fünfziger Jahre des Cinquecento, so wird der knappe Zeitrahmen des sienesischen Beitrags zur italienischen Villenarchitektur deutlich. Die anhaltenden inneren Unruhen, die
Verarmung des durch Kriege und marodierende Söldnerhorden kontinuierlich verwüsteten *contado*, schließlich die Unterwerfung der Republik unter
die Erzrivalin Florenz, 1555, führten zur Lähmung der letzten Kräfte. Fortan
einflusslose Provinzstadt, blieb Siena unfähig zu Innovationen. Was über
zwei Jahrhunderte hin folgte, war mit wenigen Ausnahmen eine Wiederholung immer gleicher baukünstlerischer Muster.

Erst mit den Habsburger Großherzögen der Toscana – als Lothringer
bezeichnet, „Lorena" – kam es dank deren agrarischer Reformpolitik insbesondere unter Peter Leopold (1765 – 1790) zu einem neuen Aufschwung.
Ähnlich wie in anderen Regionen, etwa dem Veneto, fungierten die Villen
nun als landwirtschaftliche Versuchsanstalten. Eine Umstrukturierung der
Besitzverhältnisse zugunsten größerer, effizienter produzierender Bauern-
höfe sowie eine Welle von Villengründungen erfassten den *contado*, die
damit Hand in Hand gehenden historisierenden Renovierungen des alten
Bestandes – vorzugsweise im sogenannten „gotischen" Stil[47] – veränderten
indes zahlreiche der noch seit der Renaissance überlebenden Architekturen
bis zur Unkenntlichkeit. Mittelalter war Mode, die sich allerdings im Senese noch im Rahmen hielt, wie der Blick über die Grenzen ins Florentiner Gebiet zeigt: Unter dem Einfluss und mit dem Geld vornehmlich englischer
Aufkäufer der Objekte führte dort die „mascherata classicheggiante" des 19.
Jahrhunderts zu teilweise grotesken Auswüchsen.

Einen Eindruck der Sieneser Renovierungspraxis bietet die Gegenüberstellung von Villen von heute mit den in der städtischen Kommunalbibliothek, der Biblioteca Comunale degli Intronati, bewahrten Architekturskizzen
des Ettore Romagnoli.[48] Rund 240 dieser nicht datierten, überwiegend zwischen 1800 und 1838 entstandenen „Vedute" zeigen nämlich die damals in
der Mehrzahl noch nicht umgestalteten Objekte. Wenngleich der Überblick
auf die stadtnahen einstigen *Masse* begrenzt ist,[49] bildet er doch die sienesische Landarchitektur des 16. bis 18. Jahrhunderts überzeugend ab. Zudem illustriert er in eindrucksvoller Weise deren Entwicklung von der geschlossenen zur offenen Bauweise, die gängige Zivilisierung der wehrhaften mittelalterlichen *case-torri* durch Schleifung der Türme und Installation von Loggien. Dass etliche der in Romagnolis Sepiazeichnungen festgehaltenen Bauten inzwischen nicht mehr existieren, macht die Blätter umso kostbarer.

Über den aktuellen Bestand an Villen in der ehemaligen Republik Siena – den heutigen Provinzen Siena und Grosseto ohne Chianti[50] – kann keine sichere Aussage gemacht werden: Er ist weder registriert noch in nennenswertem Umfang erforscht. Die zuständige Denkmalschutzbehörde, die Soprintendenza per i Beni Ambientali e Architettonici, hat zwar 1070 Villen aller Epochen katalogisiert (Stand 2001), vornehmlich jedoch solche, bei welchen „emergenze architettonice" baldige Rettungsmaßnahmen gebieten. Die große Zahl überrascht – und täuscht, denn die Kartei beinhaltet neben oft bereits weitgehend verfallenen Objekten vielfach Gebäude, denen jedes Villen- sprich herrschaftliche Attribut fehlt: Es handelt sich dabei um schlichte, allein durch eine allzu großzügige Etikettierung aufgewertete ehemalige Bauernhäuser. Nicht einmal sieben Prozent der Kartei umfassen Bauten der Provinz Grosseto, deren Fläche jedoch um fast 20 Prozent größer ist als die der Provinz Siena. Wie bereits beschrieben, weicht diese Landschaft insofern von der Entwicklung im übrigen *contado* ab, als eine Besiedlung der ehemals versumpften und malariaverseuchten Ebenen kaum vor Beginn des 20. Jahrhunderts möglich war. Auf den mit undurchdringlichem Buschwald bedeckten Höhen behauptete sich zum Teil noch bis zum Seicento der Feudaladel. Es gab weder Einzelhöfe noch offene Dörfer, die Urzellen späteren Villenbaus: Die Renaissance mit ihrer *villeggiatura* fand in der Maremma nicht statt. Erst in jüngster Zeit wurden zahlreiche inzwischen aufgelassene Kastelle restauriert und zu Villen umfunktioniert.

Die Frage nun, wieviele Objekte von den 1070 vom Sieneser Amt für Denkmalpflege erfassten zu substrahieren, wieviele dort nicht registrierte Namen dagegen zu ergänzen sind, um zu einer annähernd glaubwürdigen Schätzung des Bestandes zu kommen, kann niemand beantworten. Ähnlich ratlos steht man vor dem Problem der stilistischen Klassifizierung: wie viele Villen sind noch Schöpfungen der Sieneser Renaissance, nicht Stilkopien aus späterer Zeit? Der Umstand, dass sich die Bauten mitunter über große Zeitintervalle hinweg wie Zwillinge gleichen, erschwert die Identifizierung ungemein. Aufschluss könnte in vielen Fällen zwar eine eingehende Besichtigung vor Ort geben, eben diese stößt aber immer wieder auf Hindernisse: Unzugänglichkeit der Objekte, zu welcher sich überdies Unsichtbarkeit gesellt, wenn Parktore verschlossen sind und Mauern und Bäume den Blick verstellen.

Die Auswertung der vorhandenen Literatur, das Studium aller auffindbaren Hinweise sowie das Fazit aus eigenen Erkundungen ergaben folgendes Bild: Im Gebiet der ehemaligen Republik Siena sind maximal etwa 130 Villen des 16. bis 18. Jahrhunderts ihrer architektonischen Qualität wegen von Interesse. Bei mutmaßlich rund 50 dieser Bauten handelt es sich um authentische Werke des 16. Jahrhunderts, 20 von ihnen wurden noch vor der Jahrhundertmitte errichtet. Sie haben bis heute in etwa originalgetreu überlebt. Im 17. Jahrhundert blieb der Zuwachs an Villen zahlenmäßig bescheiden, ein neuer Schub des Bauens setzte erst gegen Ende des 18. Jahrhunderts ein. Wesentliche Objekte aus den genannten Epochen werden neben einigen Beispielen für historisierende Renovierungen in Kapitel VIII, dem Katalog, vorgestellt. Nicht in diesem Überblick vertreten ist das halbe Dutzend Villen, das im Verlauf der Arbeit ausführlich behandelt wird, von der Villa alle Volte Alte angefangen bis hin zu La Fratta.

2. 1465: „Il Pavone" – ein Vorläufer

Dass das von Ettore Romagnoli skizzierte und beschriebene, 1825 abgerissene Palästchen „Il Pavone" im Sieneser Vorort Valli,[51] wie Patzak vermutet, als Villa intendiert war,[52] ist wenig wahrscheinlich: Der gestreckte Grundriss, das Fehlen eines repräsentativen Eingangs, die gleichmäßige Fensterreihe, vor allem aber der Standort unmittelbar am Rand der von der Porta Romana aus nach Süden ziehenden großen Pilgerstraße *Francigena* lassen eher an ein Hospiz denken. Aber ein entscheidender Schritt in Richtung auf die Öffnung der Fassade im *piano nobile* ist mit der Eckloggia getan; so wird die Wende von der geschlossenen zur offenen Landarchitektur auch im Senese früh fassbar: Mit der Errichtung von „Il Pavone" wurde bereits um 1453 begonnen, wie die bis 1509 lückenlos vorhandenen Steuererklärungen der Besitzer belegen; die Fassade war schon 1465 fertig.[53]

Die Bedeutung des Bauwerks liegt nicht nur darin, dass dessen chronologische Einordnung keine Zweifel aufgibt, sondern vor allem in der nahen Verwandtschaft der – Romagnoli zufolge[54] – überraschend elaborierten Architektur mit jener des bislang unsicher datierten Stadtpalasts Bandini, eines Schlüsselbaus der Sieneser Renaissance. Hier wie dort eine kompakte, fast fugenlos glatte Ziegelfassade, hier wie dort übereinstimmend eine Ornamentik, die durch ihre einfachen, aber überaus klar geschnittenen Profile auffällt. Die Fenster und die Loggia von „Il Pavone", in Sandstein gefasst, sitzen auf einem fein gestuften Gurtgesims auf und sind durch Säulchen mit Kapitell und Basis unterteilt; sie tendieren zum Quadrat und sind bekrönt von antikisierenden Dreiecksgiebeln; die Giebelfelder sind mit Reliefkränzen gefüllt.[55] Sowohl diese Gestaltung als auch die Neigung zu einer quadratischen Fensterproportion sind für den sienesischen Profanbau völlig neu; wie ungewöhnlich diese Architektur in der von zähem Festhalten am Florentiner Rundbogen geprägten Sieneser Baulandschaft wirken muss-

Abb. 2 „Il Pavone" um 1800; die Fassade war um 1465 vollendet (Zeichnung Ettore Romagnoli, BCS, C. II. 4, c. 134)

te, zeigt der Blick auf die Bossenquadern und die parataktische Reihung gotisierender Biforienfenster der mächtigen, ab 1460 errichteten Paläste der Familien Piccolomini und Spannocchi.[56] Erst gegen Ende des Jahrhunderts bricht mit der Rückkehr Francescos di Giorgio (1439–1501) aus Urbino auch in Siena die Neuzeit an. Mit diesem Architekten entsteht hier die erste Villa von überragender Bedeutung: Le Volte.

3. 1505: Die Villa Le Volte – Auftakt und Höhepunkt

Die Villa im südlichen Vorortsbereich von Siena ist erreichbar über die Straße Nr. 73 Siena-Massa Marittima. Etwa einen Kilometer westlich von Costalpino zweigt ein nicht asphaltiertes Sträßchen nach Süden ab – es führt zur Villa. Eine Außenbesichtigung ist problemlos möglich, da das Gelände frei zugänglich ist (Stand 2003).

Die Chigi-Villa Le Volte, richtiger „alle Volte Alte", errichtet ab 1493, vollendet 1505, stellt sowohl den spektakulären Beginn des Sieneser Villenbaus dar, wie seinen später nie mehr errreichten Höhepunkt. Wenngleich das epochemachende Werk im Senese keine Nachahmung erfuhr, blieb es Ideengeber und setzte als solcher gültige Maßstäbe für die ländliche Architektur in der ausgedehnten Republik. Die Villa gilt zudem als Probestück für Peruzzis Farnesina in Rom, bei welcher das Schema zeitlich unmittelbar anschließend in Grund- und Aufriss wiederkehrt, nun systematisiert und zur Reife geführt. 1492 hatte Mariano Chigi in der Gemarkung Le Volte Alte in der westlichen Umgebung Sienas die Grundstücke samt Vorgängerbau gekauft; sein erst 1479 geborener jüngster Sohn Sigismondo trat zwar 1505 als Besitzer der Villa auf (nach dem Erbverzicht seiner Brüder Agostino und Francesco im Todesjahr des Vaters, 1504), kann aber, wenngleich in der Gründungsinschrift über dem Hauptportal als solcher zitiert,[57] seiner Jugend wegen der Bauherr kaum gewesen sein. Zumindest als Initiator ist Mariano selbst zu vermuten.

Die Ostfassade, eine Dreiflügelfront in der Tradition der „Portikusvilla mit Eckrisaliten", öffnet sich auf den seit der Restaurierung von 1603/1605 nicht mehr komplett ummauerten *cortile*. Die bis dahin auch im Obergeschoss offene, rundbogige Loggia, zweigeschossig und vierachsig,[58] ist flankiert von 11,50 m tiefen, zweiachsigen Eckrisaliten, die in ihrer Breite um 1,80 m divergieren – ein Hinweis darauf, dass bei der Errichtung der Villa nicht frei geplant werden konnte: Die starken Mauern des Vorgängers, mutmaßlich eines Wehrbaus, mussten integriert werden. Der Loggientrakt von Le Volte nimmt mit 18 zu 10,50 Metern 56 Prozent der Gesamtbreite der Fassade (32,10 m) und 86 Prozent ihrer Höhe (12,15 m) ein. Auf dem Mezzaningesims über dem *piano nobile* reihen sich achsgenau acht kleine, hochrechteckige Fenster, an der Oberkante straff begrenzt vom Kranzgesims. Die Villa wurde um 1980 exakt vermessen; seither ist die kunstvolle Proportionierung rechnerisch nachvollziehbar: Alle übergreifenden Maßverhältnisse kehren von außen nach innen, vom Erdgeschoss bis hin zur Höhe des Mezzanins und den lichten Proportionen seiner Fensterchen in fortwährender Spiegelung wieder.

Siehe Farbabb. 1

Das Obergeschoss öffnet sich nach rückwärts, nach Westen, in einer weiteren Loggia, die zwar sechsachsig und zweischiffig ist, aber vergleichsweise kleine Öffnungen hat, insofern schmal ist. Die Eingangs- und eigentliche Hauptfassade der Villa blickt nach Süden. Sie ist dreigeschossig und vierachsig; im Gegensatz zum „prachtvollen Geöffnetsein" der östlichen Dreiflügelfront vermittelt sie den Eindruck von Verschlossenheit – ein massiges Tableau in der quadratischen Proportion von Breite zu Höhe von 2:1,

im Verhältnis zur ausgedehnten Mauerfläche eher zaghaft gefasst von korinthisierenden Eckpilastern. Das Rundbogenportal mit seiner im Scheitel leicht angespitzten Bossenrahmung ist nach rechts verschoben, als Durchgang zum dahinter liegenden *cortile*. Ein doppelreihiges Gurtband grenzt die Eingangsebene markant von den Obergeschossen ab und lässt sich als Architrav- respektive Sockellinie für die seitlichen Pilaster lesen; das obere der Gesimse fungiert gleichzeitig als durchlaufende Sohlbank für die Fenster des *piano nobile*; es setzt sich auf der Ost- sowie der nördlichen Fassade – hier jedoch nicht doppelläufig – fort.

*Abb. 3 Villa „Le Volte".
Oben die Ostfassade
um 1800 mit nicht
mehr vorhandener
Hofmauer (Zeichng.
Romagnoli, BCS, C. II.
4, c.111), unten die
Maße der Fassade
(1980)*

Insbesondere dieser doppelte Gurt bestimmt mit seiner Betonung der Horizontalen wesentlich den Eindruck fast lastender Schwere, den die Südfassade beim Betrachter hinterlässt; die Eckpilaster, eher schüchternes Ornament denn aufrissgliedernde Ordnung, bieten zu wenig Gegengewicht. Mit ihrem aus der Achse gerückten Portal präsentiert sich diese Seite gewissermaßen als Fassade ohne Mitte, damit fehlen ihr Kohärenz und Ausgewogenheit. Allerdings ist

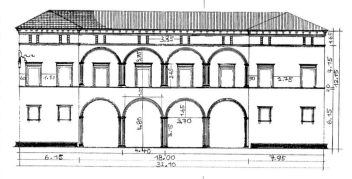

im Jahrhundert der Entstehung der Villa von einem völlig anderen Bild auszugehen: Der ganze Bau war bemalt.[59] Heute sind die Wände verputzt, ihr Schmuck sind die graphischen Effekte des *arenaria*-Dekors, das Lineament des dunklen Sandsteins auf den hellen Flächen. Eine entlang der Hausmauer umlaufende steinerne Sitzbank, die traditionelle *panca*, verziert mit Motiven aus den Wappen der Chigi und der Piccolomini, bindet den Baukomplex zum Organismus.

Die große Bedeutung der Villa liegt nicht nur in der Proportionierung ihres Aufrisses und weiterer, für den Senese innovativen Einzellösungen,[60] sondern vor allem im singulären Konzept der Risalitfassade: Erstmals im toscanischen Raum präsentiert sich hier eine Dreiflügelfront in voll ausgebildeter, architektonisch durchgestalteter Form. Unübersehbar stellt sich Le Volte damit als Parallele zur etwa zeitgleichen Entwicklung auf der venezianischen Terraferma dar. Um oder noch vor 1500 manifestiert sich dort der Sprung in die nach außen gerichtete Präsentation in zwei Dreiflügelbauten, denen die kunstwissenschaftliche Literatur ebenfalls eine Schlüsselfunktion für den Fortgang der Villenarchitektur attestiert: der Ca' Brusà südlich von Vicenza sowie der Villa Bertoldi bei Verona.[61] War mit der Villa Medici in Fiesole bereits 1458 ein vollendetes, wenngleich noch eingeschossiges Modell einer Renaissancevilla errichtet worden, so gehen die Portikusbauten des späten Quattro- und beginnenden Cinquecento einen Schritt weiter: Nun behauptet sich der Risalit als eigenständiges baukünstlerisches Motiv und gewinnt damit stilbildende Bedeutung für die Villenarchitektur. Mit Le Volte und seiner Ostfassade fasst das Schema in der Toscana Fuß. Als mittelitalienische Ideengeber für die sienesische Chigi-Villa kommen Santa Chiara in Urbino (1478/82), der Belvedere Innozenz VIII. (ab 1484) und Poggio Reale bei Neapel (ab 1487) infrage.

Der Architekt von Le Volte muss diese Bauten aus eigener Anschauung gekannt haben – auf Francesco di Giorgio, dem Fiore die Planung zuschreibt,[62] trifft das zu; bei der Errichtung von Poggio Reale fungierte er möglicherweise sogar als Berater.[63] Einen weiteren Hinweis auf ihn als Entwerfer bieten die ungemein elaborierten Proportionen: An Stadtpalästen nach Mitte des Quattrocento von zunehmender Bedeutung,[64] wird deren Anwendung von nun an ebenso in der Landarchitektur – zumal des Senese – nachweisbar. An Le Volte findet sich eine ganze Palette geometrischer Figuren, darunter jene Quadraturen – 1 : 1 – 1 : 2 – 1 : 1,4 -, die unverwechselbar die Handschrift Francescos di Giorgio offenbaren. Die schon in der Bauhüttenpraxis des Mittelalters übliche Proportionierung im Verhältnis von 1 : 1,4 (Quadratseite zu Quadratdiagonaler), deren neuzeitliche Fortsetzung so eng mit dem Namen des Sieneser Architekten und Theoretikers verknüpft ist, wird im Anschluss an Le Volte von dessen Schüler Baldassarre Peruzzi an der Farnesina perfektioniert.

Für das Konzept von Le Volte hingegen kommt der erst 1481 geborene Peruzzi seiner Jugend wegen nicht in Betracht; seine Mitwirkung am Bau gilt zwar als sicher, strittig ist jedoch deren Umfang. Eine neue Freiheit, einen neuen Atem, aber auch die Unsicherheiten des Anfängers identifiziert Fiore in den gestalterischen Elementen, wogegen Frommel in der „fast zaghaften Zurückhaltung" des Fassadendekors, der „verschwimmenden Zartheit" des Details die andere, jüngere, Hand erkennt, die die schwerere, für die Planung verantwortlich zeichnende, ablöste.[65] Mag Francesco di Giorgio noch die erste Bauphase betreut haben, so führte doch spätestens ab 1501, seinem Todesjahr, ein sein stilistisches Vokabular beherrschender Nachfolger die Arbeiten weiter. Dieser Nachfolger dürfte Baldassarre Peruzzi gewesen sein, auf Wunsch von Sigismondo Chigi, der die Errichtung der Villa als aufwändig ausgestattetes Prestigeobjekt noch zu Lebzeiten des Vaters Mariano zu seinem Anliegen gemacht hatte.[66] Zwar hätten erfahrenere Baumeister zur Verfügung gestanden, etwa Jacomo Cozzarelli (1453-1515),[67] aber außer den stilistischen Kriterien spricht auch ein psychologisches Moment für eine Wahl Peruzzis: eben seine Jugend. Sie verband ihn in besonderer Weise mit dem nur zwei Jahre älteren Sigismondo – Alterskohorten sind im Allgemeinen durch ein stärkeres gegenseitiges Zutrauen geprägt, als es sich zwischen Altersungleichen je einstellt.[68]

4. Die „Peruzzi-Legende"

Das Votum für Peruzzi als Vollender von Le Volte führt unmittelbar ins Zentrum einer Legende. Sie wurzelt in dem kollektiven Wunsch, den Padre Guglielmo della Valle in seinen „Lettere Sanesi sopra le Belle Arti" 1786 so formuliert: „Vogliono alcuni Sanesi, che tutte le loro fabbriche di quel tempo, e di qualche merito si debbano attribuire a Baldassarre".[69] Was im Senese bis hin zum schlichten Bauernhaus mit doppelreihiger Arkatur als Peruzzi-Original ausgegeben wird, lässt an das Wunder der Brotvermehrung denken. Trotz des „absoluten Fehlens von Dokumenten" stellt Letizia Franchina landesweit die nicht zu erschütternde Überzeugung von der peruzzianischen Abkunft einer jeglichen backsteinernen zweistöckigen Loggienfassade fest, „l'incrollabile certezza senese nell'identificare per peruzziano ogni portico con sovrastante loggiato, preferibilmente in laterizio ed a piatte lesene doriche (...)".[70]

Der einzige bisher bekannte zeitgenössische Hinweis darauf, dass Peruzzi „viele Häuser für seine Mitbürger" konzipierte, „oltre quello che fece per il Publico fece molti disegni di case a' suoi concittadini", findet sich bei Vasari.[71] Soweit man weiß, unterhielt der Meister keine eigene Werkstatt; er gab die Ausführung seiner Projekte im Lauf der Jahre immer häufiger aus der Hand, um sich mit umso größerer Ruhe dem Entwerfen und Zeichnen widmen zu können.[72] Sein Engagement im Sieneser Villenbau dürfte eher in einer seiner zahllosen rasch hingeworfenen Skizzen bestanden haben, denn in einer persönlichen Überwachung der Arbeiten. Dokumentiert durch eine eigenhändige, mit exakten Maßangaben versehene Zeichnung ist seine Urheberschaft lediglich für einen Entwurf zum Umbau des Castello di Belcaro.[73] Darauf, dass sie eventuell auch für die Villa La Fratta bei Sinalunga in Anspruch genommen werden kann, verweist eine zwar nicht verifizierbare, aber glaubwürdige archivalische Notiz.[74]

Siehe Abb. 31 und 46

Baldassare Peruzzi ist eine flüchtige Erscheinung, schwer greifbar als Person wie als Architekt. In seiner Heimatstadt Siena als bescheiden entlohnter Festungsingenieur gehandelt[75] und zu Lebzeiten keineswegs angemessen geschätzt („fu maggiore la fama ed il nome di Baldassarre essendo morto, che non era stato in vita" schreibt Vasari)[76], gründet sich sein Nachruhm im Wesentlichen auf zwei römische Bauten von kaum augenfälliger Verwandtschaft: die Farnesina (ab 1505) und den Palazzo Massimo alle Colonne (beendet 1536). Frommel schreibt die unübersehbare Diskontinuität in Peruzzis Werk der außergewöhnlichen Fähigkeit des Künstlers zur Anpassung an fremde Stile zu – einer „chamäleonhaften Flexibilität" als Resultat jener fehlenden Selbstsicherheit und großen „modestia", von denen Vasari ebenfalls berichtet.[77] Gerade wegen der so vagen Umrisse des Mannes ist es wenig erstaunlich, dass die „Peruzzi-Legende" bis heute in Siena unausrottbar ist: Ebenso schwer wie als Architekt dingfest zu machen, ist Peruzzi eben auch als solcher auszuschließen. Prägnantere Handschriften wie etwa die seiner mutmaßlichen Lehrmeister Francesco di Giorgio und Giacomo Cozzarelli sind viel eindeutiger zu bestimmen als jene sich der konkreten Beschreibung immer wieder entziehende des übersensiblen Baldassarre. Allein den Versuch einer Identifizierung nennt Letitia Franchina ein „äußerst schwieriges, um nicht zu sagen verzweifeltes Unternehmen".[78]

5. Die Sieneser Schule und ihr Stil

Über den engeren Kreis der Mitarbeiter liegen kaum Erkenntnisse vor. Francesco di Giorgio gilt als Begründer der Schule, Cozzarelli als führender Meister,[79] und der Zeitpunkt der Heimkehr beider vom Hof der Montefeltro um 1490 als Datum, von welchem an sich Siena mit Verspätung dem *stile nuovo* aufschloss.[80] Die zähe Traditionsverhaftung der Stadt, ihr Beharren auf einmal als gut und richtig akzeptierten Lösungen lassen sich damit erklären, dass nicht kunstsinnige Familien die wichtigsten Auftraggeber waren, sondern über mehr als zwei Jahrhunderte hin die Kommune, die Opera del Duomo und das Ospedale di Santa Maria della Scala, kontrolliert von nüchtern kalkulierenden Bürgerkommissionen. Aber man kann auch die Anregungsarmut dieser sich ab Mitte des Trecento unaufhaltsam zum Grundrentnerstaat wandelnden, einst glanzvollen Stadt als Ursache geltend machen. Sanpaolesi spricht unverblümt von „mancanza di stimoli spirituali": „Non si ebbe attività umanistica di alcun rilievo, e questo si deve premettere qui ad ogni considerazione. L'architettura fu vista prevalentemente nel suo aspetto decorativo e di superficie ornata".[81]

In diese selbstzufriedene Idylle kehrt um 1490 der damals fünfzigjährige, als „ingegnere militare" bereits in ganz Italien berühmte Francesco di Giorgio zurück,[82] ein Mann der Bautechnik und der Mathematik, der nüchternen, wuchtigen Formen, der schmucklos nackten Monumentalität. Kein Mann genialer Höhenflüge, sondern Perfektionist mit Bodenhaftung, gerufen vom zukünftigen Herrn Sienas, Pandolfo Petrucci, „Halbtyrann" (Jacob Burckhardt) und Mäzen. Gerufen als Sachverständiger für Festungsarchitektur: Kaum ein Werk der Zivilbaukunst ist Francesco di Giorgio sicher zuzuschreiben, weder in Siena noch außerhalb; der Umfang seiner Tätigkeit in Urbino ist nach wie vor unklar[83] und von Le Volte abgesehen lässt sich kein Villenentwurf überzeugend auf ihn zurückführen. Francescos Ruhm begründen vielmehr seine noch am Hof von Urbino entstandenen theoretischen Schriften, die *Trattati*.[84] Sie geben erstmals handfeste Bauanweisungen und zählen konkret auf, welche Gesichtspunkte in der Praxis zu beachten sind, anstatt „abstrakt gehaltene Prinzipien" (Heil 1995) aufzustellen.[85] Vor allem diese Traktate, dazu der aufschlussreichste von ihm hinterlassene Bau, Santa Maria delle Grazie al Calcinaio, dokumentieren seine Handschrift. Diese Kirche unterhalb von Cortona zeigt die Elemente, die der Architekt als Erbe seiner Heimatstadt Siena übernommen, in Urbino zu seinem Stil geformt und an seine Schule weitergegeben hat:

– das Bekenntnis zu einfachen, nackten, kubischen Formen, zum geometrisch umschriebenen Baukörper, zu klar umrissenen Flächen als Schau-

bilder von Proportionen, nicht als Träger schmückender Details;
- für das Auge nachvollziehbare geometrische Maßverhältnisse, die den gesamten Bau, sein Äußeres wie sein Inneres, umfassen und seine Teile in ein folgerichtiges Bezugssystem zueinander bringen;
- die starke Betonung der Horizontalen durch massive, ununterbrochen umlaufende Gurtbänder – Francesco nennt sie „recinti"; Kapitelle in gestreckter Gebälkform, gelegentlich treffend auch als „Teleskopkapitelle" bezeichnet;
- die Einhaltung von strikter Axialität und Superposition als „verbindliche, ohne Ausnahme zu beachtende Regel, welche von vielen Architekten ignoriert wird";[86]
- die Akzentuierung durch knapp gehaltene, präzis profilierte dekorative Elemente von mitunter derber Plastizität aus dunklem, bräunlichem bis schiefergrauem Sandstein anstatt weißem Travertin, eine Farbwahl, die die Dekoration oft drückend wirken lässt.

Man mag Francesco di Giorgio schwerfällig finden, seine rigide Horizontalbetonung unsensibel, seine Gebälke zu massiv, seine Fensterädikulen kopflastig, seine Proportionen wenig geschmeidig – der Ruhm seiner technischen Meisterschaft wird ihm bleiben. Und das Verdienst, der Sieneser Bauschule über ihre lokale Bedeutung hinaus universelle Geltung verschafft und einen Nachfolger wie Baldassarre Peruzzi geprägt zu haben, als größten – und letzten – Vertreter des Stils. Dass Peruzzi in einer *bottega* von Francesco di Giorgio gelernt hätte, ist zwar in keinem Dokument erwähnt, nur, dass dieser ihn in der Perspektive unterrichtet habe,[87] vom formenden Einfluss des großen Alten auf den *giovanotto* darf man jedoch ausgehen.[88] Francesco war von den 1490er Jahren an wieder dauerhaft in Siena anwesend, Baldassarre übersiedelte erst um 1505/06 nach Rom,[89] lebte also bis zum Tod des Meisters am 29. November 1501 in dessen Nähe. Für das vermutlich enge Lehr- und Arbeitsverhältnis beider während der Jahre, in welchen der von Francesco neu formulierte „Sieneser Stil" Stadt und *contado* seinen Stempel aufzudrücken begann, zeugt die Villa Le Volte.

Siehe Abb. 3 und Farbabb. 1

Eine Schlüsselfunktion für das weitere Bauen in Stadt und Land kommt dem zwischen 1503 und 1508 – also etwa gleichzeitig mit Le Volte – errichteten Palazzo del Magnifico in Siena zu, der Residenz des Pandolfo Petrucci. Er gilt als Werk von Giacomo Cozzarelli[90] und steht am Beginn jener Cinquecento-Paläste, die sich insofern endgültig vom wuchtigen Florentiner Aufrissschema lösen, als ihre Fassaden anstatt Rustika mit darin ausgesparten Bogenöffnungen hochrechteckige, architektonisch gerahmte Fenster aufweisen.[91] Peruzzi wird zwanzig Jahre später nahe des westlichen Stadttors, der Porta San Marco, den gleichermaßen bedeutenden, wiewohl ungleich bescheideneren Palazzo Pollini bauen; auch hier treten die Einfassung der Fenster und ihre Verdachung körperhaft vor die schmucklose Wand, die aus Ziegeln gemauert, am Palazzo del Magnifico dagegen verputzt ist und möglicherweise freskiert war.[92]

Ein signifikanter Unterschied offenbart bereits auf den ersten Blick den Abstand Peruzzis zu seinen einstigen Lehrern: die Gestaltung der Gesimse. Gürtet am Palazzo Pollini eine einzige glatte, aus weißem Travertin geschnittene, kantig profilierte Sohlbank den Bau in mittlerer Höhe, so mar-

kieren (inklusive Kranzgesims) gleich sechs weit vorkragende, stark plastisch gearbeitete Gesimse aus schiefergrauem Sandstein die Geschosse des
Palazzo del Magnifico. Paarweise, jeweils einen hohen, leeren Streifen als
Fries zwischen sich nehmend, bilden sie dreimal ein regelrechtes Gebälk
nach; im obersten Fries sind Mezzaninfenster untergebracht. Die noch ganz
und gar quattrocenteske Freude an kraftvoller Dekoration, wie sie Cozzarelli auch mit der Gestaltung der schmiedeeisernen Fahnenhalter und *campa-
nelle* an der Fassade beweist,[93] scheint tatsächlich eine Epoche entfernt vom
„übersensiblen Linearismus der Flächengliederung" (Frommel 1961), der am
Aufriss der Villa Le Volte besticht.

6. Die Charakteristika der Sieneser Renaissancevilla

Die Zurückhaltung, die Peruzzis Architekturen auszeichnet, wird zum Auf-
rissmerkmal der nachfolgenden Sieneser Renaissance-Villen. Sie offenbart
deren Herkunft von Musterbüchern, die existiert haben müssen, aber nie
gefunden wurden. Das Können der an Peruzzis „kühler Ruhe" (Frommel
1961) geschulten Baumeister liegt in ihrem noblen Formempfinden und
einer geradezu traumwandlerischen Sicherheit im Umgang mit Proportionen. Dazu gesellt sich ein auffallendes Gespür für Angemessenheit, das sich
freilich auch damit erklären lässt, dass im Senese weiterhin die Renaissance mit der Diskretion ihrer Frühzeit die Regeln des Bauens vorgibt, während
sich in Florenz und Mantua, Venedig, Vicenza und Rom längst der Barock vor-
bereitet, die Statik bereits „zugunsten von Bewegung" (Hubala 1985) über-
wunden ist. In Siena dagegen fehlt die Freude am Experiment, die Schultra-
dition wird nie verlassen, vorsichtig wird weiter nach altbewährten Mustern
– in Ziegel – gebaut, stilistische Details bleiben unverändert, aus dem Rahmen
fallende Prunkstücke sucht man vergebens. Könnte etwa der Veneto, um nur
die bekannteste der Villenregionen zu zitieren, als Museum von – wie auch
immer geglückten – Einzellösungen in der ländlichen Architektur bezeichnet
werden, so beeindruckt im Senese die strikt durchgehaltene Gleichförmigkeit
der offenbar ein- für allemal als gültig erachteten Konzepte.

Folgende Charakteristika lassen sich festhalten:
- Der ganze Bau samt Bogen und Pfeilern, Lisenen, Friesen und Gesimsen
  wird aus Backstein durchstrukturiert; das bedingt glatte, kubische Formen, bestimmt die Linienführung aller gliedernden und dekorativen Elemente und prägt die Farbe der Baulandschaft.
- Allein die dorische und die toscanische Ordnung eignen sich für diese
  Bauweise; sie verstärken den generellen Eindruck asketischer Schmucklosigkeit der Architekturen.
- Die Gliederung ist zart, das Wandrelief flach; damit bleibt Siena hinter
  der allgemeinen Entwicklung zurück, die sich in einer deutlichen Steigerung der Plastizität der Aufrisse ausdrückt, einem der entscheidenden
  Gestaltungsmittel der Hochrenaissance.
- Typisch ist die zweigeschossige Loggia, die Öffnung der Fassade in Pfeilerarkaden, die – meist dreibogig – in zwei Reihen übereinander stehen;
  die Mauerung der Pfeiler und Bögen ist im allgemeinen auch bei verputzten Bauten steinsichtig.

- Das Gliederungssystem der Ordnungen wirkt meist wie eine lediglich auf die Mauer applizierte Graphik, entfaltet kein Eigenleben, ist Teil der Wand, des Baukörpers.
- Eine Differenzierung zwischen den Geschossen wird unter anderem über die nach oben hin abnehmende Höhe erreicht; horizontale Bänder schaffen eine klare Markierung der Wandabschnitte.
- Monumentalität und Extravaganz sind nirgends intendiert; das Format der Bauten bleibt bescheiden.
- Ein den Bauschmuck wesentlich bestimmendes Moment ist das Farbspiel des Steinwechsels von Ziegel mit Travertin, einem Kalkstein in den Schattierungen von reinweiß bis grau und rötlichbraun.
- Die außergewöhnliche Sorgfalt in der Detailbehandlung beweist die Könnerschaft der Sieneser Handwerker.

V Der beispielgebende Normalfall: Palazzo Venturi

Wer von der Abtei Monte Oliveto Maggiore aus durch die *Crete senesi* nordwärts in Richtung Asciano fährt, erreicht nach knapp vier Kilometern einen hochgelegenen Punkt, von welchem aus sich das Sträßchen in steiler Linkskurve zu einem Bachbett absenkt. Dahinter setzt sich das grün-graue Auf und Ab der sanft bewegten Landschaft gleichmäßig fort. In einer Farbe, die je nach Sonnenstand von Rosa bis Rostrot wechselt, erhebt sich auf dem langgestreckten Rücken des nächsten Hügels ein isoliert stehender, allseits ansichtiger Palast von handlicher Größe: der Palazzo Venturi. Er steht dort seit den frühen 20er Jahren des Cinquecento. Aber nicht (nur) seiner Schönheit wegen soll er hier den Normalfall der Sieneser Villenarchitektur der Renaissance repräsentieren: Von Le Volte abgesehen, lässt sich – nach heutiger Kenntnis – im Raum Siena keine andere Villa namhaft machen, die so früh dokumentiert wäre, geschweige denn seither in authentischer Form überlebt hätte.

Siehe Farbabb. 4 und Umschlagfoto

Der Wiederaufbau (1563) der um 1558 kriegszerstörten Südfassade hat zwar die ursprüngliche Proportion modifiziert, das äußere Bild des Palazzo aber nicht verfälscht. Dieser Wiederaufbau, bei welchem der Loggientrakt verbreitert wurde, Gliederung und Dekoration der Fassade jedoch erhalten blieben, erwies sich hinsichtlich der vorliegenden Untersuchung insofern als außergewöhnlicher Glücksfall, als er die ländliche Baupraxis an der Schwelle zur Hochrenaissance auch dank vorhandener Archivalien nachvollziehbar macht. Das Beispiel Venturi zeigt dazu die Virtuosität der Sieneser Handwerker: Die sensible Dekoration des Palazzo belegt die zu Beginn des Cinquecento gültigen Qualitätsstandards und das offenen Prunk scheuende Statusdenken der Sieneser Bauherren. Die Schmuckelemente beschränken sich auf zart auf der Fassade aufliegende Reliefs; optisches Gewicht hat allein das singuläre Kranzgesims; ein weiterer Effekt wird erreicht mit den einfachen Mitteln des Stein- und Farbwechsels.

Siehe Abb. 5 und 7

Obwohl sich in den Fundamenten des Palazzo Mauerreste eines oder zweier früher Speicher von bescheidenen Ausmaßen finden, spricht nichts dafür, dass die Planung eine bereits vorhandene Architektur zwingend zu berücksichtigen gehabt hätte. So konnte vermutlich weitgehend

Der Standort der Villa an der Straße Nr. 451 Buonconvento-Asciano ist unter dem Namen „Montecontieri" auf der Karte des Touring Club Italiano (TCI) „Toscana" 1 : 200 000 eingetragen. Die Villa ist bereits aus weiterer Entfernung zu erkennen; die Anfahrt bis vor das Gittertor, das das Gelände absperrt, ist problemlos möglich; von dort aus lassen sich der *cortile* und – aus der Schrägsicht – auch die Hauptfassade gut sehen.

Siehe Abb. 20

Siehe Abb. 39

frei gestaltet werden. In Nachfolge der Villa Le Volte repräsentiert der Palazzo den Typus einer Portikusvilla mit zweigeschossiger Loggia, die jedoch zwischen nicht risalierende Flanken eingespannt ist. Der Grundriss des Palazzo ist somit nicht U-förmig wie jener von Le Volte: Er umschreibt ein Rechteck und folgt dem dreibahnigen Speicherschema, wie es allenthalben für stark in die Landwirtschaft eingebundene Villen zweckmäßig war.[94] Diese Architektur ist im Senese deutlicher als in anderen Regionen zum Standard geworden. Am Beginn der Entwicklung scheint der Palazzo Venturi zu stehen, als Erste jener Villen im sogenannten Peruzzi-Stil, der das Bild der Region über Jahrhunderte hin geprägt hat.

1. Die Baugeschichte

1. a Der Standort des Palazzo: Montecontieri

Die Sieneser *Creta* mit ihren von grauen Furchen zerschnittenen Tonböden ist dünn besiedelt, aber das war sie nicht immer. Pest und Hungersnöte und die stetig zunehmende Verarmung der Bauern – bis hin zum Massenelend des ausgehenden 18. Jahrhunderts – sind in bedeutendem Ausmaß verantwortlich für die Verödung des Gebiets. Die Dörfer und Gehöfte, von welchen aus das Hügelgewoge im Umkreis des einstmals reichen Agrar- und Gewerbezentrums Asciano kultiviert wurde, sind verschwunden. Die letzte Welle der Abwanderung setzte nach dem Zweiten Weltkrieg ein; sie hinterließ ein leeres Land. Montecontieri, nur noch ein historischer Name, bezeichnet als Eintrag auf der Straßenkarte keine Ansiedlung mehr, sondern lediglich den Standort eines 500jährigen Gebäudes – des Palazzo Venturi.[95] Das früheste erhaltene Dokument, das die 1989 aufgelöste Pfarrei San Giovanni Evangelista a Montecontieri nennt, ist eine Bulle von Papst Alexander III. vom 22. April 1178; sie bestätigt die Besitzungen der Pieve Asciano, unter anderem deren Rechte über insgesamt 27 Pfarreien, so auch jene „de Monte Gunteri".[96] Die Montecontieri zugehörigen Gemeinden zahlten dem Pfarrer den Kirchenzehnten.[97] Das Pfarrhaus zu Füßen des Palazzo Venturi steht noch heute, der Friedhof jedoch, die in der Papstbulle erwähnten beiden Filialkirchen sowie zwei weitere, später Montecontieri eingegliederte große Dörfer, Montefranchi mit seinem Kastell und San Tommaso di Rentessa, existieren nicht mehr. Bereits vom späten Quattrocento an war einer dieser Weiler nach dem anderen durch Kauf in den Besitz der Venturi gelangt.[98]

Das zweite Dokument, das hier für die Vorgeschichte des Palazzo Venturi und die ehemals so engmaschige Infrastruktur der umgebenden Landschaft zeugen soll, ist 140 Jahre jünger: Es ist die schon erwähnte *Tavola delle possessioni*, das Sieneser Immobilienverzeichnis. Ab 1318 wurden im Rahmen der Registrierung Asciano und seine Gemeinden erfasst, somit auch die „ville Montis Gonterii", die Dörfer von Montecontieri.[99] Allein in deren Einzugsbereich sind rund drei Dutzend Grundbesitzer aufgelistet, wohnhaft in Asciano oder aber in Haus oder Hütte an Ort und Stelle. Bürgerlicher Besitz – teils von den Eigentümern bewirtschaftet, teils in Halbpacht von *contadini* –, daneben *poderi* in Hand der Bauern selbst gliederten den *contado* in dichter Streuung. So gehört einem Nuccius Romei „de Sciano", „aus Asciano", unter anderem „in loco dicto Castellare un pezzo di

Abb. 4 Kirche und Pfarrhaus von Montecontieri am Fuß der Palastmauer

terra con casa confinante Conte Siribelli". Ebenfalls in Nachbarschaft der Siribelli'schen Güter deklariert Nuccius Fatii aus Asciano einen Weinberg: „In Villa Montis Gonteri in loco dicto La Chiusa vineam confinante da due parti con conte Siribelli". Der wohlhabende Francischus Fini gibt Gesamtbesitz im beachtlichen Wert von 1138 *lire*, 7 *soldi* zu Protokoll, darunter ein Stück Land mit Feldern und Wein, Haus und Hütte, „Oliven und anderen Bäumen" in Montecontieri – „una pezzam terra campia e vineata con casa e capanna e olivi e altre alberi cui ex una parte est contis Siribelli". Wie nach Lektüre des Registers nicht mehr weiter erstaunlich: Auch Francischus ist Nachbar des Conte Siribelli.

Contadini, die mit ihren Familien das Land bewirtschafteten, tauchen in der *Tavola* dann nicht auf, wenn sie nur Arbeiter und nicht selbst Eigentümer waren. So ist also die Zahl der tatsächlich in Montecontieri sei es in Lehmhütten, sei es in Steinhäusern lebenden Personen höher, als die der von der Zählung erfassten. Als landsässiger Nachbar des Pfarrers erscheint dort beispielsweise ein „Tinaccius Bini de Montegontieri in villa Montisgontieri in loco dicto Montegontieri confinante canonice Sancti Iohannis". Der Kanonikus von San Giovanni selbst verfügt über eine Pfründe von beachtlicher Ausdehnung. Da sind Haus und Kirche samt zugehörigem Grund, des weiteren „in luogo detto Pagaccio Montis Mori un pezzo di terra campia che confina da una parte con fiume Ombrone (...), in loco detto su le vigne un pezzo di terra che confina con Conte Siribella (...), pezzo di terra che confina con (...) Conte Siribella e con altra con Domini Buglionis (...), luogo detto da Sole uno pezzo di terra soda confina Conte Siribelli".[100] Aus der Beschreibung der von der *Tavola* überlieferten Grenzverläufe wird klar, dass der größte Grundherr im Gebiet von Montecontieri (neben jenem bereits als Besitzer von „palatium et domus de mactonibus" nahe Asciano zitierten Ritter Bullione de Galleranis) ein Adliger namens Siribelli war. Er lebte in Siena,[101] hatte somit seinen Besitz dort zu deklarieren: Die *Tavola delle possessioni della Città* weist ihn als Herrn von nicht weniger als insgesamt 18 Anwesen im Gesamtwert von 2939 *lire* allein im Bereich von Montecontieri aus.[102] Ein Kastell oder ein *palagio* kommen in der Aufzählung zwar nicht vor, wohl aber Felder und Weinberge mit Haus und zwei Hütten in der Gemarkung La Chiusa, angrenzend „ex uno canonice Montis Gonterii, ex duobus via et ex alio magistri Nerii Francisci". Als Anrainer der Pfarrei ist Siribelli vermutlich auch Besitzer des späteren Standorts des Palazzo, der zwischen dem Kirchenkomplex und der vorbeiführenden Straße identisch positioniert ist.

1. b Der Gründer des Besitzes: Ventura d'Antonio Venturi

Nicht existent in dieser Welt, die nur noch dokumentarisch zu fassen ist, scheinen die Venturi; der Name wird nirgends genannt, auch wenn Prete Antonio Sestigiani in seinem um 1700 niedergeschriebenen historischen Kompendium erklärt: „Questa fameglia discende da Asciano".[103] Zwar sind die Venturi ab 1340 in Siena bezeugt, ein „Ventura d'Andrea piccicaiuolus" sitzt 1359 im Stadtrat,[104] aber Landerwerb der Familie im Gebiet von Montecontieri lässt sich erst von 1455 an nachweisen. In diesem Jahr kaufte Ventura d'Antonio di Ventura, der den Grund zu dem von nun an stetig anwachsenden Reichtum seines Hauses gelegt haben dürfte, zum Preis von 175 *fiorini* die Hälfte des „podere di Vallepiatta in loco seu contrata que dicitur Montecontieri cum domo terris laborate vineate sode et boscate et tina in domo eius".[105] In seiner zwei Jahre vorher geleisteten Steuererklärung, den „denunzie per la lira" von 1453,[106] hatte er sich als Vertreter jener in Siena so verbreiteten Spezies von Kaufleuten zu erkennen gegeben, die in ihrer „butigha dela pizicharía" handelten, womit sich irgend handeln ließ – mit Talglichtern und Trockenfisch, Eisenwaren und Krediten.[107]

Nur 15 Jahre später, 1467, weist die Lira Ventura mit einem verdoppelten Vermögen von 8325 Florin bereits als Angehörigen der reichen Oberschicht aus;[108] unter anderem gibt er nun auch das jüngst in Montecontieri erworbene, inzwischen etwas vergrößerte Gütchen samt zwei Ochsen an, „due terzi d'uno poderetto a uno paio di buoi posto nela chorte di Monte Chontieri di quelo in Sciano (...) item due terzi d'uno champo di terra di staia 20 incirca"; Gesamtwert 284 Florin. In der Lira von 1481, Ventura lebt nicht mehr, hat sich am Umfang dieses Besitzes noch nicht sehr viel geändert; die Steuerdeklaration der Söhne offenbart einen wenig erhöhten Wert: 334 Florin.[109] Antonio, Girolamo und Jacomo, die drei Erben, nennen sich nun selbstbewußt Bankiers und „investitori nell'arte della pizzicheria"; Landkäufe, unter anderem in Montecontieri, folgen ab 1484 Schlag auf Schlag. Bis 1498 schließen die Brüder gemeinsam oder einzeln Verträge für ein halbes Dutzend größerer Erwerbungen zum Gesamtpreis von 1170 *lire* allein im Einzugsgebiet ihres dortigen, nun zunehmend arrondierten Besitzes. Die für den um 1524 errichteten Palazzo bedeutendste Transaktion findet sich unter dem Datum 1496 wie folgt beurkundet: „Più pezi di terra, et case a Monte Ghebbi corte di Asciano (...). Imprimis unam domum cum iuribus plateae et

Claustri sita in podio Montis Ghebbi (...). Item unum petium terre laborati-vum et olivatum retro dictam domum (...). Item unum alium petium terre la-borativum olivatum et pomatum sito in dicto loco apede lapiazza". Ein aus-gedehntes Anwesen ist das also, mit einem hochgelegenen Haus samt dem Recht, dort eine *piazza* anzulegen und das Ensemble mit einer Mauer zu umgeben.[110] Ackerland und Olivenbäume hinter dem Haus, „apede", zu Füßen einer bereits existierenden *piazza*, sind ebenfalls Bestandteil der Er-werbung. 1498 ist der Zukauf eines weiteren Hauses mit Hütte auf dem Hügel von Monte Ghebbi, „poggio Montis Ghebbi", dokumentiert.[111]

Monte Ghebbi – heute ein Nirgendwo. Der Name ist untergegangen, aber die Lagebeschreibung des Kaufdokuments lässt wenig daran zweifeln, dass es sich hier um den Standort der Villa handelt, um jene Handvoll *case*, in deren Nachbarschaft beziehungsweise an deren Stelle wenig später der Palastkomplex errichtet wurde. Einen ergänzenden Hinweis zur Ortsbestim-mung bietet zudem die Lira von 1509.[112] Zwar ist die Villa noch nicht dekla-riert – da offenbar noch nicht existent -, die Gemeinde aber, der sie zugehö-ren wird, Montecontieri, heißt hier überraschend „Monte Ghebbi"; beide Lo-kalitäten sind demnach zumindest partiell identisch. Ein weiteres Argu-ment mag die Hypothese stützen, es habe sich bei den zitierten Anwesen um die Vorläufer des Palazzo gehandelt: Die Käufe von 1496/98 sind die mit Abstand umfangreichsten Erwerbungen der Venturi im Gebiet von Monte-contieri. Dokumentiert sind sie für Jacomo di Ventura, der als „ricchissimo negoziante" und Chef von drei Bankhäusern – einem in Siena, einem in Rom und einem in Lyon – in die Familienchronik einging. Er kaufte für sich „et Je-ronimo et Antonio suis fratribus carnalibus et eiusque posterioribus here-dibus et successoribus", seine Brüder sowie künftige Erben, und schuf damit die rechtliche Basis für spätere Besitzansprüche einer nicht unbeträchtli-chen Anzahl von Nachkommen dieser weit verzweigten Familie. Von den letzten Jahrzehnten des Cinquecento an führte das zu schier endlosen Erb-streitigkeiten, die auch im folgenden Jahrhundert nicht nachließen.[113]

1. c Das mutmaßliche Baudatum: um 1524

1513 erwirbt der reiche Jacomo an den nordwestlichen Ausläufern des Monte Amiata nahe Seggiano (heute Provinz Grosseto) ein weitläufiges wald- und wasserreiches Areal – Potentino mit seiner Festung und den Ei-senmühlen zu deren Füßen.[114] Zwei Jahre später, im Sommer 1515, stirbt er,[115] aber noch scheint die Villa von Montecontieri nicht zu bestehen, denn anders als Potentino ist sie in den Nachlassverfügungen nicht aufgeführt. Dagegen ist dort die Schar der Erben festgehalten: die Witwe Ginevra di Conte di Cristoforo Capacci mit vier erwachsenen und zwei minderjährigen Söhnen. Von ihnen überleben fünf: Ventura, der Älteste, Jahrgang 1494, Ales-sandro (1496), Conte (1499), Agnolo (1502) und Patrizio (1512).[116]

Ein Dokument, das eine Aussage zur Errichtung des Palazzo und sei-nem Architekten machte, konnte nicht gefunden werden, insofern bleibt auch die Frage nach dem Auftraggeber offen – war es noch Jacomo oder erst sein Sohn Ventura? Abgesehen von Stilvergleichen mit der zeitgenössischen Sieneser Architektur, die auf eine frühe Errichtung hindeuten,[117] zeugt je-doch ein Dokument für eine Vollendung spätestens um die Mitte der 1520er

Jahre: Der im Archiv der Abtei Monte Oliveto Maggiore bewahrte *Decimario* von Montecontieri. Hier findet sich – 1604 – folgender Eintrag des damals amtierenden Pfarrers Vittorio Pretiani: „Il Palazzo de Venturi ancora è moderno e questo ho inteso dire deve essere che è fatto intorno a ottanta anni in circa da oggi".[118] Etwa achtzig Jahre, „von heute an gerechnet", ergeben ein Baudatum um 1524. Pretiani bezieht sich mehrfach auf Aussagen von *contadini,* das heißt auf mündliche Überlieferung, die in der schriftlosen bäuerlichen Welt als verlässliche Quelle zu werten ist. Er selbst kannte den Palast bereits zwanzig Jahre, als er sich zu dessen Alter äußerte; er hatte seinen Posten 1584 angetreten und sogleich mit der Niederschrift des *Decimario* begonnen. Die durchgängig auffallende Präzision der Schilderungen zeigt, dass der Pfarrer über die Gabe genauen Hinhörens und Hinsehens verfügte; auch dürfte der genannte Zeitraum für ihn noch zu überblicken gewesen sein. Daran, dass der Palazzo um die Zeit seiner Errichtung Jacomos Sohn Ventura gehörte, lässt sich nicht zweifeln; als Erstgeborener war Ventura der Haupterbe; bis zu seinem Tod um 1553 blieb er der Besitzer.[119]

1. d Kriegszerstörung und Wiederaufbau 1563

Anschließend gelangte das Erbe in die Hände des nächstältesten der noch lebenden Brüder, Agnolo, eines als schwach und problembeladen beschriebenen Mannes, der soeben noch in der feinen Sieneser *contrada di Santo Stefano* einen halben Palast gekauft und sich damit so übernommen hatte, dass er seiner hohen Schulden wegen „lange Zeit nicht mehr auf die Straße ging".[120] Wie Augenzeugen berichteten, hinterließ er nach seinem Tod 1558 den Palazzo Venturi „rovinato da alto e basso, le possessioni sue in detto luogo senza bestiami, e le case de' contadini mezze rovinate" – ein einstmals wunderschönes Landhaus, das man nun nur noch über Holzstege betreten konnte, „habitatione bellissima ma rovinata assaissimo che si entrava per tavole", dazu die Bauernhäuser zerstört und ohne Vieh.[121] Der traurige Zustand der Immobilie war indes nicht Agnolo zuzuschreiben, sondern Kriegsfolge:[122] „Era rovinata la parte dinanzi insieme con due volte rovinate per la guerra per cavare le Catene di ferro (…) le cose delle possessioni sono state mal' trattate dalli soldati cavando gangari e piastrelle".[123] Eingestürzt war die Vorderseite des Palasts, die Südfassade mit der zweigeschossigen Loggia, an welcher Zuganker, Ziegel, Gesimse herausgerissen worden waren. Mit eingestürzt war auch das Dach über dem Mittelteil der Fassade.[124]

Das Dokument, das diese Informationen überliefert, ist das erhaltene Protokoll eines im Sommer 1582 mehr als drei Wochen lang vor Gericht verhandelten Erbstreits um die Villa, der die damals bereits über 20 Jahre zurückliegenden Ereignisse noch einmal im Detail aufrollt.[125] Aber nicht nur das Ausmaß der Zerstörung kommt während des Prozesses „frà Venturi, e Venturi" immer wieder zur Sprache, sondern auch die einhellige Erinnerung der Zeugen an die Unschlüssigkeit des Mannes, der sich als einziger der Erbberechtigten den Wiederaufbau finanziell zumuten konnte und das dem Wunsch der Verwandten entsprechend auch sollte: Venturas Sohn Salustio. Der indes, geschäftstüchtig und gewinnorientiert, winkte ab; mit dieser Erbschaft wollte er in keiner Weise zu tun haben: „Non voleva in modo alcuno ingerirsi in detta heredità". Diesen Ärger wollte er sich vom Hals halten,

„non voleva entrare in questo imbarazzo".[126] Die Halbruine, für die an Agnolos
Tochter Ginevra als Ablösung 3000 Florin
zu zahlen waren, schien ihm den Aufwand nicht wert, zumal der Miterbe, sein
Cousin Jacomo, Sohn von Alessandro,
kaum dazu beisteuern konnte.[127] Aber der
soziale Druck war groß, das Schicksal des
Palasts Stadtgespräch. Die maßgebenden
Patrizier diskutierten den Fall, „se ne ragionava (...) da molti gentiluomini principali della Città", desgleichen die Verwandten. Insbesondere Salustios Mutter
Honesta drängte den Sohn, dem Haus
Venturi den Nachlass zu erhalten, da kein
anderer der Erben dazu in der Lage sei,
„dicendolo che dovesse farlo perché non
uscissero della Casa, e fameglia de Venturi e perché non ci era alcuno delli tre here-
di, che potesse farlo senon lui questo passo". Schwager Giovan Battista Ballati, Bankier, gab Kredit, und Salustio übernahm „quasi forzato da i preghi"
den Palazzo samt den damit verbundenen Verpflichtungen.[128] In den folgenden Jahren vergrößerte er den Besitz durch Zukauf weiterer *poderi* beträchtlich,[129] womit er seinen Ruf eines „sehr reichen" Mannes von hohem
Ansehen und Können festigte.[130]

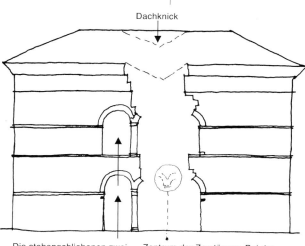

Dachknick

Die stehengebliebenen zwei
Bögen, die später bei der
Neugestaltung der Loggia
abgebrochen wurden

Zentrum der Zerstörung. Bei der
Beschädigung des Säulenauflagers
stürzte das gesamte Mauerwerk darüber
ein, ebenso knickte das Dach ein

*Abb. 5 Palazzo
Venturi, Kriegszerstö-
rung des Loggien-
trakts um 1558 (vgl.
Abb. 15)*

Siehe Abb. 6

Den Zeitpunkt des Wiederaufbaus, der 200 Scudi kostete, überliefert
nicht das Prozessprotokoll, sondern ein erhaltener Brief vom 27. Oktober
1563: Salustio schreibt aus Montecontieri an Jacomo in Siena, berichtet über
die Mühsal von Bauarbeiten zu dieser unwirtlichen Jahreszeit und warnt
den Cousin davor, herzukommen: „Poi chè veggio chè li maestri ci vogliono
condur'a murar'nela Vernata e io no'ci posso riparar'ne tu ci ripari mi voglio partir di qui do mattina per quattro dì perche le mie faccende patano
estremamente hor se puoi infatto mandar qui maestro Tommaso mandalo
che qui ho dato ordine al tutto et io sarò lunedi qui".[131] Die Maurer wollten
also den Winter hindurch weiterarbeiten, Salustio aber konnte sich ebensowenig vor der Kälte schützen wie auch Jacomo es gekonnt hätte, gedachte
im Übrigen, dringender Geschäfte wegen am nächsten Morgen für vier
Tage abzureisen, sodass Jacomo (anstatt selbst zu kommen) den „maestro
Tommaso" schicken sollte. Er, Salustio, hatte alles Nötige veranlasst und
wollte Montag an Ort und Stelle zurück sein.

Daran, dass es sich hier nicht um eine beliebige kleinere Reparatur
handelte, sondern um den im Prozessprotokoll dokumentierten Wiederaufbau, lässt der Brief keinen Zweifel, vor allem, wenn Jacomo „correnti et assari per coprir che qua non ne trovo" besorgen soll – Materialien, die in Asciano nicht aufzutreiben waren. Nach Architektenauskunft beschreibt Salustio damit eine typische Zwangslage: Man ist bis zu Beginn des Winters
mit den Arbeiten gerade bis zum Dach gekommen, das noch vor dem Einbruch schlechter Witterung wieder aufgesetzt werden muss – eine Baustel-

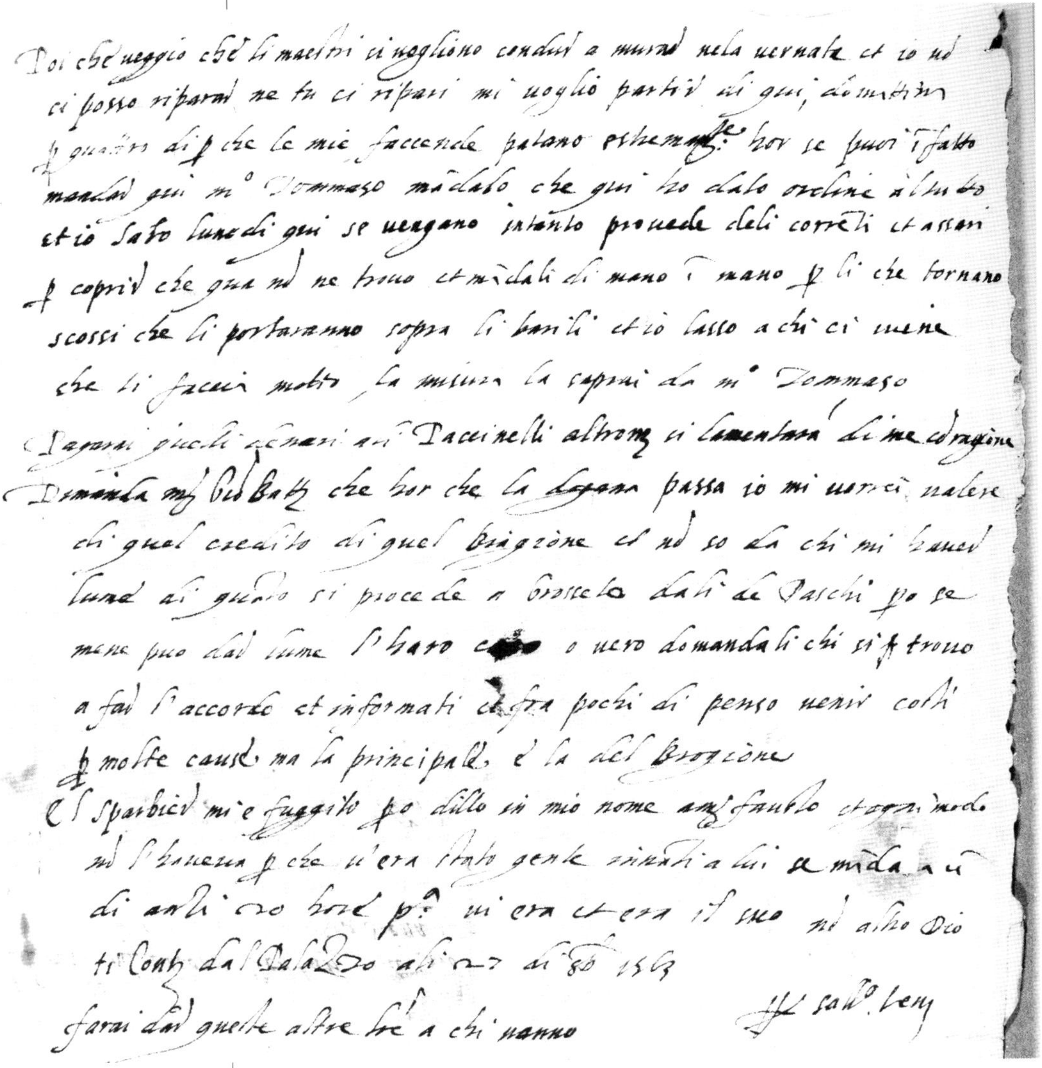

Abb. 6 Salustio Venturi an seinen Cousin Jacomo, 1563 (siehe Dokument 16)

le soll nicht ungeschützt überwintern. 1563 also, fünf Jahre nach Agnolos Tod und vier nach Kriegsende, wird die Fassade erneuert – unter Verbreiterung des Portikustrakts. Auf die Verbreiterung selbst wie auch das Motiv dafür geht der frierende Hausherr nicht ein.

Zwei Hypothesen bieten sich zur Erklärung an. Die erste: Empfindlicher Materialmangel als Kriegsfolge könnte zu der Entscheidung geführt haben. Eine Verschmälerung der Mauerfläche durch Erweiterung der Loggien bedeutete eine erhebliche Ersparnis an Backstein und damit eine Verminderung der Kosten, die dem Prozessprotokoll zufolge durchaus im Interesse Salustios gelegen haben dürfte. Hypothese Nummer zwei: Statusmotive waren mit ausschlaggebend; der Kriegsschaden diente als Anlass, dem Palazzo zu einer repräsentativeren Schauseite zu verhelfen. Weitere Arkaturen gaben der Fassade optisch mehr Gewicht, sozusagen eine breitere Brust. Die Exaktheit der Bauausführung und die eindrucksvolle Konsequenz, mit welcher die Proportionen entsprechend den zeitgemäß veränderten Ansprüchen neu konzipiert wurden, legen diese Deutung nahe. Aber welche der beiden Hypothesen auch zutrifft – das Ergebnis bietet ein singuläres Beispiel für das hohe Niveau der ländlichen Sieneser Baukunst im Cinquecento. Auch wenn sie sich in diesem Fall elegant über das Gebot des großen Francesco di Giorgio hinwegsetzt, auf strikte Symmetrie zu achten.[132]

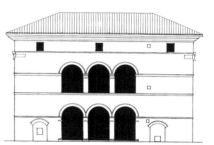

Abb. 7 Palazzo Venturi, Fassaden I von 1524 (oben) und II (unten) von 1563

1. e Der Palast nach 1563 und sein späteres Schicksal

Als Salustio zu Beginn des Jahres 1574 starb,[133] hinterließ er zwei erbberechtigte Söhne, Ventura und den noch minderjährigen Ranuccio. Der Erstgeborene, Enrigo, war von der Erbfolge ausgeschlossen, da psychisch krank. Wie sein Bruder Ventura später in seinem Testament versicherte, habe außer Zweifel gestanden, „che detto missere Enrigo non sia stato né sia in cervello, né di mente sano et integro".[134] Da Ventura nur Töchter hatte und Ranuccio wie auch Enrigo kinderlos starben, gelangte der Palast nach Venturas Tod (um 1598) an die Nachkommen des fünften und jüngsten Sohnes von Jacomo, Patrizio, und somit an jene Linie, deren Vertreter bereits im Prozess von 1582 um den Mitbesitz gekämpft hatten. Jacomos Enkel Lucrezio, Kanoniker am Dom von Siena und Malteserritter, „Cavaliere e Commendatore della Religione di Malta", übernahm die Villa. Sein Testament von 1601 bietet ein anschauliches Beispiel für das Erbrecht jener Zeit.[135] Wurde ein Bauwerk ganz oder in Teilen unter *fedecommesso* gestellt, war es als unveräußerliches Erbgut gesetzlich geschützt. 1591 hatte Ventura testamentarisch ein solches Verkaufsverbot für den Palazzo festgelegt;[136] wie üblich, wiederholt das Testament von Lucrezio den Wortlaut der Verfügungen nahezu unverändert. So wird bekräftigt, dass „la tenuta, ò Capo di Schifanoia[137] con Palazzo, e Poderi, posta nella Corte d'Asciano (...) in perpetuo senza diminuzione alcuna si conservi nella Casa e fameglia de'Venturi". Der Verbotskatalog dekretierte unter anderem, dass der Palast weder als ganzes Bauwerk noch in Teilen verpfändet beziehungsweise mit Hypotheken belastet und nicht auf längere Dauer vermietet, geschweige denn an andere Personen weitergegeben werden durfte – gleich aus welchen auch noch so dringenden Gründen wie etwa denen einer Hungersnot. Der Palast durfte auch nicht als Mitgift in den Besitz anderer Namensträger gelangen, ebenso wenig dazu dienen, Sklaven freizukaufen (sic!).

Da als Geistlicher ohne erbberechtigte Nachkommen, vermachte Lucrezio den Palast seinem Neffen Patrizio, „Doctore e de'primi Avvocati di Siena, dove in quell'Università spiegò gloriosamente le Leggi",[138] der mit Ortenzia Piccolomini verheiratet war. Mit dieser Ehe war ein Band geknüpft zu einer Sieneser Familie höchsten Ranges; ob jedoch diese oder eine der noch folgenden Verbindungen zwischen den Häusern Venturi und Piccolomini[139] Anlass zu einer Korrektur am Kranzgesims des Palazzo gegeben haben, lässt sich nicht aufklären: Die vertikal gerichteten Schmuckplatten zwischen den

Siehe Abb. 11 und 12

Konsolen zeigen eine liegende Mondsichel – das Piccolomini-Wappen. Es ist wenig wahrscheinlich, dass es sich hier um eine Entscheidung für einen beliebigen Bauschmuck gehandelt hat; die Wahl des Motivs dürfte eine Bedeutung gehabt haben. Möglicherweise sind die Platten zu irgendeinem Zeitpunkt gegen die Originale ausgewechselt worden – eventuell bereits auf Wunsch des ebenso ambitiösen wie herrschsüchtigen Rechtsgelehrten Patrizio, vielleicht aber gehörten sie bereits zum ursprünglichen Bauschmuck.

Der Palast blieb in Familienbesitz bis zum Beginn des 19. Jahrhunderts; um 1820 folgten drei Geschwister Palmieri dem letzten Venturi als Eigentümer nach. Im Kataster von Asciano,[140] dem im Zug der Habsburg-Lothringischen Agrarreformen angelegten Grundstücksverzeichnis, erscheint anstelle des Palazzo Venturi lediglich die Bezeichnung „Podere delle Chiuse di sopra". Mag sein, dass das Gebäude selbst bereits weitgehend verwahrlost war, ökonomisch stand es jedenfalls um den Besitz nicht mehr zum Besten: Repetti gibt für das Jahr 1833 nur noch 130 Einwohner von Montecontieri an.[141] Eine wenig glückliche Modernisierung des Villenkomplexes, die die Westfassade durch einen Anbau optisch wie auch statisch beeinträchtigte, erfolgte gegen Ende des Jahrhunderts; bereits ab 1858 war das Wirtschaftsareal durch den Bau einer ausgedehnten *fattoria* erweitert worden. Montecontieri erlebte einen Aufschwung von jedoch nur kurzer Dauer. Nach dem Aussterben der Familie Palmieri Nuti wechselten 1931 die Eigentümer des Palazzo erneut,[142] 1938 folgte schließlich die gerichtliche Versteigerung.[143] Der deutsche Käufer, Hermann Prinz von Schönburg Waldenburg, erwies sich gewissermaßen als Retter in letzter Minute: Er und nach ihm seine Erben sanierten das ruinöse Gebäude wie auch die Ökonomie; der Palazzo gewann durch eine sich über Jahrzehnte hinziehende Restaurierung viel von seiner verlorenen Schönheit zurück. Die Abwanderung der Landarbeiter und ihrer Familien ließ sich jedoch langfristig nicht aufhalten – nicht durch die Modernisierung der *case dei contadini* und nicht durch die Errichtung einer Schule für vierzig Bauernkinder zu Füßen des Palasts. Sie steht seit Ende 1967 leer.

1. f Nachrichten über Vorgängerbauten, Keller und *cortile*

Als früheste Nachricht über eine Bebauung des heutigen Palastgeländes können die Kaufdokumente der Jahre 1496/98 gelten.[144] Sie belegen die Erwerbung des auf dem Hügel namens Monte Ghebbi gelegenen Anwesens „cum iuribus plateae et Claustri", das sodann (1498) erweitert wird um Haus und Hütten „iunctum retro cum dicta domo". Wir haben hier ein Ensemble mit vermutlich mindestens einem Steinbau vor uns, in welchem sich auch der *Signore* – in diesem Fall wohl Jacomo di Ventura, der Käufer – anlässlich sporadischer Aufenthalte einrichten konnte. Reste eines oder zweier solcher kleinerer Bauten sind im Kellerbereich des Palazzo zu vermuten, auf unterschiedlich hohem Bodenniveau entsprechend dem natürlichen Gefälle, welchem auch die Fundamente des Palazzo folgen.[145] Das Gelände sinkt nach Norden hin ab; dort, an der Rückseite des Hauses, liegt ebenerdig der Zugang zum jüngsten der Keller frei, während sich ein sehr viel älteres Spitztonnengewölbe, knapp vier Meter breit und rund neun lang, parallel zur Südfassade unter dem Portikus findet.[146] Auf das Vorhandensein derartiger Vorgän-

Siehe Abb. 9 und 17

Abb. 8 Palazzo Venturi, Lageplan

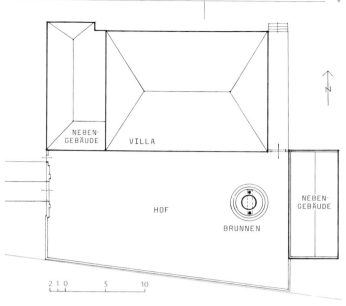

gerstrukturen lässt auch die bis in halbe Höhe des aktuellen Erdgeschosses reichende, leichte konische Verjüngung der Ost- und Nordfassade des Palazzo schließen; mutmaßlich noch vorhandene Reste einstiger Bruchsteinmauern wurden hier mit Ziegel verblendet.

Der Palast ließ sich nie über einen frontalen, sondern immer über einen seitlichen Zugang zur Hauptfront erreichen, denn Pfarrhof und Kirche standen bedrängend im Weg. Informationen über die ursprüngliche Organisation des Geländes sind nicht vorhanden; in Dokument 22 ist zwar ein eineinhalb Hektar großer „Garten" hinter dem Palazzo erwähnt, zur Anlage des *cortile* davor findet sich jedoch kein Wort. Immerhin bestätigt eine Notiz die Annahme, dass das aktuelle Terrain durch Aufschütten erreicht wurde. 1587 erzürnt sich nämlich der Pfarrer bei der Niederschrift des *Decimario* über das Siehe Abb. 9 Unrecht, das seiner Gemeinde lang vor seiner Zeit durch den Bau der Hofmauer des Palazzo zugefügt worden sei: „Als man sie zum ersten Mal errichtete, so hatten es viele Bauern von ihren Vorfahren gehört, wurde meine Straße zurückversetzt, um mehr Platz vor dem Palast zu haben (...). In den Zeiten, in denen das geschah, scherte man sich nicht um die Kirchen und ihren Besitz (...), insbesondere die Städter waren ganz und gar die Herren im Land".[147] Die beklagte Mauer verengt die unmittelbar an Pfarrhof und Kir- Siehe Abb. 4 che vorbeiführende Straße auf einer Länge von mehr als 30 Metern gleichsam zum Hohlweg, ragt auf, wo es wohl ursprünglich freien Raum gegeben hat. Das gewonnene Terrain kam dem *cortile* zugute, der sich, allseits umschlossen, sechs Meter höher vor dem Palazzo ausdehnt.[148] Dessen Eingangsfassade bildet samt dem westlich anschließenden neueren Anbau die nördliche Begrenzung des Hofes, Pferdeställe und Remisen besetzen seine Ost-, eine Ziegelmauer und ein rund fünf Meter hoher Torbau seine Westseite.[149] Am Südrand des *cortile* senkt sich die gemeinderechtsbrechende Steilwand in die Schlucht zwischen Palast- und Pfarrbesitz ab. Hier steigt das Zufahrtssträßchen hügelan, um, auf der Höhe angekommen, in scharfer Kehrtwendung auf das Hofportal zuzusteuern. Über dessen Bogenscheitel prangt zwar nach wie vor das Wappen der Venturi, im Bogenfeld jedoch erscheint zwischen schmiedeeisernen Ranken das Monogramm der Familie Palmieri Nuti, die den Palazzo ab etwa 1820 hundert Jahre lang besaß.

Nur von diesem Portal aus ist der *cortile* einsehbar; seinen Blickfang Siehe Umschlagfoto und Abb. 22 bildet der großartige rund drei Meter hohe Travertinbrunnen vor der rückwärtigen Palastflanke, ein Verwandter der südtoscanischen Renaissance-*pozzi,* deren Vorbild, 1462 von Bernardo Rossellino geschaffen, die Piazza Pio II in Pienza schmückt.[150] Der *cortile* mit seiner Grundfläche von rund 500 Quadratmetern ist nicht ganz eben; das Gelände steigt vom Portal aus leicht an, bis es vor dem Eingang zum Palazzo die Horizontale gewinnt. Die einstige Zufahrt aus Steinplatten ist im Portalbereich noch vorhanden; tiefe Spurrillen schwerer Wagen haben die Zeiten bis heute überdauert. Das enorme Fassungsvermögen dieses Hofes dokumentiert wiederum der *Decimario* mit einer Notiz vom 23. Oktober 1680. Sie erinnert an die Predigt eines Padre Segnari, gehalten anlässlich eines Benefiziums vor „quasi 3000" Zuhörern am Brunnen „nella Piazza del Palazzo".[151]

2. Das Äußere des Palazzo[152]
2. a Die Maße

Siehe Abb. 20

Siehe Farbabb. 3 und 5

Der freistehende, sparsam dekorierte Ziegelbau, der nie verputzt, somit auch nie freskiert war, hat die Form eines liegenden Quaders mit einer Breite von 20,52 m und einer Seitentiefe von 15,75 m; seine Höhe, gemessen an der Eingangsfront, beträgt 11,94 m bis zum Ansatz des Kranzgesimses, das selbst 0,60 m hoch ist. Die Addition dieser Maße ergibt eine Fassadenhöhe bis zur Dachtraufe von 12,54 m.[153] Da der Palazzo die Kuppe eines Hügels krönt,

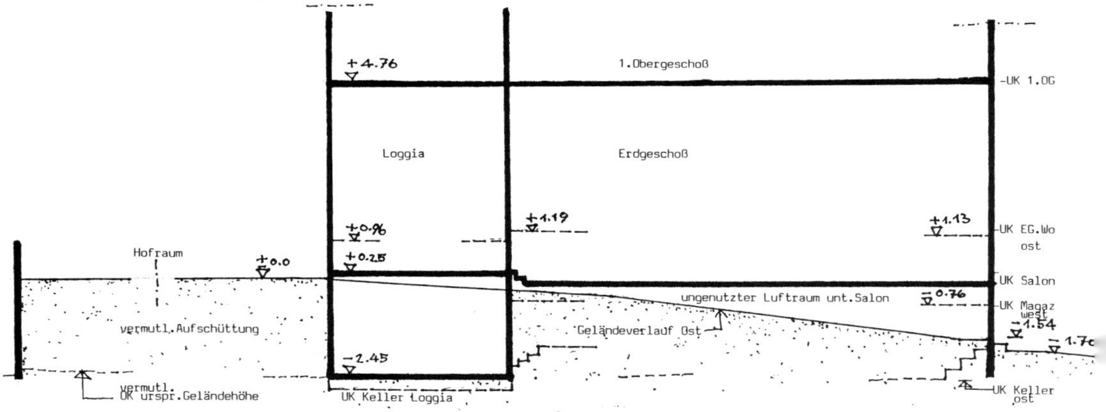

Abb. 9 Palazzo Venturi, Querschnitt Gebäudemitte

senkt sich das Bodenniveau nach allen Seiten hin ab, die rückwärtige Eingangsebene liegt um 1,70 m tiefer als die vordere; die Gebäudehöhen differieren entsprechend. Die Hauptfassade wendet sich frontal nach Süden; sie weist zwei Geschosse und ein Dachmezzanin auf; die Höhe der Wandabschnitte bis zu den Gesimsen nimmt nach oben hin ab (5,80 : 4,90 : 1,24 m), kehrt sich allerdings im *piano nobile* um: Der Abstand der Brüstung, die den Arkaden Stand bietet, zum Kämpfergesims beträgt 2,30 m, vom Kämpfergesims zum Mezzaningesims dagegen 2,60 m.

2. b Die Südfassade

Siehe Farbabb. 4

Das beherrschende Motiv der Südfassade ist die zweigeschossige, dreiachsige Loggia in ihrem Zentrum, eine Pfeilerloggia, deren Arkaden vollkommene Halbkreise beschreiben. Der Trakt ist eingespannt zwischen nicht risalierende, geschlossene Flanken;[154] anders als Le Volte repräsentiert der Palazzo damit den Typus der Portikusvilla, deren Front plan ist. Vielleicht erst

50

auf den zweiten Blick – da zunächst nicht störend – fällt die Diskrepanz der Breiten der seitlichen Wandstücke auf: Das östliche ist mit 6,72 m um 1,23 m breiter als das westliche (5,49 m).[155] Die drei hochrechteckigen Fensterchen im niedrigen Dachgeschoss, knapp gefasst von Mezzanin- und Kranzgesims, sind bemerkenswert in zweierlei Hinsicht: Zum einen, weil der Palazzo mit diesem Motiv die Villa Le Volte und damit deren städtische Vorbilder zitiert,[156] zum anderen, weil diese Fenster so erstaunlich asymmetrisch verteilt sind – eine Anordnung, für die sich ebensowenig eine rasche Erklärung findet, wie für die unterschiedliche Breite der Fassadenflanken. Zwar sitzt

Siehe Farbabb. 5

Siehe Abb. 3

das mittlere der Fenster in der Mittelachse der Loggia, somit aber – wie diese – nicht im Zentrum der Fassade, auch sitzt es nicht exakt zwischen den beiden Außenfenstern; der Abstand von Öffnung zu Öffnung ist nach rechts beträchtlich größer als nach links (7,30:5,80 m). Dass Zahl, Form und Positionierung dieser Fenster gegenüber einem früheren Zustand geändert wurden,[157] machen vier mit bloßem Auge erkennbare schlankere Mauerrechtecke im Dachgeschoss deutlich – ehemalige, nun geschlossene Öffnungen. Sie hinwiederum verhalten sich zwar symmetrisch zueinander und zur Fassadenbreite, sind aber in Bezug auf die Loggienarkatur achsverschoben.

Loggien und Gesimse

Die Fassade des Palazzo ist in beachtlicher Ausdehnung geöffnet: Die früher auch im Obergeschoss offene Loggia,[158] landesüblich als Doppelloggia, „doppio loggiato", bezeichnet, nimmt mit ihren lichten Gesamtmaßen von 8,31 m in der Horizontalen und 9,30 m in der Vertika-

Abb. 10 Palazzo Venturi, Portikusarkaden

len 40 Prozent der Breite und rund 80 Prozent der Höhe der Hauswand ein. Dass sie sich dennoch so standfest präsentiert, ist unter anderem der optischen Wirkung der stämmigen Pfeiler zuzuschreiben – ihr Querschnitt ist rechteckig, sie sind breiter als tief (0,58 : 0,43 m). Während sich die lichte Weite der einzelnen Arkaden in beiden Stockwerken mit jeweils rund 2,40 m entspricht, unterscheiden sich die lichten Höhen: sie sind im Obergeschoss um 0,65 m vermindert (4,15 : 3,50 m). Identisch ist dagegen jeweils das Verhältnis der Arkaden zur Höhe der Wandzonen, deren Begrenzung das Gurt- respektive Mezzaningesims übernimmt: im Erd- wie im Obergeschoss ver-

Abb. 11 Palazzo Venturi, Bogenknick der östlichen oberen Arkade und beschädigtes Mezzaningesims

hält sich die lichte Arkadenhöhe zur Wandzonenhöhe wie 1 : 1,4, die Seite eines Quadrats zu dessen Diagonaler. Diese Proportion wiederholt sich an der Fassade mehrfach[159] und schafft damit das ruhige Gleichmaß, das die Architektur des Palazzo so beeindruckend prägt.

Die Arkaden der Loggia präsentieren sich nicht als simple Ausschnitte aus der Wandfläche; die sorgfältig gearbeitete Rahmung akzentuiert die Öffnungen und bindet sie gleichzeitig in das graphische Netz ein, das die Fassade gliedernd überfängt. Die von den Kämpfern aufsteigenden Rundbögen sind ge-

Abb. 12 Palazzo Venturi, Südwestecke des Hauses mit Wappen der Venturi

fasst von radial gestellten Backsteinen,[160] ein traditionelles Muster der Sieneser Ziegelbauweise schon zu Zeiten der Erbauung des Palazzo Pubblico, zugleich ein antikes Motiv. Ein feiner, im Erdgeschoss gedoppelter Formsteinwulst überfängt jeden der Backsteinkränze; bei näherem Hinsehen erscheint hier das Profil von Platte mit Karnies; abbreviaturhaft greift es die an Sieneser Palästen seit den 1460er Jahren zunehmend verbreitete Rahmung auf. Wie jedoch im Bereich des Mauerwerks und der Mezzaninfenster zeigen sich auch an der Arkatur einige – vergleichsweise marginale – Unregelmäßigkeiten: Während die mittlere und die westliche Arkade in beiden Stockwerken der Loggia makellos gewölbt sind, wirkt jede der östlichen Arkaden leicht eingedrückt; ihrer lichten Höhe fehlen im Erdgeschoss zwei, im Obergeschoss drei Zentimeter – auch das ein erklärungsbedürftiger Befund.

Siehe Abb. 11

Die Arkatur des Obergeschosses gewinnt ihren Halt im Aufriss durch das Gurtgesims, auf welchem sie steht, und das Kämpfergesims, das sie seitlich fasst und umkröpft und sich über die mittleren Arkadenpfeiler hinweg fortsetzt. Gerahmt von Backsteinkränzen und den seitlich eingestellten Travertinpilastern ist die Dreiergruppe somit fest in die Wand eingebunden, das Zentrum der Fassade beherrschend wie ein Tableau. Die Instrumentierung, in beiden Geschossen toscanisch, unterscheidet sich in ihrer Ausführung: Die Basen und Kapitelle der Portikuspfeiler auf Eingangsebene sind schlichter gearbeitet als jene der Loggienpfeiler, die Profile sind hier mittels Schichtung relativ derb bearbeiteter Ziegelplatten hergestellt, wogegen ein Stockwerk höher Formstein erscheint. Was das Obergeschoss jedoch deutlicher als alle genannten Merkmale zum *piano nobile* erhebt, ist das Material der beiden Gesimse, die den Palazzo mittig umfangen: strahlend heller Travertin. Noch zwei weitere solche Farbakzente unterstreichen den Rang des Hauses: die an der östlichen und westlichen Hausecke unterhalb des Dachmezzanins eingelegten beiden Schmuckplatten. *Nastri svolazzanti*, doppelt gelegte, in Quasten ausschwingende Bänder umflattern das Wappen der Venturi, einen durch einen Querriegel geteilten Schild mit zwei Rosen im oberen, einer im unteren Feld. Neben den blendend dominierenden Gesimsen beteiligen sich, dezent ziegelfarben, weitere Horizontalstreifen an der Gliederung der Fassade, auf Kämpferhöhe der Erdgeschossarkaden wie als Sohlbankgesims des Dachmezzanins. Beide Male bietet sich hier eine schlichte Backsteinschichtung, wogegen die Travertingesimse nicht nur durch ihr Material, sondern auch durch ihre Profilierung bestechen: Während das untere einen stark auskragenden Karnies zwischen zwei schmalen Platten aufweist, ist das Kämpfergesims flacher und fein ornamentiert: Platte und Faszie sind begleitet vom zart aufliegenden Relief eines Palmettenfrieses.[161]

Siehe Farbabb. 4

Siehe Abb. 10

Siehe Abb. 14

Das Kranzgesims

Die von unten nach oben hin zunehmend aufwändigere Ornamentierung der Fassade erreicht ihre weithin sichtbare Krönung in Form des 0,60 m hohen Kranzgesimses, das – ungewöhnlich genug auch für einen freistehenden, allseits ansichtigen Bau – nicht nur um das ganze Haus herumgeführt ist, sondern in so erlesener Qualität in der südtoscanischen Villenland-

schaft – vom Kranzgesims von Le Volte abgesehen – kaum ein weiteres Mal zu finden sein dürfte. Über Zahnschnittfries und Eierstab kragt die Reihe der Konsolen aus; jede einzelne Konsole ist mit einem Blattmuster ornamentiert; in den rechtwinklig zueinander stehenden Feldern dazwischen finden sich in der Senkrechten die bereits erwähnten liegenden Mondsicheln, in der Waagerechten Rosetten. Es folgt wiederum ein nun sehr feiner, auch als Zungenblattfries zu lesender Zahnfries; ein etwas knolliger Perlstab und die Sima (heute durch die Regenrinne verdeckt) bilden den Abschluss.

Abb. 13 Palazzo Pollini, Siena, Kranzgesims

Zwei römisch-antike Vorbilder bieten sich für dieses wie auch die wenigen, hinsichtlich ihrer Gestaltung vergleichbaren Sieneser Gesimse an: der Dachabschluss der Basilika Aemilia[162] sowie jener des 170 Jahre jüngeren Concordia-Tempels mit seiner blühenden Ornamentik.[163] Beide Modelle machen an Wohnpalästen der Toscana von der Mitte des Quattrocento an als Bauzier anspruchsvollster Art Karriere; am Beginn steht 1444 der Florentiner Palazzo Medici, in Siena folgen um 1470 die Palazzi Piccolomini und Spannocchi und in den ersten Jahrzehnten des Cinquecento die Palazzi del Magnifico, Bichi Ruspoli und Francesconi. 1527 schließt sich der Peruzzi zugeschriebene Palazzo Pollini mit einem Kranzgesims an, das die vegetabilen Motive des Concordia-Gesimses in einer Weise wiederholt, die man fast fotografisch getreu nennen möchte. Als Meisterwerk der Sieneser „virtuosi della terracotta" (Sanpaolesi 1949) feiern hier die üppigen Dekorationsformen der augusteischen Zeit ihre Wiederauferstehung; kaum weniger Bewunderung als dieses Kranzgesims verdient sein ländliches Gegenstück am Palazzo Venturi.

2. c Die Spuren des Wiederaufbaus

Der genauere Blick auf die Fassade entdeckt bemühte Flickarbeit in erstaunlichem Umfang: Eine durchgreifende Veränderung des um 1558 kriegszerstörten Palazzo scheint bei seinem Wiederaufbau nicht beabsichtigt gewesen zu sein. Der Sparkurs dürfte zwar der Intention des damaligen Besitzers Salustio Venturi entsprochen haben, kann aber auch aus heutiger Sicht nur begrüßt werden: Er lässt die Narben der alten Verletzungen erkennen und hilft, das Bauwerk der 1520er Jahre zu rekonstruieren. So zeigen etwa die eingesetzten Trümmerstückchen am unteren Travertingesims, wie sorgfältig hier das Original repariert wurde, anstatt dass es durch ein neues Modell er-

Siehe Abb. 10 und 14

setzt worden wäre. Rückschlüsse auf den ursprünglichen Zustand der Fassade ermöglicht auch das Dachmezzaningesims. Hier fehlt unter allen drei Fenstern jeweils das obere Profil – die Fenster wurden also später ausgebrochen. Auf welcher Breite das Kranzgesims Siehe Abb. 11 eingestürzt war, lässt sich daran ablesen, dass es mittig leicht durchhängt; rechts davon, über der östlichen Arkade, ist ein Bruch mit schwachem Höhenversatz erkennbar. Darüber hinaus fällt am gesamten Mauerwerk des Palasts eine gewisse Unruhe auf. Starke Spalten zwischen den Backsteinen und senkrechte Risse sind zwar scheinbar hinreichend damit zu begründen, dass dauernde Bewegung des Bodens (er dehnt sich im Winter aus und trocknet im Sommer ein) typisch für die *Creta* ist. Weniger zu diesem Befund passt jedoch das Erscheinungsbild der Hauptfassade. Hier ist der Wechsel von Ziegelfarbe und Ziegelgröße besonders ausgeprägt. Helle Partien stehen neben dunkleren, auch größere Flächen sind teilweise mit Bruchziegeln ausgebessert, zudem begegnen fünf unregelmäßig verteilte Zuganker einer offenbar nicht unerheblichen Einsturzgefahr – sie sind sichtbar, das heißt, sie wurden nachträglich eingezogen und nicht von vornherein konstruktiv geplant und eingemauert.

Eine Analyse vergrößerter Laserkopien der Fassadenfotos offenbart die mit bloßem Auge schwer erkennbaren Beweise für die im Zuge des Wiederaufbaus vorgenommenen Veränderungen. Wie dokumentiert, war der Loggientrakt des Palasts eingestürzt. Die Begrenzungen des Ausbruchs und dessen absichtsvolle Erweiterung nach links lassen sich klar identifizieren, und zwar sowohl in der Verzahnung von neuem mit altem Mauerwerk als auch im Unterschied der Ziegelfarben sowie im Fehlen der (in den Flanken vorhandenen) Gerüstlöcher. Die optisch an Nähte erinnernden, das Fassadenzentrum beidseitig säumenden Linien unterscheiden

Abb. 14 Palazzo Venturi, südöstliche Arkade im Obergeschoss mit „geflicktem" Gesims

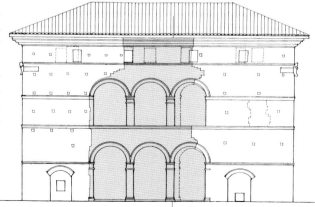

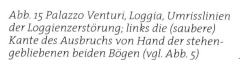

Abb. 15 Palazzo Venturi, Loggia, Umrisslinien der Loggienzerstörung; links die (saubere) Kante des Ausbruchs von Hand der stehengebliebenen beiden Bögen (vgl. Abb. 5)

Siehe Abb. 17 und 20

Abb. 16 Palazzo Venturi, Achsverschiebung in der Obergeschossloggia

sich signifikant in Form und Verlauf: Während die westliche Linie – Werk der Bauarbeiter – sauber an den äußeren Arkadenlaibungen entlang und weiter schräg nach oben bis zum Kranzgesims aufsteigt, ist ihr östliches Gegenüber so gezackt, wie vom Krieg hinterlassen. Das stärkste Argument für die nachträgliche Erweiterung des Mitteltrakts findet sich innerhalb der Loggien, und die Grundrisse bestätigen den Augenschein: Im *piano nobile* wirkt die Saaltür aus dem mittleren Joch nach rechts versetzt, tatsächlich aber ist sie geblieben, wo sie immer war – verändert wurde die Breite der Joche! Damit verschob sich die Mittelachse um rund 0,60 m nach links. Das rechte rückwärtige Gewölbeauflager des mittleren Jochs trifft nun nicht mehr auf eine Konsole auf, sondern auf den Türsturz; das linke ruht zwar auf einer Konsole, diese sitzt jedoch nicht in einem geschlossenen Wandstück, sondern über dem Fenster neben der Tür. Der Tatsache, dass Öffnungen zum Auffangen zumal eines so erheblichen Drucks, wie ihn ein voll ausgemauertes Kreuzgratgewölbe erzeugt, nicht prädisponiert sind, beunruhigte den Baumeister offensichtlich nicht; er sicherte die Statik durch starke Zuganker.

Der Vergleich der Grundrisse zeigt, dass zwar die Binneneinteilung von Erdgeschoss und *piano nobile* beibehalten wurde, die Positionen der Eingänge zu den Innenräumen beider Etagen sich aber nicht mehr decken. Anders als die obere Tür scheint nämlich die untere mit der Verbreiterung mitgewandert zu sein. Die Begründung: Im Portikus konnte die Tür zum *granaio* problemlos nach links versetzt und damit halbwegs genau in die neue Mittelachse gerückt werden – das verlangten sowohl die Optik der Fassade als auch die landwirtschaftliche Nutzung des Erdgeschosses; es sollte für sperrige Lasten zugänglich sein. Die vom *cortile* aus weniger leicht einsehbare zentrale Tür in der oberen Loggia dagegen musste mit Rücksicht auf die Mittelachse der *sala* bleiben, wo sie war. Die Asymmetrie wurde in Kauf genommen – ohne ästhetische Einbußen ließ sich eine Loggienerweiterung nicht realisieren, sollte die Struktur des Baus erhalten bleiben. Die tragenden Mauern hätten nicht ohne Ersatz durch aufwändige Stützkonstruktionen abgerissen werden können. Solche Mauern gab es zwar rechts, im Bereich der Küche, nicht jedoch links: Dort bot sich Raum bis zur Treppe, so wurde also nach links hin erweitert. Die östlichen, heute leicht eingedrückten Arkaden von Portikus und Loggia konnten fast bis in Höhe der Bogenscheitel stehen bleiben; die Laibungen wurden durch Abhobeln dem aktuellen Bogenradius angepasst.

Abb. 17 Palazzo Venturi, Längsschnitt im Bereich der Loggia

2.d Rekonstruktion des Ursprungsbaus

An der Abfolge zweier Fassadenvarianten des Palazzo Venturi lässt sich nicht zweifeln, ebensowenig daran, wie der Ursprungsbau ausgesehen hat. Eine Vorstellung davon vermittelt Ettore Romagnolis Zeichnung der dem Bauwerk ehemals nah verwandten Villa Vicobello.[164] Der frühe Palazzo Venturi hatte eine Südfassade mit einer schlanker dimensionierten Doppelarkatur, die – regelkonform – die Mittelachse der Fassade einhielt. Die Arkaden waren mit je 2,01 m um 0,38 m schmäler als im Nachfolgebau; die lichte Höhe war durchgehend um 0,20 m vermindert; die Breite beider Flanken entsprach sich mit einer Maßabweichung von nur 0,11 m fast exakt. Die vier Dachmezzaninfenster erschienen auch in ihrem Verhältnis zum Loggientrakt in symmetrischer Position, die beiden inneren standen präzis über den äußeren Bogenscheiteln.[165] Durch die nachträgliche Loggienerweiterung wurden insgesamt 1,12 m gewonnen. Dabei wurde quasi nur eine neue Tafel in eine bestehende Fassade eingesetzt, das Gesamtbild jedoch gewahrt und der Originaldekor sorgfältig wieder verwendet, wie das gestückelte Gurtgesims zeigt. Diese Treue zum ursprünglichen Entwurf

Siehe Abb. 30

Siehe Abb. 7 und Farbabb. 3

Abb. 18 Villa Vicobello, Rekonstruktion des mutmaßlichen Aussehens der Südfassade nach einer Zeichnung von Ettore Romagnoli (siehe Abb. 30)

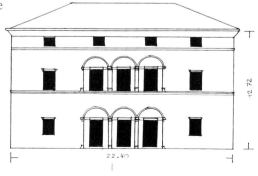

kann – auch – als Indiz dafür gesehen werden, dass die Architektur als hochrangig galt und dem Zeitgeschmack weiterhin entsprach.

3. Zur Proportionierung

3. a Was bedeutet kommensurabel, was inkommensurabel?

Zur Einführung einige allgemeine Angaben: Der Begriff bezeichnet die Beziehungen zwischen zwei und mehr Größen, die entsprechend den mathematischen Gesetzen, denen sie folgen, als mehr oder weniger harmonisch empfunden werden. Dem Warum dieser Empfindungen gehen bis in neueste Zeit hinein zahlreiche Untersuchungen nach, wenngleich mit nicht immer überzeugendem Ergebnis. So hat zwar bereits Euklid die Formel für das Teilungsverhältnis der *divina proportione*, des Goldenen Schnitts, beschrieben,[166] für die Faszination, die gerade diese Proportion auf die Mehrzahl der Betrachter ausübt, fehlt indes nach wie vor eine schlüssige Begründung.[167] Wie unter anderem auch das quadratische Schema gehört der Goldene Schnitt zu den sogenannten *irrationalen* Proportionen, die bereits in der Antike von den *rationalen* unterschieden wurden:[168] Erstere nennt Euklid „inkommensurabel", da es „kein gemeinsames Maß" für sie gebe, „kommensurable" Größen dagegen seien solche, „die von demselben Maß gemessen werden".

Was ist der grundsätzliche Unterschied? Kommensurable, rationale Proportionen sind vergleichbar in Bezug zu einer festen Grundeinheit, einem *Modul*, jeder Teil steht zu jedem anderen in einem mit gleichem Maß messbaren Verhältnis. Inkommensurable, irrationale Proportionen hingegen haben keine gemeinsame Bezugsgröße; sie sind rechnerisch nur annäherungsweise bestimmbar. Ihre Basis ist die Geometrie, somit sind sie anschaulich. Dass sie mithilfe figürlicher Konstruktionen in die Praxis umgesetzt werden können, machte sie insbesondere im Mittelalter beliebt bei den Bauleuten, denen es leichter fiel, einen Aufriss mit Zirkel und Seil aus dem Grundriss herzuleiten, als jedes einzelne Maß arithmetisch bestimmen zu müssen. Diese Alltagstauglichkeit weist nicht nur das einzige erhaltene Bauhüttenbuch der Gotik nach[169] – noch Brunelleschi errichtete seine Kirchen nach geometrischen Prinzipien, möglicherweise sogar ohne maßstäbliche Aufrisszeichnungen.[170] Die Architekten des mittleren und späteren Quattrocento suchten dagegen nach einer Ablösung des tradierten Verfahrens, nach einer mathematischen Ordnung, mit welcher sich die Teile eines Gebäudes in ihren Beziehungen zueinander konkret berechnen und mitteilen ließen. Solche Klarheit der Maßverhältnisse galt als Spiegel einer „mathematischen Weltharmonie".[171] In der Renaissance sollte die Aufrissproportionierung nicht nur neue baupraktische und künstlerische Forderungen erfüllen, sondern vor allem das zentrale Dogma zur Anschauung bringen, „dass alles mit allem durch die Zahl zusammenhing".[172] Die Lösung wurde bei Vitruv gesucht, der Bezugsperson aller Renaissance-Theoretiker, bei seinem auf arithmetischen Verhältnissen basierenden Proportionsverständnis.[173] Das schrittweise Bemühen um die Wiederbelebung der antiken *buona architettura* lässt sich in den Architekturtraktaten des Quattrocento nachlesen. Noch bis zur Errichtung des Palazzo Medici (ab 1444) war die Gestaltung der Außenfront eines Palasts nicht als Bauaufgabe wahrgenommen worden. Erst Alberti formulierte dafür eine verbindliche Regel: Sein Palazzo Rucellai (ab etwa 1446) gilt als erster großmaßstäblicher Versuch, eine Palastfassade mithilfe der Säulenordnungen zu gliedern. Die entscheidende Größe bei diesem von Vitruv hergeleiteten Proportionsschema ist der Säulendurchmesser, der als Grundmaß, als Modul, die Abmessungen der Geschosse bestimmt.[174] Er soll Garant für durchgängig vergleichbare Maßbeziehungen im Bauwerk sein, in den Worten Albertis die Gewähr „für eine zuverlässige und gleichförmige Erfassung von Quantitäten, durch welche ebensoviel Kenntnis von der Beziehung einzelner Teile eines Körpers zueinander wie von ihrer Beziehung zum Ganzen des Körpers gewonnen wird".[175]

Wandte sich nun zwar die Architektur mit Alberti wieder den Vitruv'schen arithmetischen Verfahren zu, so verlor daneben die überkommene geometrisch-figürliche Aufrissbildung kaum an Beliebtheit. Die immer wieder diskutierte Frage, welche Maßschemata in der Renaissance vorherrschten, ließe sich freilich nur im Vergleich von exakten Bauaufnahmen beantworten, die indes nicht in ausreichender Zahl existieren. Proportionsnachweise für prominente Einzelfälle bieten kein Fundament für ein Urteil über breiter gestreute Präferenzen ganzer Kunstepochen. Tatsächlich lassen sich zwar bis hin zu den komplexen Aufrisssystemen der Hochrenaissance zunehmend differenzierte Proportionsverfahren verfolgen, aber das ruhige Gleichmaß geometrischer Proportionen, das Prinzip des „sukzessiven, geometrisch konstruierten Hervorwachsens eines Maßes aus dem anderen",[176] behielten daneben stets Gültigkeit, wie etwa in Rom Peruzzis Farnesina oder Sangallos Palazzo Farnese zeigen.[177]

3. b Die Proportionen

Die beiden Varianten der Südfassade des Palazzo Venturi führen in singulärer Weise eine – nennen wir sie – „Verschränkung" der geometrischen mit der arithmetischen Proportionalität vor, das In-

einandergreifen zweier Gestaltungsprinzipien unterschiedlichen Charakters.[178] Am Ursprungsbau dominiert der inkommensurable Goldene Schnitt als übergreifende Proportion, die Höhenmaße innerhalb des Aufrisses dagegen folgen den von Alberti formulierten Maximen: Sie basieren auf einem Modul, dem der „Pfeilerbreite". Beim Wiederaufbau der eingestürzten Fassade wird der Porti-

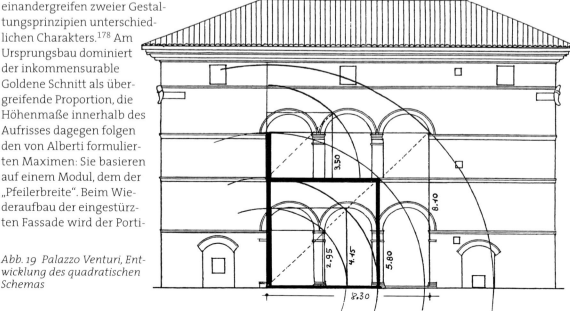

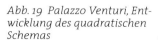

Abb. 19 Palazzo Venturi, Entwicklung des quadratischen Schemas

kustrakt neu proportioniert und damit modernisiert. Im Aufriss ist nun zwar das auf einem Modul basierende System deutlicher zu identifizieren, aber es dient durchgehend als Grundmaß für ein wiederum geometrisches Schema, das der Quadratur, der Gewinnung von Proportionen aus dem Quadrat. Obwohl die Aufrissgestaltung in der zweiten Version sehr komplex wirkt, war sie – wie schon der vorangegangene Entwurf – ohne größeren Berechnungsaufwand umzusetzen. Musterbuch und Handwerkszeug dürften als Konstruktionsgrundlage ausgereicht haben.[179]

Siehe Farbabb. 3

Südfassade I

Der folgende Rekonstruktionsversuch soll zeigen, wie das Procedere ausgesehen haben mag. Die Proportionierung nahm ihren Ausgang von der vorgesehenen Breite des Objekts. Aus diesem Grundmaß wurden alle weiteren Maße des Aufrisses abgeleitet. Da sich der Goldene Schnitt vereinfacht durch das Zahlenverhältnis 8 : 5 approximieren lässt, bot sich den Bauleuten eine leicht anwendbare Formel: War die gesuchte Strecke – etwa mit Hilfe einer Schnur – auf dem Bauplatz abgesteckt, folgte als zweiter Schritt deren Einteilung in acht gleiche Abschnitte; fünf davon definierten die Höhe des Aufrisses. Alle Achsen wurden von der Fassadenmitte ausgehend festgelegt. Für den Palazzo Venturi sieht die Rechnung aus wie folgt: Seine Breite, also die Grundstrecke, misst 20,52 m. Geteilt durch acht ergibt sich ein Abschnittsmaß von 2,56 m, multipliziert mit fünf ergibt sich für die Fassade eine Sollhöhe von 12,80 m (die jedoch nicht ganz erreicht wurde – es fehlen 0,26 m).[180] Zur Binnenproportionierung der Fassade: Die ursprüngliche Portikusbreite verhält sich zur Gesamtbreite beider Flanken wie 3 : 5 (dem Goldenen Schnitt angenähert); von acht Teilen der Fassadenbreite erhalten der Portikus drei und jede der beiden Flanken zweieinhalb, beide zusammen also fünf Teile. Die lichten Arkadenweiten ergeben sich aus der Portikusbreite abzüglich Pfeilerbreiten. Auch das Verhältnis von 1 : 2 der einzelnen Flankenbreite zur Fassadenhöhe basiert folgerichtig auf dem Grundmaß 2,56 m; eine Flankenbreite misst zweieinhalb mal, die (Soll-) Höhe der Fassade fünf mal 2,56 m.

Während somit der Goldene Schnitt die übergreifenden Proportionen definiert, richten sich die Höhen der einzelnen Aufrisselemente nach einem Modul, der sich von der Pfeilerbreite herleitet. Diese entspricht mehr oder weniger exakt dem *braccio senese* (0,5836 m), dem alten sienesischen respektive Florentiner Maß, in welchem die doppelte Breite des *terzino* auftaucht (29 x 14 x 6), des in Siena traditionell verwendeten Ziegels.[181] Der Modul Pfeilerbreite bestimmt zunächst die Pfeilerhöhen, damit gleichzeitig die Gesimshöhen, die den Aufriss horizontal gliedern; so legt die Pfeilerhöhe der Erdgeschossloggia mit fünf Moduln als Ausgangsmaß auch das zugehörige Kämpfergesims auf diese Höhe fest; die volle Höhe des Wandabschnitts bis zum Gurtgesims misst das Doppelte, zehn Moduln (5,80 m). Das Gurtgesims, das seinerseits die Fassade in ihrer Gesamthöhe (bis Ansatz Kranzgesims) in etwa halbiert (5,80 : 6,14 m), dient gleichzeitig als Sohlbank für die – entsprechend Albertis Forderung[182] – gegenüber den Erdgeschosspfeilern um ein Modul niedrigeren Pfeiler der Obergeschossloggia (5 M : 4 M).

Die Höhen der Bauabschnitte verhalten sich zueinander wie folgt: Kämpfergesimshöhe Erdgeschoss zu Gurtgesimshöhe wie annähernd 1 : 2;

Gurtgesimshöhe (5,80 m) zu Kämpfergesimshöhe des *piano nobile* (8,10 m) wie 1:1,4 (Quadratseite zu Quadratdiagonaler); im *piano nobile* verhält sich der Abschnitt Kämpfergesims bis Mezzaningesims (2,60 m) zur Gesamthöhe des Abschnitts Kämpfergesims bis Kranzgesims (3,84 m) wie 2 : 3. Ebenfalls wie 2 : 3 verhalten sich die lichten Arkadenhöhen beider Stockwerke zum jeweils darüber verlaufenden Gesims (3,95 : 5,80 m und 3,30 : 4,90 m).[183]

Für die Proportionen der lichten Arkadenöffnungen gelten im Erdgeschoss die Formeln 1 : 2,[184] im Hauptgeschoss 5 : 8 (Goldener Schnitt). Die Bögen der Loggia umschreiben in beiden Geschossen mit einer lichten Scheitelhöhe von jeweils einem Meter einen vollkommenen Halbkreis über der lichten Arkadenweite (2.01 m). Dargestellt als Rechteck, wiederholt sich die Proportion der lichten Erdgeschossarkade bis zum Ansatz des Kranzgesimses dreimal, das heißt, die Fassade lässt sich auch als horizontal unterteilt in etwa drei gleich hohe Zonen à rund vier Meter lesen.

Die Dachmezzaninhöhe entspricht mit 1,24 m rund zwei Moduln, die Kranzgesimshöhe wiederholt mit 0,60 m die Pfeilerbreite und folgt damit den von Francesco di Giorgio in seinen Traktaten formulierten Forderungen. Die Gesamthöhe der Fassade bis zum Ansatz des Kranzgesimses respektive des Daches lässt sich nicht mehr in Moduln übersetzen; wäre allerdings die aus dem Goldenen Schnitt abzuleitende Sollhöhe von 12,80 m erreicht worden, stellten sich genau 22 Pfeilerbreiten dar.

Südfassade II

Hier interessiert die Frage, welche Maßverhältnisse sich durch den Umbau in welcher Weise änderten.

Nach wie vor umfasst der Goldene Schnitt als Proportion den gesamten Aufriss, seine Spiegelung im Mittelteil ließ sich jedoch nicht aufrechterhalten, auch weist die verschmälerte linke Fassadenflanke im Vergleich zu ihrem Gegenüber keine relevante Proportion mehr auf. Die unveränderten Pfeiler- respektive Gesimshöhen definieren die neuen, wiederum geometrischen Proportionen. Der Schlüssel, dem sämtliche Abmessungen in dem um 1,12 m verbreiterten Portikustrakt folgen, ist nun die Quadratur, das Hervorwachsen eines Quadrats aus dem anderen bis hinauf zum Dach. Maßgebend für das stufenweise Aufsteigen ist das Verhältnis zwischen Quadratseite und Quadratdiagonaler – die mathematische Formel 1 : 1,4 dominiert.

Siehe Abb. 19

Siehe Farbabb. 5

Das Ausgangsmaß für die Proportionsfolge bildet die Pfeilerhöhe der Erdgeschossarkatur mit 2,95 m respektive fünf Moduln. Sie umschreiben das Grundquadrat. Das Verhältnis der Seite (oder Basis) des Quadrats zu seiner Diagonalen legt die lichte Arkadenhöhe der Loggia auf 4,15 m fest und bestimmt damit gleichzeitig die Seitenhöhe des folgenden Quadrats. Über diesen 4,15 m baut sich das nächste Quadrat auf; seine Seitenlänge entspricht mit 5,80 m (10 M) der Gurtgesimshöhe; die Diagonale reicht bis zum Kämpfergesims des *piano nobile*. Damit ist wiederum die Höhe des Quadrats definiert, dessen Basis mit einer minimalen Abweichung der lichten Weite des Portikus (8,31 m) entspricht. Dieses Quadrat kann dem Portikus wie ein innerer Rahmen eingeschrieben werden; die Quadratdiagonale erreicht den Ansatz des Kranzgesimses, womit sich endlich der ganze Mitteltrakt als im

Verhältnis von 1 : 1,4 proportioniert darstellt (8,30 : 11,94 m). Die Proportion zeigt sich ein weiteres Mal im Verhältnis der lichten Höhe der Obergeschossarkaden zur Geschosshöhe bis Mezzaningesims; hier wiederholt sich spiegelbildlich das Maßverhältnis der Erdgeschossarkaden zur Gurtgesimshöhe. Ausgehend von der Pfeilerhöhe der Erdgeschossarkatur war somit das Schema mittels geometrischer Konstruktion auf den gesamten Mitteltrakt übertragen worden.

Zusammenfassung

In der Gesamtschau zeigt sich der Goldene Schnitt als übergreifende Proportion für die ganze Fassade. Er kehrt im Mittelteil des Ursprungsbaus in doppelter Spiegelung wieder, einmal als Rahmen des Portikustrakts, ein zweites Mal in den lichten Maßen der Loggienarkatur des *piano nobile*. Die Flankenproportion von 1 : 2 wiederholt sich ebenso wie die harmonische Proportion von 2 : 3 innerhalb des Mittelteils mehrfach, daneben findet sich auch bereits das für den späteren Umbau wichtig werdende Verhältnis von 1 : 1,4 als Basis des quadratischen Schemas. Das gleiche Prinzip fortgesetzter Spiegelung der äußeren in den inneren Proportionen bietet auch Fassade II. Nun prägt die Wiederkehr des immer gleichen Maßverhältnisses von 1 : 1,4 beziehungsweise dessen Umkehrung das Zentrum als quasi eigenständigen Trakt. Bei beiden Fassaden bestimmt diese Systematik der Spiegelung wesentlich das Bild großer Ausgewogenheit und Ruhe, das eindrucksvoll das von August Thiersch erstmals formulierte Gesetz der Ähnlichkeit illustriert, welchem zufolge sich Harmonie nicht zufällig ergibt: Sie entstehe „durch Wiederholung der Hauptfigur des Werkes in seinen Unterabteilungen". Thiersch erkennt hierin ein Urprinzip der klassischen Architektur wie auch jener der italienischen Renaissance.[185]

4. Das Innere und die Dekoration

4. a Die räumliche Aufteilung

Entsprechend dem praxisorientierten mathematischen Elementarwissen der Bauleute basieren auch die Proportionen des Grundrisses des Palazzo Venturi durchgehend auf problemlos umsetzbaren geometrischen Bildern. So verhält sich die Gebäudetiefe (15,75 m) zur Gebäudebreite (20,52 m) wie 1 : 1,3 beziehungsweise 3 : 4; damit ist die Maßfolge der beiden pythagorischen Dreiecke definiert (3 : 4 : 5), in die sich die Grundfläche diagonal teilen lässt. An der Baustelle werden zwölf gleich lange Abschnitte (etwa einer Schnur) im Verhältnis 3 : 4 : 5 zum Dreieck geschlossen; gegenüber der Hypothenuse erscheint automatisch der benötigte rechte Winkel. Die Organisation der Innenräume des Palazzo lässt sich an der Loggienfassade ablesen – sie bietet das Außenbild der inneren Struktur, die dem Dreibahnen-Schema folgt.[186] Der rechteckigen Grundfläche ist südlich ein Querriegel vorgelegt, in dessen Zentrum sich Portikus und Loggia entwickeln. Zwischen diesem Trakt und der rückwärtigen Hausmauer erstrecken sich auf jedem Stockwerk drei Raumbahnen, deren mittlere das Gebäude jeweils in ganzer Tiefe durchmisst, während die beiderseits flankierenden schmäleren Fluchten je einmal unterteilt sind; damit entstehen pro Etage vier Nebenräume. Die planimetrische Disposition entspricht sich in allen drei Stockwerken, die Raum-

Abb. 20 Palazzo Venturi, Grundrisse von Erdgeschoss (oben) und piano nobile *(unten)*

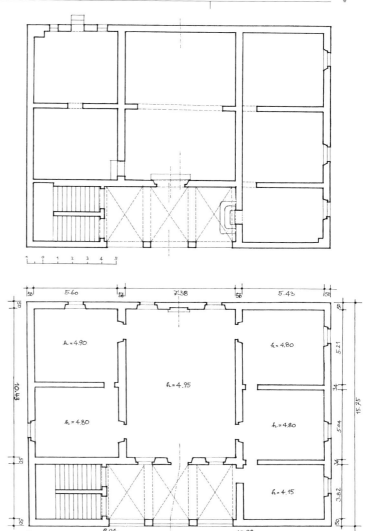

höhen dagegen differieren. Darüber hinaus ist aufgrund der baulichen Intervention von 1563 im Erdgeschoss und im *piano nobile* die Position der Eingänge zum mittleren Raum nicht mehr deckungsgleich. Die Stringenz, mit welcher im Palastinneren mithilfe geometrischer Verfahren proportioniert wurde, stellt sich im *piano nobile* besonders eindrücklich dar: Die vier fast identisch dimensionierten Flankenräume des zentralen Saales haben einen jeweils nahezu quadratischen Grundriss, ebenso weist die *sala* selbst sowohl hinsichtlich ihrer Fläche (7,38 : 10,59 m) als auch in deren Beziehung zur Raumhöhe Maßverhältnisse *ad quadratum* auf. So verhält sich die Höhe der *sala* zu ihrer Breite (4,95 : 7,38 m) zwar wie 2 : 3, zu ihrer Tiefe (10,59 m) dagegen wie 1 : 2.

Die in den Baukörper integrierte zweistöckige Loggia, deren bauliches Schicksal bereits vorgestellt wurde, ist in beiden Etagen dreijochig und kreuzgratgewölbt; die lichte Arkadenhöhe beträgt im Erdgeschoss 4,15 m, im *piano nobile* 3,50 m. Die Grundflächen sind hinsichtlich ihrer Breite (8,40 m) und ihrer Tiefe (3,82 m) deckungsgleich und wiederum in etwa *ad quadratum* proportioniert (2,2 : 1). Der tonnenüberwölbte Stiegentrakt, der zwischen den Etagen vermittelt, steckt in der Südwestecke des Hauses, in dem Querriegel, in welchen die doppelstöckige Loggia eingespannt ist. Eine solche Treppenposition wird in Siena gern als Hinweis darauf gewertet, dass die Bauplanung, wenn sie schon nicht in Händen von Francesco di Giorgio oder Baldassarre Peruzzi persönlich lag, zumindest deren Umkreis entstammt. Es könne, heißt es bei den Denkmalpflegern der Soprintendenza per i Beni Ambientali e Architettonici, quasi als Markenzeichen der Sieneser Architektenschule um 1500 gewertet werden, wenn die Treppen unauffällig vorne, „meist links", in einer Ecke des Gebäudes untergebracht seien; speziell Francesco di Giorgio und Peruzzi hätten Treppen im Wortsinn als

Siehe Abb. 17

Siehe Abb. 39

„Nebensache" behandelt. Ähnliche Statements finden sich auch in der Literatur.[187]

Tatsächlich spricht der Augenschein für diese Aussage. Ob Venturi, La Fratta, Vicobello, Montosoli – alle diese zum Teil noch vorzustellenden Villen haben ihre Treppe in der linken Ecke des Loggientrakts. Aber lässt sich diese Grundriss-Disposition wirklich interpretieren als Ausdruck eines „gusto pienamente senese" (Fiore 1987)? Ganz abgesehen davon, dass die gleiche Anordnung ebenso beispielsweise im westlichen Oberitalien wie im Veneto nachweisbar ist, kann die Antwort nicht anders lauten als: nein. Die Suche nach einer schlüssigen Erklärung muss bei den konkreten landwirtschaftlichen Erfordernissen ansetzen, die in die Vorgaben für die Villenarchitektur mit eingingen. Villen waren – und das selbst bei Palladio – immer auch Speicher, die große, nicht durch Einbauten gestörte Flächen benötigten.[188] Treppen hinwiederum sollten leicht zugänglich sein und ohne Umlenkung etwa über die Hausmitte den Transport von Erträgen ins Dachgeschoss ermöglichen. Damit wird das zunächst so einleuchtende Argument der auf einen bestimmten Autorenkreis eingrenzbaren Sieneser Sonderform gegenstandslos. Treppen sind im Fall der mit Landwirtschaft verbundenen Villa reine Zweckarchitektur; ihr Winkeldasein prägte die Grundrisse über Jahrhunderte hin. Die Handschrift einer Architektenschule oder gar eines bestimmten Architekten lässt sich an ihrer Positionierung nicht ablesen.

4. b Standard schon im Quattrocento: Die Dekoration

Es gibt keinerlei Hinweise darauf, dass die Innenräume des Palazzo freskiert gewesen wären. Durchgehend hell getüncht, bildeten die Wände den Hintergrund für die zart kontrastierenden Reliefs von Konsolen und Gesimsen, Tür- und Fensterrahmen aus Travertin; im *piano nobile* hingen Bilder, wie die erhaltenen Inventare des Cinquecento (und das folgende Kapitel) berichten, bei festlichen Anlässen wurden die Mauern mit Teppichen geschmückt. Die Decke der *sala* ist eine einfache Balkendecke, die ursprünglich vorhandene Groteskmalerei in Temperafarben der die Balken verkleidenden Holztafeln ist heute kaum noch erkennbar. Die Konsolen toscanischer Ordnung, die in den gewölbten Räumen den Druck der Grate und Gurtbögen auffangen, haben die Form glatter Gebälkstücke, die sich nach unten kelchartig verjüngen und in der Art einer oder auch dreier hängender Kreuzblumen enden; die Rahmen der hochrechteckigen Fenster, die im *piano nobile* zwischen Loggia und *sala* vermitteln, sowie der Türen sind profiliert mit einem Karnies zwischen schmaler und breiter Platte; an den Türen krönen ein Fries und darüber ein Gesims die Rahmung. Auf den ornamentierten Friesen erscheinen *nastri svolazzanti*, „flatternde Bänder", die jeweils das Wappen der Venturi in die Mitte nehmen.

Ebenso wenig wie die oben erwähnte Positionierung der Treppen zeugen Formen und Muster der Dekoration für eine Architektenschule oder gar einen bestimmten Architekten. Sie entstammen nicht der Bauzeit der Villa, sondern sind durchweg bereits um die Mitte des vorangegangenen Jahrhunderts an Florentiner und Sieneser Stadtpalästen (etwa den Palazzi Medici, Pazzi, Piccolomini) wie auch in besonders elaborierter Form im ältesten Flügel des urbinatischen Herzogshofes (Palazzetto della Jole) nachweisbar.

Nastri svolazzanti, dieses in der toscanischen Renaissancearchitektur so überaus beliebte, auch die Schauseite des Palazzo Venturi zierende Ornament, war ein festes Element schon der antiken Bildersprache: Der Siegeskranz mit wehenden Bändern gehörte in der hellenistischen wie der römischen Kunst zu den Schlüsselmotiven. Gleichermaßen klassischer Herkunft sind die bereits vor 1450 in Florenz eingeführten Rahmenformen der Fenster- und Türöffnungen des Palazzo Venturi.[189] In Siena nahm der Palazzo del Magnifico, das direkte Vorbild für den Bauschmuck nachfolgender Stadt- wie Landpaläste, diese Formen auf; um 1505 war die etwa gleichzeitig mit ihm errichtete Villa Le Volte mit allen einschlägigen dekorativen Elementen ausgestattet. Faunsmasken zwischen *nastri svolazzanti* akzentuieren die Ecken ihrer Eingangsfassade und die die Gewölbefüße tragenden Konsolen sind wiederum jenen des Palazzo Venturi so verwandt, dass man an die unmittelbare zeitliche Nähe von Entwurf und Ausstattung beider Villen glauben könnte, gäbe es nicht unübersehbare Hinweise auf das Beharrungsvermögen der Sieneser Handwerker: Unermüdlich statteten sie ganze Generationen von Villen und Palästen mit den immer gleichen archaischen Mustern aus. Erst deutlich spätere Landhäuser als der Palazzo Venturi wie etwa die Villa Medane[190] wenden sich neueren – schlichteren – Formen zu.

Siehe Abb. 12

Siehe Farbabb. 1

Siehe Abb. 25

4. c Der *piano nobile* – Bereich der *Signori*

Wie vom baulichen Konzept intendiert, beeindruckt im Zentrum des Palazzo vor allem die *sala* mit ihrer Größe von rund 80 qm. Die erhaltenen Inventare der Zeit[191] vermitteln dem heutigen Leser allerdings weniger einen Eindruck von der lichten Eleganz dieses Raumes, als vielmehr davon, dass es sich hier um den einzigen Ort im ganzen Haus gehandelt hat, an welchem nicht die drangvolle Enge eines Warenlagers herrschte. Bezieht man die damals bis auf die Balustraden geöffnete Loggia samt dem sich dort dem Landvolk zeigenden Hausherrn in die Betrachtung mit ein, wird auch die wirksame Inszenierung großer Ereignisse auf dieser Etage vorstellbar. Bezeichnend für deren alltägliche Nutzung ist indes, wieviel Papier (1599) beschrieben werden musste, um die Einrichtung zu inventarisieren: die Nebenzimmer waren nicht nur mit persönlichem Hab und Gut voll gestopft, sondern dienten gleichzeitig der Vorratshaltung; die Bestandsaufnahme beanspruchte bis zu viereinhalb Seiten pro Raum, während für die *sala* eine halbe Seite reichte. Was in der Loggia vorhanden war,[192] ließ sich mit noch weniger Zeilen auflisten: zwei alte Bänke à zweieinhalb Meter; über dem Eingang zur *sala* ein Kruzifix, auf Leinwand gemalt, gerahmt; drei kleine Landschaften auf Leinwand, gerahmt; vier große Köpfe aus Terracotta und in der Mauer ein vergitterter Vogelkäfig. Rechter Hand ging es in die Küche,[193] links vermittelte die Treppe zum Erd- wie zum Dachgeschoss.

Im Saal selbst fanden sich vier mit Gold bemalte lederne Portieren, elf Landschaften auf Leinwand, gerahmt, dazu ein Porträt „di Messer Ranuccio" ohne Rahmen,[194] eine Kredenz aus „weißem" (Pappel-) Holz, und darauf „un oracolo da polvere", eine Sanduhr. Der Tisch stand dem Kamin gegenüber im Zentrum der *sala* und quer zu deren Längsrichtung, sein Kopfstück endete an der mit einem grünen Behang geschmückten Wand.[195] Er war 3,50 m lang; zwei alte Holzbänke gleicher Länge nahmen ihn zwischen sich;

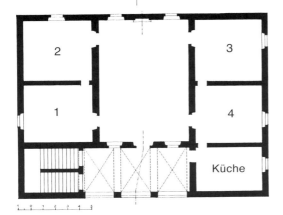

Abb. 21 Palazzo Venturi, Grundriss des Obergeschosses (die Nummerierung der Räume bezieht sich auf die Beschreibungen in Kapitel V. 4. c–d)

ein zweiter, kürzerer Tisch (2,30 m), fünf Stühle und drei Hocker ergänzten die Einrichtung. Als martialischer Raumschmuck imponieren „drei Stück Waffen" in einem Ständer, Speere, dazu eine nicht mehr brauchbare Trommel. Im Ausguss an der Stirnseite der *sala*, wohl dort, wo in späteren Zeiten ein elegantes Handwaschbecken aus *pietra serena* installiert wurde, findet sich ein wahres Sammelsurium von zum Teil zerbrochenen Ton- und Glasgefäßen (21 Stück) und alten Kupferkannen (2), dazu gesellt sich eine Zinnplatte. Über diesem Stillleben hing an der Wand das Wappen des Hauses Venturi.[196]

Auf die in den je etwa 28 qm großen vier Nebenräumen des *piano nobile* dokumentierte Überfülle an Mobiliar und Gegenständen des täglichen Gebrauchs, Kleidern und Wäsche einzugehen, würde den Rahmen dieser Arbeit sprengen, so sei nur eine bescheidene Auswahl aus dem Inventar geboten.[197] Neben insgesamt sechs Betten und Lagerstätten, sechs Wollmatratzen und sieben mit Werg gestopften Säcken sind (in Schränken) 42 Bettlaken und 24 Kissenbezüge aufgelistet, darunter zwei aus karmesinroter und drei aus türkisfarbener beziehungsweise rostroter Seide. Servietten gibt es 48 und für die „serve", die weiblichen Bediensteten, 17 große rotgestreifte Schultertücher. Letztere in Raum 3,[198] in welchem im Übrigen mehr als 400 m Tuch lagern, grobes aus Werg und weicheres aus Hanf „per far lenzuola da contadini", zur Anfertigung von Bettlaken für die Bauern. Die große Waschschüssel aus Terracotta hat einen zerbrochenen Fuß, aber den Baldachin über dem Bett schmücken rote und gelbe Seidenfransen; eine kleine Madonna „all'antica" gibt ihren Segen zu dem Arrangement. In Raum 4 stehen neben zwei alten Bettgestellen aus Pappelholz mit Wollmatratze, Strohsäcken, Federkissen und zerschlissener Decke eine alte Truhe ohne Füße, drei Brot-Tische und ein „cinque *staia* di farina in circa", etwa eineinhalb Zentner Mehl[199] beinhaltender Holzkasten. Zu dem Stillleben, das sich in Raum 1 bietet, gehört ein Bett mit „halben Säulen", Wollmatratze und Baldachin, dessen goldener Knauf hinwiederum auf der Kredenz liegt; dazu gesellt sich eine Zitronenkiste mit zerbrochenem Deckel und, an der Wand, das Bild einer Pietà.[200]

Raum 2 nebenan, der mit Abstand am ausführlichsten geschilderte,[201] gibt sich eleganter: Das Bettgestell, ebenfalls mit Baldachin über „halben Säulen", ist aus Nussbaum, die Betttücher sind zwar gebraucht, aber fein, „sottili", der baumwollene Bettüberwurf hat einen karmesinroten Taftbezug. Degen und Dolch „alla fiorentina" mit silberverziertem Griff und Ledergehänge, dazu zwei Arkebusen mit Rad – „stioppi a ruota" – und ein altes Feuerrohr lassen vermuten, dass wir uns hier im Reich des Hausherrn aufhalten, der sich, wie es seine Rolle erforderte, wohl auch dem *otium* hingab – eine Laute und eine Lyra, zehn Bücher und ein Schachspiel boten gegebenenfalls Unterhaltung. Weiterhin registriert der Notar in diesem Raum außer Bergen an Bett- und Haushaltswäsche in krauser Reihenfolge vier

Barren Eisen, einen alten Strohhut, ein gebrauchtes Fischernetz, eine Truhe aus Pappelholz, darin ein großes Fleischmesser in trauter Nachbarschaft mit einem Paar feiner Unterhosen und einem Paar leichter Damenschuhe. In einer Kommode liegen Umhänge und Beinkleider aus Hermelin (zerrissen) wie auch Hosen aus grünem Damast mit goldenen Tressen und Knöpfen. In Fortsetzung der schier nicht endenden Bestandsaufnahme sind notiert: vier Silbermesser und vier mit beinernen Griffen, zwei silberne Tassen (eine davon vergoldet), ein Jagdhorn mit Silberbeschlägen, sechs Gewehrgabeln für Handrohre[202] mit gelb-schwarzen Seidenkordeln dazu eine schwarzgoldene Seidenschnur mit schwarzseidener Mappe für den Schlüssel zur Waffe. In zwei kleinen roten Kassetten vertragen sich Goldschmuck und Perlen mit zwei goldenen Agnus Dei; darüber hinaus sind unter anderem inventarisiert: zwei Madonnen auf Leinwand, gerahmt, ein Hermelin-Barett, ein rundherum mit Fransen besetztes Frisierkästchen, ein Kinderhemdchen mit rotem Seidenkragen, eine runde Schachtel, darin ein unfertiger Kinderkragen sowie zwei Seidenblumen „con la Madonna del Loreto", schließlich ein Korb mit vier Kragen teils mit, teils ohne Verzierung.

4. d Die Villa als Vorratshaus: Unterm Dach das Korn

Andrea Palladio erwähnt im zweiten seiner vier Bücher zur Architektur, dass die Dachgeschosse der von ihm entworfenen Villen zum Teil als große Getreidespeicher dienten, wie etwa jener der Villa Saraceno bei Vicenza „der den ganzen Raum des Baukörpers beansprucht", oder auch jene der Villa Pisani, der Badoera, der Villa Poiana.[203] Auch die Anweisung von Alberti („hoch oben der Platz für das Korn, unten der Raum für Wein und Brennholz")[204] mag für die Korrektheit des Palazzo-Inventars zeugen, das (1599) geradezu unglaubliche Mengen an landwirtschaftlichen Erträgen neben einer ebenso unglaublichen Sammlung von heute zum Teil nur noch schwer identifizierbarem Haus-, Jagd- und Fischereigerät als im obersten Stock lagernd auflistet. So stößt der Notar im Zimmer gleich links neben der Treppe auf 21,5 *staia*, rund sechs Zentner, kleiner Bohnen und im Raum gegenüber auf „55 *libbre*", knapp 20 Kilo, grobes Leinen eigener Herstellung, 33 Kilo groben Hanf „aus welchem Zügel gemacht werden", knapp zwei Zentner Gerste, fast drei Zentner Roggen, einen halben Zentner Nüsse sowie ein „Stück Tisch", das „ungefähr drei *braccia*" misst, rund 1,75 m.[205] In einem weiteren Zimmer lagern an die 80 Zentner Korn, während der zentrale Saal des Dachgeschosses,[206] achsrecht über der *sala* des *piano nobile* gelegen, folgende Vorräte aufweist: fünf Zentner trockener „gewöhnlicher" Feigen, mehr als sieben Zentner Nüsse, einen knappen Zentner Mandeln mit Schale, 16 Kilo Ziegenwolle, sechs Zentner kleiner Bohnen, 25 Zentner Platterbsen und zwei Zentner Futterwicke. Damit nicht genug. Unter anderem finden sich hier: zwei Destilliergeräte, ein nicht mehr brauchbarer Sattel, eine zerbrochene Reitertrommel, ein Hundelager, zerrissen, zwei Fischreusen, zehn Filtertücher aus feinster Baumwolle, jedoch alt und geflickt, sieben Holzformen unterschiedlicher Sorte für die Ziegelbrennerei, eine Wiege, darin 24 Stück weißer Tongefäße, ein Korb mit acht Tonpokalen, weiß, eine alte Mehltruhe „*alla montagnola*"[207] mit Schloss, ein großer Weberkamm und ein Webstuhl ohne Kamm.

Im heillosen Durcheinander dieser Arche Noah unter dem Palastdach hatte auch der *fattore*, der Verwalter, zwei Räume[208] mit einem „alten Lager",[209] einer Matratze aus Wolle, einem mit Tierhaar gestopften verschlissenen Kopfpolster, einem Paar großer alter Bettlaken, einem alten Sattel, einem alten dreibeinigen Tischchen, einer Satteldecke aus altem Leder, einer großen eisernen Laterne, einer zerrissenen Jagdtasche und noch einmal über 80 Zentnern Korn. Dass sich im nächsten Raum, als *„altra stanza del fattore"* bezeichnet, neben drei Tischchen (zwei davon *„a usanza di banchette"*), je einem Viertel Zentner Platterbsen sowie trockener Kastanien, einem Taubenkäfig, acht alten Spankörben, 20 Kilo Bohnen, einem Bottich voll getrockneter Feigen, zwei alten Decken, einer alten plus einer „guten" Wollmatratze, einem Federkissen und zwei gebrauchten Bettlaken auch ein 1558 begonnenes (nicht erhaltenes) „libro tenuto dal fattore chiamato libro delle stime", ein Rechnungsbuch mit einer Fortsetzung von 1596 fand, legt nahe, hier oben eventuell auch die Schreibstube des Betriebes Venturi zu suchen. Bleibt die Frage zu beantworten, wie die geschilderten Lasten in das immerhin rund zehn Meter hoch gelegene Stockwerk befördert wurden. Die Antwort: Vermutlich über die (südliche) Außenseite des Gebäudes, die Hauptfassade, mit einem der seit der Antike gebräuchlichen Aufzugssysteme, die nach dem Prinzip des Flaschenzugs funktionierten. Die Loggia könnte als Ablagebühne gedient haben, von welcher aus die letzte Treppe nach oben zu Fuß bewältigt wurde. Dass der Transport über eine der Seiten des Hauses erfolgte ist nicht nur der Kleinheit der Dachgeschossfenster wegen wenig wahrscheinlich, sondern auch, weil sich das Gelände nach rückwärts absenkt, die zu überwindende Höhe damit kontinuierlich zunimmt.

Außerhalb der Villa finden sich weitere umfangreiche Vorräte,[210] dass dagegen das noch heute als *granaio* bezeichnete Erdgeschoss des Palazzo, Stauraum wie auch Tenne, im Inventar mit keinem Wort erwähnt wird, dürfte damit zusammenhängen, dass, wie beschrieben, Ventura Venturi nicht Alleinbesitzer der Liegenschaft war. Ansprüche auf eine Teilnutzung hatten weitere Verwandte: Ihr Bereich ist aus dem Inventar ausgeklammert. 25 Jahre früher waren andere Besitzverhältnisse maßgeblich; das Inventar von 1574 macht eine Teilung des Hauses zwischen Salustio und dessen Cousin Jacomo deutlich.[211] Zwar wird auch jetzt nicht klar, wie die Bestimmung der Räume im Einzelnen ausgesehen hat, doch ist der *granaio* im Erdgeschoss mit erfasst; darin finden sich neben 25 kg Eisen, 170 Litern Öl und einer großen Waage auch 145 Zentner Korn. Am Wein im Keller, gelagert in rund einem halben Dutzend kleinerer Fässer sowie neun teils eisen-, teils holzumreiften großen, scheint in allen Jahren jeweils die erweiterte Hausgemeinschaft partizipiert zu haben. So standen 1574 dem Cousin vier von insgesamt 50 Hektolitern zu;[212] 1599 registriert der Notar nach wie vor dieselbe Anzahl Fässer, aber zwei der großen hatte nun der Pfarrer „erbeten" („accattate da Messer Vittorio Pretiani prete"), beinhaltend rund 15 Hektoliter zur Hälfte Weiß-, zur Hälfte Rotwein. Weitere zwei Dutzend Fässer mit einem Fassungsvermögen von insgesamt fast 45 Hektolitern finden sich im „kleinen" sowie im Käsekeller. In diesem reifen im Übrigen (1599) in der Nachbarschaft von neun Terracotta-Bottichen für 540 Liter Öl satte drei Zentner – wie man annehmen darf – Pecorino.[213]

5. Der Brunnen und seine Verwandten

Der Travertinbrunnen des Palazzo gilt als einer der kostbarsten und besterhaltenen unter den südtoscanischen Renaissance-*pozzi*.[214] Er repräsentiert das Grundschema, das im Senese so häufig vertreten ist, dass man von serieller Herstellung ausgehen möchte, gäbe es nicht eine Reihe von Unterschieden im Detail. Üblicherweise ist der Trog kreisrund; zwei durch einen Architrav verbundene Säulen nehmen ihn zwischen sich.[215] Im Fall des Palazzo Venturi beherrscht der Brunnen das Bild des *cortile* durch seine Höhe von rund drei Metern und die strahlende Helligkeit, mit welcher er sich – in der Nordostecke der Anlage – vor dem Ziegelrot der Fassade abzeichnet. Der Aufbau über dem dreistufigen 0,60 m hohen Postament wendet sich frontal dem Hofportal zu; der Trog mit einem Durchmesser von 1,16 m und einer Höhe von 0,91 m gehört zum gebauchten Typus, den ein Endlos-Tau tailliert. Das Profil des Troges entwickelt sich von diesem Gurt aus nach oben und

Siehe Umschlagfoto

Abb. 22 Palazzo Venturi, der Brunnen im cortile

unten in der spiegelbildlichen Entsprechung zweier S-Kurven, die an den feinen Abstufungen von Karniesen, Rundstäben und Platten der Basis respektive der Brüstung des Troges enden.[216]

Zwei toscanische Säulen, die auf dem Postament stehen, nehmen den Trog in die Mitte; auf den Kapitellen ruht ein exakt gearbeitetes klassisches Gebälkstück. Am Architrav unterstreicht ein Rundstab die Unterteilung in zwei Faszien; der Fries darüber ist glatt, auf ihn folgt eine gerade Verdachung, deren Dekoration eine unmittelbare Beziehung zum Kranzgesims des Palasts herstellt, sich gleichzeitig jedoch signifikant von diesem unterscheidet und damit eine abweichende Datierung nahelegt. Während sich die Höhe der Deckplatte selbst in zwei mittig von einem Perlstab begleiteten Faszien entwickelt, zeigt das sie stützende Gesims einen Zahnfries und einen Eierstab. Alle diese Zierleisten finden sich ebenso am Dachansatz des Palasts, nur in zum Teil weniger kanonischer Form. Eine Schnur relativ ungleichmäßig geformter Knöllchen stellt dort, am Palast, den Astragal oberhalb der Konsolen dar, der Eierstab darunter bietet das klassische Motiv spiegelverkehrt: Die das einzelne Ei wie eine aufspringende Knospe umfassende Schale öffnet sich nach unten, anstatt nach oben, die trennenden Pfeilspitzen dazwischen weisen nach oben, anstatt nach unten. Man mag hier nicht an einen Zufall glauben: Die relativ sorglose Ausführung dieser Details an dem ansonsten ungemein aufwändigen Kranzgesims rechtfertigt die frühere Datierung gegenüber dem Brunnen. Zur Bauzeit des Palazzo könnte die Übernahme antiken Formenguts zumindest in der Provinz noch nicht den normativen Charakter gehabt haben, den sie dort im späteren Verlauf der Renaissance gewann. Ebenso ließe sich aber auch an einen Unterschied zwischen städtischer und ländlicher Baupraxis denken, daran, dass der Brunnen in einer städtischen Werkstatt gearbeitet und quasi fertig angeliefert wurde. Er zeigt eine perfekte Wiederholung der Muster, die zwar seit dem Quattrocento zum Standard der Bauornamentik gehörten, sich in so feiner Ausführung aber vornehmlich an hochrangigen Objekten wie etwa dem Sieneser Palazzo Piccolomini finden. Dessen Kranzgesims mit dem schlanken Astragal und dem ionischen Kymation bietet ein unmittelbares Vorbild für das Brunnengebälk des Palazzo Venturi.

Keiner der weiteren im Zusammenhang mit der vorliegenden Arbeit besichtigten Villenbrunnen weist ein ähnlich ornamentiertes Gebälk auf. Der nächste Verwandte, der Travertinbrunnen von La Fratta, präsentiert zwar einen mit dem Familienwappen und *nastri svolazzanti,* in Quasten ausschwingenden Bändern, verzierten Fries, zeigt jedoch im übrigen eine glatte Verdachung in landläufiger Stufenfolge. Auffallend sind hier allerdings die Kapitelle, auf welchen der Architrav ruht: Kompositkapitelle mit weit ausgreifenden Voluten in Form von Akanthusblättern – wohl Spolien, die den glatten toscanischen Säulen aufgesetzt wurden. Der Trog ist mit einer Höhe von nur 0,75 m bei einem Durchmesser von 1,71 m gedrungener als der des Palazzo Venturi, seine Wölbungen sind zweimal tailliert. Auch für diesen Brunnen ist keine Datierung auszumachen; die sich an der römischen Hochrenaissance orientierenden Ambitionen des Bauherrn könnten darauf verweisen, dass er etwa gleichzeitig mit der Errichtung der Villa (um 1530) geschaffen wurde. Andererseits weiß das Testament des Eigentümers von 1562 nichts von diesem Schmuckstück des *cortile*, obwohl es minuziös alle zur *Tenuta* gehörenden Elemente auflistet.[217] Das fällt auf angesichts der großen Bedeutung, die während des ganzen Cinquecento dem Brunnen als dominierendem Element selbst in ausgedehnten architektonischen Komplexen zukam. Eine Errichtung erst im Seicento oder noch später ist jedoch wenig wahrscheinlich;[218] realistisch erscheint eine Datierung gegen Ende des Cinquecento, als La Fratta einer umfassenden Renovierung unterzogen wurde.

6. Die offene Frage: Wer war der Architekt ?

Nachdem der Palazzo Venturi gewissermaßen als Prototyp der Sieneser Renaissancevilla vorgestellt wurde, die gleichzeitig stets auch Agrarzentrum war, soll noch einmal die Frage nach dem Datum der Errichtung des Palazzo beziehungsweise nach seinem Architekten aufgegriffen werden. Im Archivmaterial hat sich keinerlei Hinweis auf einen Namen finden lassen. Mittels Stilvergleichen sichere Anhaltspunkte zu gewinnen, erwies sich als ebenso vergebliches Unterfangen, auch wenn die durch den Palazzo repräsentierte Architektur dem sogenannten Peruzzi-Stil zuzuordnen ist. Dieser jedoch, zutreffender als Stil der Sieneser Schule zu bezeichnen, war über die ganze Republik verbreitet.[219] Dass im Zusammenhang mit einem so noblen Bau dennoch Peruzzi selbst insbesondere in der Lokalchronik als Entwerfer gehandelt wird, liegt auf der Hand. In der Fachliteratur dagegen taucht der Palazzo nirgends im Zusammenhang mit seinem Namen auf,[220] auch fällt die vorgeschlagene Datierung – um 1524 – in die Jahre der Abwesenheit Peruzzis von Siena; zwischen 1505/06 und 1527 war er nicht in der Stadt tätig. Den Bau um die Zeit seines Weggangs anzusetzen, scheint verfrüht, eine Datierung in die Zeit nach seiner Rückkehr, also um/ab 1527, bietet sich ebenso wenig an: Die flache Schauseite des Palazzo passt kaum zur plastischen Fassadengestaltung der römischen Hochrenaissance, an welcher sich unter Peruzzis Einfluss nun auch die Sieneser Architektur in Stadt und *contado* zu orientieren begann. Angesichts dieser Herausforderung ist es schwer vorstellbar, dass ein Bauherr vom sozialen Rang eines Ventura Venturi noch so spät ein derart traditionelles Modell in Auftrag gegeben hat. Die Dekoration folgt, wie ausgeführt, in jedem Detail quattrocentesken wenn nicht noch früheren Vorgaben. Ob Gesimse und Konsolen, die Ornamentierung von Tür- und Fensterstürzen, die archaische Rahmung der Loggienarkaturen – nichts ist hier innovativ. Eher als von einer Datierung um 1524 in Richtung auf das Ende des Jahrzehnts abzuweichen bestünde Anlass, den Bau früher anzusetzen. Ebenso spräche die dargelegte stringente Durchgestaltung im Goldenen Schnitt für ein Zurückschieben der Datumsgrenze – ein Vorschlag, für den die Familiengeschichte der Venturi gewisse Anhaltspunkte bietet.[221] Einer Antwort auf die Frage nach dem Architekten käme man damit allerdings auch nicht näher. Alles spricht dafür, dass der Palazzo einen geläufigen Grundtypus repräsentiert, der des hochrangigen Entwerfers kaum bedurfte und im Detail einem jener Musterbücher folgte, die – wenngleich nie gefunden – zirkuliert haben müssen. Musterbücher, die den asketischen Stil der Sieneser Schule weitertrugen und von den Handschriften ihrer Meister geprägt waren, somit auch von jener Peruzzis und der seiner Mitarbeiter.

VI Die Nachfolge

Der folgende Teil der Arbeit stellt vier Sieneser Villen vor, die dem Palazzo Venturi hinsichtlich ihrer Gliederungskonzepte so nah verwandt sind, dass der Begriff Standardisierung angemessen scheint. Es dreht sich ausnahmslos um Landhäuser, die den sogenannten Peruzzi-Stil der ersten Hälfte des Cinquecento repäsentieren, jenen Stil, den der Palazzo Venturi vorbildhaft zur Anschauung bringt. Die asketische Knappheit der Bauzier, die Schlichtheit der Formen und das Bemühen um eine stringente Proportionierung ergeben in ihrer Summe die Klarheit, die diese Architektur auszeichnet. Wichtigstes Auswahlkriterium war neben der Grund- und Aufrissverwandtschaft eine überzeugende Datierbarkeit der Bauten; eine ähnliche Fülle an Archivalien wie für den Palazzo Venturi stand allerdings in keinem anderen Fall zur Verfügung. Den vier Darstellungen folgt ergänzend ein Katalog, der stichwortartig weitere zwanzig Sieneser Villen beschreibt, Beispiele aus dem 15. bis 18. Jahrhundert. Sie machen deutlich, in welchem Umfang das Modell Venturi im Senese reproduziert wurde, zeigen aber auch, dass es abweichende Entwicklungen gegeben hat.

1. Montosoli

1. a Die Gründung der Villa: 1535

„Mehr als alles (andere) mögen uns die Wälder gefallen", lassen uns die beiden Auftraggeber der auf einer baumbestandenen Anhöhe rund drei Kilometer nördlich von Montalcino erbauten Villa di Montosoli wissen, Giulio und Niccolò Tuti . Die der zweiten Ecloge des Vergil entlehnte Inschrift im Lünettenfresko der Loggia des *piano nobile* lautet im Original: PALLAS QUAS CONDIDIT ARCES / IPSA COLAT; NOBIS PLACEANT ANTE OMNIA SILVAE.[222] Weniger eindeutig zu entziffern ist die Beischrift zum verwitterten Wappen über dem Portal der Hofmauer:[223] IUL.TUTI P TON APP ET NIC. FRA FUN MDXXXV. Aus den Abbreviaturen lässt sich immerhin herauslesen, dass (G)Iulio Tuti und Nic(colò) „fratres" (FRA) das Anwesen im Jahr 1535 „fundaverunt" (FUN), gegründet haben. Viel mehr ist von den beiden nicht bekannt; der Hinweis „fratres" sagt nicht, dass es sich um Brüder gehandelt hat; es war nicht unüblich, etwa auch einen Cousin Bruder zu nennen. Die Namen tauchen nur noch in Spuren im Material des Sieneser Staatsarchivs auf: Von Giulio ist ein Brief aus dem Jahr 1522 erhalten,[224] Niccolò erscheint im Register der Lira von 1531 veranlagt mit 2700 *fiorini*; 1532 ist er dokumentiert im Protokoll eines Vergleichs mit seiner Mutter Lucrezia, mit welcher er um Rechte an umfangreichen Besitzungen unter anderem in der „contrada di Collodi" (zu welcher Montosoli gehörte) prozessiert hatte.[225] Sein Vater, Arcangelo Tuti, war Arzt und wohlhabend, wie wir aus der Lira von 1509 wissen, die dessen Vermögen mit 4275 *lire* notiert; Sestigiani ergänzt, er sei Arzt von Papst Leo X. gewesen, außerdem Sprecher der Republik Siena am Heiligen Stuhl.[226]

Als Giulio und Niccolò die Villa di Montosoli errichteten, lebte er nicht mehr. Den Vorgängerbau, Nachfolger eines Kastells, muss er gekannt haben, denn er hatte seiner Witwe die zugehörigen Ländereien und *poderi* hinterlassen, wie aus der zitierten Prozessakte hervorgeht. Die Villa blieb kaum

Siehe Farbabb. 2

Der Standort der Villa nahe der Straße Buonconvento-Montalcino ist auf der Karte des Touring Club Italiano (TCI) „Toscana" 1 : 200 000 eingetragen. Eine Besichtigung ist evtl. auch ohne Anfrage möglich; auf Klingeln wird meist geöffnet.

100 Jahre in Besitz der Familie Tuti; schon 1632 gehörte sie dem Sieneser Pilgerhospital San Bernardino.[227] Die weitere Geschichte des Hauses ist nicht mehr rekonstruierbar; erst Ende des 18. Jahrhunderts findet sich wieder eine Spur: Della Valle beschreibt die Fresken der Innenräume und bemerkt, der Bau sei nun Eigentum einer Familie Brunacci aus Montalcino.[228] Jahrzehnte später taucht die Villa im habsburgisch-lothringischen Kataster der Toscana auf; im weiteren Verlauf des 19. Jahrhunderts sind hier diverse Besitzerwechsel ebenso dokumentiert, wie gravierende Umbauten.[229] 1959 wurde das inzwischen weitgehend heruntergekommene Anwesen an die aktuellen Eigentümer verkauft.

1. b Eine Architektur der Kompromisse

Man betritt den an drei Seiten von anliegenden Gebäuden hufeisenförmig umschlossenen *cortile* der Villa durch ein rundbogiges Portal in der Hofmauer und sieht sich einer Loggienfassade gegenüber, die jener des Palazzo Venturi wie eine weniger fein gestaltete Schwester gleicht. Die kreuzgratgewölbten Pfeilerhallen, dreiachsig und zweigeschossig, die Platzierung des Stiegentrakts links neben den Arkaden, die Tonnenwölbung über den Treppen – alles das stimmt mit dem edleren Vorbild überein. Nicht jedoch das Mauerwerk – es ist nur im Loggienbereich aus Backstein, im Übrigen aus grobem Bruchstein, den der abblätternde Putz freigibt. Die Pfeiler wie die von Formsteinrähmchen überfangenen Rundbögen sind steinsichtig – das war die geltende Regel; die Farbwirkung des Ziegels ist intensiv: eine kräftig rote Binnenzeichnung auf dem gelblich-grauen Grund.

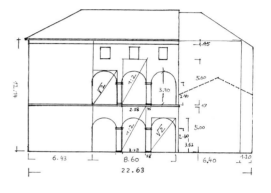

Abb. 23 Villa Montosoli, Aufriss (oben) und Grundriss (unten)

    Abgesehen davon, dass die Hauptfassade frontal nach Osten anstatt, wie üblich, nach Süden oder Westen gewandt ist,[230] weist sie ein weiteres, erstaunlicheres Merkmal auf: Ihr fehlt eine Flanke, die nördliche. Statt ihrer schließt unmittelbar neben dem Portikus rechtwinklig ein bis zur Straße vorstoßender Anbau des 19. Jahrhunderts an. Er reicht bis auf halbe Höhe des *piano nobile* und überschneidet und verletzt die äußeren Arkaden der Loggien beider Stockwerke. Der Grundriss zeigt hier einen 1,40 m tiefen Rücksprung des Baukörpers, der ursprünglich wohl hätte verblendet werden sollen. Er entstand, weil bei Errichtung der Villa ein bereits bestehendes Objekt, zu kurz, dafür um 1,20 m zu breit, als Flanke integriert wurde. Die Außenmaße dieses Elements von 7,60 x 11,60 m legen die Vermutung nahe, dass es sich dabei um einen selbständigen Bau innerhalb eines ehemaligen Kastells gehandelt hat. Spätere Eigentümer nutzten die verbliebene Lücke auf ihre Weise, zudem errichteten sie links ein Pendant zu dem Anbau rechts.[231] Dieser Annex engt das Gesamtbild vollends ein, denn er überschneidet die wuchtige Böschung der Mauern an dieser Hausecke.

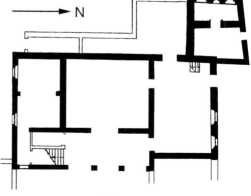

So stellt sich die Hauptansicht der Villa als beidseitig begrenzter Ausschnitt mit zwangsläufig rudimentären Abmessungen dar; klare Relationen zeigt allein der Portikustrakt. Er weicht jedoch durch die auffallend überhöhte Loggia des *piano nobile* von den anderen im Rahmen dieser Arbeit untersuchten Bauten ab, die sich samt und sonders an der Alberti'schen Forderung einer Verkürzung der superponierten Säulen respektive Pfeiler orientieren: Sie sollen um rund 25 Prozent niedriger sein als die des Erdgeschosses.

Die Villa di Montosoli wartet nicht, wie der Palazzo Venturi, mit vier Gesimsen auf, sondern belässt es bei einem einzigen, dem Gurtgesims aus Travertin. Es teilt den Bau in eine niedrige untere (5,15 m) und eine mit sieben Metern sehr viel höhere obere Zone. Ohne Unterstützung durch ein Mezzaningesims und etwas windschief, nicht ganz axial über den Bogenscheiteln der Loggia, sitzen in 10,15 m Höhe drei rahmenlose Rechteckfenster unterschiedlicher Größe; die Gruppe wirkt weniger geplant als nach dem Zufallsprinzip aus der Vermauerung der drei Arkaden ausgebrochen, die sich unter dem Putz abzeichnen. Die Gebäudehöhe beträgt inklusive des nur 0,45 m hohen schlichten Kranzgesimses 12,14 m (Palazzo Venturi 12,54 m), die Breite der Fassade mit ergänzend hinzugerechneter Nordflanke 22,63 m (Palazzo Venturi 20,52 m). Der Portikus hat inklusive seiner Seitenpilaster eine Breite von 9,18 m (Palazzo Venturi, Fassade I: 7,77 m, Fassade II: 8,89 m), die Höhe des gesamten Loggientrakts bis zur Oberkante der Arkadenrahmung des *piano nobile* beträgt 9,20 m (Palazzo Venturi, Fassade I: 9,45 m, Fassade II: 9,65 m). So stellt sich die „Arkadentafel" der Villa di Montosoli mit einem Maßverhältnis von 1 : 1 als perfektes Quadrat dar. Dennoch wirkt diese Front als Ganzes unausgewogen proportioniert, und die Gründe dafür liegen nicht nur in den Begrenzungen durch die seitlichen Anbauten. Eher als der Betrachtung vor Ort erschließen sie sich jedoch der Berechnung am Schreibtisch.

Im Unterschied zu den Versionen I und II der Südfront des Palazzo Venturi entwickelt sich die Fassade von Montosoli weder nach Maßgabe des Goldenen Schnitts noch im Gleichschritt der Quadratur. Das liegt zunächst an ihrer in Relation zu der beachtlichen Breite allzu bescheidenen Gesamthöhe. Aber auch die Binnenproportionen der Fassade unterscheiden sich von den souveränen Maßverhältnissen des Vergleichsobjekts, wie es zur Bauzeit von Montosoli existierte (Palazzo Venturi I). Schon der durch das Gurtgesims definierte untere Abschnitt lässt die sieben Meter hohe obere Zone ausgesprochen kopflastig wirken; dass die Gestaltung des Portikustrakts im Obergeschoss von jener des Erdgeschosses in signifikanten Details abweicht, verstärkt den Eindruck der Unausgewogenheit. So sind die Pfeiler im Oberschoss um je 0,13 m schlanker als im Erdgeschoss, sie messen in der Breite nur 0,45 m anstatt 0,58 m,[232] die Arkaden sind dafür in ihren lichten Weiten mit 2,58 m um je 0,10 m breiter (am Vergleichsbau Venturi I messen die lichten Weiten oben wie unten durchgängig 2,01 m). Mit seinen lichten Arkadenhöhen von nur 3,52 m (Venturi I: 3,95 m) präsentiert sich das Erdgeschoss von Montosoli ausgesprochen gedrückt, wogegen sich das Obergeschoss mit lichten Werten von 3,70 m unverhältnismäßig – und regelwidrig – hoch aufrichtet. Die Arkadenhöhen übertreffen jene des Erdge-

Siehe Abb. 24

Siehe Farbabb. 3

schosses um 0,18 m. Der Palazzo Venturi dagegen hält sich im *piano nobile* mit einer Höhenverminderung um knapp 20 Prozent in etwa an die Alberti`schen Vorgaben.

1. c Die obere Loggia und ihre Fresken

Die Entdeckung dieser Unstimmigkeiten im Loggienbereich, insbesondere aber, dass die oberen Arkaden reine Halbkreise umschreiben während jene des Erdgeschosses abgeflacht sind, wirft ein Licht auf die Entstehungsgeschichte der Villa: Zumindest der untere, wahrscheinlich aber der gesamte Bau ist älter als die Loggia des *piano nobile*. Diese fügt sich triumphal, indes überproportional aufgerichtet, einem Ensemble mit ursprünglich anderer Zweckbestimmung ein. Der padronale Trakt wurde dem Anschein nach auf ein existierendes Erdgeschoss aufgesetzt, das mehr oder weniger unverändert blieb, wobei die Loggia eine vorangegangene, bescheidenere, ersetzt haben mag. Eventuell bereits bestehende Öffnungen könnten dem Bedürfnis nach Repräsentation und Beleuchtung der Innenräume entsprechend erweitert und erhöht oder aber völlig neu ausgebrochen worden sein. Siehe Abb. 24

Aufschlussreich ist in diesem Zusammenhang der Blick auf die Kapitelle der Loggienpfeiler, die sich hinsichtlich ihrer Profile und ihres Materials voneinander unterscheiden und damit die Hypothese einer unterschiedlichen Bauzeit von Eingangsbereich und *piano nobile* der Villa stützen. So sind die stämmigen Pfeiler der Erdgeschossarkaden bekrönt von relativ kurzen Kopfstücken aus *pietra serena* mit sich blähender Mittelpartie, die man bildhaft als „Hängebauch"-Kapitelle beschreiben könnte. Sie sind in den formfreudigen Quattrocento, also eine frühe Bauphase zu datieren. Im Loggieninneren wechseln jedoch die Formen und der verwendete Stein, die Dekoration verweist nun auf den cinquecentesken Ausbau: heller Travertin ersetzt die dunklere *pietra serena*; die Konsolen, auf welchen die Gewölbeauflager ruhen, sind flach und schlank; wie jene des Palazzo Venturi gleichen sie Gebälkstücken, die sich nach unten kelchartig verjüngen. Im aufwändig ausgestatteten *piano nobile* findet durchgängig Travertin als dekoratives Material Verwendung, ebenso sind die dreistufig aus glatten Platten geschichteten Basen und Kapitelle der Loggienpfeiler aus Travertin. Sie unterscheiden sich auch formal vom Palazzo Venturi, der seine Pfeiler in ganzer Höhe aus Ziegel aufrichtet, sie jedoch mit einem Halsring schmückt und mit reicher profilierten Basen und Kapitellen beeindruckt. Siehe Farbabb. 7

Siehe Abb. 10

Abschließend sei die Frage gestellt, welches Vorbild die Abmessungen für den *piano nobile* von Montosoli geliefert haben könnte; die Loggien des Palazzo Venturi existierten um 1535 erst in ihrer schlankeren Form; der Portikustrakt von Montosoli übertrifft sie in seiner Gesamtbreite um volle 1,41 m. Einen Schlüssel bietet der vergleichende Blick auf den *piano nobile* von Le Volte, Inkunabel der Loggienvilla im Senese: Hier weichen zwar die Weiten der Arkaden erheblich von jenen von Montosoli ab (3,70 : 2,58 m), aber die lichten Höhen sind an beiden Bauten gleich (3,75 m). Die Proportion der lichten Arkadenmaße von Le Volte ist die eines Quadrats (1 : 1), in Montosoli zeigt sich dagegen die Relation von Quadratseite zu Quadratdiagonaler (1 : 1,4). So mag Le Volte zwar als Ideengeberin hinsichtlich der hochrepräsentativen Wirkung der Obergeschossloggia von Montosoli gedient haben, weniger je- Siehe Abb. 3

Siehe Abb. 24

doch als unmittelbares Vorbild für deren Detailmaße. Das Gesamtkonzept für die Fassade der Villa dürfte der Palazzo Venturi geliefert haben, die Abmessungen der Loggien hingegen verdanken sich den Vorgaben des Vorgängerbaus: Sein Eingangsbereich legte die Folgewerte auch für den *piano nobile* fest.

Die sich hinter der Obergeschoßloggia öffnende *sala* besticht mit einer Tiefe von nur 7,20 m bei einer Breite von neun Metern kaum durch eine auffallend harmonische Proportion; aufgrund der nachträglich eingezogenen Zwischenwände ist sie allerdings in ihrer einstigen Gesamtwirkung nicht mehr zu beurteilen. Eindruck macht jedoch die imposante Balkendecke mit dem umlaufenden gemalten Fries, der Greifen und Füllhörner abbildet. Hier, in der einstmals überaus delikaten Innenausstattung des *piano nobile,* offenbart sich der hohe ästhetische Anspruch der beiden Bauherren. Vieles ist zerstört oder völlig verschwunden, wie etwa eine bereits 1786 von Guglielmo Della Valle als kaum noch identifizierbar beschriebene Darstellung des Brandes von Troja.[233] Erhalten sind dagegen einige Fresken in den Flankenräumen der *sala*, Friese mit figürlichen und Deckenbilder mit romantischen Motiven. Von Jahr zu Jahr zusehends blasser,[234] hat in der Loggia, in der Lünette über dem Portal zur *sala*, ein wahres Prunkstück des einstigen Wandschmucks überlebt: Ein Fresko, das mit seinen Früchtefestons, Girlanden, Vögeln, Faunsköpfen und aus Medaillons lächelnden Göttern an die Dekorationen der Gartenlaube von Belcaro[235] erinnert. Dank dieser Ähnlichkeit hat Della Valle die graziösen Wandmalereien Peruzzi zugeschrieben,[236] „sembrano di Baldassarre", eine eher vorsichtige Bemerkung, die dennoch umstandslos zur Verbreitung der Annahme führte, Peruzzi sei der Architekt von Montosoli gewesen.[237] Tatsächlich trifft die Bauzeit in etwa mit nachweislichen Aufenthalten Peruzzis im nahen Buonconvento zusammen: Der Meister, der Siena 1535 endgültig verließ, hatte 1527 sowie danach ein zweites Mal (ein genauer Termin ist nicht überliefert) die Brücke von Buonconvento zu inspizieren.[238] Anlässlich der späteren der beiden Reisen mag er in Montosoli – will man denn eine persönliche Intervention in Betracht ziehen – einen Blick auf die Entwürfe eines Schülers oder Mitarbeiters geworfen haben. Dass die Villa hinsichtlich Architektur und Ausstattung eine klare „ispirazione peruzziana" erkennen lässt – die sich natürlich ebenso einem örtlichen Meister und seinem Musterbuch verdanken könnte -, ist nicht von der Hand zu weisen.

Siehe Farbabb. 6

1. d Die Bauphasen: Von der Festung zur Villa

Anders als der knapp 25 Kilometer entfernte Palazzo Venturi, bei dem nicht wahrscheinlich ist, dass bei seiner Errichtung vorgegebene Strukturen zwingend zu berücksichtigen gewesen wären, wurde die Villa di Montosoli aus einer einstigen Burganlage entwickelt, und das schrittweise über einen möglicherweise Jahrhunderte umfassenden Zeitraum hinweg. Die einzelnen Bauphasen sind nur annäherungsweise datierbar; zu vermuten ist eine Genese, wie sie sich in den Zeichnungen Romagnolis häufiger darstellt: In Kastellbauten werden Loggien installiert und mit ihnen eine erste breite Öffnung nach außen geschaffen, Wehrtürme werden gekappt, steinernen *palagi* (mindestens einer ist üblicherweise Bestandteil des Komplexes)[239]

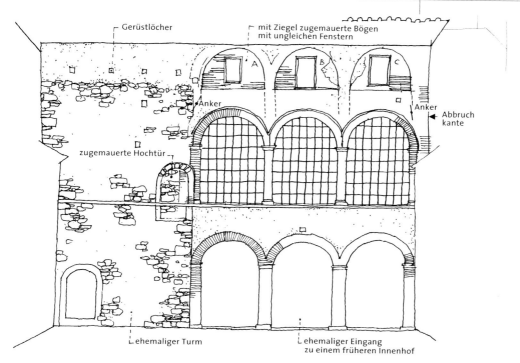

Gerüstlöcher

mit Ziegel zugemauerte Bögen
mit ungleichen Fenstern

A B C

Anker

Anker

Abbruch
kante

zugemauerte Hochtür

ehemaliger Turm

ehemaliger Eingang
zu einem früheren Innenhof

durch zusätzliche Fenster ein wohnlicheres Outfit verpasst. Diese Entwicklung lässt sich ab Mitte/Ende des 13. Jahrhunderts verfolgen, als sich dank innenpolitischer Beruhigung und zunehmender Landkäufe eine tiefgreifende Transformation der Architektur im *contado* abzuzeichnen begann.[240] Die Bedeutung der „architettura militare" nahm ab, Kastelle wurden zu Anlagen mit horizontaler statt vertikaler Orientierung erweitert und „a corte" organisiert, *case-torri* erscheinen nun integriert in ummauerte Ensembles mit Innenhof.[241]

In diese Phase könnte das zweitürmige Kastell zu datieren sein, das sowohl im Grundriss von Montosoli zu identifizieren als auch anhand struktureller Elemente der Villa als deren frühester Vorgängerbau erkennbar ist: Nach wie vor schließt ein geschleifter Turm mit Außenmaßen von 6,50 : 4,50 m rückwärts an die Nordwestecke des Hauses an, die diagonal gegenüberliegende Ecke – das Kopfstück der südlichen Flanke der Villa – erweist sich bei näherer Betrachtung als über den Relikten eines weiteren Turmes aufgemauert. Dessen Feldsteinkante wurde abgeschlagen und der durch den Portikustrakt vorgegebenen Linie folgend mit Ziegel neu hochgezogen. Die etwa bis zum Gurtgesims reichende, im unteren Bereich mehr als einen halben Meter starke Böschung blieb erhalten; zur Linken der Obergeschossloggia, vom Gurtgesims überschnitten, sind noch die Konturen einer Hochtür aus Festungszeiten sichtbar. Frühere Schießscharten finden sich außer im rückwärtigen Turm im südlichen Erdgeschossbereich der Villa.

Für die von den Besitzern vermutete einstige Existenz eines dritten Turms an der Südwestecke der Anlage ergaben sich bei mehrmaliger Ortsbesichtigung keine Anhaltspunkte, auch der Grundriss bietet keinerlei Hin-

Abb. 24 Villa di Montosoli, Eingangsfassade

Siehe Abb. 23

77

weis. Eher dagegen lässt er die Nord- und die Südflanke der Villa aufgrund ihrer auffallend unterschiedlichen Breite und Tiefe als einst selbständige Befestigungsbauten erkennen: schmalrechteckige Blöcke, deren jeder an einem Ende an den zugehörigen Turm anschloss. Der im Westen durch einen Lauf- oder Wehrgang begrenzte, heute mit dem Mitteltrakt des Hauses überbaute Raum dazwischen bildete vermutlich den Burghof;[242] Wasser schöpften die Bewohner aus einem teilweise unterirdisch verlaufenden Bach, der entlang der Rückseite der Villa und unter dem nordwestlichen Turm hindurchfließt; er ist dort durch einen tiefen Schacht zugänglich und sicherte im Fall einer Flucht in den Turm die Wasserversorgung der Belagerten.

Wann und in welchen baulichen Schritten das Kastell von einst in ein ziviles ländliches Anwesen mit *casa signorile*, Wohnungen für Pächter und *contadini*, Tenne, Speichern und *cortile* überführt wurde, lässt sich nur annähernd umreißen. Zu vermuten ist, dass Montosoli im Quattrocento von seinen städtischen Besitzern den Erfordernissen einer effizienteren landwirtschaftlichen Produktion angepasst wurde. Die Umwidmung von *case-torri* zu Bauernhäusern sowie die räumliche Konzentration von Besitztum nahmen von der Jahrhundertmitte an zu; schon seit dem ausgehenden Trecento war des Arbeitskräftemangels wegen die Zusammenfassung zweier oder auch mehrerer *poderi* zu einer Einheit häufig.[243] Die unmittelbar der Architektur von 1535 vorangehende Anlage, das Zwischenglied zwischen Burg und Villa, dürfte in diese Epoche zu datieren sein. Deutlich gehören diesem Ensemble die oben als „Hängebauch"-Kapitelle vorgestellten Kopfstücke der Pfeiler der Erdgeschoss-Loggia an; damit scheint die Errichtung des Eingangsbereichs nicht später als im Quattrocento gesichert; unklar bleibt jedoch, wann der ehemalige *cortile* des Kastells zum Erdgeschoss mutiert sein könnte, indem er mit einem Obergeschoss überbaut wurde. Ebenso wenig stimmig einzuordnen sind die vermauerten Arkaden unterhalb des Dachansatzes der Hauptfassade; sie sind älter als die Villa, stammen aus einer Zeit, in welcher das Dach (das sie heute überschneidet) noch nicht existierte. Welcher Phase der Baugeschichte von Montosoli sie angehören, muss offen bleiben.

2. Medane
2. a Sitz der Ritter „di Spennazza"

Keine der hier vorgestellten Villen ist so lückenhaft dokumentiert wie die gleichwohl bekannte Villa Medane südöstlich von Taverne d`Arbia, auf halber Strecke zwischen Siena und Asciano. Bekannt, weil sie in ihrer Einfachheit und Klarheit die Elemente des Peruzzi-Stils gewissermaßen puristisch zur Anschauung bringt. Es gibt nur wenige Anhaltspunkte für die eigentliche Baugeschichte, obwohl die Besitzerfamilie Spennazzi bereits früh dokumentiert ist. Schon 1400 findet sich als erster Vertreter des Namens ein Luca di Nanni di Stefano im Sieneser Taufregister, 80 Jahre später deklariert Pavolo di Antonio di Niccolò „di Spennazza" als Steuerzahler „quattro poderi nella corte di Medane con una casa, nella quale abita, e con quattro staia di vigna, valutati 1450 fiorini".[244] Das ist ein ansehnlicher Besitz, wenn man zum Vergleich einen Blick auf das im selben Jahr von den Venturi mit einem

Siehe Farbabb. 7

Die Villa steht, von Bäumen umgeben, 2 km südlich der Straße Nr. 438 Taverne d`Arbia-Asciano. Eine Besichtigung ist nicht möglich.

Abb. 25 Villa Medane, Westfassade

Wert von lediglich 334 *fiorini* zu Protokoll gegebene Gütchen in Montecontieri wirft,[245] dem vor allem eines fehlt: die „casa, nella quale abita", das Haus für den Besitzer, wie zu vermuten eine *casa-torre*. 1510 vergrößert Pavolos Sohn Giovanni Medane durch den Zukauf weiterer Ländereien.[246] Archivalische Fundstücke wie diese sind freilich nur Splitter eines Mosaiks, das sich als Ganzes nicht mehr zusammenfügen lässt. Erst 1571 ergibt sich eine neue Spur: Im Register der dem *Concistoro* angehörenden Adligen, dem *Libro dei Leoni*,[247] erscheint der Name von Giovannis Sohn Pavolo mit dem Zusatz „eques cataphractus", „gepanzerter Ritter".[248] Wozu dieser Exkurs? Um die Hypothese zu stützen, dass die so umfangreich in Medane begüterten Spennazzi dort auch ansässig waren, nämlich als Feudalherren in einem kleinen Kastell.[249] Ende des Seicento findet sich eine Bestätigung für diese Annahme: Sestigiani schreibt in seinem Adelshandbuch „questa fameglia è oriunda da Medane Villa",[250] die Familie „entstamme" dem Landsitz Medane.

1676 macht sich Bartolomeo Gherardini, *Auditore Generale* Cosimos III Medici, an eine Inventur des gesamten Sieneser Territoriums, eine hochnotpeinliche Zählung aller Gemeinden samt Bevölkerung und Viehbestand, Ernteerträgen und zu leistenden Abgaben. Er registriert Medane als Kommune, die sich aus sieben „offenen", das heißt unbefestigten Dörfern mit insgesamt 56 Einwohnern, 41 Kühen, 16 „Pferdchen" und 349 Schweinen zusammensetzt; fünf dieser Dörfer gehören Ottavio Spennazzi.[251] Von dessen vermutlich bereits seit langem bestehender Villa spricht der *Auditore* nicht – Bauten waren nicht Gegenstand seiner Recherche. Um 1836/38 jedoch äußert sich Romagnoli mit dem Hinweis zu dem Bau, das Objekt werde seiner Meinung nach zu Unrecht Peruzzi zugeschrieben.[252] Er skizziert die Villa, nennt sie auch so, zeichnet sie aber als Kastell, nämlich mit zwei Türmen, die heute verschwunden sind. Noch bis zur Mitte des 19. Jahrhunderts sind die Spennazzi als Eigentümer von Medane bezeugt; Jahrhunderte ihrer Feudalherrschaft – für die keine Dokumente existieren – dürften dem frühesten auffindbaren Hinweis auf den Besitz (1481) vorausgegangen sein. Die Villa wurde erstmals 1857 und ein zweites Mal 1869 verkauft,[253] 100 Jahre später geriet sie an die aktuellen Eigentümer, eine römische Familie.

2. b Zur Architektur und ihrer Datierung

Angehörige der Familie Spennazzi kamen nicht nur im Heer des Großherzogs Ferdinando I Medici zu Ehren (1591), sondern gingen auch als Bischöfe von Sovana (1638) und Pienza (1658) in die Chronik der Toscana ein.[254] Obwohl relevante Dokumente fehlen, ist an der Bedeutung der Familie kaum zu zweifeln, ebenso wenig daran, dass sie ihrem Status sichtbar Ausdruck verleihen wollte, indem sie sich, der Zeitströmung folgend, eine Villa im Peruzzi-Stil errichten ließ. Stilvergleiche sprechen dafür, dass das gegen Mitte des Cinquecento erfolgte.[255] Dass das Objekt noch um 1836/38 von Romagnoli als Festung gezeichnet werden konnte, findet eine Erklärung in der Originalität des Umbaus, die Thema der weiteren Überlegungen sein wird.

Abb. 26 Villa Medane, Nordansicht um 1836/38 (Zeichng. Romagnoli, BCS, C. II. 4, c. 182)

Die Villa, ein Ziegelbau, steht auf einem Höhenrücken mit weitem Blick über die *Creta*. Sie hat zwei Hauptfassaden, eine aktuelle, nach Westen gewandte, und eine ehemalige – die nach Osten blickende frühere Eingangsfront mit einer von mächtigen Zypressen gesäumten Auffahrt. Diese Auffahrt setzt sich als Achse durch die Mitte des Hauses fort und endet auf dessen Westseite vor einer in tuskischer Kolossalordnung gestalteten Kapellenfassade. Der ältere, östliche Trakt hat einen U-förmigen Grundriss; die acht Meter breite Mittelpartie zwischen den beiden je drei Meter risalierenden, je rund sechs Meter breiten Flanken präsentiert sich als plane Ziegelwand mit Rundbogenportal und zwei hochrechteckigen Fenstern im Obergeschoss. Die Risalite sind (von je einem Fenster abgesehen) geschlossen,

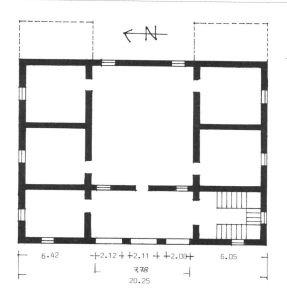

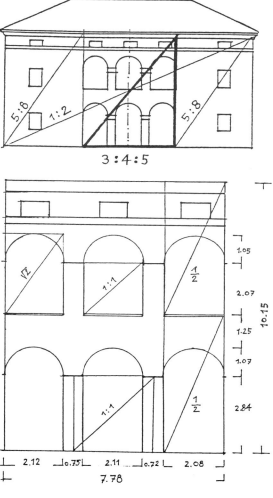

Abb. 27 Villa Medane, Grundriss und Aufriss der Westfassade (da die Mittelachse um 0,37 m verzogen ist, sind einige Proportionen nur in Annäherung angegeben)

partizipieren jedoch insofern an der horizontalen Profilierung der Westfassade, als deren um den Bau umlaufendes Mezzaningesims auch sie umgreift. Dass dabei die mittlere Wand ausgespart bleibt, fällt auf. Weiterhin ist deutlich, dass Risalite und Zentrum nicht im Verbund gemauert sind und sich hinsichtlich ihres Erhaltungszustands und ihrer Mauertechnik voneinander unterscheiden – Fakten, die auf unterschiedliche Bauzeiten hindeuten.

Die „neue" Westfassade, die sich in einer dreiachsigen zweigeschossigen Loggia öffnet, ähnelt dem unweit gelegenen Palazzo Venturi in wesentlichen Zügen; erst der Blick auf Details enthüllt die Unterschiede. Eng verwandt mit Version I des Palazzo Venturi[256] sind das Konzept der Fassade, die Maße der zweigeschossigen Loggia und deren Proportionierung; keine andere der in der vorliegenden Arbeit untersuchten Villen bietet derart viele Übereinstimmungen. Der Gesamtbreite der Fassade fehlen im Vergleich zu jener des Palazzo Venturi nur 0,27 m, die Portiken sind gleich breit. Die lichten Weiten der Arkaden von Medane entsprechen jenen der Venturi-Fassade jeweils in beiden Stockwerken weitgehend genau (Medane: 2,10 m, Venturi: 2,01 m); im Erdgeschoss beider Bauten sind die lichten Arkadenhöhen mit rund 3,90 m identisch, im Obergeschoss weichen sie allerdings voneinander ab (Medane: 3,12 m, Venturi: 3,30 m); die Arkaden der Loggien beider Bauten umschreiben vollkommene Halbkreise. Die Pfeilerhöhen der Erdgeschosse differieren um nur 0,11 m, die der Obergeschosse dagegen um 0,23 m

Siehe Farbabb. 3

81

(Medane: 2,07 m, Venturi: 2,30 m). Mag dieser Unterschied optisch wenig ins Gewicht fallen, so ist jener der Pfeilerbreiten auf den ersten Blick sichtbar: 0,75 m (Medane) versus 0,58 m (Venturi). Der relevanteste Unterschied hinsichtlich der Abmessungen liegt jedoch in den Fassadenhöhen beider Villen; er beträgt 2,40 m (Medane: 10,15 m, Venturi: 12,54 m). Auch die Höhen der Wandzonen unterscheiden sich in auffälliger Weise; so ist insbesondere der untere Abschnitt bis zum Gurtgesims am Palazzo Venturi über einen halben Meter höher als an der Villa Medane (5,80 : 5,16 m). Die obere Partie bis zum Mezzaningesims ist am Palazzo Venturi 4,90 m hoch, an der Villa Medane nur 3,74 m. Als Ganzes gesehen weist deren Fassade eine Teilung in zwei etwa gleich hohe Wandzonen auf (5,16 : 5,00 m), wogegen der Palazzo Venturi mit der sensiblen Abstufung seiner Distanzen von einem Gesims zum nächsten ein sehr viel bewegteres Bild bietet und dank seiner größeren Gesamthöhe schlanker wirkt.

Die Proportionen beider Bauten zeigen Unterschiede im Detail, nicht jedoch im Generellen: Auch Medane ist ein Musterbeispiel für die Anwendung der herkömmlichen geometrischen Verfahren, dabei weichen die Maßverhältnisse von denen des Palazzo Venturi ab. So entsprechen sich weder die Gesamtproportionen der Fassaden, noch jene der Portiken oder der Flanken. Ebenso wenig stimmen die Maßverhältnisse der lichten Arkaden überein. Die Grundrissproportion der Villa Medane hingegen, die ohne ihre ostseitigen Risalite eine Tiefe von 15,40 m aufweist, entspricht dem Schema des pythagoreischen Dreiecks von 1 : 1,3 und dem Grundriss des Palazzo Venturi fast wie ein Spiegelbild. Allerdings sitzt das Treppenhaus nicht links sondern rechts neben dem Portikus und führt dort auch in den Keller, der unter der rechten Flanke des Gebäudes liegt. Hinsichtlich ihrer Fassadengestaltung bietet die Villa Medane scheinbar kleine, indes signifikante Unterschiede zum Palazzo Venturi. Zunächst fällt die vollkommene Schmucklosigkeit auf; die Öffnungen erscheinen als nüchterne Ausschnitte aus der Wand, die die Arkaden überfangenden Ziegelkränze sind plan, nicht, wie es der Bautradition entspräche, von erhabenen Rähmchen gesäumt; ebenso fehlen, vom Mezzaningesims abgesehen, horizontale Profile. Auch auf ein einigermaßen markantes Kranzgesims wurde verzichtet; die Kapitelle der Pfeiler sind glatt, aus drei Lagen Ziegel geschichtet; in den Loggien fehlen die Kreuzgratgewölbe, an ihrer Stelle finden sich Balkendecken. Insgesamt also ist die Anmutung von Medane eher rauh, der modische Begriff dafür würde lauten: rustikal. Aber es gibt einen qualifizierenden Unterschied zum so viel elaborierteren Palazzo Venturi, und zwar im Dachmezzanin. Die in Medane längsrechteckigen Fenster wirken nicht nur wie eingespannt zwischen Mezzanin- und Kranzgesims, sondern unterscheiden sich auch in ihrer Zahl: Drei sitzen über dem Loggientrakt, in jeder Achse eines, je ein weiteres in der Achse der Außenfenster. Hier werden Anleihen an Le Volte sichtbar.

Die Datierung der Villa bleibt problematisch, immerhin ergeben sich aus der Bauanalyse einige Anhaltspunkte. Deutlich sind sowohl der Rekurs auf den von Le Volte vorgegebenen ästhetischen Kanon als auch die Verhaftung mit der Tradition der dreiachsigen zweigeschossigen Loggienfront, wie der Palazzo Venturi sie für den Senese mustergültig repräsentiert. Ein Ver-

Siehe Abb. 39

Siehe Abb. 10

Siehe Abb. 3 und Farbabb. 1

such, sich an der Plastizität der römischen Hochrenaissance zu orientieren, wird trotz des vermutlich relativ späten Baudatums in keiner Weise gemacht; die Gründe dafür dürften in der Anspruchshaltung der Auftraggeber zu suchen sein, denen die unspektakuläre klassische Form genügte. Zudem handelte es sich bei der Villa um einen Umbau, der ähnlich wie in Montosoli demonstriert, über einen langen Zeitraum hinweg in mehreren Schritten von einem Kastell über einen frühen repräsentativen Landsitz zur aktuellen Villa führte. Möglicherweise war sie das Ergebnis der Umwidmung eines rückseitigen Wirtschaftstrakts der Anlage (darauf könnten die Balkendecken und die außerordentlich robusten Pfeiler hinweisen). Die noch von Romagnoli um 1836/38 gezeichneten Türme wurden erst nach diesem Datum abgetragen; wie alt beide waren, ist nicht zu klären; so oder so ist der von Romagnoli wiedergegebene Festungsaspekt für die Datierung der Villa kaum relevant. Sie dürfte gegen Mitte des Cinquecento errichtet worden sein; die äußere Gestalt bietet keine Hinweise auf eine spätere Bauzeit. Glatt und funktionell, nur noch nackte Form, kann das Haus verstanden werden als Zeuge der Epoche, die vom Ende der Republik Siena geprägt war, von Krieg und Niederlage, von der Auflösung auch baukünstlerischer Traditionen und einer Neuorientierung.

Siehe Abb. 26

3. Vicobello

3. a Die Villa des Scipione Chigi

Nicht die Villa, nur ihr Standort ist erstmals Mitte des Cinquecento dokumentiert: Scipione di Cristofano di Benedetto Chigi, 1507 geboren, Cousin zweiten Grades von Sigismondo, dem Erbauer der Villa Le Volte, und dessen älterem Bruder Agostino, dem Erbauer der Farnesina,[257] deklariert in der Lira von 1548 einen äußerst bescheidenen Besitz auf dem „Hügel von Vico" am Nordrand der Stadt. Die Rede ist von einem „poderetto" mit Weinberg, einem jährlichen Kornertrag von sieben bis acht Zentnern und einem einzigen Ochsen, nicht dagegen von einem Haus für den städtischen *padrone*, während Scipione in weiteren, im selben Dokument aufgeführten Landgütern die Existenz einer „chasa del cittadino" (Gemeinde delle Volte) oder eines Turmes „a uso del cittadino" (Corte di Belforte) zu Protokoll gibt.[258]

Die Villa am Nordrand der Stadt an der Strada Vico Alto (der Standort ist auf dem Stadtplan von Siena 1:5000 des Verlages L.A.C. eingetragen) ist nicht zu besichtigen.

    Daran, dass die Villa 1548 existierte, lässt jedoch deren Baugeschichte keinen Zweifel; anders als die anderen Objekte führte Scipione sie vermutlich deshalb nicht auf, weil es sich hier um eine der Familie als Vorstadtresidenz dienende *villa suburbana* von geringem landwirtschaftlichem Nutzen handelte. Besteuert wurden ja die Einkünfte aus Immobilien, nicht deren Besitz als solcher.[259] Da allgemein die Tendenz bestand, sich den Steuerschätzern gegenüber als möglichst finanzschwach darzustellen, offenbarte sich auch Scipione, mit hohen Ehren dekorierter Bürger der Stadt, in der Lira als quasi notleidend. Den Palast „a la Postierla", in dem er wohnte, nennt er „sehr alt und traurig",[260] seine ländlichen Immobilien (etwa im Kastell Belforte) „verwahrlost". Erst ab 1570 bis 1580 führt er in vier einander folgenden Testamenten die Villa von Vicobello auf. Beschrieben ist allerdings nicht sie – im Dokument wird sie ohne weitere Angaben als „domus" bezeichnet –, sondern lediglich der Umfang des Anwesens „ubi sunt stabula edificium oliveri domus et hospitium".[261]

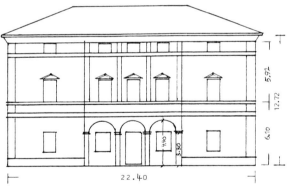

Abb. 28 Villa Vico-
bello, Südfassade

Vicobello – nach wie vor in Familienbesitz – bietet sich über ausgedehnten Gartenterrassen voll dem Blick dar, freistehend, frontal nach Süden, zur Stadt, gewandt – ein prunkvolles Objekt, fünfachsig und zweieinhalbgeschossig, das durch seine Breite auffällt (sie übertrifft die des Palazzo Venturi um knapp zwei Meter), hinsichtlich seiner Höhe und Tiefe jedoch die Maße der anderen untersuchten Villen einhält. Vom Auf- und Grundriss von Vicobello wird noch eingehender die Rede sein. Wie aber mag dieser Landpalast im Cinquecento ausgesehen haben? Zwar erschwert das nahezu totale Fehlen von Dokumenten die Spurensuche – die Besitzer beharren darauf, dass das Familienarchiv verschollen sei –, aber gelegentlich finden sich hilfreiche Hinweise. So notiert der Historiker und Geograph Emanuele Repetti 1843: „Si ha memoria di questo Vico-Bello fino dal secolo XIII quando costi era un monastero di suore, abolito due secoli dopo dal Pont. Pio II".[262] Ein Nonnenkloster also hielt den Hügel vom 13. bis zum 15. Jahrhundert besetzt, bis Enea Silvio Piccolomini, der Papst aus Siena (1458–64), die Aufhebung verfügte. Dass die Institution gleichzeitig Hospiz war, ist der Nähe der großen *via Francigena* genannten Pilger- und Handelsstraße wegen als nahezu sicher anzunehmen. Darauf, dass dem Kloster im Hochmittelalter ein Kastell voranging, lassen schwere Substruktionen unterhalb des Hauses schließen: Die nördliche Umgebung der Stadt, so der der Villa benachbarte heute eingemeindete *burgus* Camollia, wurde vom späten 11. Jahrhundert an massiv befestigt.

3. b Die Errichtung: um 1520/30

Wann der Komplex nach Auszug der Nonnen umgebaut wurde, war im Rahmen der Recherchen für dieses Buch nicht feststellbar. Im Chigi-Archiv der Vatikanischen Bibliothek in Rom existiert indes ein Beleg für die frühe Existenz einer Villa: ein Grundriss des Jahres 1664.[263] Exakt vermessen, zeigt er die bis heute unveränderte Grundstruktur des Gebäudes, das – wie der Stilvergleich mit dem Palazzo Venturi nahelegt – vermutlich nicht später als 1520/30 auf das Kloster folgte. Es hat die landestypische dreiachsige zweigeschossige Pfeilerloggia; sie existiert in ihrer ursprünglichen Form nicht mehr – wie das gesamte Äußere der Villa wurde sie um 1840 einem neuen Zeitstil angepasst. Der Kern des Hauses dagegen blieb intakt. Das sind Mauern, wie Befestigungen sie aufweisen,[264] rundum 0,89 m stark (Palazzo Venturi: 0,55 m, vgl. Abb. 20),[265] dazu wuchtige, quadratische Pfeiler mit Seitenlängen von ebenfalls 0,89 m (Palazzo Venturi: 0,58 x 0,43 m). Die Maße sind in *palmi romani* (à 0,2234 m) im Plan verzeichnet; sie betragen umgerechnet 1,79 m (8 *palmi*) für jede der lichten Arkadenweiten (am Vergleichsbau Venturi werden dank der schlankeren Pfeiler 2,01 m erreicht). In ihrer lichten Gesamtweite entsprechen die Loggien von

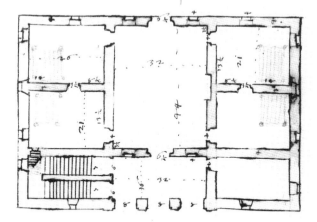

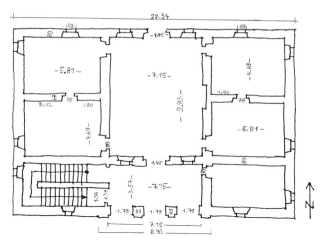

Vicobello mit 32 *palmi* (7,15 m) den 7,19 m des Palazzo Venturi, jedoch waren sie noch 1664 – eben ihrer raumgreifenden Pfeiler wegen – weniger tief (3,57 : 3,84 m). Erst anlässlich einer der folgenden Renovierungen wurde mehr Platz in der Loggia geschaffen. Die aus dem Grundriss des Seicento errechenbare Gesamtbreite der Villa von 22,34 m stimmt mit dem aktuellen, vom Kataster ausgewiesenen Wert (22,40 m) überein; nur hinsichtlich der Tiefe des Gebäudes – offiziell 15,40 m, laut dem alten Plan aber 16 Meter – ergibt sich eine nennenswertere Differenz.

Abb. 29 Villa Vicobello, Erdgeschoss, Grundriss des 17. Jahrhunderts (BAV, Chigi P VII, 11, c. 127 r). Zeichnung unten: Grundriss mit Eintrag der heute gültigen Maße

Wie mit wenigen Ausnahmen bei den mit Landwirtschaft verbundenen Sieneser Villen üblich, steckt die Treppe zu den oberen Stockwerken wie zum Keller auch in Vicobello in der linken Ecke des Loggientrakts. Anders als die Vergleichsbauten (La Fratta ausgenommen) hat das Haus jedoch ein rückwärtiges zentrales Portal; seine Breite ist mit sechseinhalb *palmi*, 1,45 m, angegeben. Hier, an der Nordseite, führt ein Zufahrtssträßchen bis an die Ummauerung des Ensembles heran; Bewohner, Besucher, Landarbeiter, Herbergssuchende betraten zunächst einen Vorplatz, von welchem aus sie unmittelbaren Zugang zum Haus hatten. In weit älterer Zeit könnte sich anstelle von dessen mittlerer Raumflucht ein offener Hof zwischen zwei Wehrarchitekturen befunden haben, der, wie im Fall Montosoli, bei Errichtung des Objekts überbaut wurde.[266] Der U-förmige Grundriss des Kellers spart nämlich das Zentrum aus; außer dem Loggientrakt sind lediglich die Gebäudeflanken unterkellert – möglich, dass sie ehemals selbständige Elemente eines Kastells waren. Die Beispiele für eine Umwandlung mittelalterlicher Befestigungsanlagen zu Villen des Cinquecento sind zahlreich; auch für Vicobello ist eine solche Genese vorstellbar.

3. c „Architettura del celebre Baldassarre Peruzzi …"

Angesichts dieser Vorgaben scheint es müßig, über die Frage nachzudenken, welcher Baumeister hier tätig geworden sein könnte. Vicobello repräsentiert überzeugend jenen gebrauchstüchtigen Sieneser Villentypus, der des hochrangigen Entwerfers nicht bedurfte – das Musterbuch reichte aus. Noch um 1836/38 hat Ettore Romagnoli die Anlage so gezeichnet, wie der Grundriss von 1664 sie festhält. Der Aufriss ist einfach und vollkommen symmetrisch, mit der zweigeschossigen Loggia im Zentrum und, der Gebäudebrei-

Abb. 30 Villa Vicobello, die Südfassade um 1800 (Zeichng. Romagnoli, BCS, C. II. 4, c. 23; vgl. Abb. 18)

te wegen, je einem Seitenfenster pro Stockwerk in jeder Flanke. Ein Gurt- und ein Mezzaningesims übernehmen die horizontale Gliederung. Auch wenn man Romagnolis Skizze kaum die Präzision einer Bauaufnahme attestieren kann, dürfte sie doch der Realität entsprochen haben: Sie zeigt ein klassisches Beispiel jener Landhäuser, die in Siena unverdrossen Peruzzi zugeschrieben werden. Als vermeintliches Original, zudem „interessantester" wenn nicht gar „schönster" Sieneser Villenentwurf des großen Meisters nimmt Vicobello in der Rangliste einen Spitzenplatz ein.[267] Nicht nur Della Valle wird als Kronzeuge namhaft gemacht,[268] sondern vor allem Romagnoli, der zwar in seinen Künstlerbiographien Zweifel an der Attribution äußerte,[269] seine Zeichnung dann aber doch mit der Beischrift „fu architetta dal Peruzzi" versah. Repetti schloss sich diesem Votum 1843 ohne Zaudern an und erweiterte dabei seinen Text um schmückende Worte sowie den Hinweis auf eine vorangehende „modernisierende Verschönerung": „È una collina deliziosa (...) sopra la quale sorge la regina delle ville sanesi denominata Vico Bello de`marchesi Chigi, architettura del celebre Baldassarre Peruzzi modernamente abbellita dall`attuale March. Angelo Chigi".[270] Damit lässt sich die wohl gravierendste von mehreren Überarbeitungen des Hauses datieren: Sie hat vor 1843, aber nach 1836/38 stattgefunden, denn Romagnolis Blatt zeigt noch die alte Villa. Deren Aussehen belegt auch die Chronik des Girolamo Macchi, „oberster Schreiber" in Diensten des Hospitals Santa Maria della Scala. Er erinnert an die Festlichkeiten zum Empfang der Stadtherrin Violante von Bayern im April 1717: „Si vedeva (...) quelle Loggie piene di Lumiere, e quei Poderi sù il Poggio e piano, tutti fecero un fuoco per ciascuno, che faceva un bellissimo vedere da lontano" – voll des Lichts, diese Loggien, und die Höfe oben auf dem Hügel wie die in der Ebene, einer wie der andere von Feuern erleuchtet, welch` herrlicher Anblick von weitem.[271]

Mehr als hundert Jahre später zeichnete Romagnoli die Arkaden der Loggien tamponiert, er zeichnete aber nicht allein das Haus, sondern, soweit von Süden ansichtig, das ganze Ensemble samt der zugehörigen Kapelle an der Westseite und den Gärten, die über gewaltige Mauerstufen zur Stadt hin absteigen.[272] Vor allem diese archaischen Terrassen haben in Fachkreisen zur wiederholten Zuschreibung der Anlage an Peruzzi beigetragen. Sie seien – so Isa Belli Barsali – „ispirati al mondo antico" und in der Villenarchitektur des Senese sonst nicht zu finden. Näher als der Gedanke an Peruzzi und die Antike liegt allerdings die Vermutung, dass die Substruktionen, wie bereits angedeutet, Teil eines mittelalterlichen Bollwerks gegen die fortgesetzt aus dem Norden drohende florentinische Gefahr waren. Aber noch ein weiteres bauliches Detail von Vicobello zeigt in den Augen von Belli Barsali wenn schon nicht die Handschrift des Meisters persönlich, so doch den deutlichen Einfluß seiner Schule: die Exedra am Ende der den oberen der Zitronengärten durchschneidenden Achse.[273] Diese halbrunde Nische aus Backstein, gerahmt von einer tuskisch instrumentierten Triumphbogenarchitektur, findet sich ähnlich skizziert in dem in der Sieneser Kommunalbibliothek bewahrten sogenannten „Taccuino senese", einem entgegen landläufiger Meinung nicht von Peruzzis Hand stammenden Werkstatt- oder Musterbuch.[274] Auch der Wandbrunnen am Eingang zum Vorhof der Villa stammt trotz seiner Ähnlichkeit mit einer vermeintlichen Peruzzi-Zeichnung nicht aus der Peruzzi-Zeit; er dürfte nach Mitte des Cinquecento zu datieren sein.[275]

3.d Im 19. Jahrhundert: Modernisierung

Die eingreifenden Renovierungen der Villa im 19. Jahrhundert konfrontieren uns Nachgeborene mit einer von einem nüchternen klassizistischen Raster von Gesimsen, Friesen und Lisenen kaschierten Fassade. Zum Zweck gesteigerter Wirkung wurde der Bau in jüngster Zeit cremehell verputzt, dunkler gefasst sind lediglich die gliedernden Elemente, die nicht aus Naturstein, sondern aus Ziegel bestehen. Zusammen mit dem doppelläufigen Gurtgesims und den die Gebäudekanten rahmenden Bossen verleiht der durch einen leichten Vorsprung definierte Mittelrisalit der Fassade Plastizi-

Siehe Abb. 28

tät. Die Loggien wurden geschlossen. Der tamponierte Portikus im Erdgeschoss ist nur noch dekoratives Element, in welchem sich ein zentrales Portal zwischen seitlichen Fenstern öffnet. Im *piano nobile* ersetzen von Dreiecksgiebeln bekrönte Fenster sowohl die Arkatur als auch die schlichten hochrechteckigen Öffnungen von einst. Achsgenau darüber reihen sich fünf Mezzaninfenster (zwei davon sind blind), ein jedes fest eingespannt in ein vom glatt profilierten Kranzgesims begrenztes Lisenenfeld. Etwas breiter als hoch (1,10 : 0,95 m), setzen diese Fenster eine sienesische Bautradition fort, die bereits an den maßgebenden Quattrocentopalästen nachweisbar ist und mit der Villa Le Volte in die Landbaukunst eingeführt wurde.

Siehe Abb. 3

Die gestalterische Verwandlung der Fassade war ohne Störung der baulichen Struktur möglich; das Zentrum des Hauses blieb in seinen äußeren Umrisslinien unverändert und unverändert blieben damit die übergreifenden Proportionen, so, wie Romagnoli sie skizziert hat. Sie scheinen in wesentlichen Partien mit jenen des Palazzo Venturi übereinzustimmen, aber die Basis für einen exakten Vergleich der Maßverhältnisse fehlt; insbesondere die Höhen innerhalb der Fassade konnten nicht mit wünschenswerter Präzision vermessen werden. Auf die Innenausstattung der Villa mit ihren Trompe-l`oeil-Dekorationen soll hier nicht eingegangen werden. Sie ist Ergebnis der Renovierungen der Neuzeit, somit nicht Thema dieser Arbeit.

Siehe Abb. 30 und 18

4. La Fratta

4. a Zur Baugeschichte:[276] Peruzzis Honorarforderung

Der Sieneser Kaufmann Giulio Pannilini, geboren 1479, Bauherr der südöstlich von Sinalunga am Rand der Chianasenke gelegenen Villa La Fratta, gehörte zu den einflussreichsten Bürgern der Stadt. Zeitlebens war er wie vordem Vater und Großvater[277] und später auch sein Sohn Marcantonio immer wieder in höchsten Regierungsämtern tätig, zudem betrieb er erfolgreiche Heiratspolitik. Noch wenige Monate vor dem Sturz der Dynastie Petrucci – 1524 – hatte er durch die gleichzeitige Verheiratung des damals 19jährigen Marcantonio mit einer Nichte und seiner Tochter Arminia mit einem Neffen von Pandolfo „il Magnifico" eine gewissermaßen doppelte verwandtschaftliche Beziehung zu dieser Familie geknüpft.[278] Nach dem Umsturz musste er das Land verlassen, aber schon 1529 war er wieder Mitglied der *Balía*, des obersten Sieneser Staatsorgans. Bis dahin dürfte er sich in Ferrara aufgehalten haben, was erklären mag, warum Peruzzi 1527 seine Honorarforderung nicht an ihn, sondern an den Sohn Marcantonio richtete.

„(…) und endlich einige Briefe von Baldassarre Peruzzi, Maler und Architekt, an Marcantonio Pannilini, in welchen er ihn über den denkwürdigen *Sacco di Roma* informiert, dessen Augenzeuge er war, und um einen Vorschuss auf die bereits begonnenen Arbeiten in La Fratta bittet". Der knappe Text findet sich in einer Chronik der Familie Pannilini von 1884, die unter anderem auch die Bestände des Privatarchivs registriert;[279] die Briefe selbst sind jedoch ebenso verschwunden wie weitere rund 2000 Dokumente, die der Fundus beinhaltet haben soll. Obwohl sich die damalige Existenz der Schreiben nicht beweisen lässt, gibt es kaum Anlass, an ihr zu zweifeln: Die Vermutung, dass sich eine sozial so hochrangige Familie wie die des Giulio Pannilini mit ihrem Bauvorhaben an den prominentesten Sieneser

Der Standort der Villa südöstlich von Sinalunga, nahe der Straße Sinalunga-Torrita di Siena, ist auf der Karte des Touring Club Italiano (TCI) „Toscana" 1 : 200 000 eingetragen. Eine Außenbesichtigung insbesondere der Hauptfassade ist problemlos möglich, da das Gelände frei zugänglich ist.

Abb. 31 Villa La Fratta, Straßenfassade, nach Nordosten gerichtet

Architekten der Zeit wandte, liegt nahe. Ungeklärt bleiben freilich Art und Umfang von Peruzzis Anteil an dem Projekt.[280] Eine Datierung seiner Intervention nach Mitte 1527 bietet sich an, weil es ihm nach über zwanzigjähriger Abwesenheit im Sommer dieses Jahres gelungen war, aus dem geplünderten und verwüsteten Rom, selbst ausgeraubt bis aufs Hemd, in seine Heimatstadt Siena zurückzukehren.[281] Sein Bericht über den *Sacco di Roma* ist in nahem zeitlichem Zusammenhang mit den Ereignissen zu sehen – viel später hätte er wenig Sinn gemacht.

Dass die Villa bereits 1528 zumindest notdürftig bewohnbar war, belegen mehrere Schreiben Giulios aus La Fratta an die Balìa ab Oktober 1528.[282] Ab Februar 1529 findet sich keine Korrespondenz mit Absenderangabe „Dela Fratta" mehr, vielleicht deshalb nicht, weil die Bauarbeiten bis zur mutmaßlichen Vollendung um 1533 weitergingen, dem Jahr, von welchem an wieder Briefe nachweisbar sind. Die Freude Giulios an dem schließlich fertiggestellten Prachtobjekt lässt sich aus einem Schreiben vom 24. März 1538 herauslesen, in welchem er sein Fernbleiben von den Regierungsgeschäften mit der Begründung entschuldigt, er sei seit zwei Tagen in La Fratta, weil er sich von dem unwiderstehlichen Wunsch habe verführen lassen, „le cose mie qua", seine „Dinge hier" wiederzusehen; auch bedürfe er einer Erkältung wegen guter Pflege, solle sich sein Zustand nicht verschlechtern: „Mi truovo da due giornj in qua per essermj lasciato ingannar dal desiderio del riveder le cose mie qua et mi son mosso un catarro (...) che mi bisogna per alcuni giornj haver buona cura non volendo peggiorar conditione".[283]

4. b Erste Nachrichten um 1208: *Castrum Fracte*

Erstmals 1208 lässt sich im Zusammenhang mit einer Sieneser Steuerforderung ein kleines Kastell namens *Fratta Bottacchini* urkundlich fassen; es gehörte den Grafen von Guardavalle, einem Zweig der Dynastie der Scialenghi-Cacciaconti, deren Territorium sich von Asciano und der Valle d`Ombrone bis weit in die Valdichiana erstreckte.[284] 1210 wird im Diplom Ottos IV. unter anderem auch La Fratta, *Castrum Fracte,* als Feudalbesitz bestätigt,[285] muss nun ummauert werden und spielt in den Folgejahrzehnten eine Rolle im Hin und Her der Parteienkämpfe zwischen dem zeitweise guelfisch regierten Siena und dem traditionell ghibellinischen Feudaladel seines Umlandes. Zwischen 1316 und 1320 wird La Fratta im Rahmen der steuerlichen Erfassung der Immobilien in Stadt und *contado* registriert; der Besitz gehört inzwischen der Familie Tolomei und wird mit 107 Hektar, zur Hälfte unkultiviert, auf den hohen Wert von 8195 *lire* veranschlagt. Die *Tavola delle possessioni* beschreibt die Ländereien als „terram laboratoriam, prativam et silvatam cum domibus positam in loco dicto la Fratta cui ex duobus strata ex alio flumen Foenne ex alio flumen Dccie". Ein Hinweis auf die ehemals vorhandene Festung fehlt.

Die nächsten im Sieneser Staatsarchiv einsehbaren Dokumente zu La Fratta führen bereits in zeitliche Nähe zur Errichtung der Villa und machen bekannt mit den Pannilini, in deren Händen der Besitz länger als 400 Jahre blieb, bis zur öffentlichen Versteigerung 1881.[286] Drei Angehörige des Sieneser Hauses Tolomei, in Apulien begütert und Untertanen des Königs von Neapel, hatten im Mai 1469 den gesamten Komplex zum Preis von 2615 *fiorini*, 1 *lira*, 16 *soldi* an die Brüder Simone und Mino di Pietro di Mino di Pavolo verkauft,[287] den Vater sowie den Onkel jenes Giulio Pannilini, der ab etwa 1527 die Villa errichten ließ. In der Lira von 1478, in welcher Simone und Mino neun Jahre nach dem Kauf ihre Vermögensverhältnisse zu Protokoll geben,[288] ist zwar bereits von einer Erweiterung der Immobilie um einen Weinberg und „staia 120 di terra" die Rede, rund 16 Hektar, alles in allem sei jedoch von einem Wertverfall von La Fratta auszugehen: Ständige Kriegshändel und grenzübergreifende Gefechte zwischen den Nachbargemeinden Sinalunga und Foiano verhinderten jegliche Bestellung des Bodens; die Arbeiter flüchteten und ließen ihre Behausungen leer zurück; die aufgezählten Unbilden hätten zu einem Verlust von 2500 *fiorini* geführt. Mit der Bitte um gnädige Besteuerung wird wiederholt versichert, die Ländereien lägen brach, „totalmente sode", denn auch die Pest habe die Dörfer heimgesucht, dazu der Krieg – es werde weder gesät, noch geerntet, 18 Ochsen und Rinder seien verloren, fünf Bauernhütten und ein Haus verbrannt. „Seid mitfühlend mit all jenen, die Besitztümer an den Grenzen haben", appellieren die beiden Brüder an die Inspektoren, „abiate côpassione a tutti quelli hanno le pocisioni ne confini".

Die anhaltenden kriegerischen Unruhen in der Valdichiana sind zahlreich dokumentiert;[289] das Gebiet von La Fratta war erheblich in Mitleidenschaft gezogen. Dazu kam die ständige Bedrohung der Bevölkerung durch die Malaria: Die zwischen Sümpfen und den Zuflüssen der Foenna sich ausbreitende regelmäßig überschwemmte Tiefebene südöstlich von Sinalunga blieb verseucht bis zu den unter den Habsburg-Lothringischen Großherzögen der Toscana einsetzenden Agrarreformen.[290] Dennoch gaben die Pannilini La Fratta nicht auf; der Kauf von 1469 stellte ihre erste große Investition dar; die Immobilie war zudem als Feudalbesitz an sie übergegangen, was deren Prestigewert wesentlich erhöht haben dürfte. Ferdinand I. von Aragon, König von Neapel, hatte die Rechte auf die Pannilini übertragen – als Dank für deren finanzielle Unterstützung seines Krieges gegen die Franzosen.[291] Das Wohlwollen des neapolitanischen Hofs gegenüber den beiden in der königlichen Urkunde zu „Nostri favoriti" avancierten Sieneser Kaufleuten drückte sich unter anderem in der Bestätigung einer eigenen Gerichtsbarkeit für La Fratta aus, überdies in der Zusicherung von Schutz gegen jegliche Beeinträchtigung des Besitzes durch „soggetti pubblici o privati, ecclesiastici o laici". Die Verleihung entband die Pannilini freilich nicht von ihrer Steuerpflicht gegenüber der Republik Siena, ein Umstand, dem zu verdanken ist, dass sich das Schicksal von La Fratta über mehrere Jahrzehnte hinweg in der Lira verfolgen lässt.

Erst gegen Ende des Quattrocento dürfte das kontinuierlich vergrößerte und arrondierte Gut nennenswerten Gewinn abgeworfen haben, auch wenn die Eigentümer weiterhin die Verluste durch Überschwemmungen und Scharmützel an den Grenzen betonen.[292] Aber noch schien La Fratta als Standort für ein Herrenhaus wenig attraktiv, zumal die Pannilini außer über ihre Residenz in Siena unter anderem über „Chase per nostro uso" innerhalb der nahen Festung Sinalunga verfügten. Die letzten im Sieneser Staatsarchiv vorhandenen Steuererklärungen der Familie stammen aus dem Jahr 1509. Giulio, der spätere Bauherr der Villa, deklariert in diesem Jahr in La Fratta „terreni a cinque paia di buoi con case et prati al bisogno de` mezaioli", einen bäuerlichen *borgo* mit Arbeiterhäusern, Weiden und Ackerland „für fünf Paar Ochsen".[293] Giulios finanzielle Substanz ist mit 3000 *lire* vergleichsweise niedrig veranschlagt, aber bereits 1531 weist ihn das aus diesem Jahr erhaltene Steuerregister als reich aus: Es war ihm gelungen, sein offiziell deklariertes Vermögen auf nunmehr 9825 *lire* mehr als zu verdreifachen. Einen Beleg dafür, dass er in der Zwischenzeit die Villa errichten ließ, bietet der *registro* freilich nicht.

Giulio starb um 1541; bis zu diesem Jahr war er noch Mitglied der Balía. La Fratta gehörte ihm nur zum Teil, der andere Teil der weitläufigen Ländereien war in Händen der Nachkommen seines Bruders Pietro. Welche Umfänge die Territorien eines jeden hatten, ist den vorliegenden Dokumenten nicht zu entnehmen, jedoch führt Giulios Sohn Marcantonio in seinem Testament von 1562 die Villa selbst als Bestandteil seines Erbes auf. Bereits 1553 hätte er sie auf Drängen des Papstes, Julius III., an dessen Nepoten Balduino de' Monti verkaufen sollen. Marcantonio war mit dem apostolischen Stuhl eng verbunden, ab 1554 als Sprecher, dann Botschafter der Republik Siena, und stand schließlich ganz in Diensten der Kurie. Ob die Genehmigung der Balía für den Verkauf tatsächlich erteilt und ein Kaufvertrag geschlossen worden ist, bleibt undurchsichtig,[294] in seinem Testament erscheint Marcantonio jedenfalls weiterhin (oder erneut?) als Eigentümer. Dieses Testament ist das erste vorhandene Dokument, in welchem La Fratta als landwirtschaftlicher Komplex zwar nicht im Detail beschrieben, aber in der Summe seiner Bestandteile zitiert ist als „tenuta seu tenimentis Fracte in partibus vallis clanarum curie Asinalonghe cum Palatio, domibus, vineis, clausuris".[295] Genannt werden außer dem „Palatio", das heißt der Villa, eine „casa nuova", ferner innerhalb von La Fratta ein Besitz namens „La Chiusa",[296] ein „Chiostro della Fratta" sowie Häuser für die *contadini*. Nicht erwähnt, weil möglicherweise noch nicht vorhanden, sind die Kirche und der Brunnen.[297]

Um sicherzustellen, dass La Fratta auch weiterhin in der Familie blieb, ergänzte Marcantonio sein Testament mittels der Klausel des *fedecommesso* um ein Verkaufsverbot; wer künftig in die Erbfolge eintrat, hatte seinem Namen jenen der Pannilini hinzuzufügen. Schon anlässlich der Heirat von Marcantonios Enkelin Porzia mit Fabio Gori wurde die Bestimmung relevant; ab 1601 firmieren die Besitzer als „Gori Pannilini". Fabio werden umfangreiche An- und Ausbauten in La Fratta zugeschrieben; der prächtige Komplex erregte 1612 den Beifall des toscanischen Großherzogs Cosimo II. Er war samt Gefolge am 4. Oktober zu einem „lento pranzo" in der Villa zu Gast, einem „langsamen Mittagessen".[298] Noch 1846 beschreibt Repetti La Fratta als Sehenswürdigkeit,[299] aber bereits 35 Jahre später kam das Objekt unter den Hammer; 1881 fiel es an die Bank Monte dei Paschi di Siena, die es 1883 an die römische Adelsfamilie Torlonia weiterverkaufte,[300] welche sich ihrerseits der Immobilie 1892 wieder entledigte. Neue Eigentümer wurden nun in Florenz ansässige Großunternehmer istrischer Herkunft; sie vererbten La Fratta an die gegenwärtigen Besitzerinnen, die Schwestern Galeotti Ottieri della Ciaja.

4. c Zur Architektur [301]

Die Villa von La Fratta macht den Anfang einer rund einhundert Meter langen schnurgeraden Schneise, die sich, beidseitig von Scheinarkaden gesäumt, durch die Ebene zieht. Die nordöstliche Gebäudereihe wurde erst um die Wende vom 19. zum 20. Jahrhundert als Pendant zur südwestlichen errichtet, die schon im 17. Jahrhundert als Mustereinrichtung galt.[302] Nach wie vor verbergen sich Wirtschaftsbauten, Speicher und *case coloniche* hinter der nunmehr doppelreihigen Flucht niedriger, gleich gestalteter Fassaden, hinter dem bis ans Straßenende ununterbrochen durchlaufenden Gitterwerk backsteinerner oder auch backsteinrot verschlämmter Blenden und Lisenen. Die in den Komplex eingebundene Villa, ein zweieinhalbgeschossiger Ziegelbau, hat die Form eines liegenden Quaders, der 19,44 m breit, 15 m tief und heute bis zum Ansatz des Kranzgesimses 11,52 m hoch ist; seit Beginn des 20. Jahrhunderts krönt ihn ein erheblich überdimensioniertes Belvedere.[303] Die nach Nordosten blickende Straßenfassade unterscheidet sich signifikant von der nach Südwesten orientierten Gartenfront.[304] Repräsentiert Erstere mit städtischer Eleganz den herrschaftlichen Aspekt, so zeigt die Rückseite im Gegensatz dazu auffallend wenig Ehrgeiz; sie gibt sich bäuerlich, als homogenes Glied des großen landwirtschaftlichen Unternehmens, das die „Tenuta La Fratta" seit jeher darstellt. Überaus salopp proportioniert, erscheint sie wie Flickwerk aus Beständen diverser Jahrhunderte, eher *pasticcio* denn genuiner Entwurf, auch wenn der fünfachsige Loggienaufriss auf den ersten Blick imponiert.

Die der Straße zugewandte Eingangsfront der Villa dagegen ist ein architektonisches Kunstwerk. Innerhalb des fünfachsigen Aufrisses sind die

Siehe Abb. 36

Siehe Abb. 31

Abb. 32 Villa La Fratta, die Straßenfassade in einem Foto von 1880/90

mittleren Fenster zu einer dreiachsigen Gruppe zusammengerückt, das Zentrum betonend. Zur Dekoration der Schauseite wurde Travertin verwendet, so auch für das geschosstrennende Gesims, das gleichzeitig als Sohlbank für die Fenster des *piano nobile* fungiert; es bricht an den Kanten der Fassade ab,[305] um auf der Rückseite der Villa – nun als Ziegelstreifen – wieder anzusetzen. Dieses Gesims teilt die Fassade in fünf Metern Höhe in ein niedrigeres Sockelgeschoss und die viel höhere, ohne weitere Unterbrechung bis zum Kranzgesims reichende obere Zone. Die unmittelbar über den Mezzaninfenstern ansetzenden Ziegellagen fallen durch eine intensivere Tönung auf – sie sind neu und ebenso Ergebnis der Renovierung um 1900, wie das für einen Bau des frühen Cinquecento unüblich schlichte Kranzgesims, das immerhin an der Straßenfront mit dem obligaten Eierstab an die verschwundene Pracht erinnert. Offenbar verlangte der Ersatz des alten Taubenturms eine Neukonstruktion des Daches, das dabei um rund einen halben Meter angehoben wurde.[306] Man hat sich also die Fassade im Original niedriger vorzustellen; die Höhe bis zum Kranzgesims dürfte bei 11,10 m gelegen haben, das selbst aller Wahrscheinlichkeit nach die zeitgenössische Standardhöhe von 0,60 m (und damit die Sockelbreite der Säulen) aufwies.[307] Die Addition der anzunehmenden Originalmaße ergibt 11,70 m bis zur Dachtraufe (heute 12.35 m).

Siehe Abb. 32

Die Gliederung der Hauptfassade übernehmen in einer bisher im sienesischen Villenbau nicht gekannten Weise die Fenster. Allesamt in mit Platte, Karnies und zwei Faszien profilierten Travertinrahmen, sind sie hochrechteckig; Form und Maße wiederholen sich im Erd- wie im Mezzaningeschoss, wogegen der *piano nobile* den bereits an der Villa Le Volte auftreten-

Siehe Abb. 35

Abb. 33 Baldassarre Peruzzi, „finestra di sopra", *Abb. 34 Villa La Fratta, Portal der Straßenfassade*
Fenster für ein piano nobile *(Florenz, Uffizien A 511 r)*

Siehe Farbabb. 8

den, mit Fries und Gesims abschließenden Fenstertypus präsentiert. In La Fratta überfangen ihn zusätzlich 0,50 m hohe plastische Segmentgiebel. Die Abmessungen der Fenster selbst stimmen mit minimalen Abweichungen mit einem von Peruzzi möglicherweise für die Farnesina gezeichneten Entwurf eines „finestra di sopra" überein.[308] Der *piano nobile* der Villa öffnet sich auf einen Balusterbalkon,[309] der mit einer Tiefe von 1,50 m bei einer Breite von 3,30 m gebührend Raum für Auftritte des *Signore* bot und das gesamte Stockwerk zu gesteigerter Bedeutung erhebt. Nicht zuletzt nobilitiert das den Balkon stützende toscanisch instrumentierte Säulenpaar die Fassade, ohne großen dekorativen Aufwand zu treiben: Abbreviatur einer Architravkolonnade, wie Alberti sie für den Portikus von Privathäusern der Oberschicht empfiehlt.[310] Aufs Ganze gesehen bleibt die Bauornamentik zurückhaltend; allein die Fenstergestaltung, dazu die spielerische Sicherheit, mit welcher hier alle Abmessungen zueinander in Beziehung gesetzt sind, verleihen dem Aufriss seinen außerordentlichen Rang.

4. d Die Proportionen
Hauptfassade
Der Goldene Schnitt umfasst als Proportion den gesamten straßenseitigen Aufriss;[311] er wiederholt sich, wie dargelegt, in den lichten Fenstermaßen des *piano nobile*, wogegen die Fenster des Erd- wie des Mezzaningeschosses lichte Werte im quadratischen Maßverhältnis von 1:1,4 aufweisen. Denkt man sich alle drei Fensterreihen komplett von einem großen Rahmen um-

fasst, so weist auch dieser Rahmen in seinem Verhältnis von Breite (14,73 m) zu Höhe (9,04 m) den Goldenen Schnitt auf. Das so entstandene Bild, gesehen von der Unterkante der unteren bis zur Oberkante der oberen Fensterreihe, lässt sich in sechs gleich hohe waagrechte Streifen einteilen; vier davon nehmen die Öffnungen mit ihren Rahmen auf (auf den *piano nobile* treffen zwei Abschnitte), zwei die beiden Mauerintervalle von einer Fensterreihe zur nächsthöheren; es ergibt sich die Sequenz von 1 : 1 : 2 : 1 : 1. Im *piano nobile* sind in der Mittelgruppe die Mauerstücke zwischen Fenstern und Balkontür rund halb

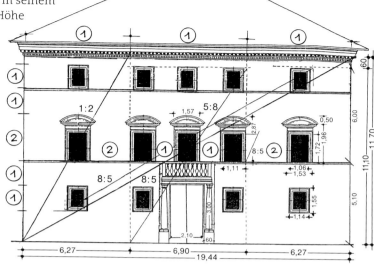

so breit wie jene, die zu den seitlichen Fenstern überleiten; spiegelbildlich stellt sich hier das Verhältnis von 1 : 2 ein. Eine gedachte senkrechte Teilung der Fassade in die beiden Flanken und das Zentrum ergibt dreimal eine Breite von rund 6,50 m und damit das Verhältnis von 1 : 1 : 1; der *piano nobile* ist allerdings mittig etwas weiter geöffnet; die Fensterrahmen überschneiden hier die Teilungslinien beidseitig um je 0,16 m. Die an dieser Stelle gemessene Flankenbreite von 6,27 m verhält sich zur originalen Traufhöhe der Villa (11,70 m) annähernd wie 1 : 2, der Mitteltrakt selbst hingegen stellt sich mit rund 6,90 m Breite zur ursprünglichen Fassadenhöhe von 11,10 m im Verhältnis des Goldenen Schnitts dar.

Abb. 35 Villa La Fratta, Proportionen der Straßenfassade mit den ursprünglichen Höhenmaßen

Dass die Säulenhöhe des zierlichen Portikus mit drei Metern nicht nur dem fünffachen Modul Sockelbreite entspricht, sondern (fast) auch der Höhe der *piano nobile*-Fenster (2,90 m), sei der Vollständigkeit halber ebenso erwähnt, wie der Verdacht nicht verschwiegen werden soll, dass weitere Verhältnisberechnungen an dieser Fassade Übereinstimmungen ad infinitum zutage fördern könnten. Was sich hier darbietet, ist eine hochkomplexe Illustration zum Ähnlichkeitsgesetz,[312] das Bild einer sich noch in kleinsten Abmessungen behauptenden Symmetrie, einer fortgesetzten Spiegelung übergreifender in untergeordneten Proportionen, einer unermüdlichen Wiederkehr gleicher geometrischer Figuren. Der naheliegende Blick auf den Palazzo Venturi zeigt die enge Verwandtschaft beider Bauten hinsichtlich der souveränen Handhabung der Maßverhältnisse, bestätigt daneben auch die Bedeutung des Goldenen Schnitts – zweifellos einer der wichtigsten Proportionsschlüssel für die signorile Landarchitektur im Senese zur Zeit der Renaissance.

Siehe Farbabb. 3

Gartenfassade

Im Vergleich zur Straßenseite der Villa wirkt deren rückwärtige Loggienfassade wie aus der hohlen Hand proportioniert. Kaum eine der zunächst so beeindruckenden Arkaden entspricht in ihren Abmessungen exakt der an-

Abb. 36 Villa La Fratta, Gartenfassade

deren. Während die lichten Weiten zwar nur um maximal 0,14 m differieren, weichen die lichten Höhen zum Teil um mehr als 0,40 m voneinander ab.[313] Die Arkaden umschreiben vollständige Halbkreise, eine Ausnahme machen jedoch die drei mittleren Bögen des Obergeschosses: Sie sind um jeweils 0,25 m überhöht. Angesichts dieses Aufrisses von einer Verwandtschaft mit den perfekten Bogenstellungen der Villen Le Volte oder auch Venturi zu sprechen[314] ist ebenso unbedacht, wie es die Suche nach proportionalen Analogien wäre. Unübersehbar sind an dieser Fassade die Hinweise auf unterschiedliche Bauzeiten. Zum einen fällt die Fensterposition innerhalb der Scheinarkaden durch ihre eigenartige Unausgewogenheit auf, ihre Kopflastigkeit im Erdgeschoss mit der bis über Türhöhe hochgerutschten Fenstern und den im Gegensatz dazu nach unten abgesackten seitlichen Obergeschossfenstern. Diese sitzen nämlich keineswegs auf dem Gesims auf, wie es zunächst scheinen mag, sondern werden von ihm überschnitten. Zum anderen mangelt es dem Aufriss an Axialität: Die drei übereinander stehenden Fenster der rechten Flanke weichen um rund 0,20 m von der durch die Arkaden vorgegebenen Achse nach außen ab.

4.e Der Vorgängerbau – eine Entdeckung im Grundriss
Der Grundriss von La Fratta offenbart die Existenz eines Vorgängerbaus, der bei Errichtung der Villa voll integriert und um den Loggientrakt zum Garten hin erweitert wurde. Die ältere Struktur lässt sich anhand ihrer Mauerstärken eindeutig definieren und von dem späteren Anbau unterscheiden.

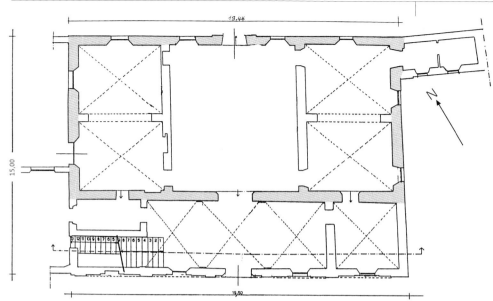

Wie tief der steinerne Vorfahr bereits im Erdreich steckte als er zum Cinquecentopalast avancierte, zeigt sich an der Straßenfassade: Das Bodenniveau des Erdgeschosses der Villa liegt 0,32 m unterhalb der Eingangsebene. Der Säulenportikus überbrückt und kaschiert die Höhendifferenz; in seinem Hintergrund steigen zwei Stufen zum Portal und weiter ins Hausinnere ab. Der Grundriss des Vorgängers deckt sich zwar in der Breite mit jenem der Villa, nicht jedoch in seiner Tiefe von lediglich 10,40 m – hier fehlen die durch den nachträglichen Loggienanbau ergänzten 4,60 m. Die Stärken der Außenmauern, also auch der südwestlichen, die heute nur noch Trennwand im Hausinneren ist, betragen im Erdgeschoss 0,65 m bis 0,68 m, während die des Anbaus nirgends 0,50 m überschreitet. Die Grundrissproportion von 1:2 sowie die Mauerstärken des Ursprungsbaus halten sich an die Schemata, die Braune für die befestigte mittelalterliche Landarchitektur nachgewiesen hat, wobei er allerdings häufig auf noch wuchtigere Wände stieß.[315] Der Frage, was in La Fratta überbaut wurde – ein wehrhafter *palagio*, eine *casa-torre* oder nur ein steinerner Speicher – wird in der Zusammenfassung der Ergebnisse[316] nachgegangen. Als Resultat der gartenseitigen Erweiterung weist der Grundriss der Villa das bereits am Palazzo Venturi festgestellte klassische Maßverhältnis von 1:1,3 auf; ebenso wurden auch in La Fratta die Treppen da untergebracht, wo sie, wie anzunehmen, vordem außen am Haus hochführten, nämlich in dem neu angefügten Loggientrakt, und zwar in dessen linker Ecke.

Es steht außer Frage, dass sich die Villa einem Konglomerat von Bauteilen verdankt, dem die noble nordöstliche Schauseite vorgeblendet wurde. Noch einmal zusammengefasst, lassen sich folgende Bauphasen unterscheiden:

Abb. 37 Villa La Fratta, Grundriss; schattiert: die Mauern des Vorgängerbaus

Siehe Abb. 34

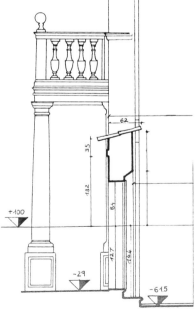

Abb. 38 Villa La Fratta, Portalbereich mit vertieftem Hauseingang

Bau I: der beschriebene Steinbau, die älteste identifizierbare Struktur;

Bau II: Umbau dieses Objekts zur Villa; repräsentative Neugestaltung der Straßenfassade, gleichzeitig rückseitige Erweiterung des Gebäudekerns um einen 4,60 m tiefen Anbau, der sich vermutlich in mehreren Loggien öffnete.

Bau III: Die Loggien wurden vermauert; die eigenartige Fensterposition im Erdgeschoss könnte darauf hindeuten, dass hier vorher eventuell nur die mittlere Bogenöffnung vorhanden war, in welche nun eine Tür eingesetzt wurde. Die von der neuen Sohlbank überschnittenen Seitenfenster im Obergeschoss weisen auf ursprünglich kompakte Flanken hin, die die Loggia auf die Mitte des Stockwerks begrenzten.

Bau IV: Die nunmehr geschlossene Gartenfassade wurde in ihrer Gesamtheit mit den dekorativen Girlanden zweier Blendbogenreihen verbrämt. Denkbar ist hier ein Zusammenhang mit den erwähnten baulichen Erweiterungen des Komplexes durch Fabio Gori um 1600.[317]

4. f Die Bedeutung der Straßenfassade und ihrer Fenster

Ettore Romagnoli, der die Sieneser Villenlandschaft um 1800 kannte wie kein Zweiter, registriert La Fratta als „tutta del far Peruzziano", eine sachliche Anmerkung von eher geringem Belang angesichts all der Sieneser Villen, die „ganz und gar nach Art des Peruzzi gemacht" waren und sind.[318] Die kurze Beschreibung hat in anderer Hinsicht Gewicht: Romagnoli bezieht sich darin ausdrücklich auf „le bellissime finestre". Hätte er solche Fenster häufiger gesehen, wären ihm die von La Fratta wohl kaum als etwas Besonderes aufgefallen. Dass es damals vergleichbare Exemplare in größerer Zahl gegeben hat, ist unwahrscheinlich;[319] dass es 300 Jahre früher, zur Bauzeit der Villa, mehr waren, ebenso. Die Fenster, die das Obergeschoss von La Fratta als *piano nobile* kenntlich machen, sind Ädikulafenster. Wie dargestellt, werden die hochrechteckigen Faszienrahmen über dem Sturz von einem glatten Fries abgeschlossen; ein beidseitig um rund 0,26 m über diesen Fries hinausgreifender Gesimsaufbau und darüber ein 0,50 m hoher Segmentgiebel bekrönen die Fassung.[320] La Fratta bietet damit ein ländliches Beispiel für die Entwicklung hin zu einer plastischen Aufrissgestaltung, die ihre Vorbilder im reichlich vorhandenen antiken Anschauungsmaterial sah.[321] Sie gehörte ab Jahrhundertbeginn zu den wichtigsten Errungenschaften der römischen Hochrenaissance,[322] auch wenn Florenz bereits vor Mitte des Quattrocento einen ersten Profanbau mit dreieckig übergiebelten Fenstern vorgestellt hatte, nämlich das Ospedale degli Innocenti.[323] Tatsächlich fand jedoch das Schema so zögernd Eingang in die Florentiner Palastbaukunst, dass hier noch um 1520 der Palazzo Bartolini seiner „Tempelfassade" wegen von den Bürgern in einer Weise mit Hohn und Spott bedacht wurde, die deren Entwerfer Baccio d`Angolo „schier um den Verstand brachte", wie Vasari schreibt: „Baccio fu per uscir di cervello".[324] Ausgerechnet Siena, diese der Tradition der Rundbogenöffnungen so zäh verhaftete Stadt, war in der Toscana die Wegbereiterin hinsichtlich einer Neugestaltung von Fassadenaufrissen. Das Landhaus „Il Pavone", der Palazzo Bandini und die Casa Calusi-Giannini stellten um 1465 die ersten wagemutigen Schritte dar, denen aller-

Siehe Abb. 31

Siehe Farbabb. 8

Siehe Abb. 2

dings nicht beschieden war, was man gemeinhin einen Durchbruch nennt.[325] Ab 1479 folgte in Fossombrone im Herzogtum Urbino der Bischofspalast, dessen *piano nobile* fünf Ädikulafenster schmücken, an welchen Segment- und Dreiecksgiebel einander abwechseln; er wird Francesco di Giorgio zugeschrieben; zusammen mit seinen Sieneser Vorgängern rechnet dieser Palast zu den frühesten Versuchen, die Fassaden von Profanbauten mit Fensterädikulen zu gliedern. Trotz des Ansehens, das Francesco genoss, und trotz der Bedeutung, welche er diesen Aufrisskonzepten zumaß, setzten sich die Muster in seiner Heimatstadt nicht durch. Erst auf dem Umweg über Rom erreichten sie Jahrzehnte später Siena und den Senese.

Die Frage nach städtischen Modellen für den Aufriss von La Fratta ist also eher mit einem Hinweis auf die römische Hochrenaissance als auf die frühen Sieneser oder auch urbinatischen Vertreter des neuen Stils zu beantworten. Dass der reiche und wohl auch entsprechend gebildete Bauherr von La Fratta[326] mit seiner Villa seine Haltung zur *antichità* demonstrieren wollte, ist zu vermuten. Ebenso, dass der eben aus Rom zurückgekehrte Baldassarre Peruzzi als Überbringer der Ideen fungiert hat. Bei seinen Sieneser Stadtpalästen setzte Peruzzi indes keine übergiebelten, sondern gerahmte Fenster mit Fries und Gesimsabschluss ein, wie er sie bereits für die Farnesina entworfen hatte. Der ihm mit großer Wahrscheinlichkeit zuzuschreibende Palazzo Pollini (ab 1527)[327] stellt diesen Typus gleichsam wie auf dem Präsentierteller vor: Die durch einen Rundwulst begrenzte, unauffällige Sockelzone erhebt das optisch weit überhöhte Hauptgeschoss zu fast monumentaler Bedeutung; die Gliederung übernimmt allein das Gurtgesims, darauf stehen sieben (ursprünglich sechs) Fenster. Die Sicherheit, mit welcher dieser Reihe ihr Standort in der glatten Ziegelwand zugewiesen ist, ruft in Erinnerung, dass es sich bei Peruzzi um den vielleicht größten Meister seiner Zeit im Berechnen von Proportionen und Perspektiven gehandelt hat.[328] Das einzelne Fenster selbst besticht durch eine schnörkellos lineare Gestaltung; auf die mit zwei Faszien gearbeiteten Rahmen folgen ein glatter Fries und darüber die waagrechte Verdachung mittels einer kantig geschnittenen Travertinplatte. Sie wiederholt das Profil des Sohlbankgesimses in schlankerer Version und schafft eine weitere, kräftige Betonung der Horizontalen.

Siehe Abb. 33

Als Entwerfer einer mit Ädikularahmen gegliederten Fassade tritt Peruzzi wie schon im Fall La Fratta – will man ihn für diesen Bau in Anspruch nehmen – ein zweites Mal außerhalb der Stadttore auf; die ihm möglicherweise in Teilen zuzuschreibende Villa di Belcaro westlich von Siena,[329] ein ab 1533 umgebautes Kastell, wurde im 19. Jahrhundert so massiv überarbeitet, dass der historische Bestand schwer zu beurteilen ist. Die Fassade und mit ihr vermutlich die Fenster wurden verändert; im Vergleich mit den im Cinquecento bevorzugten, zum Goldenen Schnitt und zur Quadratur tendierenden entspannten Proportionen wirken sie zu gestreckt. Da jedoch keine Bauaufnahme der Villa verfügbar ist, sind Maßangaben nicht möglich. Zwar entsprechen die Segmentgiebel der Fenster des *piano nobile* in Form und Profilierung weitgehend genau jenen von La Fratta, das allerdings berechtigt noch nicht zu der Hoffnung, dass nicht auch sie ein Werk der ebenso ambitiös wie gnadenlos historisierenden Architekten des „Purismo senese"

Siehe Abb. 46

Siehe Abb. 31

Siehe Farbabb. 1

Siehe Abb. 39

sind.[330] Immerhin macht der Blick auf Belcaro deutlich, um welche Preziose es sich bei der Villa des Giulio Pannilini handelt, ein Bau, dessen Hauptfassade sich in der ruhigen Ausgewogenheit geometrischer Maßverhältnisse entwickelt und dabei gleichzeitig die neue römische Plastizität in das flache Gitterwerk der Sieneser Landarchitektur einbringt. Die Fenster sind nicht mehr „in der Wandmasse versenkt", sondern werden „mit ihren Öffnungsrahmen und Bekrönungen, ja mit ihren Ädikulen als Körper begreifbar".[331] Das ist ein Schritt, der über die gerade Fensterverdachung der 30 Jahre älteren Chigi-Villa Le Volte hinausgeht. Mit La Fratta partizipiert erstmals eine ihrer Nachfolgerinnen an den seit Jahrhundertbeginn in Rom erprobten Konzepten, und das in einer Weise, die sich grundlegend von dem traditionellen Habitus der zeitgenössischen Bauten im *contado* von Siena unterscheidet.

VII Zusammenfassung der Ergebnisse

1. Die Gleichheit der Formen und wie sie sich erklärt

1. a Das Festhalten an Traditionen

Der Typus der in dieser Arbeit untersuchten Loggienvilla erscheint im Senese um 1500 und – bleibt. Kein Stil löst den anderen ab, über große Zeitintervalle hin ändern sich nur Details, nicht das Schema. Schon in den ersten Jahrzehnten des Cinquecento präsentiert sich diese Architektur als fertig ausgebildet, von Anfang an gehandhabt als reproduzierbar, nicht als sich jeweils neu stellende Bauaufgabe. Ob es sich um die Fassadengliederung handelt, die Grundrisse und deren Abmessungen, die Koordination der Räume, die Disposition von Treppen und Kellern, die meist gänzliche Durchformung der Bauten in Ziegel – stets gleichen sich die Muster, immer trifft man auf standardisierte Lösungen. Wo ein Abweichen von der Norm feststellbar ist, lässt es sich, wie etwa im Fall von Kastellumbauten, umstandslos auf zwingende Vorgaben zurückführen. Wo freier geplant werden konnte, wiederholt sich in Breite (rund 20 Meter), Tiefe (15 Meter) und Höhe (zwölf Meter) die Form des steinsichtig gemauerten zweieinhalbgeschossigen Quaders, es wiederholen sich dessen Gestaltung und räumliche Organisation und es wiederholen sich die Proportionen. Mit ihren Anleihen an die Hochrenaissance bleibt die Villa La Fratta singulär; die im Senese des Cinquecento ohnehin nur ansatzweise erkennbaren Ambitionen, die Architektur für neue Anregungen zu öffnen, erloschen mit dem Ende der Republik.

Es gab keine nennenswerte Erweiterung der gestalterischen Konzepte, kaum Innovation. Warum diese Beschränkung? Eine erste Antwort setzt an bei den Erfordernissen der Landwirtschaft, die jeweils eng mit den Geschicken der Bauten verbunden war. *Form follows function* – auch hier. Die Sieneser Villen repräsentieren eine agrarische Zweckarchitektur, die zugleich auf rationelle Weise die Wohnbedürfnisse ihrer wohlhabenden Besitzer erfüllte und deren sozialen Status offenbarte, insofern ein hohes baukünstlerisches Niveau erreichte. Aber noch ein weiteres Moment mag die Standardisierung der Muster wie deren Langlebigkeit erklären: Die Treue der Bauherren zum Althergebrachten. Bewährte Formen wurden beibehalten – eine

Eigenheit, die sich zweifelsohne unter anderem auf die Kaufmannstugenden der Vorsicht und der Sparsamkeit zurückführen lässt. Siena war Republik, nicht Fürstentum; die *Signori* waren und blieben über Generationen hin Händler, die in erster Linie darauf achteten, dass die Kasse stimmte. Es mag sich für sie ganz einfach besser gerechnet haben, für ihre ländlichen Stützpunkte auf ein eingeführtes Modell aus einem Werkstattkatalog zurückzugreifen, als sich auf das kostspielige Experiment einer Neuplanung einzulassen. Der unübersehbare Mangel an Flexibilität erklärt sich jedoch auch aus der geographischen und politischen Situation der Republik. Siena habe „sich immer verhalten, als wäre es eine Insel" heißt es, und in der Tat *war* die Republik eine Insel: Groß an Fläche, arm an Einwohnern, isoliert einerseits ihrer unzureichenden Infrastruktur wegen – die einzige Verkehrsader von Belang war die *via Francigena* -, andererseits aufgrund der allgegenwärtigen Bedrohung ihrer Grenzen. Die Verteidigung gegen die Übermacht Florenz hatte für den Staat Zeit seines Daseins Priorität. Eine solche Zwangslage mag das Festhalten an Traditionen stärken, nationale Identität stiften – Weltoffenheit fördert sie nicht. Auf diese Determinanten der Villenarchitektur wird der folgende Teil der Arbeit eingehen. Zunächst soll jedoch noch einmal die Frage aufgegriffen werden, in welcher Weise die bauliche Struktur der Häuser den Erfordernissen landwirtschaftlicher Produktion diente.

Abb. 39 Der typische Sieneser Villengrundriss ; links zum Vergleich ein venezianisches Beispiel (Palazzo Loredan)

1. b Das Speicherschema

Der Grundriss der untersuchten Bauten ist ausnahmslos dreibahnig, seine Proportion meist die des Pythagoreischen Dreiecks von 1 : 1,3 beziehungsweise 3 : 4. Dieses Schema ist seit alters her überall geläufig, wo gespeichert werden soll;[332] die Mehrbahnig-

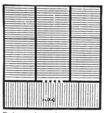

Palazzo Loredan

Palazzo Venturi

keit resultiert daraus, dass sich die Spannweite der Decken nicht beliebig verbreitern ließ; zur Unterstützung mussten Tragmauern aufgerichtet werden.[333] An den Ableitungen, die die Architektur in Theorie und Praxis aus diesem Plan entwickelt hat, nahmen die Sieneser Villen nicht teil; sie repräsentieren eine Basisvariante, die einen längsrechteckigen zentral zugänglichen Saal mit einer beidseitig flankierenden Raumflucht und einem an der Vorder- oder Rückfassade quergelagerten Loggientrakt kombiniert. So ließ sich auf zweckmäßige Weise Vorratsraum schaffen, dabei gleichzeitig eine repräsentative Schauseite vorsehen. Die demonstrativ geöffnete Fassadenmitte der Villen verweist sogleich auf die *sala* des *piano nobile* als Ort signoriler Macht und Präsenz. Dieses Charakteristikum wiederholt sich an jedem der untersuchten Objekte ebenso wie der Grundriss. Die Außenmaße und die Disposition der Innenflächen entsprechen sich Bau für Bau mit nur geringfügigen Abweichungen. Erdgeschoss und Obergeschoss gleichen sich meist spiegelbildlich in der Anordnung von jeweils vier Nebenräumen um den zentralen Saal; Küche, Keller, Abseiten und das üblicherweise als Speicher dienende Mezzaningeschoss ausgenommen, addiert sich die Gesamtzahl der Räume pro Villa durchweg auf zehn. Soweit, im Überblick, die Daten. Offen ist jedoch bislang die Frage, warum dieses Auf- und Grundrisskonzept im Senese zum Standard wurden.

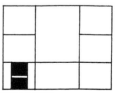

Villa Vicobello

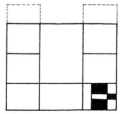

Villa La Fratta

Villa Medane

1. c Die sogenannte *casa veneziana*

In der Literatur wird das Modell des dreischiffigen Speichers mit Loggien-fassade als *casa veneziana* gehandelt. Es verdankt seine Prominenz dem Umstand, dass es bereits im 13. Jahrhundert als *Fondaco* am *Canal Grande* nachweisbar ist.[334] Seiner so früh dokumentierten Existenz ist zuzuschreiben, dass das zugehörige Grund- und Aufrisssystem derart hartnäckig in Venedig und im Veneto angesiedelt wird, dass jedes Auftauchen in anderen Regionen unweigerlich die Frage nach dem vermeintlichen „Transfer" venezianischer Baugedanken nach sich zieht. Gesellt sich zur Dreischiffigkeit eine zentrale Gruppierung der Fenster, so scheint das die Herkunft des Schemas vollends zu besiegeln. Die Anordnung der Öffnungen – ebenso typisch für die Sieneser Villen wie für die des Veneto – ergibt sich jedoch überall zwangsläufig aus der Notwendigkeit, einen Saal zu beleuchten, der die Tiefe des Gebäudes erschließt und – in der Gebäudemitte liegend – keine oder keine ausreichenden seitlichen Lichtquellen hat.[335] Obwohl sich die *casa veneziana* fest unter diesem Namen etabliert hat, ist sie keine venezianische Kreation, sondern mutmaßlich orientalischer Import. Das Schema findet sich allein deshalb in Venedig eher als auf dem Festland, weil die ausschließlich vom Handel lebende Stadt dank ihrer geschützten Lage in den Lagunen auf jegliche Befestigungsarchitektur verzichten und sich gefahrlos erlauben konnte, was anderswo unmöglich war: die Errichtung von Speichern mit repräsentativ geöffneten Schaufronten. Da jedoch der Platz an den Kanalufern knapp war, sind die Grundrisse tiefer als breit; dem Wasser sind die zu Hauptfassaden mutierten Schmalseiten der Paläste zugekehrt. Ende des Quattrocento greift das dreibahnige Schema auf den Villenbau der *Terraferma* über, nun wieder mit frontal orientierter Breite.[336]

Siehe Abb. 39

1. d Welche Bauten gingen den Sieneser Villen voraus?

Eine Spurensuche in der Stadt als dem klassischen Ausgangsort der Villenkultur führt sehr wohl zu Fundstücken wie etwa der Dreischiffigkeit des Sieneser Palazzo Chigi Saracini.[337] Dennoch dürfte sich das Grundrissschema aus der seit dem Mittelalter auf dem Land vorhandenen Bausubstanz heraus entwickelt haben. Man kann allerdings nicht, was einfach und überzeugend wäre, generell von der Überbauung annähernd gleich dimensionierter Vorgänger ausgehen, denn solche hat es in einer der Grundfläche der Villen entsprechenden Größe nicht gegeben. Was aber war vorhanden? Wie dargestellt,[338] war die sienesische *campagna* im Mittelalter bestückt mit Wehrbauten. Deren Formate waren jedoch weit schmäler als die der Cinquecento-Villen, die Grundflächen waren nicht dreibahnig sondern zweigeteilt, die Mauerstärken enorm. Es handelte sich vielfach um reine Kriegsmaschinen – bis zu 20 m hohe Türme –, daneben gab es die bewohnbaren zwölf bis 14 m hohen *case-torri*, Turmhäuser, und die etwas leichter gebauten *palagi*, „Palas"-Bauten. Auf den ersten Blick stellen sich zwar *case-torri* und *palagi* als die gesuchten Vorläufer zur Diskussion, aber mit ihrer Breite von 13 bis 19 m erreichten sie die Villenbreite von durchschnittlich rund 20 m bestenfalls knapp, die Tiefe von meist mehr als 15 m nie (die Vergleichsmaße liegen bei sechs bis 13 m). Noch größere Vorbehalte drängen sich angesichts der Mauerstärken der Wehrarchitekturen auf: Sie betragen bei Außenwänden mindestens 0,65 m, in der Regel aber einen bis eineinhalb Meter[339] (zum Vergleich: Die Mauerstärken des Palazzo Venturi überschreiten lediglich im statisch diffizilen ostseitigen Kellerbereich 0,60 m; im Erdgeschoss liegen sie bei 0,55 m).

Siehe Abb. 20

1. e La Fratta – Fundort für das „missing link"?

Auf welche Vorgaben die Sieneser Villenarchitektur zurückzuführen sein könnte, zeigt das Beispiel La Fratta. Bei dem von dieser Villa geschluckten spätestens aus dem Quattrocento stammenden Vorgänger hat es sich offenbar tatsächlich nicht um einen Bau mit Wehrfunktion gehandelt. Seine Mauerstärken sind grenzwertig (0,65 – 0,68 m), damit scheint seine Stabilität kaum für große Höhen wie die eines Turmhauses kalkuliert. Ein weiteres Indiz spricht für einen zivilen Daseinszweck des Gebäudes: seine Lage innerhalb des Mauerrings, der einstmals den Komplex von La Fratta umgab.[340] Im Schutz von Kastellen wurden früh maximal dreigeschossige Steinhäuser errichtet, die nicht der Verteidigung dienten. Um ein solches dürfte es sich hier gehandelt haben, nämlich um einen Speicher mit einer Fläche von rund 200 qm und bewohnbarem Obergeschoss.[341] Er war dreischiffig; die Normmaße der Villengrundrisse erreichte er allerdings lediglich mit seiner Breite (19,44 m), nicht mit seiner Tiefe (10,40 m).

Siehe Abb. 37

Es handelte sich um einen geschlossenen schmalrechteckigen Block, an welchem der Zugang zum hoch gelegenen Wohnbereich über einen Einstieg von außen erfolgte. Hatte in der Wehrarchitektur der Verzicht auf einen Durchbruch der Deckengewölbe Sicherheitsgründe, so ging es im Vorratshaus darum, die Arbeits- und Speicherflächen durch keinerlei Installation zu behindern. Bei allen untersuchten Villen spricht die Treppenposition auffällig dafür, dass sich das Grundrisskonzept zunächst von diesem landwirtschaftlichen Erfordernis herleitete, um anschließend erhöhten signorilen Ansprüchen angepasst zu werden: Überall findet sich ein von Stockwerksdurchbrüchen ungestörter Gebäudekern; die Stiegen sind ausnahmslos als Zweck-, nicht Repräsentationsarchitektur platzsparend in die äußersten Ecken des Gebäudes geschoben, jeweils links oder rechts neben den Portikus. Was zum festen Muster wurde – die Erweiterung des Speichers zur Villa durch eine durchschnittlich vier Meter tiefe vorgelegte Loggia – enthüllt sich in La Fratta in seinen Ursprüngen. Als Gartenfront nachträglich angefügt, überfängt hier der Portikustrakt die einstige Außentreppe und bezieht sie in die innere Organisation des Hauses ein. Dieser Anbau wuchs mit dem mittelalterlichen Relikt zusammen zur neuen Tiefe des Hauses von 15 Metern; so stellte sich zur Breite von 19,44 m die gängige Proportion von 1 : 1,3 ein.

Siehe Abb. 39

La Fratta zeigt den Werdegang des Grundrissschemas gewissermaßen modellhaft; da bauarchäologische Untersuchungen der Objekte jedoch nur in äußerst begrenztem Rahmen möglich waren, ist die Hypothese einer Herkunft der Cinquecento-Villa vom mittelalterlichen Speicher nur für La Fratta zu belegen. Dennoch soll die Vermutung aufrecht erhalten werden, dass eben diese Genese den sienesischen Villenbau genormt hat. Mit diesem Muster war eine Form gefunden, die beide Bedürfnisse in idealer Form abdeckte: Repräsentation sowie Erfüllung ökonomischer Erfordernisse. Wurden in anderen Regionen die Zweckbauten häufig aus dem herrschaftlichen

Komplex ausgegliedert (die vollendetsten Beispiele finden sich bei Palladio), galt im Senese die Formel der *casa veneziana*: *Piano nobile* plus Speicher kompakt vereint unter einem Dach. Das Schema etablierte sich, die Maße blieben, da das Fassungssoll und die zu erfüllenden Funktionen weitgehend festlagen.[342] Örtliche Vorgaben modifizierten den zum Standard gewordenen Grundriss lediglich insofern, als überbaut wurde, was sich jeweils auf dem Terrain vorfand – ob es sich um die Fundamente von mehrgliedrigen Kastellen handelte oder um die ehemaliger Klöster. Diese Fundamente waren stabil, also hochwillkommen; aber nicht nur aus Kostengründen wurden sie weiter benutzt, sondern auch, weil ihr Standort die Vorteile einer oft noch intakten Infrastruktur bot: ein Wegenetz und Wasserversorgung.

2. Charakteristika der Gestaltung und ihre weitere Entwicklung

2.a Zur Fortdauer der geometrischen Proportionierung

Wie dargestellt, prägt das sukzessive Hervorwachsen einer geometrischen Figur aus der anderen die Fassadenproportionen der Sieneser Villen. Die Schemata leiteten sich aus den baulichen Gepflogenheiten des Mittelalters her; anders als arithmetische Verfahren waren sie leicht anwendbar, das erklärt ihre Beliebtheit. Die Handwerker mit ihrem auf das Einmaleins der Baustelle begrenzten mathematischen Elementarwissen konnten die Formeln mühelos für ihre Zwecke übersetzen. Insbesondere der Goldene Schnitt scheint sich früh in der ländlichen Architektur zu behaupten. Entgegen der in der kunstwissenschaftlichen Literatur vertretenen Skepsis hinsichtlich seiner praktischen Bedeutung[343] belegen vor allem die Fassaden des Palazzo Venturi und der Villa La Fratta die Relevanz dieser Proportion.[344] In den 1520er Jahren errichtet, entstammen jedoch beide Häuser eben jener Zeit, in welcher Baldassarre Peruzzi in Nachfolge seines Lehrers Francesco di Giorgio Martini quadratischen Maßverhältnissen den Vorzug gegeben zu haben scheint.[345] Für Francesco di Giorgio, den Gründer der Sieneser Schule, war die Anwendung der Quadratur geradezu zum Markenzeichen geworden. Dagegen bieten sowohl der Palazzo Venturi (1524) als auch die Schauseite der Villa La Fratta (1527) wahre Lehrbeispiele für eine Fassadengestaltung im Goldenen Schnitt. Die Proportionen hatten somit nebeneinander Geltung, auch wenn ihrer direkten Rückführbarkeit auf Vitruv wegen die Quadratur bei den Architekturtheoretikern der Renaissance das höhere Ansehen genoss.[346]

Siehe Farbabb. 3 und Abb. 35

Erst um die Wende zum Cinquecento hatte der Goldene Schnitt Eingang in die Traktatliteratur gefunden. *De divina proportione*, 1497 verfasst von Luca Pacioli, 1509 publiziert, bot jedoch keinerlei praktische Hinweise für die Handwerker; in Ermangelung theoretischer Unterweisung wendeten sie die Proportion nach wie vor offenbar unbewusst an. Diese Meinung vertritt zumindest das Reallexikon zur Deutschen Kunstgeschichte, das einen bewussten Einsatz des Goldenen Schnitts in der Renaissancearchitektur verneint. Ähnlich die Fachliteratur, wo es etwa heißt, der Goldene Schnitt sei, wenn überhaupt, „nur in grober Annäherung und wahrscheinlich (...) unbewusst" verwendet worden.[347] Unterstellt man, dass die mittelalterliche Baupraxis noch bis zur Frührenaissance ohne maßstäbliche Aufrisszeichnungen auskam,[348] so heißt das auch, dass geometrische Prinzipien tatsächlich unreflektiert weitergegeben werden konnten, weil Zirkel, Seil und Muster-buch im Allgemeinen als Konstruktionsgrundlage ausreichten. Der An-schein spricht dafür, dass der Goldene Schnitt als frei beherrschte Methode der Proportionierung eine alte ländliche Bautradition fortsetzte. Wenn es sich so verhielt, ergeben sich daraus aufschlussreiche Hinweise zur Datie-rung der Villen; zumindest lässt sich festhalten, dass der Rückgriff auf diese Proportion ein frühes Baudatum signalisiert, während sich die Quadratur nachhaltig erst später durchzusetzen scheint.

Zwei Bauten mögen die Richtung der Entwicklung im Seicento illus-trieren: die 30 Kilometer östlich von Siena bei Rapolano Terme gelegene Villa La Buoninsegna von 1675 und die ab 1676 15 Kilometer westlich der Stadt für Kardinal Flavio Chigi errichtete Villa Cetinale.[349] Die nur unvoll-

Siehe Abb. 41

ständig verfügbaren Maße beider Villen lassen immerhin erkennen, dass die Grundrisse zum reinen Quadrat tendieren und innerhalb der Aufrisse die Maßverhältnisse von 1 : 1,4 vorherrschen. La Buoninsegna misst 24,20 m in der Breite wie in der Tiefe, der Grundriss ist somit quadratisch. Für die Villa Cetinale existieren zeitgenössische Pläne, die zwar wiederum keine Höhen verzeichnen, jedoch das projektierte Objekt in den einzelnen Bau-phasen zeigen und dazu einen Grundriss mit Maßangaben bieten. Auch hier regiert das Quadrat: Breite (20,42 m) und Tiefe (19,70 m) sind in etwa deckungsgleich. Der Loggientrakt verhält sich mit seiner Breite (8,50 m) zur

Abb. 40 Villa Buoninsegna (Siehe auch Abb. 53)

Breite jeder Flanke (6 m) beziehungsweise deren Gesamtbreite wie die Diagonale eines Quadrats zu dessen Seite (1,4 : 1) und vice versa.

2. b Potenzsymbole erhalten mehr Gewicht

Das altbewährte Aufrisssystem bleibt, aber die Bauten werden größer, breiter, höher. Die „Öffnung der Mitte", um auf den Terminus zurückzugreifen, erlebt eine nachdrückliche Steigerung nicht durch eine Vermehrung der Loggien – nach wie vor sind es durchweg zweimal drei -, sondern durch deren Verbreiterung, später auch Erhöhung. Ein frühes Paradebeispiel für die erste der genannten Tendenzen bot bereits 1535 der *piano nobile* der Villa Montosoli mit seinen außerordentlichen Arkadenweiten von 2,58 m.[350] Die zweite Tendenz strebt nach einer Akzentuierung der Vertikalen: der Portikus wird signifikant erhöht. Das ist neu; schlank und hoch proportionierte Öffnungen waren für das 16. Jahrhundert noch nicht typisch. Die gelassene Orientierung in die Breite, die die Villen des Cinquecento kennzeichnet, man möchte sagen: ihr Ruhen in der Horizontalen, weicht nun einer ehrgeizigen Streckung, gelegentlich auch Überstreckung der Arkaturen, wie La Buoninsegna sie repräsentiert. Deren dreiachsiger Portikus, eingespannt zwischen monumentale jeweils zweiachsige Flanken, imponiert nicht durch Breite – mit nur 7,50 m ist er sogar schmäler als die Flanken à 8,35 m – sondern durch seine gestelzte Steilheit; so hat auch die *sala* im *piano nobile* mit einer Höhe von sieben Metern (bei einem Grundriss im quadratischen Maßverhältnis von 8,70:12,40 m) wahrhaft fürstliche Dimensionen.[351] Anders als im vorangegangenen Jahrhundert schiebt sich an dieser Fassade kein trennendes Mauerstück mehr zwischen Bogenscheitel und Gesimse; die Öffnungen erreichen im Erdgeschoss den die Fassade auf halber Höhe markierenden Doppelgurt, die Arkatur des *piano nobile* reckt sich bis zum Mezzaningesims. Die Villa Cetinale folgt diesem Muster zwar im Erdgeschoss, die Loggia ihres *piano nobile* ist jedoch deutlich niedriger. Zumindest dem Augenschein nach respektiert sie damit die Alberti'sche Regel einer Höhenverminderung der Arkaden der oberen Etage, wie sie 150 Jahre früher der Palazzo Venturi und anschließend die Villa Medane in klassischer Weise vorführten.

2. c Die Effekte werden kontrastreicher

Die Schönheit, die in der Behandlung der Mauerflächen lag, stellt keinen Wert mehr dar; das zarte Relief der Außenhaut, das an den frühen Villen so ungemein berührt, verschwindet; die Dekorationsfreude, die sich im liebevoll ausgearbeiteten Detail, in feinen Linien, präzis profilierten Rahmen, Konsolen und Kapitellen ausdrückte, im Farbspiel der weiß-grauen Travertingraphik auf dem warmen Rot der Ziegelwände, weicht einem zunehmend derberen Zeitgeschmack. Schon die Villa Medane (gegen 1550) imponiert durch vollständige Glätte; ihre Loggia ist nicht mehr eingebunden in ein Lineament von Gesimsen, ein vier Ziegellagen hoher Streifen unterstreicht lediglich die Fensterreihe des Dachgeschosses. Auch die Kämpfer sind nicht mehr sorgsam in tuskischer Manier gestufte Kunstwerke, sondern – wie das Mezzaningesims – schlicht aus Backstein geschichtet. Antikisierende Kranzgesimse in der kunstvollen Üppigkeit, wie sie sich noch als Fassadenbekrönung des Palazzo Venturi darbietet, dürften bereits von den

Siehe Farbabb. 2
und Abb. 23

Siehe Abb. 40

Siehe Abb. 41 und 54

Siehe Abb. 25

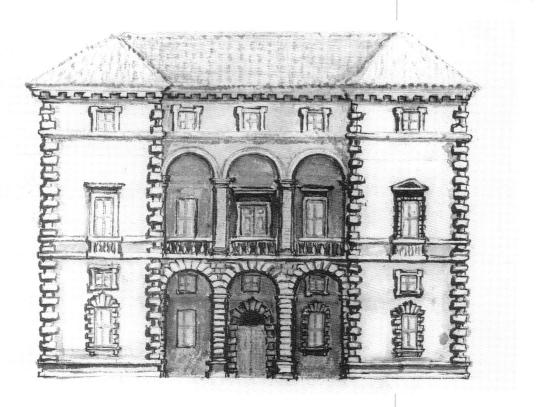

1530er Jahren an durch einfache Imitate ersetzt worden sein; wohl nur der Zahnschnittfries überlebt, er erscheint noch im Seicento, zum Beispiel an den Villen Buoninsegna und Cetinale.

Abb. 41 Villa Cetinale im 17. Jahrhundert (BAV, Chigi P VII, 11, c.115) (siehe auch Abb. 54)

2. d Backstein bleibt, andere Baumaterialien treten hinzu

Backstein, der sich mit seiner Farbe so harmonisch in das sandige Beige der Landschaft einfügt, bleibt das zentrale Baumaterial im Senese. Das bedingt nach wie vor glatte Formen; wo es jedoch der gewünschte Effekt erfordert, werden die Wände verputzt[352] oder, wie im Fall Buoninsegna, aus grobem Feldstein gemauert, an welchem eine überaus starke Farbigkeit beeindruckt. Ähnlich wie schon an der Villa Medane besorgen an der Buoninsegna glatte Rahmen und Blenden aus Ziegel die Dekoration, jedoch tritt hier auf halber Gebäudehöhe ein neues Element hinzu: ein Doppelgurt, der einen breiten Fries zwischen sich nimmt. Als weiteres Mittel zur Steigerung der Effekte dient von der zweiten Hälfte des Cinquecento an gelegentlich eine kräftige Rustizierung von Gebäudekanten und Arkaden.[353] Auch die Eckrisalite der hell verputzten Villa Cetinale sind von Rustikaquadern gerahmt – eine martialische Fassung, die die Öffnung der Loggienfront hinter verspielten Balustraden konterkariert. Inszenierungen wie diese mit ihrem manierierten Gegeneinander architektonischer Aussagen entstammen jedoch nicht mehr bodenständiger sienesischer Baukunst – hier herrscht Barock als römischer Import.

Siehe Abb. 40

VIII   Katalog Sieneser Villen

Anmerkungen zum Katalog

Die Zeichnungen von Ettore Romagnoli entstammen den Jahren um 1800 und sämtlich der Manuskriptsammlung C. II. 3 – 4 der Sieneser Kommunalbibliothek.

Dieser Katalog soll anhand zwanzig ausgewählter Beispiele einen knappen Überblick über den Bestand der Sieneser Villen vermitteln. Die Beschreibungen basieren u. a. auf Veröffentlichungen, die gering an Zahl, zudem häufig nicht käuflich sind, weil sie sich der Initiative lokaler Banken und Sparkassen verdanken. Die in den Anmerkungen genannten Publikationen sind jedoch in Sieneser Bibliotheken zugänglich, so u. a. in der städtischen Kommunalbibliothek (Biblioteca Comunale degli Intronati) und der Bibliothek des Staatsarchivs (Archivio di Stato di Siena).

Die Villen sind nach Epochen geordnet und innerhalb dieser Epochen alphabetisch nach ihrem Namen. Eventuell von der gebräuchlichen Bezeichnung abweichende weitere, evtl. ältere Namen erscheinen in Klammern.

Die Hinweise auf Zugänglichkeit der Villen entsprechen dem Stand von 2003 und sind auf ein Minimum beschränkt, da sich die Gegebenheiten immer wieder ändern.

Den Wegbeschreibungen zum Standort der Villen liegen zwei Karten zugrunde: Die Straßenkarte des Touring Club Italiano (TCI) „Toscana" 1 : 200 000 sowie der Stadtplan von Siena 1 : 5000 des Verlages L.A.C.

Villen des 15. Jahrhunderts

Castello di Grotti

Monteroni d'Arbia Grotti
Die Kastellvilla liegt südlich von Siena und ein gutes Stück westlich von Monteroni d'Arbia nahe der Ortschaft Ville di Corsano (Standort s. TCI-Straßenkarte). Sie ist heute Restaurant.

Der Umbau des Kastells zur Villa wird in das 15. Jahrhundert datiert; diverse bauliche Interventionen folgten im 18., die Anlage des großen, den Komplex umgebenden Parks im 19. Jahrhundert.

Das bereits im 13. Jahrhundert dokumentierte Kastell scheint von Beginn des 15. Jahrhunderts an in mehreren Etappen zum zivilen Landsitz umfunktioniert worden zu sein, jedoch unter Beibehaltung seines grimmigen

Abb. 42 Castello di Grotti (Zeichng. Romagnoli, BCS, C. II. 4, c. 95)

Aspekts. Ein Versuch, die Mauerfronten im Stil der Renaissance zu gestalten – wie etwa am Castello di Argiano geschehen –, wurde offenbar nicht gemacht. Grotti vertritt somit einen Bautypus, den man bestenfalls Kastellvilla nennen möchte, kaum jedoch Villa. Das Dreiflügelschema entspricht dem von Argiano (vgl. Abb. 45); zwei Turmstümpfe mit wuchtigen geböschten Sockeln bilden die Kopfstücke der Risalite. Einer davon ist um eine Achse breiter als sein einachsiges Gegenüber; es dürfte sich hier um einen einstmals bewohnbaren Wehrbau gehandelt haben. Dem *cortile* wurde eine Loggia eingepasst, die jedoch den martialischen Charakter der Anlage kaum mildert.[354]

Abb. 43 Villa di Montegiachi

Villa di Montegiachi

Die Villa wurde um 1475 von der Familie Cinughi erbaut. Für ein Kastell, das vorangegangen sein könnte, gibt es keinerlei Belege. Zur Zeit der Schlacht von Monteaperti – 1260 – soll hier eine Rüstungsschmiede gestanden haben, die vorzugsweise Kettenhemden produzierte, das erklärt den Namen (giacca, Jacke, Hemd, Plural: giacche).

Der Grundriss der Villa ist quadratisch, das Bauwerk selbst zweieinhalbgeschossig und drei Fenster breit – ein allseits gleich gestalteter Turm mit geböschtem Sockel, der sich als monumentales Ziegelmauerwerk drohend vor dem Betrachter aufbaut. Loggien und Terrassen sind nicht vorhanden, einziger Schmuck ist eine Reihe rautenförmiger Anker auf halber Höhe des Gebäudes. 1827 erfolgte eine Restaurierung, welche das Äußere in authentischer Form wiederherstellte, die innere Struktur der Villa dagegen modernisierte und die Anlage der umgebenden Gärten und Wege systematisierte. Die Errichtung knapp bevor 1505 mit Le Volte die Inkunabel der Sieneser Renaissancevilla vollendet war, zu einer Zeit also, in welcher im Villenbau die Öffnung zur Landschaft nachgerade zur Conditio sine qua non wurde, verweist auf ein Phänomen, das sich im Senese noch über Jahrhunderte hin behaupten sollte: Auf dem Montegiachi wurde bewusst auf eine mittelalterliche Bauform zurückgegriffen. Die Absicht war hier also nicht die Umgestaltung einer Festung zur Villa, sondern ganz im Gegenteil die Gestaltung einer Villa in Form einer Festung. Ein nicht realisiertes Projekt im Zusammenhang mit der Restaurierung von 1827 ging noch einen Schritt weiter: Dem Haus sollten endlich auch Zinnen aufgesetzt werden.[355]

Castelnuovo Berardenga Montegiachi

Die Villa liegt auf einer Anhöhe an der Straße Monteaperti-Castelnuovo Berardenga; als ein die umgebende Landschaft völlig beherrschendes Bauwerk ist sie bereits aus größerer Entfernung erkennbar. Eine Besichtigung des von den Besitzern bewohnten Gebäudes dürfte nur in Ausnahmefällen möglich sein.

Villen des 16. Jahrhunderts

Sant'Apollinare (Villa Piccolomini)

**Siena/Costafabbri
Ortsteil Monastero-
Sant'Apollinare**
Die Villa ist nicht nur strikt unzugänglich, sondern auch unsichtbar. Sie liegt hinter hohen Mauern im südwestlichen Vorortsbereich von Siena; der Standort ist auf dem Stadtplan eingetragen.

Die vermutlich noch im 16. Jahrhundert errichtete Villa unterscheidet sich durch eine etwas geringere Tiefe (14,80 m) bei deutlich größerer Breite (24 m) von dem im Senese gängigen Grundrissschema; dessen Proportion ist die des Goldenen Schnitts (1:1,6), nicht, wie häufig, die des Pythagoreischen Dreiecks (1:1,3). Sowohl dieser zwar dreibahnige, hinsichtlich seiner Maße aber unübliche Plan als auch die Tatsache, dass die Loggia um rund einen Meter nach links aus der Fassadenmitte gerückt ist, lassen auf die Überbauung älterer Strukturen schließen.

„Man sagt, die Villa sei von Peruzzi entworfen" setzte Ettore Romagnoli als Fußnote unter seine Zeichnung. Inzwischen ist diese Zuschreibung einer zurückhaltenderen Einschätzung gewichen: Sant'Apollinare stammt nicht einmal sicher aus dem 16., sondern möglicherweise erst aus dem 17. Jahrhun-

*Abb. 44 Villa
Sant'Apollinare
(Zeichng. Romagnoli,
BCS, C.II.4, c.129)*

dert. Errichtet im Auftrag der Familie Piccolomini, gilt die Villa unbeschadet mehrfacher Renovierung als original erhalten. Charakteristisch für die Sieneser Landarchitektur: Ziegel als ausschließliches Bau- und Dekorationsmaterial; eine aufwändig gestaltete dreiachsige Pfeilerloggia nobilitiert den *piano nobile*. Der Arkatur ist das Motiv der griechischen Tempelfront vorgeblendet; die Pilaster überschneiden die Kämpfergesimse der Arkaden und tragen auf elaborierten Kapitellen den Architrav. Diese Rahmung verleiht der Dreibogengruppe optische Tiefe und Plastizität.[356]

Siehe Farbabb. 9

L'Apparita

Wann L'Apparita errichtet beziehungsweise ein bestehendes bäuerliches Anwesen um den Loggientrakt erweitert wurde, ist nicht geklärt. Allgemein wird eine Datierung in das 16. Jahrhundert vertreten; eingreifende Umbauten folgten um 1800.

Die Villa hat ihren festen Platz in der blühenden Sieneser Peruzzi-Mythologie; seit dem Diktum von Romagnoli, 1836, wird sie diesem Architekten zugeschrieben und folgerichtig in die erste Hälfte des 16. Jahrhunderts datiert:

In den Augen der Sieneser Öffentlichkeit begründet das Vorhandensein einer zweigeschossigen backsteinernen Loggia Peruzzis Autorschaft im Allgemeinen hinreichend. Der Loggientrakt von L'Apparita ist vierachsig und seitlich offen – ein einem älteren Gebäude nachträglich angesetztes Kopfstück. Die außerordentliche Streckung der Arkaden des *piano nobile* weist jedoch wenn schon nicht auf deren Neubau, so zumindest auf eine spätere Erhöhung hin; im Zusammenhang mit einem Besitzerwechsel ist dabei an die Jahre um 1800 zu denken. Im Cinquecento galten noch andere Gesetze; die von Alberti formulierte Forderung nach einer geringeren Höhe der Hauptgeschossarkaden gegenüber denen des Erdgeschosses wurde im Villenbau der Renaissance meist sorgfältig beachtet.[357]

Siena/Costafabbri
Ortsteil Ginestreto
Die Villa liegt unsichtbar in einem Park im südlichen Vorortsbereich von Siena (Standort s. Straßenkarte des TCI); die Außenanlagen sind auf Anfrage zu besichtigen (Dott. Giovanni Guiso).

Villa di Argiano
(Castello di Argiano, Villa Pieri)

Die Villa wurde 1581 – 1596 errichtet und im 19. Jahrhundert renoviert. Der ruinöse Vorgängerbau, das 1208 erstmals dokumentierte, 1438 Siena unterstellte Castello di Argiano, gab als Dreiflügelanlage den Grundriss vor.[358]

Romagnoli, der die Villa um 1809 gezeichnet hat, fügte dem Blatt eine Aufzählung der zur Umgestaltung der Kastellruine verwendeten Materialien bei, so zitiert er unter anderem 460 986 Backsteine, 27 786 *libbre* (rund 10 Tonnen) Eisen und 698 *staia* (170 Hektoliter) Gips. Nach seiner Vollendung wurde der Bau wiederholt gerühmt als „schönster Landpalast Sienas" (so u.a. von Gherardini, 1676). Er wurde von einem Dilettanten, Giovanni Pecci aus Montalcino, in klassischer Sieneser Manier errichtet; das Glanzstück der Anlage ist der Innenhof mit seiner dreiachsigen zweigeschossigen Loggia. Die Arkaden entsprechen sich in Höhe und Breite, die Bögen umschreiben makellose Halbkreise und sind von Ziegelkränzen gerahmt. Pilaster und Gesimse, ebenfalls aus Ziegel, akzentuieren den Aufriss dieser ansonsten hell verputzten Schauseite, die mit dem für Siena typischen Dachgeschoss mit

Siehe Farbabb. 12
und Umschlagfoto

Montalcino / S. Angelo in Colle Ortsteil Argiano
Der Standort südwestlich von Montalcino ist auf der Straßenkarte des TCI eingetragen; die Villa ist Zentrum eines Weinguts und auf Anfrage zugänglich.

Abb. 45 Villa di Argiano (Zeichng. Romagnoli, BCS, C. II. 3, c. 50)

knapp zwischen Mezzanin- und Kranzgesims eingespannten Fensterchen abschließt. (Vgl. die vom selben Architekten errichtete Villa di Maggiano, Abb. 50).[359]

Castello di Belcaro

Das erstmals 1199 dokumentierte Kastell von Belcaro, seit 1525 in Besitz des Sieneser Bankiers Crescenzio Turamini, wurde ab 1533 umgebaut. Inwieweit dabei ein Entwurf von Baldassarre Peruzzi verwirklicht wurde, ist nicht mehr eindeutig zu klären. Infolge der eingreifenden Renovierungen des 19. Jahrhunderts – angeblich „secondo il disegno del Peruzzi" – durch die Architekten Serafino Belli (1802) und Giuseppe Partini (1865 – 1870) ist eine zuverlässige Beurteilung des historischen Bestandes heute nur noch schwer möglich.

Der äußere, wohl vom Bauherrn beabsichtigte Eindruck der Anlage ist der einer mittelalterlichen wehrhaften Festung. Sie gibt sich unversehens zivil, sobald der lichte Innenhof erreicht ist. Hier steht man vor einem dreigeschossigen Palast mit relativ gesichtsloser, da stark überarbeiteter und systematisierter Fassade, deren Fenster im *piano nobile* immerhin mit Segmentgiebeln imponieren. Diese in der Sieneser Villenarchitektur kaum heimischen Attribute der römischen Hochrenaissance sind möglicherweise eine authentische Hinterlassenschaft Peruzzis.[360] Ein langgestreckter Wirtschaftsflügel liegt dem Palast gegenüber; den Abschluss des schmalen korridorartigen *cortile* bildet eine niedrige, in klassischer Manier dekorierte Blendmauer, deren zwei Gittertore Zugang zum *giardino segreto* – einem Zi-

Siena

Der Standort im westlichen Vorortsbereich von Siena ist auf dem Stadtplan eingetragen; die Villa ist zu geregelten wenngleich wechselnden Öffnungszeiten für Besucher zugänglich.

Abb. 46 Castello di Belcaro

tronengarten – bieten, zur Kapelle und zur Loggia. Belcaro besitzt bemerkenswerte Fresken in den Gewölben der Loggia wie auch in der Eingangshalle des Palasts. Die traditionell Peruzzi zugeschriebenen, 1865 – von Ernesto Sprega – restaurierten Malereien der Jahre um 1535 stammen vermutlich von Giorgio di Giovanni.[361]

Villa Brandi

Das Baudatum ist um die Mitte des 16. Jahrhunderts anzunehmen; der unregelmäßig rechteckige Grundriss des Gebäudes ebenso wie die Böschung der Mauern lassen vermuten, dass der Villa eine befestigte Anlage vorausging, von welcher jedoch keine Nachrichten überliefert sind.

**Siena/Vignano
Strada di Busseto 42**
Die Villa liegt auf einer Anhöhe an der östlichen Peripherie der Stadt; der Vorort Vignano ist auf der Karte des TCI eingetragen, die Straße auf dem Stadtplan. Sie führt unmittelbar an dem Gebäude vorbei; eine Besichtigung der Hauptfassade ist somit problemlos möglich.

Abb. 47 Villa Brandi (Zeichng. Romagnoli, BCS, C. II. 4., c. 163)

Auffallendstes Merkmal der Villa ist die nach Südwesten orientierte Eckloggia mit ihren dominierenden Arkaden, die möglicherweise jedoch erst im 17. oder 18. Jahrhundert in der gegenwärtigen Form gestaltet wurden. Wie Beispiele aus dem Cinquecento zeigen, war eine überhohe Öffnung von Loggien für die vermutete Bauzeit des Hauses noch nicht typisch. Da sich die Geschichte der Villa jedoch nur bis 1760 zurückverfolgen lässt – in diesem Jahr sind Mitglieder der Familie Brandi als Besitzer dokumentiert –, ist keine Aussage über den baulichen Werdegang des Hauses möglich.[362]

Casabianca

Die Dreiflügelanlage gehörte ursprünglich der Bankiersfamilie Spannocchi und war wahrscheinlich ein befestigter Gutshof. Wann dieser zur Villa umgebaut wurde, ist unbekannt; stilistische Kriterien sprechen für eine Errichtung gegen Ende des 16. Jahrhunderts. (Vgl. Villa Finetti, Abb. 57).

Die Casabianca ist eine von mehreren schlichten Villen im Osten von Siena, die sich unverkennbar aus der Festungsarchitektur dieses einstmals von ständigen Grenzkonflikten bedrohten Gebietes herleiten. Hier trafen Siena

Siena/Pieve a Bozzone

Die Villa liegt östlich von Siena kurz hinter Pieve a Bozzone an der Landstraße, die von Tuorlo nach Vico d'Arbia führt (beide Orte s. Karte des TCI). Da der Bau unmittelbar an der Straße steht, ist er nicht nur unübersehbar, sondern auch problemlos (von außen) zu besichtigen.

Abb. 48 Casabianca (Zeichng. Romagnoli, BCS, C. II. 4, c. 172)

und Florenz unmittelbar aufeinander; die große Schlacht von Monteaperti, 1260, fand rund drei Kilometer östlich der Casabianca statt. Romagnoli hat die Villa in den 1830er Jahren gezeichnet; abgesehen davon, dass die Mauer zwischen den beiden Flanken inzwischen abgerissen wurde, hat der Bau bislang fast unverändert überlebt: Eine Dreiflügelanlage mit weit vorragen-

den Risaliten, deren nördlicher – als offenbar ehemals bewohnbarer Wehrbau – um eine Achse breiter ist, als der südliche. Seine Mauern sind geböscht bis auf Höhe der Sohlbank, auf welcher die Fenster des *piano nobile* stehen. Die wenigen Öffnungen des Erdgeschosses sind dem ehemals mauergeschützten Innenhof zugewandt. Kriterien, die für die Ausgestaltung des *piano nobile* erst gegen 1600 sprechen, sind – neben der für die Landarchitektur der Renaissance atypischen Streckung der Fenster – die Gesimse: doppelreihig umlaufende Bänder. Im *cortile* sind es oben und unten je zwei, an den Frontseiten der Risalite ist nur das Mezzaningesims gedoppelt. Weiterer Bauschmuck fehlt.[363]

Villa di Santa Colomba
(Villa Petrucci)

Monteriggioni Santa Colomba

Das Dorf Santa Colomba westlich von Siena, südlich von Monteriggioni, ist in der Karte des TCI verzeichnet. Die Villa ist unzugänglich, die Fassade dank ihrer überragenden Höhe jedoch gut zu sehen.

Den ersten Bau (1509–11) – für den damaligen Regenten von Siena, Pandolfo Petrucci – soll Peruzzi projektiert haben, die Zuschreibung ist jedoch nicht gesichert. Während der Kämpfe zwischen Florenz und Siena wurde die Villa 1554 in unbekanntem Ausmaß beschädigt, von 1620–29 schließlich von dem als Architekt dilettierenden Erben, Alessandro Petrucci, im Stil des Hochbarock neu gestaltet. Alessandro war seit 1614/15 Erzbischof von Siena. 1690 kaufte Großherzog Cosimo III den Komplex, um ihn alsbald einem Sieneser Konvikt, dem Collegio Tolomei, als Sommersitz zu überlassen. 1782–86 folgte eine Erweiterung der Villa durch den Anbau zweier rückwärtiger Flügel und eine die Fassadenproportion verzerrende Erhöhung des Hauptgebäudes um ein Halbgeschoss.

Der durch seine Höhe imponierende kolossale Kubus gehört zu den bedeutendsten, gleichwohl nicht beglückendsten Sieneser Villen. Das heute dreieinhalbgeschossige Gebäude hat eine zweigeschossige fest in den Baukör-

114

per eingebundene Loggia; die Fassade ist überladen mit einer monströsen Dekorationsfülle, die einem geschlossenen Hof zugewandte Rückseite der Anlage hinwiederum erinnert in ihrer Kargheit an einen überdimensionierten Kornspeicher. Das Innere des Hauses birgt jedoch eine Kostbarkeit: eine in einen Zylinder mit einem Durchmesser von 6,60 m eingestellte Wendeltreppe. In fünf Windungen durchmisst sie die volle Gebäudehöhe, begleitet von Säulen toscanischer Ordnung, die den inneren Schacht (Durchmesser drei Meter) eingrenzen. Die stilistische Verwandschaft dieser Treppe mit der von Bramante im vatikanischen Belvedere (ab 1503) ist offensichtlich; die Zuschreibung an Peruzzi fand im Lauf der Forschung mehrfach Bestätigung. Als Vorgänger des Komplexes von Santa Colomba ist im Trecento eine Befestigung mit Turm dokumentiert, die von Landsknechten zerstört wurde. Die Böschung des Sockelgeschosses der Villa dürfte noch von diesem Kastell stammen.[364]

Abb. 49 Villa di Santa Colomba (Zeichng. Romagnoli, BCS, C. II. 3, c. 242)

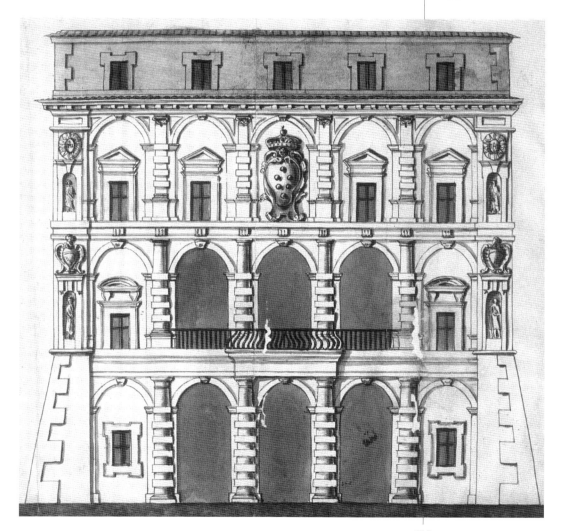

Villa di Maggiano

Das kleine, aber eindrucksvolle Objekt, rund 17 Meter breit und 14 tief, wurde 1588 – 95 vom selben Architekten errichtet, der etwa gleichzeitig das Castello di Argiano (Abb. 45, Farbabb. 12) umbaute: Giovanni di Lelio Pecci (1547 – 1608).

Abb. 50 Villa di Maggiano, Ostfassade, heute (Foto oben) und um 1800 (Zeichng. Romagnoli, BCS, C. II. 4, c. 141)

Die Villa, ein bedeutendes Beispiel der Sieneser Architektur des späten Cinquecento, fällt vor allem durch ihre geometrische Fassadengliederung auf: Ein ziegelrotes Gitter von Lisenen und Gesimsen rastert die hell verputzte Fläche. Giovanni Pecci, der Entwerfer und Baumeister, war gleichzeitig Erstbesitzer dieser *villa suburbana*, später gehörte das Haus der Familie Piccolomini. Sie veranlasste gegen Mitte des 19. Jahrhunderts eine eingreifende Renovierung. Das Ergebnis war vor allem die Erhöhung beider Loggien auf Kosten des (auf der Zeichnung von Ettore Romagnoli noch vorhandenen) Zwischengeschosses. Sowohl die untere als auch die obere Loggia wurden geschlossen. Die Villa di Maggiano ist nicht, wie man vermuten möchte, völlig frei geplant worden. Die Bauvorgabe, die auch die Grundrissmaße bestimmte, lässt sich deutlich identifizieren: ein geschleifter Turm. Zwischen zwei niedrigeren Flügeln bildet er den heute dreigeschossigen Kern des Hauses.[365]

Villa di Monticello

Die Errichtung der Villa wird in das 16. Jahrhundert datiert, die Architektur ist der Peruzzi-Nachfolge zuzuordnen.

Das Objekt gehört zur großen Familie der Sieneser Backsteinvillen mit zweigeschossiger Loggia, die hier vierachsig und imponierend hoch und weit ist. Die Asymmetrie der Gliederung der nach Südwesten gewandten Hauptfassade dürfte sich Bauvorgaben verdanken, die unbekannt sind. Wo es sich um die Zivilisierung ehemals wehrhafter Architekturen handelte, boten – wie u. a. auch das folgende Beispiel, La Suvera, zeigt – seitliche Loggien eine Lösung. Dass der Villa von Monticello ein Wehrbau vorausgegangen sein könnte, lässt sich freilich nur vermuten; Daten sind nicht vorhanden, jedoch scheint der sich neben der Loggia so unvermittelt blockartig behauptende Nordflügel des Hauses auf einen mittelalterlichen Vorgänger hinzuweisen. Die Front der Villa ist partiell hell verputzt; steinsichtig sind die Rahmung der Loggienarkatur und weitere gliedernde Elemente wie insbesondere das

Siena/Valli
Via Enea Silvio Piccolomini –
Strada di Monticello

Die Villa liegt knapp südlich der Porta Romana im Vorort Valli im Gelände hinter der Via Enea Silvio Piccolomini. Wenn man den Abzweig der winzigen *strada di Monticello* (gegenüber der im Stadtplan eingetragenen Villa Il Pavone) verpasst, ist sie nicht zu finden. Eine Besichtigung des Objekts bereitet jedoch so oder so Probleme, da das Grundstück neuerdings abgesperrt ist.

Abb. 51 Villa di Monticello

markante Doppelband des umlaufenden Gurtgesimses. Derart gezielt eingesetzte Farbeffekte, insbesondere aber die Höhe und Weite der Loggienarkaden sind atypisch für die erste Hälfte des 16. Jahrhunderts und legen ein späteres Baudatum nahe; zu denken wäre an die letzten Jahrzehnte des Jahrhunderts.[366]

La Suvera

Siehe Farbabb. 10

Pandolfo Petrucci vermittelte 1507 die Schenkung von La Suvera aus dem Besitz der Chigi an Papst Julius II. Die Dokumente sprechen von einem befestigten Bau, dessen Umformung zur Villa wohl noch nicht begonnen hatte. Der Papst, Giuliano Della Rovere, wollte seine (behauptete) Abkunft von sienesischen Vorfahren legitimieren und hatte Petrucci um die Rückgabe des seiner

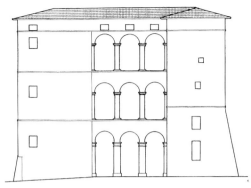

Abb. 52 La Suvera, Hauptfassade

Meinung nach ehemaligen Stammsitzes der Familie gebeten, das seit dem 12. Jahrhundert dokumentierte Kastell bei Pievescola. 1534 kauften die Chigi das Objekt für 6600 Dukaten zurück; stilistische Kriterien, aber auch der hohe Preis lassen darauf schließen, dass die Villa inzwischen vollendet war. Eine umfassende Restaurierung fand um 1800 statt, nachdem das schwere Erdbeben vom 26. Mai 1798 auch La Suvera erheblich beschädigt hatte.

Casole d'Elsa/Pievescola
Die kleine Gemeinde Pievescola knapp 30 Kilometer westlich von Siena (s. TCI-Straßenkarte) liegt an den Ausläufern der Hügelkette der *Montagnola*. Die Villa hoch über dem Ort ist bereits aus größerer Entfernung zu sehen; umgestaltet zum Luxushotel, ist sie (auf Anfrage) eingeschränkt zugänglich.

Wie nicht weiter verwunderlich, wird auch diese Villa, eine der schönsten im Senese, gern Baldassarre Peruzzi zugeschrieben. Wenig spricht jedoch dafür, dass er selbst der Autor war, mehr dafür, dass es sich hier um eine geschickte Zusammenfügung gängiger Formen aus dem Repertoire der Frührenaissancearchitektur handelt. Der L-förmige Grundriss des Komplexes lässt eine Abfolge mittelalterlicher Festungselemente mit wuchtigen Mauern erkennen, denen die Villa des Cinquecento an- oder auch eingefügt wurde. Dem Blick vom Vorplatz aus bietet sich eine geschlossene Flanke aus Haustein mit unregelmäßig verteilten kleinen Fensteröffnungen dar – mutmaßlich eine einstige *casa-torre*; an sie stößt rechtwinklig die aus Ziegel errichtete Villa an. Die dreiachsige dreigeschossige Loggia der Hauptfassade und mit ihr eine nahezu identische an der talwärts gerichteten Rückseite des Hauses durchmessen hier wie dort dessen ganze Höhe bis zu den Fensterchen des Dachmezzanins. Die Bögen des Portikus ruhen jeweils auf massigen Pfeilern, die Loggien der oberen Stockwerke sind mit Säulen, toscanisch-jonisch aufsteigend, instrumentiert; das Material ist Travertin. Der über Gärten hinweg zum Tal blickende rückwärtige Loggientrakt ist seitlich verschoben, er öffnet die Westflanke der Villa, jener der bergwärts gerichteten Eingangsfront dagegen ist zentral positioniert. Die rechte Schulter fehlt dieser dreifach gestapelten Arkatur nur scheinbar: Die einstige *casa-torre* okkupiert den Raum.

Den Ruhm der Villa macht die außerordentliche Wirkung der beiden Loggienfassaden aus. Eine über drei Geschosse aufsteigende, allerdings um

fünf Achsen breitere Öffnung zur Landschaft findet sich in der frühen sienesischen Villenarchitektur nur noch zweites Mal, am Palazzo Piccolomini
in Pienza. Die Forschung sieht hier ein stilistisches Vorbild für La Suvera,
aber auch die Loggien am Palazzo Ducale von Urbino werden als mögliche
Ideengeber genannt. Entsprechend den Stilvorgaben der päpstlichen und
fürstlichen Architektur der Zeit bleibt die Formensprache zurückhaltend.
Die Bauornamentik ist jedoch nicht nur noch karger als an vergleichbaren
Objekten, sondern zudem teilweise unpräzis ausgeführt (so sitzen zum Beispiel die Voluten der ionischen Kapitelle in der oberen Loggia quer zur Fassade); auf Feinheiten wie etwa die Profilierung von Rahmen und Gesimsen
wurde ganz verzichtet. Es ist offensichtlich, dass es hier vor allem um Fernwirkung ging, um Monumentalität. Der Status des Besitzers sollte weithin
sichtbar demonstriert werden. Die innere Struktur des Hauses dagegen offenbart auf fast rührende Weise ihre Herkunft aus der schlichten Sieneser
Speicherarchitektur: Der Grundriss von La Suvera ist der landauf, landab geläufige dreibahnige Villengrundriss; die Treppe sitzt, wie üblich, in der linken Ecke neben dem Portikus.[367]

Siehe Abb.39

Villen des 17. Jahrhunderts

La Buoninsegna (Villa Buoninsegni)

Siehe Abb.40

Das Auf- und Grundrisssystem der Villa wie auch ihre Dekoration sind in Kapitel VII. 2. a – d besprochen.

Baunachrichten zur Villa des Pietro di Traiano Buoninsegni sind so gut wie
nicht vorhanden, die Vollendung – 1675 – ist jedoch belegt durch ein datiertes Fresko in der *sala* des *piano nobile*. Eine Zeichnung von Romagnoli bestätigt das Jahr, nennt auch den Namen des Auftraggebers, beschreibt die

*Abb. 53 La
Buoninsegna
(Zeichng. Romagnoli,
BCS, C.II.3, c.33)*

**Rapolano Terme
Poggio Santa Cecilia**
Die Villa liegt rund 30 Kilometer östlich von Siena auf dem Hügel Santa Cecilia bei Rapolano Terme (s. TCI-Karte); das Gelände ist zugänglich, die bereits von der *Superstrada* Siena-Bettolle aus klar erkennbare Villa somit auch aus der Nähe zu besichtigen.

Siehe Abb. 41

Sovicille/Cetinale
Cetinale liegt rund 15 km westlich von Siena (s. Straßenkarte des TCI). Die Villa selbst ist nicht zu besichtigen, die Gartenanlagen sind es auf Anfrage (Lord Anthony Lambton, I-53018, Cetinale/Sovicille, SI). Frei zugänglich ist dagegen der weitläufige, die Villa umgebende *Parco della Tebaide*, ein einstmals dem Eremitenkult gewidmeter „magischer" Wald. Sein Name leitet sich her von der Thebais, dem altgriechischen Epos, das die Sagen Thebens erzählt.

Abb. 54 Villa Cetinale, Hauptfassade

Anlage jedoch als baufällig, „rovinosa".[368] Eine spätere Restaurierung hat den Bestand offensichtlich respektiert, denn die Villa von heute erscheint im Vergleich mit jener der Zeichnung kaum verändert. Unter anderem an La Buoninsegna wurde im Rahmen dieser Arbeit die stilistische Fortentwicklung der Sieneser Villen über den Cinquecento hinaus gezeigt, dabei diente das Objekt als Beispiel für die überraschende Stiltreue, die die Sieneser Architekturlandschaft charakterisiert. Auch wenn um eines gesteigerten Effekts willen die äußeren Formen – Aufriss, Proportion, Dekoration – den Vorgaben des sogenannten Peruzzistils nicht mehr detailgenau folgen, wird das Schema nicht verlassen. Weiterhin, aber nachdrücklicher als vorher, dominiert die zweigeschossige Loggia; bunter Feldstein ersetzt als Baumaterial den bisher gebräuchlichen Ziegel; die Fassade wirkt insgesamt lebhafter sowohl in ihrer Farbgebung als auch hinsichtlich ihres Schmucks.

Villa di Cetinale (Villa Chigi a Cetinale)

Das Auf- und Grundrisssystem der Villa wie auch ihre Dekoration sind in Kapitel VII. 2. a–d besprochen.

An der Villa di Cetinale werden Einflüsse des römischen Spätbarock sichtbar, die der weiteren Entwicklung der Sieneser Villenarchitektur die Richtung gewiesen haben. Kardinal Flavio Chigi, Neffe des aus Siena stammenden Papstes Alexander VII. (Fabio Chigi, 1655 – 1667), beauftragte den römischen Architekten Carlo Fontana möglicherweise nicht mit dem Entwurf, sondern mit der Vollendung (ab 1676) der am Geburtsort seines Onkels errichteten Villa. Erste Umbauskizzen für die auf den Ländereien vorhandenen landwirtschaftlichen Anlagen stammen nämlich bereits von 1651; im Chigi-Archiv der Vatikanischen Bibliothek in Rom erhaltene Zeichnungen zeigen ein Projekt, das schon 1663 über das Anfangsstadium hinaus gediehen war.[369] Ab wann und in welchem Umfang Carlo Fontana in die Arbeiten eingriff – ob tatsächlich erst 1676, als er ein Holzmodell herstellen ließ – ist unklar; dass die grandiose Szenerie des *Parco della Tebaide* ab 1698 nach seinen Plänen gestaltet wurde, gilt jedoch als sicher. Die Villa selbst zeigt sich in Form des typisch sienesischen, wenngleich nun römisch verkleideten Baublocks: Ein weiter Portikus mit superponierter erst später tamponierter Loggia öffnet sich zwischen markanten Eckrisaliten; die Fenster des Dachgeschosses sind knapp zwischen das Mezzanin- und das Kranzgesims eingespannt. An der Rückfront des Hauses führt eine doppelläufige Freitreppe unmittelbar in die *sala* des *piano nobile* beziehungsweise aus ihr heraus in den Garten und auf eine Zypressenallee. Diese durchschneidet das Gelände axial und setzt sich fort bis zu einer weiteren Treppe, die durch einen Steineichenwald steil bergan führt, um auf der Höhe (635 m) vor der mächtigen Barockfassade der Einsiedelei zu enden.

Villa di Fagnano

Fagnano war ein mächtiges Kastell an der stets bedrohten Nordgrenze der Republik. Da Dokumente zur Vergangenheit des Objekts fehlen, wird dessen Geschichte erst mit dem Umbau zur Villa greifbar, 1680 – 1692. Wie diese Villa aussah, überliefern zwei Zeichnungen von Ettore Romagnoli aus dem frühen 19. Jahrhundert. Wenig später folgte eine Restaurierung in neugotischem Stil und damit eine vollständige Veränderung der Fassade und ihrer Dekoration. Um 1920 wurde im Innenbereich des Hauses erneut restauriert.

Außer dem Grundriss – dem einer Vierflügelanlage, deren Risalite die Nachfolger einstiger Eckbastionen sein dürften – erinnert nur noch ein mittelalterlicher Turm an das Kastell von Fagnano. Es wurde samt den zugehörigen Ländereien 1597 für 7955 *scudi* von Verginia Accarigi ersteigert, Witwe des reichen Kaufmanns Mario Piccolomini, aber erst gegen Ende des folgenden Jahrhunderts umgestaltet. Die Pläne dazu entwarf Giovan Battista Piccolomini, der damalige Besitzer. Er schuf eine seitlich weit ausladende dreigeschossige Villa mit sich paarweise gleichenden Fassaden. Die Haupt- und Rückfassade sind inklusive ihrer Eckrisalite je elf Achsen, die planen Seitenfronten je sieben Achsen breit. Das Kastell liegt auf einer Anhöhe; diese Situation nützte der Bauherr zur Anlage einer grandiosen Auffahrt, wie sie auch einem Schloss gut zu Gesicht gestanden hätte. In Fagnano führt sie zur Hauptfassade; die Rückseite wendet sich dem Garten zu. Die Attraktion des Hauses waren noch zu Romagnolis Zeiten die (inzwischen teilweise geschlossenen) Loggien der vorderen und rückwärtigen Fassade; sie sind dreigeschossig und öffnen jeweils die gesamte Höhe der Villa bis zum Dachan-

Siehe Farbabb. 11

**Castelnuovo Berardenga
Fagnano**
Fagnano, nicht auf der TCI-Karte verzeichnet, gehört zwar zur Gemeinde Castelnuovo Berardenga, liegt aber näher an Siena, nur rund acht Kilometer nördlich der Stadt, zwischen Pontignano und Corsignano (s. TCI-Karte). Die Villa ist von einem großen Park umgeben und weder zu sehen noch zu besichtigen.

Abb. 55 Villa di Fagnano, Hauptfassade mit Fischteich (Zeichng. Romagnoli, BCS, C. II. 4, c. 33)

satz. Im Zug der Umbauten des 19. und 20. Jahrhunderts wurde das Haus umlaufend mit einem Kranz steiler Backsteinzinnen bekrönt; Fenster und Loggien erhielten Ziegelfassungen im Stil der Sieneser Gotik; die vorher den Bau gliedernden breiten Doppelgurte wichen einem scharf profilierten Ge-

Abb. 56 Villa di Fagnano, Gartenseite (Zeichng. Romagnoli, BCS, C. II. 4, c. 32) (Farbabb. 11 zeigt diese Fassade in ihrer heutigen Gestalt)

simsraster; die Rustikarahmen der Gebäudekanten verschwanden ebenso wie die barocken Balustraden vor den Loggien der oberen Geschosse. Man mag die Veränderungen bedauern – aufs Ganze gesehen bleibt Fagnano jedoch eines der eindrucksvollsten Beispiele für den Wandel der Villenarchitektur im Zeichen der sogenannten „mascherata classicheggiante", der „Klassik-Maskerade", die der Sieneser Baulandschaft nach Mitte des 19. Jahrhunderts ihren Stempel aufdrückte.[370]

Villa Finetti (Villa di Mociano)

Wie die nahe Casabianca (siehe Abb. 48) dürfte die Villa Finetti ein befestigtes Ensemble an der unsicheren Ostgrenze der Republik.gewesen sein. Stilistische Kriterien sprechen für einen Umbau der Anlage zum repräsentativen Herrenhaus im 17. Jahrhundert.

Der Grundriss ist U-förmig, die beiden Risalite greifen weit aus; sie nehmen eine schöne, von Balustraden begleitete doppelläufige Treppe zwischen sich, die unmittelbar zum *piano nobile* führt. Die auf der Zeichnung von Romagnoli noch vorhandene, den *cortile* dekorativ begrenzende Mauer ist heute ebenso verschwunden wie das sich einst davor ausbreitende Gartenparkett. Eine Modernisierung in jüngerer Zeit hat auch der Villa selbst viel von

Siena/Presciano
Der Standort der Villa findet sich östlich von Siena unweit der Gemeinde Presciano an der Landstraße, die von Pieve a Bozzone nordwärts nach Vico d'Arbia führt. An dem südlichen Teilstück in Richtung Taverne d'Arbia liegt die Villa; sie ist von der Straße aus zu sehen.

ihrem früheren Glanz genommen, so wurden die Fenster und Türen zum Teil zugemauert (etwa an den Frontseiten der Risalite) und die breiten, barockisierenden Rahmen abgeschlagen.[371]

Abb. 57 Villa Finetti (Zeichng. Romagnoli, BCS, C. II. 4, c. 177)

La Palazzina (Palazzina Gori Pannilini)

Die Villa wurde 1690 errichtet, die 1944 durch einen Bombenangriff zerstörte Fassade originalgetreu rekonstruiert. Dokumente, die über die Geschichte des Bauwerks Auskunft geben könnten, existieren nicht.

Die graziöse Fassade, eines der wenigen sienesischen Beispiele einer barock verspielten Architektur, gilt als Kostbarkeit; eben deshalb wurde sie nach dem Zweiten Weltkrieg restauriert. Das dreiachsige Zentrum des Hauses überragt dessen nur zweigeschossige Flanken um ein Geschoss; Portikus und Loggia folgen dem traditionellen Sieneser Schema, von römischer Ornamentfreude inspiriert zeigt sich dagegen die Verdachung der Stirnseite. In kühnen Schwüngen leitet sie zu einem Ziergiebel über, der seinesgleichen im Senese sucht. Breite Gurte und Lisenen gliedern die Front, die indes

Siena / Scacciapensieri
Strada di Ventena
Der Standort der Villa
im Stadtteil
Scacciapensieri an der
nördlichen Peripherie
Sienas ist auf dem
Stadtplan verzeichnet.

*Abb. 58 La Palazzina
(Zeichng. Romagnoli,
BCS, C. II. 4, c. 202)*

einen vollständig modernisierten Baukörper verbirgt. Von den rekonstruierten, berühmten Gartenanlagen der Villa existiert eine nach wie vor gültige
ausführliche Beschreibung von Edith Wharton.[372]

Villa Placidi (Villa Tancredi Savini Pippi)

Siehe Farbabb. 13

**Siena/Vignano
Strada di Vignano**
Die Straße an der
äußersten östlichen Peripherie Sienas ist nicht
mehr im Stadtplan
verzeichnet, jedoch findet sich der Vorort
Vignano auf der Umgebungskarte auf der
Rückseite des Blattes wie
auch in der TCI-Karte. Die
Villa Placidi steht –
bestens sichtbar – unmittelbar am Rand der
von Tuorlo nach Vignano
führenden Straße.

*Als Architekt der vermutlich Ende des 17. Jahrhunderts für die Familie Gori
Pannilini errichteten Villa wird Carlo Fontana (1634 – 1717) genannt, der Erbauer von Cetinale, die Zuschreibung erscheint jedoch schwerlich begründbar.*

Ettore Romagnoli hat die Villa um 1838 gezeichnet, langgestreckt, mit einer
sechs Fensterachsen breiten Straßenfront. Die Stirnseite wendet sich dem
Garten zu, halb verdeckt durch die heute abgerissene Mauer. Es handelt sich
bei dem Bau um eine der zahlreichen Kopien des sogenannten Peruzzi-Stils,

*Abb. 59 Villa Placidi,
Straßenfront (Zeichng.
Romagnoli, BCS,
C. II. 4, c. 165)*

die mit überhohen, überschlanken Öffnungen einem veränderten Zeitgeschmack folgen. So präsentiert die auf den schönen *giardino all'italiana* blickende Hauptfassade der Villa eine zweigeschossige Loggia, deren steile Arkaturen das Zentrum des Hauses bis zum Mezzaningesims öffnen. Den Abschluss bildet der Fensterkranz des Dachgeschosses. Der von Pilastern gerahmte dreiachsige Portikustrakt risaliert leicht; er ist zwischen je zwei Ach sen breite Flanken gespannt. Die Gesimse, die die Villa noch zu Romagnolis Zeiten in der Horizontalen gliederten, sind heute verschwunden – Ergebnis einer Überarbeitung des 20. Jahrhunderts, die immerhin den Portikustrakt ausgespart hat. An der dem Gebäude gegenüberliegenden Straßenseite steht die von Agostino Fantastici (1782 – 1845) im 19. Jahrhundert in historisierendem Stil errichtete Kapelle der Villa.[373]

Villen des 18. Jahrhunderts

Villa di Geggiano (Villa Bianchi Bandinelli)

Die von Romagnoli skizzierte Villa stammt von 1768; sie existiert heute nur noch in veränderter Form – anlässlich einer Restaurierung nach dem Erdbeben von 1910 wurde der barock geschweifte Giebel abgetragen. Der um 1530 datierte Vorgänger des Bauwerks war unter Einbeziehung eines mittelalterlichen Turmes errichtet worden, der, perspektivisch etwas unpräzis gezeichnet, wuchtig im Zentrum der Anlage steht.

Abb. 60 Villa di Geggiano (Zeichng. Romagnoli, BCS, C. II. 4, c. 214)

Dekorativer Reichtum wie der einst geschweifte Blendgiebel der Villa von Geggiano ist in der geometrisch strukturierten Sieneser Baulandschaft so selten, dass der Verlust eines jeden Exemplars schmerzt. Der eigentliche Reiz des Hauses scheint damit dahin, relativ unverändert geblieben ist jedoch der von Romagnoli gezeichnete Baukörper, eine auf eine ehemalige Festung zurückgehende nahezu quadratische Anlage, zweieinhalbgeschossig, mit einer sieben Fensterachsen breiten Hauptfront, die den Turm inkorporiert. Früher verdeckt durch den Giebel, erhöht dieser jetzt sichtbar die zentralen drei der sieben Achsen um ein weiteres Halbgeschoss; ein Zeltdach bekrönt den Aufbau. Die Innenräume der Villa wurden 1799 von dem damals in Siena arbeitenden Tiroler Maler Ignaz Moder freskiert; die (erhaltenen) Darstellungen des Landlebens wie der Besitzer der Villa samt ihren illustren Gästen verhalfen dem Haus rasch zu glänzendem Ansehen in der Sieneser Gesellschaft.[374]

Castelnuovo Berardenga Geggiano
Die Villa liegt rund acht Kilometer nördlich von Siena an der Straße von Pontignano nach Geggiano, das jedoch nicht auf der TCI-Karte angegeben ist.

Villa di Santa Regina (Villa Piccolomini, Villa Venturi)

**Siena/Due Ponti
Ortsteil Santa Regina
Strada di Vignano**

Die Straße an der östlichen Peripherie Sienas ist auf dem Stadtplan nicht eingetragen, wohl aber – auf der Umgebungskarte auf der Rückseite des Blattes – der Standort der Villa selbst südlich von Tuorlo, östlich von Due Ponti. Das Gebäude ist seit 1957 Ordenshaus der Compagnia di Sant' Angela Merici; eine Außenbesichtigung ist möglich.

Der Backsteinbau mit seiner fünfachsigen zweigeschossigen Loggienfassade wurde insbesondere von der älteren Forschung kontinuierlich in die erste Hälfte des 16. Jahrhunderts datiert und in die Nähe Peruzzis gerückt, ohne dass sich diese Annahmen hätten belegen lassen. In stilistischer Hinsicht gehört das Objekt einer späteren Epoche an, und in der Tat lassen die Venturi Gallerani diese 1734 von ihnen erworbene Villa 1783 „vollenden", wie es in den Memoiren der Familie heißt. Weitgehend erneuert oder aber neu angefügt („costruito di Pianta") wurde dabei offenbar der Loggientrakt, die eigentliche Attraktion des heute in seinen rückwärtigen Partien stark veränderten Hauses.[375]

Ventura di Jacomo Venturi, der um 1524 den in der vorliegenden Arbeit ausführlich behandelten Palazzo Venturi hatte errichten lassen, erwarb 1525/26 in der Gemarkung Santa Regina ein Gelände „mit Haus", eine „possessione cum domo".[376] Dieses Haus dürfte jedoch ein Bauernhof gewesen sein; die Villa ist erst im 18. Jahrhundert als Neuerwerbung aus dem Besitz der Piccolomini dokumentiert. Wie das Objekt aussah, teilt der Verfasser der Familienchronik nicht mit. Im Zusammenhang mit dem 1783 folgenden Umbau bezieht er sich jedoch auf die Qualität des ursprünglichen Entwurfs („il buon disegno"), die eine gleichermaßen noble Ergänzung gefordert habe. Sie wird

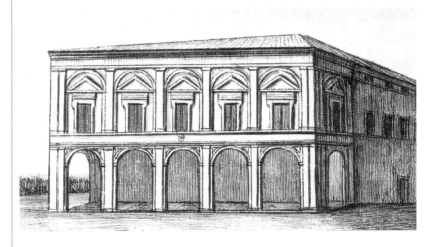

von ihm mit Genugtuung als „großartig, vornehm und von gutem Geschmack" bezeichnet. Dass es sich dabei um den Loggientrakt gehandelt haben muss („il braccio destro della parte dell'entrata principale del Prato"), bestätigt auch der Blick auf die Seiten des Gebäudes. Erkennbar ist hier, dass einem älteren Ziegelbau mit geböschtem Sockel ein stilistisch in jedem Detail abweichendes Kopfstück angefügt wurde. Eine so späte Wiederaufnahme des Peruzzi-Stils des Cinquecento ist nicht verwunderlich: Entschlossenes Festhalten an Traditionen kennzeichnet die Sieneser Architekturlandschaft weithin. Nach wie vor bedingt das Baumaterial die glatten Formen und die geometrische Dekoration, und nach wie vor sind deren Profile überaus klar geschnitten. Das Wandrelief ist jedoch nicht mehr flach wie zur Zeit

Abb. 61 Villa di Santa Regina, Loggienfassade, links in einer Zeichnung von Ettore Romagnoli (BCS, C. II. 4, c. 166)

der Renaissance, sondern plastisch. Aber nicht nur im ausgeprägteren Volumen der Pilaster und Gesimse zeigt sich ein Nachwirken der Hochrenaissance: Die Gliederung der gesamten Fassade lässt sich insofern als typisch römische Kreation bezeichnen, als hier das Kolosseumsschema auf die bescheideneren Dimensionen eines Wohnhauses und das spröde Material des Ziegels übertragen wurde. Die fortlaufenden Bogenstellungen des Schemas gehen an der Villa von Santa Regina eine ausgeglichene Symbiose mit dem geraden Architrav ein. Beide Arkadenreihen sind heute geschlossen; die Fassadenproportion ist die des Goldenen Schnitts.[377]

Die Villa – Basis des Wohlstands

IX Der Wandel der Republik zum Grundrentnerstaat

Im letzten Teil dieses Buches soll einem Aspekt nachgegangen werden, der außerhalb eines rein kunstwissenschaftlichen Interesses steht: Der Bedeutung der Villa als ökonomischer Basis einer Gesellschaft, die weitgehend von ihren Ressourcen lebte, nicht mehr, wie noch bis zu Beginn des 14. Jahrhunderts, von nennenswerten Aktivitäten in Handel und Bankwesen. Dieser historische Exkurs versteht sich als Ergänzung zu den vorangegangenen Architekturkapiteln: Villengeschichte ist nicht im luftleeren Raum angesiedelt; sie ist stets auch Wirtschafts- und Sozialgeschichte.

1. Das Territorium und seine Probleme

Siehe Abb. 1

Das Territorium der Republik war – wie seine Nachfolgeprovinzen Siena und Grosseto – mehr oder weniger deckungsgleich mit der Südtoscana, einem im Gegensatz zu seiner sanften Anmutung harten Land, unterbevölkert und wenig urbanisiert. Anders als der reichen und stadtreichen florentinischen Toscana fehlten der sienesischen in erster Linie Einwohner: Wie aus den im einführenden Überblick zu Geographie und Geschichte Sienas genannten Zahlen hervorgeht, kann – die Stadtbevölkerung ausgenommen – von nicht mehr als einem Durchschnitt von zehn Bewohnern pro Quadratkilometer um die Mitte des 15. und rund 13 um die Mitte des 16. Jahrhunderts ausgegangen werden. Die florentinischen Vergleichszahlen dagegen liegen (1427) bei 25 – 27 Einwohnern.[378] Menschenleere charakterisierte somit die spät- und nachmittelalterliche Republik. Ihr Bild dominierten mit dichtem Buschwald bedeckte Hügelketten, malariaverseuchte Ebenen und im Zentrum die bleichen, von Erosionsfurchen gezeichneten Lehmböden der *Crete*. Eben dort, auf diesem schwer zu bearbeitenden Terrain, konzentrierte sich die Bevölkerung des *contado*, während die fruchtbaren, aber versumpften Zonen im Osten und Westen des Senese Ödland blieben: Anders als im Veneto und der Lombardei kamen die staatlichen Entwässerungsprojekte nicht über zögernde Anfänge hinaus. Das generelle Problem der Republik und ihrer Wirtschaft war jedoch nicht Wasserfülle, sondern Wassermangel: Auch hier gelang keine befriedigende Lösung. Weil es an Arbeitskräften fehlte, ebenso aber an planender Energie,[379] wurden die reichen Ressourcen des Landes – auch an Mineralvorkommen wie Eisenerz, Silber, Kupfer und Blei – nie optimal genutzt; das Verhältnis zwischen kultivierten Flächen einerseits und weiten unbebauten Gebieten andererseits fand zu keiner Balance, der Teufelskreis Hunger-Seuchen-Hunger hielt die Bevölkerungsentwicklung auf einem Niveau, das eine Gesundung der Strukturen nicht zuließ.

Dennoch blickt die Republik auf eine glanzvolle mittelalterliche Vergangenheit zurück. Die Metapher „Siena, figlia della strada", „Tochter der Straße", umschreibt anschaulich, was den brillanten Aufstieg der Kommune im 12. und 13. Jahrhundert begünstigt hat: ihre Lage an der großen, den italienischen Süden und Rom mit dem Norden verbindenden „Kaiserstraße", der *via Francigena*. Sie führte mitten durch die Stadt und war deren Lebensader, jedoch nicht vernetzt mit einer Infrastruktur von nennenswertem Umfang – die nämlich gab es nicht. Täler, die sich zur Straßenführung angeboten hätten, fehlten ebenso wie schiffbare Flüsse, das Meer war weit und auf dem Landweg schwer erreichbar (die erste fahrbare Straße von Siena nach Grosseto wurde 1370 eröffnet), so stand und fiel das Sieneser Unternehmerglück mit den Geschicken dieser Nord-Süd-Arterie.[380] Dass deren Bedeutung früh abnahm, gilt als einer der Gründe für den rapiden Verlust an kaufmännischer Dynamik, der Siena, bis zum 13. Jahrhundert erste Stadt der Toscana, Kreditgeberin von Königen und Päpsten, im Verlauf des folgenden Jahrhunderts zum „Landwirtschaftszentrum von nur noch regionalem Belang" reduzierte.[381]

Nicht erst der Einbruch der Pest, 1348, gemeinhin als Zäsur genannt, markierte den Beginn des Abstiegs: Die Grenzen der Entwicklung kamen bereits Jahrzehnte früher in Sicht, auch wenn Siena gleichzeitig architektonische Höchstleistungen wie den Bau des Rathauses vollbrachte und das Regime der *Nove* eine scheinbar andauernde ökonomische Blüte verhieß. Aber erste Bankhäuser machten bankrott, das Fehlen von Wasser als Bedingung für einen Ausbau der für Siena lebenswichtigen Textilindustrie zeichnete deren Niedergang vor[382] und die Hungersnöte, die zwischen 1328 und 1348 einen großen Teil Italiens heimsuchten, trafen die Republik besonders schwer. Inwieweit diese Daten das Verhältnis der Bevölkerung zu Landbesitz und Landwirtschaft verändert haben, ist bislang nur unzureichend untersucht. Wir wissen nicht, welchen Prozentsatz ihres Vermögens die Unternehmer des 14. Jahrhunderts in Grund und Boden angelegt haben. Schon 1320 weist jedoch der erste Kataster der Republik, die *Tavola delle Possessioni*, auf eine energische Durchdringung des *contado* hin, wobei Stadtnähe, Fruchtbarkeit des Bodens und eine nutzbare Infrastruktur die Besitzwünsche lenkten.[383] Ab 1453 lassen sich in den nun erhaltenen Steuererklärungen der Lira kontinuierlich weiter zunehmende Grundkäufe verfolgen. Bereits 1488 waren mehr als 70 Prozent des Gesamtvermögens der Bürger in ländliche Immobilien investiert. Anders als im Nachbarstaat Florenz spielten Handel und Gewerbe in Siena eine nur noch untergeordnete Rolle.[384]

2. Die Familien und ihr Besitz

2.a Das Haus in der Stadt

Der Lira, einer einzigartig reichen Quelle für die Jahre von 1453 bis 1509, verdanken wir viel von unserer Kenntnis der Lebensumstände der Sieneser Bürger dieser Zeit.[385] Die Steuererklärungen sind meist eigenhändig geschrieben, selbst von den Ärmsten, deren Not sich in drei, vier unbeholfenen Zeilen mitteilt. Wortreiche Klagen über finanzielle Schicksalsschläge sind dagegen vor allem bei den Wohlhabenden die Regel, denn Belastungen minderten die Forderungen des Fiskus. So wurden die statusgemäßen Aufwendungen für die Aussteuer der „allzu vielen" Töchter ebenso ins Feld geführt, wie die jahrelange Krankheit „unseres Mariano" (Chigi) und das „seltsame, kostspielige Leiden" seiner Frau, oder auch der Diebstahl von mehreren hundert *lire* an Ventura Venturis schlafendem Warenboten, 1465, nachts, in einem Gasthof in Florenz.[386] An erster Stelle der Deklaration stand das Wohnhaus, sofern es das eigene war. Auf 70 Prozent der 2766 erhaltenen

Steuererklärungen des Jahres 1453 trifft das zu. Dass die *casa* „trista e dolorosa", die Mauern „schwach", das Dach undicht seien, gehört zu den stereotyp wiederholten Katastrophenmeldungen aus der Oberschicht, der Luxus der Ausstattung wird wohlweislich verschwiegen. Durchweg handelt es sich, wie im Fall des schwerreichen Ventura Venturi (Dokument 12), um eine Sache von „geringem Wert", „di pichola valutta". Was für ein prächtiger Palast um 1519 wohl anlässlich der Heirat seines Enkels Alessandro an der Via dei Pellegrini entstand, Pandolfo Petrucci gegenüber,[387] suchte man auch dann vergebens in der Lira, wenn eine solche für den fraglichen Zeitraum erhalten wäre.[388] Domenico Beccafumi (1486-1551) hat die Innenräume freskiert und das Wappen der Familie in einem Gewölbescheitel im *piano nobile* platziert.[389]

Es war Brauch, dass Verwandte zusammen wohnten.[390] So teilte sich Mariano Venturi, Cousin zweiten Grades von Jacomo, seit 1509 einen Palast am Prato di Sant'Agostino, heute Via delle Cerchia 5, mit seinem Bruder Antonio.[391] Bis in Details ausgefeilte Vereinbarungen regelten in solchen Fällen die Rechte und Pflichten der Mitglieder der Hausgemeinschaft. Wie in dem Dokument von 1509 formuliert, war selbst die Entsorgung der Abfälle Vertragsgegenstand („es darf nichts aus den oberen Fenstern geworfen werden, außer aus den Küchenfenstern, das heißt aus dem, das dem nach San Marco weisenden Rinnstein am nächsten ist"). Jacomo Venturi wohnte etwas weiter entfernt an der Piazza Tolomei, seinen Enkel Salustio finden wir Jahrzehnte später im Bezirk Santo Desiderio in einem Palast, der identisch mit eben dem von Beccafumi freskierten gewesen sein könnte oder ihm zumindest unmittelbar benachbart war.[392] Er hatte sich zusammen mit seiner Mutter Honesta im „oberen Teil" der *casa* eingerichtet, während „il resto" seiner Cousine Ginevra und ihrem Mann überlassen war, dem Bankier Giovanni Battista Ballati.[393] Wie weitgehend die Häuser auch der Lagerhaltung dienten, geht aus fast allen erhaltenen Kauf- und Mietverträgen hervor. Stets sind Kornspeicher und Kellerräume, ihre Größe, Zugänglichkeit und Position präzis definiert. Die Jahresvorräte an Lebensmitteln, „per bisognio dela mia famiglia per questo anno", werden in der Lira als festes Zubehör zur Ausstattung eines Palazzo regelmäßig mit an erster Stelle genannt.[394]

2. b Die Villa – Wohlstand für alle?

„Tranquillità alimentare" ist ein Topos, mit welchem die italienische Fachliteratur häufig einen wesentlichen Zweck von Landbesitz in früheren Jahrhunderten umschreibt. „Tranquillità alimentare" heißt, von Alberti auf den Punkt gebracht, dass der Familienvater zur Ernährung der Seinen ein ganzes Jahr lang nichts hinzukaufen musste „als eine Viertelmetze Salz".[395] Versorgt mit den Erzeugnissen der eigenen *poderi,* mit „vino e pane e olio e carne", ließ sich der konstanten Drohung von Hungersnöten gefasst begegnen, aber von wenigen Ausnahmen abgesehen wissen wir nicht, welche Erträge im Einzelfall erwirtschaftet wurden. Zu vermuten ist, dass sie mehrheitlich bescheiden waren, denn die Hälfte der Grundeigentümer verfügte bestenfalls über ein taschentuchgroßes „fazzoletto di terra", einen halben bis maximal zweieinhalb Hektar.[396] Dass auch die Ärmsten ihr Stückchen

Land vor den Stadtmauern bebaut hätten, gehört ins Reich der Fabel: Aus Analysen der Lira der Jahre 1453 und 1488 geht hervor, dass von den mit einem belastbaren Vermögen bis zu 150 *lire* Eingestuften[397] nur eine Minderheit einen Acker oder ein paar Ziegen ihr eigen nannte. Zu dieser Klasse zählten immerhin 24 Prozent der Besteuerten, unter ihnen viele „nullatenenti" wie der Lastenträger Marco di Mariano, dessen Satz „abiamo fadigha di vivare", „wir haben Mühe, zu leben", das ganze Elend der untersten Schichten umfasst. Nicholo di Lorenzo, Taglöhner, versicherte, „non avere ne chasa ne vigna ne niente in questo mondo", weder Haus, noch Weinberg, noch überhaupt etwas in dieser Welt zu besitzen, Meo di Nanni gehörte ebenfalls nichts als „die eigene arme Person", „ne altro si nô la mia povera persona".

Bescheidenen Grundeigentums erfreuten sich erst Angehörige der nächsthöheren Steuergruppe (151 – 500 *lire*). Der Witwe Filippa (250 *lire*) gehörten 1300 qm Land mit Olivenbäumen; sie nennt, eine Ausnahme, den jährlichen Ertrag dieser Parzelle: 20 Liter Öl und knapp zwei Zentner Korn. Keinen Besitz hatte dagegen der Bäcker Giovanni di Cola (300 *lire*), „vechio, povaro et stroppio cola doglia asciatica da ambedue l'anche", „alt, arm, verkrüppelt, mit Ischias in beiden Hüften". Andere deklarierten etwa „ein Fünftel eines halben *podere*", jedoch „verwüstet durch Krieg und Unwetter" (Piero di Cristofano, 400 *lire*) oder einen Acker, „aber ohne Ochsen, die pflügen könnten" (Giovanni Cecchi, 300 *lire*). Auf diese mit 37 Prozent umfangreichste Gruppe[398] folgten jene 16 Prozent, die 500 bis 1000 *lire* versteuern mussten, Kleinhändler und das Gros der Handwerker. Jacomo di Giovanni Peri gehörte dazu (600 *lire*), der ein paar Olivenbäume besaß, einen „traurigen" Weinberg und eine Mühle, die mahlte, wenn es regnete, „che macina quando piove", und Pietro Saracini (600 *lire*), der mehrfach wegen Schulden im Gefängnis saß. Zwar gab er „einige Stückchen Land" zu Protokoll, fügte aber hinzu, dass er keinen Verdienst, fünf Kinder und eine schwangere Frau habe. Das ganze Ausmaß seiner Bedürftigkeit möge zeigen, wie erbärmlich er und seine Familie gekleidet und – schlechter noch – beschuht seien, „io e la mia fameglia malvestito e pegio chalzati".[399]

Nennenswerter Landbesitz ist schließlich jenseits der 1000-*lire*-Schwelle anzutreffen, bei dem mit bis zu 5000 *lire* eingestuften kleinen und mittleren Bürgertum (20 Prozent). Das reiche Patriziat (5001 – 10 000 *lire*) stellte nur eine verschwindende Minderheit der Steuerzahler, ganze zwei Prozent. 25 Familienoberhäupter, weniger als ein Prozent, waren (1453) noch höher veranlagt, ab 10 000 *lire* aufwärts. Hier, innerhalb der Oberschicht, finden sich in der Folgezeit die Bauherren der Villen, die das Thema dieses Buches sind, die Chigi (1509: 17 100 *lire*), Pannilini (1498: 9650 *lire*), Venturi (1509: 14 000 *lire*).[400] Ihre Ländereien sind jedoch durchweg höchst vage definiert; Umfang und Ertrag lassen sich bestenfalls in Umrissen schätzen, eine exakte Angabe der Rendite ist nicht möglich; der Baubestand taucht nirgends auf. Weder über die absolute Zahl der von den ersten Jahrzehnten des Cinquecento an errichteten Villen, noch über die jeweilige Anzahl in der Hand der einzelnen Familien existiert ein zuverlässiger Überblick. Eine Erhebung der Jahre um 1700 vermittelt zwar erstmals präzise statistische Anhaltspunkte, hat jedoch der politischen Veränderungen wegen kaum Gültigkeit für die untergegangene Republik, schweigt im übrigen wiederum zu den Bauten.[401]

3. Der Ausverkauf von Grund und Boden

3. a Entvölkerung und Enteignung im 15. und 16. Jahrhundert

Hunger, Pest, Kriege – Krisen ohne Ende kennzeichnen den Quattrocento, das Jahrhundert, in welchem einerseits die Entvölkerung des Landes, andererseits die Grundkäufe Sieneser Bürger dramatisch zunahmen. Immer mehr Land kam in die Hände immer reicherer Städter. Die fortschreitende Verelendung des *contado* sorgte für ständigen Nachschub auf dem Grundstücksmarkt. Zwei Mechanismen scheinen ursächlich für die oft zitierte „Krise" des Territoriums: die unflexible, kontinuierlich erhöhte Besteuerung der Landgemeinden und die kontraproduktive Handhabung der im Senese durchweg vorherrschenden *mezzadria*.[402] Zunächst zu diesem so gern als segensreich gepriesenen Agrarsystem.[403] Eine grob willkürliche Auslegung der Verträge durch die Grundbesitzer gegenüber den rechtlich schwächeren *mezzadri* ist bereits im frühen Trecento nachweisbar. Erträge und Betriebskosten sollten halbiert werden; von einer gerechten Teilung des Aufwands für Saatgut, Dünger, Vieh und Geräte, die Verbesserung der Böden sowie Neupflanzungen konnte jedoch häufig nicht die Rede sein.[404] Hinzu kam die Verpflichtung des *mezzadro,* unter Einsatz seiner gesamten Familie auf dem *podere* zu wohnen und zu arbeiten. Noch bis zu den exorbitanten Steuerforderungen des Jahres 1485 verfügten aber die meisten Bauern neben dem gepachteten auch über ein Stückchen eigenes Land, dessen Bewirtschaftung oft nur unter der Bedingung gewährt wurde, dass auch dieser Ertrag zur Hälfte an den *Signore* ging. Im Fall von Schicksalsschlägen wie Missernten, wenn das Korn nicht zur Ernährung der Familie des *mezzadro* ausreichte, kein Viehfutter da war und auch kein Saatgut, „lieh" der Grundbesitzer das Fehlende bis zur nächsten Ernte. Das setzte eine Spirale erdrückender Verschuldung in Gang, der nicht mehr zu entkommen war.[405] Krankheit, der Tod eines Arbeitstiers, Viehdiebstahl, die Verwüstung der Felder durch Unwetter und versprengte Söldnertrupps – all das waren Katastrophen, die der *mezzadro* nicht auffangen konnte. Er fand sich schließlich auf Gedeih und Verderb der Gnade des Grundbesitzers ausgeliefert, sofern er nicht nach Verkauf der restlichen eigenen Äcker die Flucht vorzog, etwa ins Florentiner Gebiet oder in den Kirchenstaat. „El contado de' fiorentini è pieno de' vostri contadini, li quali si so' fugiti per debito", wird um die Mitte des Quattrocento dem Sieneser Rat berichtet. Quellen wie diese existieren in überwältigender Fülle.[406]

„Se n'è andato con Dio", gegangen mit Gott, lautete das geflügelte Wort für die Auswanderung aus dem Senese, die die Dörfer leerte.[407] Die Bauern flohen wegen Schulden nicht nur beim Grundbesitzer, sondern ebenso, weil sie einer drohenden Haft wegen unbezahlter Steuern entgehen wollten. Verschuldet waren in noch stärkerem Maß die Landgemeinden. Hungersnöte und die regelmäßig wiederkehrende Pest trugen ihren Anteil zur Verödung des *contado* bei. Mitte des Quattrocento sind die Straßen nicht mehr befahrbar, das Land liegt brach, Arbeitskräfte fehlen in einem Ausmaß, das auch der Rat der Stadt kaum noch übersehen kann. Zwar erkennt Maria Ginatempo in dem von ihr analysierten Material „ein Bewusstsein dafür, dass es notwendig gewesen wäre, die Belastungen des Territoriums zu mindern und auch die Bereitschaft, dieses vielleicht zu tun". Aber Initiativen, die „die fortschreitende, dramatische Verringerung des menschlichen und ökonomischen Potenzials angesichts eines juristisch starren und faktisch lahm und willkürlich handelnden Fiskus" hätten stoppen können, bleiben in Ansätzen stecken.[408]

1485 wird über die ohnehin schwer traumatisierte Landbevölkerung eine bis zu sechzehnfache (!) Erhöhung der Steuern von 1481 verhängt. Eine 40 Jahre später, nach dem Sturz des Regimes Petrucci, geplante Revision führte im Vorlauf zu einer Befragung der betroffenen Gemeinden, von deren Ergebnis die in Dokument 25 wiedergegebene Auswahl einen Eindruck vermittelt.[409] Die Bauern berichteten den vom Rat der Stadt ausgesandten „taxatores", mit welchen Einbußen sie die letzten Forderungen des Fiskus wie auch die große Landnahme des Pandolfo Petrucci überstanden hatten: 75 von 160 visitierten *comunità* wiesen keinerlei bäuerliches Eigentum mehr auf, die meisten von ihnen waren Opfer der *Legge agraria* Petruccis geworden.[410] Dieses Gesetz zur Enteignung der vordem durch Statuten und Privilegien geschützten Allmendeflächen war im März 1501 erlassen worden.[411] Es ermöglichte der Sieneser Oberschicht neue lukrative Investitionen, die Kommunen hatten jedoch mit ihren Gemeinschaftsweiden und den der Bevölkerung unentgeltlich zum Holzeinschlag zur Verfügung stehenden Wäldern jede ökonomische Grundlage verloren.[412] Hinter der Aktion stand der exzessive Geldbedarf Petruccis[413] sowie die Absicht, sich durch Bereitstellung attraktiver Ländereien Rückhalt in der städtischen Elite zu sichern. Durch den gleichzeitigen Ämterverkauf – auch den der Rechtsprechung – an die jeweils größten städtischen Besitzer am Ort bereitete das Regime „einer Art Refeudalisierung, die noch bedenklicher war" den Boden.[414] Petrucci selbst hatte sich zügig neun der soeben erschlossenen „possessioni" gesichert, dazu drei Eisenhütten, „edifici da Ferro", wie in Dokument 7 nachzulesen, seiner Vermögenserklärung von 1509.

3. b „Compre fatte dai'Venturi"

Zu der Petrucci nahestehenden und von ihm begünstigten städtischen Elite gehörten auch die Venturi, als Altersgenosse des Magnifico und einer seiner Bankiers insbesondere Jacomo, ebenso aber auch dessen jüngerer Cousin Mariano.[415] 1499, Petrucci geht auf den Höhepunkt seiner politischen Karriere zu, heiratet Mariano eine Tochter des Pisaner Adelshauses d´Appiano, Lucrezia. Jacomo hat diese Heirat arrangiert, Petruccis juristischer Drahtzieher, der Rechtsgelehrte Antonio Venafro, den Ehevertrag aufgesetzt. Das Interesse Petruccis am Zustandekommen der Verbindung ist offenkundig: Die Familie d´Appiano kontrollierte Abbau und Export – via Piombino – des Eisenerzes von Elba, Rohmaterial bester Qualität, das in erheblichem Umfang auch im Senese weiter verarbeitet wurde.[416] Die unglaublich umfangreichen Grundkäufe von Mariano und seinen Erben durchweg in Zonen der Eisenverarbeitung[417] illustrieren den Nutzen der *Legge agraria* für die finanzkräftige Sieneser Kaufmannschaft.

Dass auch Jacomo einer der Gewinner der Landfreigabe war, die die Verschuldung der Bauern und die *Legge agraria* erzwungen hatten, geht aus einer säuberlich gebundenen Sammlung von Vertragskopien mit dem Titel „Compre fatte dai´Venturi" hervor, die das Sieneser Staatsarchiv bewahrt.[418]

1484 ist hier ein größerer Kauf Jacomos im Gebiet von Montecontieri beurkundet, am künftigen Standort des Palazzo; ab 1492 folgen bis 1514 weitere 34 Erwerbungen von *poderi, terreni, case* in Montecontieri wie auch anderen Zonen des *contado*. In dem heute nicht mehr existierenden Örtchen Santa Maria a Pilli westlich von Siena wurden die Notare insgesamt sieben Mal für Jacomo tätig. Im Rahmen der Befragung von 1525 gaben die Bauern dieser Gemeinde den Verlust von rund der Hälfte ihrer Grundstücke und eines Drittels ihrer Häuser an Sieneser Familien zu Protokoll. „Um das Wenige behalten zu können", das ihnen geblieben war, ersuchten sie inständig um einen Erlass ihrer Steuerschulden. Denn, begründeten sie ihre Bitte, „per le superchie spese e graveze del miglior comuno fusse apresso a Siena a cinque miglia siamo diventati i più poveri et miserabili".[419] Dass die zitierte Notarsaktei nur einen Ausschnitt aus dem Gesamtvolumen der Ankäufe Jacomos darstellt, geht unter anderem daraus hervor, dass sie keinen Beleg für seine vielleicht wichtigste Erwerbung überhaupt enthält, die der Festung Potentino 1513.[420] Sie liegt an den wald- und wasserreichen Westhängen des Monte Amiata, mitten in der „zona d'intervento per eccellenza" für die sechsköpfige Petrucci-Kommission der „Sex ad vendendum", die relevante Gemeindegründe aufspürte und zur Enteignung vorschlug.

Ein Blick auf den ersten Kataster der Republik, die *Tavola delle Possessioni*, macht klar, dass im Senese innerhalb von 150 bis 180 Jahren eine städtische Durchdringung des Landes ohnegleichen stattgefunden hat. Der Ausschnitt Montecontieri mit Montefranchi mag hier für das Ganze stehen: teilten sich 1320 noch 60 überwiegend im Raum Asciano ansässige Familien in dieses Gebiet, so sind um 1500 die Venturi und zwei, drei weitere Sieneser Patrizier die Eigentümer. Landbesitz hatte für die wohlhabenden Schichten eine Bedeutung gewonnen, wie sie in solcher Ausschließlichkeit aus keiner anderen der Kommunen Nord- und Mittelitaliens bekannt ist. Wie die Lira nachweist, besaß Jacomos Vater Ventura um die Mitte des Quattrocento außerhalb der Stadt, in Presciano, lediglich „due poderetti" im Wert von 1100 *lire*, unbewirtschaftet, ohne *mezzadri* und ohne Vieh. Als zugehörig zur Klasse der Großgrundbesitzer erscheint er erst von den Steuererklärungen der 1460er Jahre an – einer Zeit, in welcher sich die Szenen des Schreckens im *contado* häuften: Raubzüge, eine Missernte nach der anderen, Schulden, Flucht der *contadini*, die Pest, und schließlich, Ende der 1470er Jahre, „die wahrscheinlich schwerste Hungersnot des ganzen Jahrhunderts".[421]

Die Zusammenhänge zwischen dem Dörfersterben und dem raschen Anwachsen des Landbesitzes seitens der Städter liegen auf der Hand. Ventura und nach ihm seine Söhne fassen unter anderem nun auch in der südwestlich von Siena gelegenen Hügelkette der *Montagnola* Fuß, die von Interesse für die Eisenverarbeitung ist. So besitzt die Familie inzwischen in Brenna ein „diffizio de´ferro" und im Kastell von Monticiano ein Haus; auf einer Weide in Roccastrada in der Maremma stehen „16 oder 18" Kühe und in Radicofani 150 Schafe. 1481 erscheinen ein *podere* mit zwei Ochsen sowie ein Haus in Sovicille als Neuerwerbung; vier Ochsen beackern den vordem unproduktiven Besitz in Presciano. Die letzte erhaltene Steuererklärung der Söhne Venturi, 1509, weist ein Gesamtvermögen von 14 000 *lire* aus; die ländlichen Immobilien haben sich vermehrt um einen „Garten" außerhalb des südlichen Stadttors, eine weitere Eisenhütte und Äcker in Sovicille, Ampugnano, San Salvador a Pilli und Rosia, auf welchen 14 „magere" Ochsen arbeiten. In Presciano wurde eine Mühle gekauft, die Zahl der Ochsen hat sich hier auf zwölf erhöht, die Kuh- und Schafherden in der Maremma scheinen umfangreich, aber Zahlen fehlen.[422]

4. Landwirtschaft und Eisenindustrie

4.a Der Palazzo Venturi als Agrarbetrieb

Sie seien „ehrenwerte und würdevolle Kaufleute" gewesen, wird Agnolo Venturi ein halbes Jahrhundert später über seine Vorfahren schreiben, den Vater Mariano, den Onkel Jacomo und alle die anderen Verwandten, die er zur „Casa nostra de' Venturi" rechnet.[423] Seit alters her hätten sich die Männer dem Handel gewidmet statt dem Studium, auch im Bankgeschäft beachtliche Gewinne gemacht. Kein Wort in diesem „Libro dele Memorie" von den vielfältigen Investitionen in ländliche Immobilien, vom Handel mit Agrarprodukten oder den florierenden Eisenhütten der verzweigten Familie. Doch existieren für den Palazzo Venturi Unterlagen, die genauer Aufschluss unter anderem über den Landwirtschaftsbetrieb dieser Villa geben.[424] Aus der oben zitierten Akte „Compre fatte" und weiteren Dokumenten lässt sich errechnen, dass der Besitz gegen Ende des 16. Jahrhunderts an die 320 Hektar kultivierten Bodens mit sieben *poderi* umfasste. Die Ländereien lagen im Zentrum der *Creta*, einem Gebiet, das in der Fachliteratur durchweg als „povera zona" firmiert. Die undurchlässigen Lehmböden, arm an Stickstoff und organischen Substanzen, überdies rascher Erosion und beständigen Erdrutschen ausgesetzt, waren Düngungen kaum zugänglich und – gepflügt von mangels Grünfutter unterernährten Ochsen – wenig ergiebig. Dennoch bildeten diese Zonen im Südosten der Stadt deren „unmittelbare Kornreserve" (Giorgetti); eine Bestätigung dafür liefern die Erträge der *poderi* des Palazzo Venturi, von welchen im nächsten Abschnitt die Rede sein wird. Dabei ist offensichtlich, dass der Standort der Villa einen unschätzbaren Vorteil bot: Die problemlose Erreichbarkeit der wichtigsten zentralen Verkehrswege des Senese. Buonconvento, Station an der in diesem Teilstück *Cassia* genannten *via Francigena*, der Straße Rom-Siena, war nah, und durch Asciano, nur vier Kilometer vom Palast entfernt, führte die *Lauretana*, die Verbindung Siena-Valdichiana (heute SS 438).

Der Palast selbst, die einzige unversehrt erhaltene frühe Venturi-Villa,[425] wurde meist gleichzeitig von mehr als einer Familie bewohnt. So hatte sich Jacomos Sohn Agnolo über Jahre hin im *piano nobile* eingerichtet, wofür er dem damaligen Miteigentümer, seinem Neffen Jacomo di Alessandro, jährlich 100 *fiorini* schuldete. Aus der nächsten Besitzergeneration liegen zwei Dokumente vor, die die gemeinsame Nutzung besonders anschaulich machen: Der Ehevertrag für Patrizio Venturis Tochter Celia, 1613, und das Protokoll einer Zeugenaussage zugunsten ihres Onkels Fulvio im nicht endenden Erbstreit um den Palast, 1615. Celia sollte zusätzlich zu ihrer Aussteuer – „per supplimento" – vier Jahre nach Vertragsabschluss den *podere* Schifanoia erhalten. Damit aber der künftige Schwiegersohn bis dahin „commodamente" Gebrauch von dem Hof machen konnte, verpflichtete sich der Brautvater, ihm jeweils für die Weinernte vier je dreieinhalb Hektoliter fassende Bottiche zu leihen; der Wein- und Gärkeller sollten in dieser Zeit ebenso wie Hühnerstall und Backstube allen gemeinsam zur Verfügung stehen, auch durfte sich das Paar im *piano nobile* des Palazzo in zwei der vier Räume und der *sala* einrichten. Zwei Jahre später, 1615, wird zum Nachweis der Berechtigung der Erbansprüche von Celias Onkel Fulvio unter anderem geltend gemacht, dass „genannter Herr Fulvio, wenn er diesen Palazzo besuchte, dort wohnte und zusammen mit seinem Bruder (*Patrizio*) oder dessen Familie die Mahlzeiten einnahm und dass er den Arbeitern der *poderi* Anweisungen erteilte, soweit es erforderlich war". Darüber hinaus bestätigt der Zeuge, dass die Erträge der Villa größtenteils „in das Haus in Siena geschickt wurden, wo genannter Herr Fulvio wohnte".[426]

Von den eigenen Ländereien leben zu können, eben das scheint dem Besitzer jene aristokratische Aura verliehen zu haben, die ihm als höchste Stufe der von ihm erklimmbaren sozialen Stufenleiter erschien. Dass darüber hinaus neben dem Palast in der Stadt auch die Villa den Rang demonstrieren sollte, den eine Familie im hierarchischen Gefüge der Gesellschaft einnahm, bezeugen Aussagen, wie sie im Prozess von 1582 gemacht wurden. Erstaunlich genug kommt hier – wie niemals vorher oder nachher – die Schönheit des Palazzo zur Sprache, „habitatione bellissima", auch, dass dessen Zerstörung und Wiederaufbau Stadtgespräch gewesen seien und „molti gentilhuomini principali della Città" ihren Mitbürger Salustio Venturi dafür gelobt hätten, dass er der Familie den Besitz erhalten habe.[427] Erst in den folgenden Jahrhunderten mehren sich Beschreibungen prominenter Villen als Ort herrschaftlichen Repräsentierens, als Bühne signoriler Selbstdarstellung.[428] Für die frühen Villen existieren wenige solche Zeugnisse. So gestaltet sich denn die Spurensuche im Archiv zum detektivischen Abenteuer, gelegentlich belohnt durch eine Entdeckung in einem kaum entzifferbaren Inventar: hier in einer Kommode die mit Goldknöpfen besetzten Damasthosen des Hausherrn, da auf eine Seidenschnur aufgereihte Perlen neben schwerlich identifizierbarem Zierrat aus Kristallen und Korallen, dort ein Stapel rot gestreifter Schultertücher für die „serve", die Dienerinnen. All das im *piano nobile* des Palazzo Venturi in den Zimmern rechts und links der *sala*. Allerdings stehen da ebenso die Mehltruhen neben den Betten, und was sich sonst noch so findet ist zumindest „vecchio" wenn nicht „rotto" oder „guasto". Damit bestätigt das Inventar von 1574, dass für die Villa – hier „Schifanoia" genannt – Mobiliar und Hausrat zweiter Wahl durchaus gut genug waren. Wenn Aufwand getrieben wurde, so in Siena, im Stadtpalast, weniger draußen auf dem Land, „fuore a Schifanoia". Das alphabetische Verzeichnis, das die Notare hinterlassen haben, zählt unter anderem auf: „Sieben Silberlöffel, sechs in Siena, einer davon mit einem Griff aus Koralle, einer in Schifanoia. 16 Silbergabeln, elf in Siena, fünf 'fuore a Schifanoia'. 57 Bettlaken, 41 in Siena, davon zwei fein, verziert, und sieben fein, ohne Verzierung, 16 in Schifanoia, vier davon groß. Elf Matratzen, sechs in Siena, fünf in Schifanoia, eine davon ziemlich traurig".[429]

4. b Die *poderi* und ihr Ertrag

Die Komponenten eines *podere* blieben über Jahrhunderte hin die gleichen. Neben der *casa colonica*, in der auch das Großvieh seinen Platz hatte, gab es die Tenne, den Hof mit dem Hühnerstall, sowie außerhalb dieses eingezäunten oder ummauerten Bereichs weitere Viehställe, den Taubenschlag, Brunnen und Backofen.[430] Die Ländereien erscheinen in den Archivalien prinzipiell in stereotyper Reihung als „terre lavorative, vignate, olivate, arborate, boscate, prative e sodive", als Ackerland neben Wein-, Oliven- und Obstbaumpflanzungen, dazu bewaldeten und unkultivierten Flächen wie Buschwald, Gestrüpp und Morast. Der Anbau von Weizen rangierte auch bei den Venturi an erster Stelle, weit vor Gerste, Roggen, Futtergetreiden und Hülsenfrüchten. Wein und Oliven wurden in begrenzter Menge für den direkten Konsum erzeugt; in den Dokumenten findet sich kein Hinweis auf einen Verkauf. Produkte wie Obst, dazu vielleicht Safran und Maulbeerbaumblätter hatten geringere Bedeutung. Die Erzeugung von Leinen und Hanf, einer der Haupterwerbszweige in der nahen Valdichiana, spielte in der *Creta* eine Nebenrolle. Fundamental war dagegen die Tierzucht: Schafe und Ziegen lieferten Lämmer, Käse und Wolle, die Tauben Fleisch und Dung, die Schweine Fleisch, das man als „carne salata" eingesalzen konservierte. Zugochsen treten in den Dokumenten so auf, wie gepflügt wurde, nämlich paarweise; oft wird dazu gesagt, dass sie alt waren und entsprechend schwach. Eine Norm von 1466 hatte zur Bearbeitung von „staiori quaranta", rund 5,2 Hektar, ein Paar Ochsen als ausreichend erachtet.[431]

Siehe Abb. 62

1599, wenige Jahre vor der Heirat der Celia Venturi, waren der Palazzo und die zugehörigen *poderi* – wie schon 1574 – Gegenstand einer ebenso umständlichen wie erheiternden Bestandsaufnahme, die nicht nur jeden *mezzadro* mit Namen nennt, sondern unter Angabe seines Alters und der Farbe seines Fells auch jeden Ochsen. Immerhin verdanken wir diesem Inventar Auskünfte, die eine Einschätzung der Größe des Besitzes und seines Produktionsvolumens erlauben. Die Tabellen im Anhang zeigen im Überblick, was sich an Daten aus den Dokumenten gewinnen ließ, sie zeigen gleichzeitig die Entwicklung des Betriebes von 1574 bis 1599.[432] Die bedeutendsten *poderi* (Mocine sowie der größere Teil von Montefranchi mit Montefranchino) waren erst 1567 und 1571 von Salustio Venturi hinzugekauft worden;[433] zur „Urzelle" gehörten nur Castellare, Rentessa und Schifanoia, 110 bis 115 Hektar, sollten die Umfänge dieser drei *poderi* von Beginn an denen von 1599 entsprochen haben. Das Agarunternehmen wäre damit am Ende des Jahrhunderts auf das fast Dreifache seiner einstigen Fläche angewachsen, nämlich 316 Hektar Kulturland. Die Zahl der *poderi* hatte sich um vier auf insgesamt sieben vermehrt.

Die für 1599 angegebenen Saatgutmengen erlauben eine Berechnung des Gesamtertrags der Kornernte. Inklusive des für den *podere* Castellare nur geschätzten Ertrags könnte er sich im Zweijahresrhythmus auf rund 1100 Zentner belaufen haben, hinzuzuzählen sind Futtergetreide und Hülsenfrüchte. 50:50 geteilt, erhielten Besitzer und *mezzadro* je 550 Zentner Korn brutto, abzüglich Saatgut blieben für jeden 460 Zentner.[434] Eine Kontrolle dieser Zahlen erlauben die Prozessakten von 1582. Sie betreffen die Jahre um 1560, als die kriegszerstörte Villa wieder aufgebaut wurde und wohl noch nicht mehr als die ursprünglichen drei *poderi* umfasste, der Betrieb also um bis zu zwei Drittel kleiner war als 1599. Dem Gericht ging es unter anderem um die Frage, welche Erträge die Eigentümer ein übers an-

dere Jahr – netto – erwirtschaftet hatten;[435] protokolliert sind neben Korn, Futtergetreide und Hülsenfrüchten rund 50 Hektoliter Wein pro Jahr, ferner Käse, Hühner und Wolle im Wert von 50 *scudi*. Nach Meinung des als Zeuge geladenen Bartolomeo Maichi aus der damaligen Pächterfamilie des *podere* Schifanoia erbrachten „tutti tre li detti poderi" insgesamt rund 400 Zentner Korn brutto, „45 moggia incirca" (zum Futtergetreide äußerte er sich nicht),[436] abzüglich Saatgut und Anteil des *mezzadro* blieben damit für den Eigentümer netto 170 Zentner Getreide – ein Ergebnis, das die Schätzung von 1599 in etwa bestätigt.

*Abb. 62 Ein Podere
der Villa Cetinale um
die Mitte des 17. Jahr-
hunderts (BAV, Chigi
P VII, 11, c. 111 r)*
A: Herrenhaus
B: (klein, davor):
   Landarbeiterhaus
C: Dienerunterkunft
   mit Taubenturm
D: Ölpresse
E: (klein, davor): Hütte
   für Stroh
F: Tiergehege
G: Straße nach Siena
H: Backofen
I: Zisterne
L: Landarbeiterhaus
M, N: Taubenhäuser
O: Backofen
P: Straße zur Kirche

Eine Illustration zu diesen Angaben bieten die enormen Getreidevor-
räte die, wie beschrieben, 1599 im Palazzo Venturi inventarisiert wurden,
nicht zu reden von weiteren Lagerbeständen außerhalb der Villa, in Speichern über dem Stall (550 Zentner respektive 27,5 Tonnen), in den *poderi*
Schifanoia (110 Zentner) und Le Chiuse (9 Zentner), in der *casa del cittadino*
des „Casino" (165 Zentner) und schließlich in Asciano im „granario de´ Ballati", ebenfalls Venturibesitz (205 Zentner).[437] Dass dieses Korn auch zum
Verkauf kam, ist dokumentiert. Offenbar wurden Standardmengen gehandelt, am häufigsten à sechs *staia*, 2,25 Zentner, daneben gab es aber auch

Großverkäufe von etwa „moggia quattro", 36 Zentnern, wie aus Quittungen und Schuldscheinen hervorgeht, die sich im Inventar von 1574 fanden.[438] (Ob sich die Belege eventuell zum Teil auf die oben erwähnten Leihgaben an bedürftige *mezzadri* bezogen, ist nicht zu klären). Nichts weist jedoch darauf hin, dass von Montecontieri aus Getreide in einem Umfang exportiert worden wäre, wie er etwa aus der Steuererklärung von 1478 der Pannilini – der Besitzer von La Fratta – hervorgeht.[439] Lediglich die Klage der Söhne des Ventura Venturi in der Lira von 1481 (Dokument 13) vermittelt eine Vorstellung von den Quantitäten an Korn, die auch dieses Haus schon früh, wenngleich nicht nur in Montecontieri produzierte: Mehr als 45 Tonnen, „più di moggia 100", mussten – verfault – weggeworfen werden, in der Maremma, wo sie für „un pocho di trafico aviamo a Grosseto" bestimmt gewesen wären, „etwas Handel, den wir in Grosseto betreiben".

4. c Die Eisenhütten der Venturi

Dass zu den Produkten Sieneser *poderi* insbesondere in der *Creta* auch Lehmziegel gehörten, lässt sich zwar in erhaltenen Rechnungsbüchern nachlesen, dass jedoch im Palazzo Venturi damit gehandelt worden wäre, ist nicht belegt und allein aus den dort 1599 nebst Brennofen inventarisierten 30 000 Stück nicht mit Sicherheit abzuleiten.[440] Gewinne aus der Herstellung von Eisen sind dagegen für die Linie Jacomo-Ventura-Salustio wie für andere Venturi-Familien dokumentiert. Die Verarbeitung des zum überwiegenden Teil aus Elba importierten Erzes war solchen Grundbesitzern möglich, deren Ländereien dank Wasserkraft und Wäldern den Betrieb eines Mühlrades und eines Schmelzofens zuließen, für den Holzkohle benötigt wurde.[441] Auf zwei Zonen konzentrierte sich die Kleineisenindustrie im Senese, auf die Becken des Merse und der Farma nahe Monticiano im Südwesten der Stadt sowie auf die tiefer im Süden gelegenen Täler am Monte Amiata.

In beiden Gebieten fand sich ein Netz von Eisenhütten, Walzanlagen und Schmieden,[442] und in beiden Gebieten hatten die Venturi früh fest Fuß gefasst. Am Merse waren es vor allem Mariano, Ehemann der Eisenerzprinzessin Lucrezia d'Appiano, und sein Sohn Agnolo, am Monte Amiata, war es Jacomo, auch er als Gewinner der *Legge agraria*.[443] Wie wir aus der Lira wissen, hatte schon sein Vater 1465 ein erstes „diffizio de'ferro" bei Brenna im Merse-Tal erworben, das von Campo Starchi,[444] eine zweite Eisenhütte, bei Monticiano, kam 1509 dazu. Die Steuererklärung dieses Jahres lässt allerdings kaum auf eine ersprießliche Produktion schließen: Arbeiter fehlten, die die Kanäle zu warten und die benötigten Staudämme aus Pfählen und Binsengeflecht ordnungsgemäß anzulegen und zu unterhalten wussten, und den Florentiner, der seit 18 Monaten dort Verwalter war, hätte man ohnehin „besser eingesperrt", „meglio tenerlo serrato".[445] Potentino, das Kastell inmitten der Kastanienwälder an den Westhängen des Monte Amiata, scheint mehr Ertrag gebracht zu haben.[446] Der Ausbau der weitläufigen Anlage zur Villa durch Jacomos Sohn Ventura fand möglicherweise gleichzeitig mit der Errichtung des Palazzo von Montecontieri statt; spätestens von 1526 an wurde das Kastell saisonweise von den Venturi bewohnt, wie zahlreiche Briefe an „Ventura di Jacomo Venturj frattello carissimo in Siena" belegen, aus Potentino abgeschickt von Conte. Mit steilen, kaum zu entziffernden Schriftzügen berichtet er dem „liebsten Bruder in Siena" über den Handel mit Getreide und Vieh, über den Gang der Eisengeschäfte und den Verkauf von Holz.[447]

Mag es sich hier, in Potentino, um eigene Wälder gehandelt haben, in denen Holz geschlagen wurde, so war in anderen Zonen Gemeindeeigentum das Ziel der Aktionen. Schon 1429 hatte Siena erklärt, das Fällen der Bäume nehme „den Menschen jener Gebiete das Leben", „che essi castagni tagliati era el tollare la vita ale persone di quella terra". Wo wenig Getreide angebaut wurde, boten Kastanien der Bevölkerung das Hauptnahrungsmittel: Mehl. Aber nirgends blieben die Wälder verschont.[448] Nicht im Amiatagebiet und nicht nordwestlich davon, wo Agnolo Venturi am Flüsschen Farma das Werk von Ruota betrieb, „die beste Eisenhütte die es heute in Toscana gibt".[449] Ein Jahr, nachdem er die Anlage gekauft hatte, stellte der Sieneser Steuerinspektor Francesco Rasi fest, dass Agnolo ebenso wie die anderen Unternehmer die Fällung der Bäume notfalls mit Gewalt gegen den Gemeinderat durchsetzte und dass alle dem Magistrat vorgetragenen Klagen nichts fruchteten.[450] Die Erben verhielten sich nicht anders als die Generationen vor ihnen. Noch 1677 berichtete Bartolomeo Gherardini, *Auditore Generale* Cosimo III Medici: „I signori Venturi tagliano infinità d´arbori da frutto et in specie castagni, in beni della comunità con gran diminutione della ricolta della farina".[451] Es sei freilich wahr, hatte Agnolo in seiner nachgelassenen Anweisung für den Betrieb der Hütte geschrieben, dass entsprechende Verträge mit den Gemeinden wohl nie existiert hätten, indes seien die Wälder seit altersher so und nicht anders genutzt worden. Sich ohne weitere Diskussionen auf die „antichità" ihres Verfügungsrechts zu berufen lautete sein Rat an seine Söhne. Im Übrigen sollten sie natürlich immer auf gutes Einvernehmen mit den Dorfbewohnern sehen, „di stare in bona amicisia delli omini di Monticiano".

X Zusammenfassung

Fünf Loggienvillen der ersten Hälfte des 16. Jahrhunderts, Repräsentanten des im Senese ubiquitären „Peruzzi-Stils", werden in dieser Arbeit monographisch vorgestellt. Diese Bauten, dazu ein Katalog mit weiteren 20 Beispielen, dokumentieren ein erstaunliches Phänomen: Eine Gleichförmigkeit der Architektur, wie sie in solcher Verbreitung aus anderen italienischen Villenregionen nicht bekannt ist. Es gab kaum Innovation; noch im 18. Jahrhundert wurden die Muster kopiert. Schon der erste fest datierte Sieneser Landpalast, die 1505 vollendete Villa Le Volte, zeigt das Grundelement künftiger Bauweise: die demonstrativ geöffnete Loggienfassade. Die durchweg bescheideneren Nachfolgebauten sind Quader von handlicher Größe, meist samt ihren Schmuckelementen aus Ziegel durchstrukturiert und nicht verputzt. Ihre räumliche Organisation folgt dem schlichten dreibahnigen Standardgrundriss des venezianischen Speichers, der sogenannten *casa veneziana*. Nirgends ist diese Architektur spektakulär. Hat sich – mit einer mutmaßlichen Ausnahme, La Fratta – auch keine der frühen Villen auf Baldassarre Peruzzi zurückführen lassen, so charakterisiert sie doch nichts treffender, als Jacob Burckhardts Anmerkung zu dessen Sieneser Werken: „Aufgaben, bei

Siehe Farbabb. 1 und Abb. 3

Siehe Abb. 31

welchen mit sehr sparsamen Mitteln, hauptsächlich durch mäßiges Vortreten backsteinerner Pfeiler und Gesimse in schönen Verhältnissen, das Mögliche geleistet ist".[452] Diese „schönen Verhältnisse" sind Ergebnis einer unerwartet kunstvollen Proportionierung, die sich freilich erst der – systematisch Bau für Bau durchgeführten – Berechnung erschloss. Fazit: Der mathematische Input war minimal. Geometrische Proportionen dominieren, als frei beherrschte Methode setzten sie ganz offensichtlich alte ländliche Bautraditionen fort.

Das verbindende Merkmal der Sieneser Villen ist ihre Gleichheit und ihre zähe Verhaftung mit überkommenen Mustern. Die Erklärung für dieses Phänomen wurde in soziologischen, politischen aber auch geographischen Konstellationen gesucht, im Inselcharakter des Staatswesens, der konstanten Bedrohung durch Florenz. Bis zum letzten Atemzug in Verteidigungsstellung, beharrte Siena bis in sämtliche Bereiche des öffentlichen Lebens hinein starr auf seiner Eigenart, seinen Werten. In diesem Zusammenhang ist das Festhalten an einem architektonischen Schema zu sehen, das sich als überaus rational erwiesen hatte. Es erfüllte mit ein- und demselben Modell beide Bedürfnisse der Auftraggeber, das nach einem agrarischen Zweckbau wie das nach einem repräsentativen Landpalast. Architektur als „Kunst, die nützliche Dinge produziert", „un'arte che produce cose che servono" (Renzo Piano) – im Senese ist sie zu besichtigen. Dass die Villa zum ökonomischen Rückhalt der Oberklasse wurde, geht aus den Dokumenten eindeutig hervor. Dagegen lässt das Material keine Aussage darüber zu, welchen Teil der jeweiligen Vermögen so ein Besitz repräsentierte, wie sich die Rendite aus dem Betrieb zu den Gewinnen aus Banken und Handel verhielt. Klar erkennbar ist lediglich, dass Grundeigentum in beachtlichem Ausmaß Verdienstquelle war; das mag immerhin die Forschungsmeinung bestätigen, die führende Schicht der Bevölkerung habe schließlich weitgehend von den Erträgen ihrer Territorien und der Ausübung öffentlicher Ämter gelebt.

Sienas vielzitierte Entwicklung hin zum Grundrentnerstaat lässt sich zeitlich nicht eingrenzen. Der faktische Ausverkauf des Landes in den Jahrzehnten vor und nach 1500 konnte indes belegt werden. Eine unerhört harte Besteuerung der Bauern und die Enteignung von Gemeindegut unter Pandolfo Petrucci verschafften den Städtern eine reiche Auswahl an „terreni appetibili". Dass 70,9 % des Gesamtvermögens Sieneser Familien bereits 1488 in Immobilien im *contado* investiert waren, dagegen nur noch 13,5 % in Handel, Bankgeschäfte und Gewerbe, zeigt, welche Bedeutung Grundbesitz beigemessen wurde. Zumindest in den Anfängen ging es dabei jedoch kaum um die demonstrative Konsumhaltung, die vielfach die spätere *villeggiatura* kennzeichnete. Im Hintergrund dieses boomenden „ritorno alla terra" stand eher das Wissen, das ein aus dem Quattrocento überliefertes Sprichwort ausdrückt: „Chi à chasa e podere può pieghare e non chadere".[453] Kriege, Hunger und Seuchen waren Alltagsrealität in der Republik. Die Reichen suchten ihre Sicherheit in der ungestörten Verfügung über den *contado*. Während der Staat auf seinen Untergang zusteuerte, mehrten und erweiterten sie kontinuierlich ihre Güter, um schließlich von Beginn des 16. Jahrhunderts an jene Villen zu errichten, die zu untersuchen Gegenstand dieses Buches war.

Dokumentation

XI Die Quellen

Die für die Dokumentation ausgewerteten unveröffentlichten Quellen finden sich in drei Sieneser Archiven:

dem Staatsarchiv (Archivio di Stato di Siena),
dem Privatarchiv Venturi Del Testa Piccolomini,
dem Archiv der Abtei Monte Oliveto Maggiore.
Die Bestände sollen zur Einführung kurz beschrieben werden.

1. Die Bestände des Sieneser Staatsarchivs

Sie sind in drei Komplexe gegliedert: den Archivio del governo (I), die Gerichtsakten (II) und den unter dem Sammelbegriff Diplomatico subsumierten Fundus (III). Für die Dokumentation wurden Archivalien aus Teilbereichen der Komplexe I (Curia del placito, Lira) und III (Archivio notarile, Archivio Venturi Gallerani, Particolari) ausgewertet.

Curia del placito

Der Titel lautet komplett: Curia del placito poi Savi dei pupilli. Es handelt sich um den Dokumentenfundus einer seit Konstitution der Kommune bis 1783 existierenden Behörde mit juristischer Kompetenz für den Schutz von Kindern und Frauen. Ab 1503 war sie nur noch zuständig für Vormundschaftsbelange, insofern auch für Erbschaftsangelegenheiten. (Dokument 22).

La Lira

Die Lira war das Instrument zur steuerlichen Erfassung der Bürger. Der Name bezog sich zunächst nur auf das Verfahren der Befragung der Familienoberhäupter durch die vom Großen Rat der Stadt ernannte Kommission der „Schätzer", der *alliratori* oder *allibratori*, bezeichnete jedoch nach und nach die Steuer selbst. Die beiden ersten Erhebungen sind 1198 und 1226 dokumentiert; die Intervalle blieben unregelmäßig bis 1430, sollten dann aber sieben Jahre nicht mehr überschreiten. Als Grundlage der Bemessung diente die unter Eid abgegebene mündliche Erklärung, die jedoch schon bald der schriftlichen wich. Die Bürger schrieben ihre *denuncia* eigenhändig nieder; vor allem interessierten die Einkünfte aus Immobilien und Kreditgeschäften. Auch Vieh war anzugeben (ausgenommen „cavalli da guerra", Schlachtrosse), ebenso der Vorrat an Korn und Wein. Besteuert wurde jedoch nicht das ermittelte Gesamtvermögen, sondern nur das, was nach Abzug der Lebenshaltungskosten übrig blieb, deren Höhe entsprechend dem So-

zialstatus anerkannt wurde. So zahlten Reiche im Verhältnis wesentlich niedrigere Sätze, als die bescheidener lebenden unteren Einkommensklassen – Sklaven im Haus der Wohlhabenden senkten die Forderungen des Fiskus ebenso wie als standesgemäß erachtete Zerstreuungen. Für alle Schichten der Bevölkerung galten dagegen u.a. Töchter (der Mitgift wegen), Kranke und pflegebedürftige Alte in der Familie als steuermindernde Belastungen. Einmal festgesetzt, blieb die Höhe der Steuer gültig bis eine neue Erhebung anstand. Die Behörde hatte die jeweils vorangegangenen Aufzeichnungen zu verbrennen. Die Nichtbefolgung dieser Regel ist der für den Zeitraum von 1453 bis 1509 umfangreich im Staatsarchiv erhaltene Bestand an *denunce* zu verdanken. (Die späteren, letzten Jahrgänge der Lira – 1531 und 1548 – sind rudimentär.) Die Steuererklärungen wurden für jedes Stadtdrittel (Città, San Martino, Camollia) geschlossen abgegeben. Die Erfassung innerhalb jedes *terzo* wiederum erfolgte pro *compagnia* und pro zugehörigem Vorort (*massa*) gesondert. Neben den in insgesamt 135 Faszikeln bewahrten *denunce* sind im Staatsarchiv 124 *registri* verfügbar, die Register, die die zu zahlenden Summen Familie für Familie kommentarlos auflisten. (Dokumente 1, 6 – 14, 25).

Archivio notarile

Bestandteil dieses Archivs ist u.a. der Fundus des Archivio notarile antecosimiano; er beinhaltet Sieneser Notarsakten aus dem Zeitraum bis 1585, bis zur Einbeziehung Sienas in die Verwaltung des Großherzogtums Toscana. Später datierte Urkunden finden sich im Archivio notarile moderno bezw. postcosimiano. (Dokument 19).

Archivio Venturi Gallerani

Das Archiv der ab 1611 nach Adoption in das Haus Gallerani unter dem Doppelnamen firmierenden Familie Venturi enthält überwiegend Dokumente, die den Zweig Mariano – Agnolo und dessen Nachfolger betreffen. Die Linie Jacomo – Ventura – Salustio dagegen, die den Palazzo Venturi in Montecontieri besaß, ist umfangreicher im Archiv Venturi Del Testa Piccolomini vertreten.

Das Archiv der Venturi Gallerani mit seinen 139 Faszikeln umfasst ab 1361 erhaltene Dokumente. Es wurde 1958 inventarisiert. Im Gegensatz zum Privatarchiv Venturi Del Testa Piccolomini ist es problemlos zugänglich: Es befindet sich seit 1968 im Staatsarchiv. (Dokumente 3, 4, 5, 18, 24).

Particolari „Famiglie senesi"
Mit dem Begriff *Particolari* bezeichnet das Staatsarchiv eine erst Ende des 19. Jahrhunderts angelegte lose Sammlung von Quellen zu Sieneser Familien wie auch einzelnen Bürgern. Teil des Bestands bildet mit 203 Faszikeln der insgesamt 731 „Famiglie Senesi" betreffende Fundus. Die Dokumente entstammen dem Zeitraum von 1255–1870. (Dokument 16).

2. Das Privatarchiv Venturi Del Testa Piccolomini
Mit dem Verkauf des Palazzo Venturi an drei Geschwister Palmieri in den 1830er Jahren wechselte auch das Archiv des Hauses seine Besitzer; es wurde Bestandteil des Archivs Palmieri Nuti. Der nun dort zu suchende Fundus Venturi Del Testa Piccolomini verdankt seine Bezeichnung der Adoption des letzten männlichen Namensträgers der vormaligen Palastbesitzer in die Familie Del Testa Piccolomini 1698; damit war das Überleben des Namens Venturi in kombinierter Form gesichert. Der Fundus ist nicht inventarisiert, das Auffinden von Dokumenten insofern Glückssache. Zwar existiert ein Verzeichnis des Jahres 1773 für insgesamt 271 Faszikel, aber die Inhaltsangaben sind teilweise ebenso fehlerhaft wie die vom Autor vorgenommene Datierung. Trotz seiner Mängel öffnet jedoch dieser Index einen Zugang zu wichtigen Quellen für das Verständnis der Geschichte der Venturi. (Dokumente 15, 17, 20, 21, 23).

3. Das Archiv der Abtei Monte Oliveto Maggiore
Das Archiv verfügt über ein Dokument, das von besonderem Interesse für die Geschichte der Sieneser Renaissancevilla ist: Das 250 Blatt umfassende Zehntbuch der Pfarrei Montecontieri – Standort des Palazzo Venturi –, den *Decimario della Chiesa di Sto. Giovanni a Monte Contieri*. Das Abgaberegister wurde 1584 begonnen und lückenlos bis 1648, dann mit Auslassungen bis 1907 geführt und stellt eine der kostbarsten Quellen für die Geschichte des Palazzo Venturi dar (Dokument 2).

4. Zur Veröffentlichung der Dokumente
– Die Quelle eines jeden Dokuments ist im Kopfeintrag vermerkt. Mit Ausnahme der Nummern 15, 17, 20, 21 und 23 (Privatarchiv Venturi Del Testa Piccolomini) finden sich alle Dokumente in den jeweils zitierten Beständen des Sieneser Staatsarchivs.
– Charakteristikum der Dokumente ist entweder das Fehlen jeglicher Interpunktion oder aber deren absolut willkürliche Verwendung. Ebenso wechselt die Schreibweise ständig, gelegentlich von einem Satz zum nächsten. Diese Eigenheiten wurden nicht korrigiert, zur Gliederung der Texte jedoch Absätze eingefügt. Auslassungen und unleserliche Stellen sind gekennzeichnet.
– Die Datierung der Urkunden – sofern vorhanden – entspricht dem Sieneser Kalender *ab incarnatione* (Jahresbeginn ist der 25. März). Hierzu wie auch zur Umrechnung von Währung, Maßen und Gewichten siehe Tabelle im Anhang.
– Zu den in den Quellenzitaten verwendeten Abkürzungen siehe Verzeichnis Seite 181.

XII Die Dokumente

Dokument 1

Die Dokumentation
von „Il Pavone" in der Lira
1465 – 1509

Zum Inhalt: Ghino di Lorenzo di Ghino, Erbe des ihm unfertig, aber mit bereits vollendeter Fassade hinterlassenen, später als „Il Pavone" bezeichneten, kunstgeschichtlich bedeutsamen Hauses sah sich finanziell nicht in der Lage, den Bau „secondo el disengno" fortzuführen. Sein Vater, Bankier, hatte 1453 den Kauf des kleinen Anwesens draußen vor dem damals noch porta nuova genannten südlichen Stadttor zu Protokoll geben (Lira 136, cc. 59 r–v); Verkäufer war der Abt des Jesuitenklosters San Vigilio im Bezirk San Martino. Von 1465 bis 1491 wiederholt Ghino in drei Steuererklärungen – die hier nur in Auszügen wiedergegeben werden – stereotyp den Hinweis auf den Rohzustand des Hauses; mal heißt es, lediglich „lo scoglio di fuori" sei fertig, mal „la faccia dinanzi", aber beides meint das Gleiche: die „Schale", die Außenhaut beziehungsweise die Fassade. Dass das Gebäude dennoch nutzbar war, also Dach, Fenster und Türen hatte, geht aus einer kurzzeitigen Vermietung als Gastwirtschaft hervor (1491). Noch 1509, im letzten vorhandenen Dokument, erklären die offensichtlich verarmten Erben jedoch, das Haus koste mehr als es nütze, denn wie den Steuerinspektoren bekannt sein dürfte, sei es nach wie vor „non finita assai".

Ghino di Lorenzo di Ghino
Terzo di Città
Casato di Sotto

Denunzia 1465
Lira 151
(c. 353 r)
(...) Item una possessione nel comune di Sancto Mimigliano allato laporta nuova laquale è quella che mi fa stare in grande debito perchè la casa che cominciò Lorenzo mio padre dela quale è fatta solo la faccia dinanzi, avolerla finire secondo el disengno mi costaria assai, dela quale vorrei essare digiuno e la possessione in tutto staia VIIII *(IX)*.

Denunzia 1488
Lira 215
(c. 237 r)
(...) Item mi truovo nelo chomuno di Scto Mimigliano fuore dela porta nuova una possesioncella con una chasa dela quale n'è fatto solo lo scoglio di fuori, dela quale non chavo né fructo né piacere per non essere finita la chasa et per non havere havuto mai il modo di fi-

nirla non l'ò fornita per le graveze ho sempre havuto (...)

Denunzia 1491
Lira 225
(c. 111 r)
(...) Item nel chomuno di Scto Mimigliano fuore dela porta nuova pocisioncella di poche staia di terra, la quale avevo aloghata *(affitata)* per ostaria di poi è stato morto l'oste. Non so chome si fara stimo vagli fiorini 500 (...)

Denunzia 1509
(Heredi di Ghino di Lorenzo di Ghino)
Lira 234
(c. 270 r)
(...) Uno luoghetto nel chomuno di Santo Mimiliano all'inchontro ali Angnoli con sua chasa non finita assai più di spesa che utile chomo a più di voi può essere noto (...)

Dokument 2

Decimario della Chiesa di
Sto. Giovanni a Monte Contieri
1584
Archiv der Abtei Monte Oliveto Maggiore

Zum Inhalt: Dieses Dokument, auf welches in Kapitel V. 1. c–f näher eingegangen wird, ist das 1584 von Pfarrer Vittorio Pretiani begonnene Abgaberegister der (1986 aufgelösten) Pfarrei San Giovanni Evangelista a Montecontieri, Standort des Palazzo Venturi. Mehr als 300 Jahre lang wurden hier die Zahlungen des Kirchenzehnten der zur Pfarrei gehörenden (heute nur noch als Flurnamen existierenden) poderi und Gemeinden registriert.

(c. 1)
Questo sara il libro detto il Decimario quale voglio che serva anco per miei successori: dove seguarò quante decime si deve risquotere, e tenello *(tenerlo)* anco da fronte il debito, o il credito podere per podere, quanto anno per anno devono e quello che io risquotero incominciando questo presente anno 1584 che io sono entrato nuovo Rettore di San Giovanni e Santo Tomme suo annesso a Monte Contieri; a gloria del Signore Dio e della gloriosa Vergine, Diocesi Aretina, e sotto la Pieve di Asciano.

Quale libro servira a notare i Beni di detta Chiesa, Memorie, Ricordi di più sorta, appartenenti a detta chiesa (...) ed in particolare quelli che si cresimeranno, e le spese, stabili in beneficare che io ci farò, tanto nelle chiese, case, quanto anco ne' Poderi.

(c. 2)
In der folgenden Aufstellung ist die Menge an Korn festgehalten, die jeder zur Pfarrei gehörende podere abzuliefern hatte (zu den Gewichten s. Übersicht im Anhang).

Elenco delle Decime

1) Castellare de' Venturi	... staia	4
2) Schifanoia d'Venturi	... staia	4
3) Monte Ghebbi de' Spannocchi	... staia	3
4) Chiuse della Chiesa	... staia	2
5) Chiuse de' Venturi	... staia	2
6) Cernitoio della piuma	... staia	3
7) Casa nuova della piuma	... staia	2
8) Mocini de' Venturi	... staia	4
9) Monte de' Corsi de Faramini	... staia	4
10) Monte Franchi de' Venturi	... staia	4
11) Monte Franchino de' Venturi	... staia	2
12) Ombrone de' Faramini (?)	... staia	2
14) Rentessa de' Venturi	... staia	2
Totale	... staia	40

(c. 98)
Das Inventar der Ausstattung der Pfarrei S. Giovanni und ihrer Filiale San Tomaso à Rentessa führt das an die Kirche angebaute Pfarrhaus auf und den zugehörigen podere Le Chiuse mit 4 moggia (rund 12 Hektar) Ackerland und 30 Hektar Wein, Weiden, Wiesen und Buschwald. Weiterhin wird beschrieben, welche Wege an Kirche und Pfarrhaus angrenzen.

Inventario de' Beni alle Chiese di Santo Giovanni a Monte Contieri et Sto.Tóme à Rentessa suo Annesso. In primo al detto Santo Giovanni ci è la Casa per il Rettore attaccata accanto alla Chiesa. La Chiesa detta ha un podere, chiamato le Chiuse della Chiesa con la Casa per il Lavoratore. Ci è quattro moggia di terre insieme in circa lavorative, (...) ci è anco staia dieci di vigna insieme incirca boschi, sodi pasturali, prati (...) e più un campanello di staia due di terra lavorativa in circa, accanto alla Casa della Chiesa quale oggi tiene il Rettore per uso, confina intorno da due bande la via, e da capo qui da casa verso il Palazzo confina alla Macchia detta la Macchia del giardino de' Venturi accanto, dove che già anticamente era la via comune, e hoggi ci è un pochino di sodo che è pure della Chiesa. La via anticamente era dove è hoggi detta Macchia, e andava lungo il muro del cortile del Palazzo, messero la via piu qua, e rimase cosi quella pocha terra della chiesa.

(c. 100)
Der Wortlaut dieses undatierten Berichts über den Bau der Hofmauer des Palazzo auf Kosten des Kirchengrundes: „Wie mir viele Bauern berichtet haben, wussten sie

aus Erzählungen ihrer Vorfahren, dass, als man die Hofmauer des Palastes zum ersten Mal errichtete, meine Straße zurückversetzt wurde, um mehr Platz vor dem Palast zu haben (...). In den Zeiten, in denen das geschah, scherte man sich nicht um die Kirchen und ihren Besitz (...). Insbesondere die Städter waren in diesen Zeiten ganz und gar die Herren im contado und in der Stadt."

Come molti contadini mi hanno riferito havèr sentito dire a i loro antichi, come la strada pubblica che viene qui dinanzi a casa mia, della chiesa, e tira verso il Castello, già passava per la piazza qui dinanzi al palazzo, innanzi che ci fusse, e drento dove è hoggi la macchia del giardino, occorse che cominciarono a passare come un trattoio *(tratturo)* per questa detta chiesa, e quando fecero il muro del cortile qui dinanzi al palazzo la prima volta, messero drento la mia per havere più piazza dinanzi al palazzo, quando lo fecero e cosí la via si fece, e seguí per questo della chiesa, come hoggi se ne vedono li inditi, e di questo poco del sodello, e di altro ancora che ben considera. Era à quei tempi che fu fatto questo, si teneva poco conto delle chiese e loro beni (...) et in particolare i Cittadini a quei tempi erano interamente padroni loro del contado, e della città.

(c. 103)
Vor 1598: Ventura Venturi schenkte der Kirche ein kostbares Kleidungsstück. „Nach dem Tod seiner Frau gab Messer Ventura Venturi dieser Kirche ein Gewand aus rotem Atlas, das ihr gehört hatte, aus welchem ich mir eine Kasel machte, und ich kaufte den roten Stoff, ließ ihn zuschneiden und nähen und auf meine Kosten das Wappen der Venturi machen und gab dafür einen scudo von mir".

Mj Ventura Venturi morta che fu la sua moglie donò a quella chiesa una gammorina *(gammurrina)* di raso rosso uso che era di detta sua moglie del quale io ne feci una pianeta e comprai io di mio la tela rossa la fece tagliare e cucire e ci feci fare di mio l'arma de Venturi e ci spesi di mio uno scudo.

(c. 109)
1604: Bericht über Gewalttätigkeiten von Patrizio di Giulio Venturi (1571 – ca. 1615), verheiratet mit Ortenzia Piccolomini, Rechtsgelehrter an der Universität Siena; sein 1602 geborener Sohn Ventura wird im folgenden Auszug (c.118) erwähnt. Wortlaut der Eintragung: „Es ereignete sich am Abend des 1. Februar 1601 dass die Frau des Signor Dottore Patrizio Venturi beichten wollte, aber ich verweigerte zu solcher Stunde das Ansinnen, weil es Nacht war und die Regel es verbietet, weil auch keine Notwendigkeit bestand, und aus vielen (anderen) Erwägungen heraus (...). Der genannte Signor Dottore Venturi, obschon viele Jahre Herr dieses seines Palazzo, wurde an diesem Abend so wütend, dass er

(...)" (folgt Aufzählung von Verbarrikadierungen und Zerstörungen eines Weges) „und mir viele ungerechte Worte gab (...). Nach ein paar Tagen riss besagter Venturi um Mitternacht besagte Mauer nieder und zerbrach und zerstörte die Holzpfähle". (Die Umzäunung von Kirchengrund und Friedhof wurde von Patrizio eingerissen, damit er ungehindert zu Pferd passieren konnte, andererseits zertrampelte nun aber auch das Vieh den Kirchenbesitz. Der Streit zog sich über Jahre hin, bis sich schließlich die Pfarrei mit ihren Ansprüchen durchsetzte).

(...) Occorse la sera del primo febbraio Anno 1601 (...) che la moglie del S' Dottore Patrizio Venturi si voleva confessare, io perchè era notte, et essendo proibito dal canone (...) ricusai a tal hora di non confessarla per non essere di necessità e per molte considerationi. Il detto S'Dottore Venturi sebbene più e più anni era stato padrone di questo suo Palazzo, la detta sera dopo fù rabbuiato sbarrò tutti li stecconi da piedi, e da capo a detto trattoio *(tratturo)*, e roppe e fracasse tutti li correnti (...) et a mè disse molte parole ingiuriose (...) perchè nessuno passasse per il trattoio (...). Doppo pochi giorni detto Venturi di mezzanotte spianò detto muro (...) spianò e fracattò i legnami del cimiterio (...).

(c. 118)
1619: Amtsantritt von Agnolo Baldi als Nachfolger des in diesem Jahr gestorbenen Pfarrers Vittorio Pretiani. Wortlaut der Eintragung: „Ich hatte mein Benefizium am 12. Juni 1619 (...) und im Pfarrhaus fand ich nichts Brauchbares als drei Holzbottiche und Fässchen; die Wände brachen über mir zusammen, weil sie nicht einmal die Nägel dringelassen hatten (...), keinen Tisch, auf den ich etwas hätte legen können, kein Geschirr, um daraus zu essen (...), zum Schlafen nichts als einen durchlöcherten Sack. Das Lager war mit einem Strick von fünf braccia (ca. 3 m) zusammengebunden, wobei dieser Strick mehr wert war als das ganze Lager, das sofort, als ich es aufgebunden hatte, in Stücke ging (...). Das alles in Gegenwart des Illustrissimo Signor Ventura Venturi" (damals 17jährig) „und vieler anderer, die ich bis dahin nicht kannte. Alles in allem hätten sie, wenn sie gekonnt hätten, das Haus und die zugehörigen poderi davongetragen. Ich, Agnolo Baldi, Priester von Asciano und Pfarrer von San Giovanni und San Tomme schrieb das um der Wahrheit willen".

Adi 1.o *(primo)* di Luglio 1619. Memoria.
Hebbi il Benefitio al 12 di Giugno 1619 (...) et nella Casa del Rettore non vi trovai niente di buono altro che tre tine et un tinello, mi spolsero *(spogliarono)* le muraglie che non vi lasciarono pure li chiodi (...) non mi lasciarono pure un tavolino da distendere, un tovagliolo per magnare *(mangiare)* (...) non vi trovai letto altro che un saccone tutto toppe, la cuccia era legata con cinque braccia di fune nuova che valeva piu detta fune che la

cuccia, quale subito, che fu sciolta, andò in più pezzi (...).
Tutto alla presenza dell'Ill.mo Sig.r Ventura Venturi (...) et di molti altri che all'hora io non conoscevo. Insomma havrebbero, se havesser' potuto, portato via la Casa et i Poderi (...). Io Agnolo Baldi Prete d'Asciano et Rettore di San Giovanni et San Tomme scrissi per la verità.

Dokument 3

Compre fatte dai' Venturi
1455
Il podere di Vallepiatta cioè la metà
Archivio Venturi Gallerani VII
Documento 25
(cc. 49 v–50 v)

Die Gründungsurkunde des Besitzes Venturi in Montecontieri (s. Kapitel V. 1. b). In der Lira von 1467 (Dokument 12) ist der Ankauf deklariert.

Anno domini MCCCCLV indictione iiii die viii, mensis decembris.
Senis aput grates dicti monasterii.
   Convocatis ad capitulum monialibus monasterii capituli et conventus Sancti Nicolai ordinis Sancte Clare il quo quidem etc. videlicet Domina Soror Alexandra Luce Ser Pauli Nini Abbatissa monasterii et monialium capituli et conventus in quo et cetera (...) vendiderunt Venture Antonii Venture de Senis et Vangeliste Nannis Dominici Bindi de Asciano districtus Senarum, presentibus precipientibus et ementibus pro se et suis heredibus, videlicet cuilibet ipsorum mediatetem infrascripti poderis et infrascriptarum petiarum terrarum pertinentium ad dictum podere. Quod podere totum situm est in curia Asciani in loco qui dicitur Valdipiatta et in loco seu contrata que dicitur Montecontieri cum domo terris laborate vineate sode et boscate et tina in domo eius esistente videlicet dicto poderi ex duobus dicti Vangeliste ex alio *(dall'altra parte)* heredum Petri Simonis Rossi ex alio Marci Francisci Ioannis Cechi, ex alio dicti Vangeliste et ex alio canonice contesse, ex alio heredum Tomme Tancii et ex alio Cechoni Menici Vannuccii et ex aliis dicti Evangeliste quod nunc laborat Ambrosius Francisci de l'Angniolo et si qui sunt confines, declarandum per dictum Vangelistam cum suis iuribus et cetera (...) pro pretio trecentorum septuaginta quinque florenorum de quattuor libris pro floreno, de quibus soluerunt mille triginta tribus libris de quibus ipse moniales fuerunt confexe habuisse et cetera et pro eis Gano manni et cetera et in residuo costituerunt se debitrices et in solidum et promiserunt solvere hinc ad duos annos *(di qui a due anni, cioè ogni anno la metà)*, videlicet quolibet anno mediatetem et cetera et solutionem et cetera cum pacto quod reservaverunt dominium

pro rata donec et quousque fuerit revocata et cetera quod pretium et cetera ed quod plus et cetera et si non solverit teneantur totum et ad kabellam *(Gabella)* comunem.

Presentibus Ioanne Simonis fey et magistro Andrea Pauli et Ioanne Bartolomei Basii di Senis testibus rogatis Benedictus olim Stephani Dominici de Biliottis de Senis.

Dokument 4

Compre fatte dai' Venturi
1496
Più pezzi di terra e case a Monte Ghebbi
corte di Asciano
Archivio Venturi Gallerani VII
Documento 14
(cc. 19 r–23 r)

Gesamtpreis für den Ankauf: 655 fiorini

Diese (gekürzte) Kaufurkunde dokumentiert umfangreiche Erwerbungen der Venturi in Montecontieri und Montefranchi, die die Basis für die spätestens in den 1520er Jahren folgende Errichtung des Palazzo Venturi bilden. (Ich danke Gianfranco Vailati für die Transkription und die Übersetzung des lateinischen Originals ins Italienische.)

Nel nome del Signore Gesù Cristo. Amen. Nell'anno 1496 dalla Sua nascita salvifica, indictione XV, secondo lo stile, il rito, il modo, la consuetudine dei Notai della Città di Siena, il giorno sette di ottobre, essendo regnanti alessandro VI Pontefice e Massimiliano Re dei Romani, dal presente atto pubblico appaia manifesto a coloro che lo consulteranno come Pietro e Bernardino fu Fante di Asciano, nel contado di Siena, fratelli carnali, volendo disporre per sé e per i loro eredi dei beni sotto elencati, stipulando ed obbligandosi sia in solido che singolarmente di beni in loro piena proprietà e possesso, vendettero, diedero e consegnarono in perpetuo possesso allo spettabile Signore Jacobo di Ventura de' Venturi, cittadino di Siena, compratore per sé e per Jeronimo e Antonio suoi fratelli carnali e per i loro futuri eredi e successori, i sottodescritti beni mobili ed immobili e pezzi di terre circostanti nella corte di Asciano in luoghi detti Monte Ghebbi e Monte Franchi

– in primo luogo una casa della suddetta proprietà, con i diritti di piazza e di chiusa, sita sul poggio di Monte Ghebbi, tra le coerenze: da un lato Cristoforo di Vangelista di Fante, da un altro i detti compratori, salvo se altri.
– Così pure un pezzo di terra a lavorativo e ad oliveto dietro della casa. Confina da un lato con i beni di Pie-

tro di Sano di Giovanni, da un altro, verso il basso, con i detti acquirenti e da un altro con la via vicinale.
– Così pure un altro pezzo di terra a lavorativo, ad oliveto ed a pomario, sito in detto luogo sotto La Piazza; coerenze: da un lato gli acquirenti, da un altro Lorenzo e Giovanni di Fante, da un altro la pubblica via.
– Così pure un altro pezzo di terra a lavorativo e a pomario, sito in detta corte e luogo e di sotto alla strada; confina verso l'alto con la via vicinale, da un lato con Lorenzo di Tommaso di Fante, da un lato con i detti acquirenti e da un altro con Andrea Sani.
– Così pure un altro pezzo di terra a lavorativo e a bosco sito sul poggio detto Cennino. Confina su due lati con via vicinale e sugli altri con i detti acquirenti (…)
– Così pure un altro pezzo di terra, in parte a vigneto, in parte a bosco e in parte a sodo, contiguo a quello sopradetto, da cui lo divide una via vicinale (…)
– Così pure un pezzo di bosco chiamato "i boschi della Valle", sito in detto luogo. Confina su un lato, verso il basso, con i boschi già degli eredi di Pasquino di Evangelista di Fante, dagli altri lati con Lorenzo di Fante e con la via vicinale (…)
– Così pure un pezzo di boschi sito in Monte Mori Cennino, confinante con la via vicinale e da tutti gli altri lati con i suddetti acquirenti.
– Così pure un altro pezzo di terra all'incirca di staia una e mezza, sito nella villa di Monte Ghebbi; confina verso il basso con i beni già di Pasquino di Evangelista di Fante ed oggi dei detti acquirenti e di Andrea di Sano, da un lato con il fossato di confine con Andrea Sani e da un altro con la via vicinale.
– Così pure un altro pezzo di terra a sodo di staia una e mezza; confina da un lato con il fosso che divide con la Chiesa di Monte Mori, da un altro con i beni dei detti eredi di Pasquino, da un altro con i detti acquirenti e verso il basso con il fosso che divide da Andrea di Sano.
– Così pure un altro pezzo di terra a lavorativo di staia quattro sito nel detto luogo (…)
– Così pure un altro pezzo di terra a vigneto di staia tre (…)
– Così pure un altro pezzo di terra a vigneto chiamato "al basso", sito nel luogo suddetto (…)
– Così pure un altro pezzo di terra a vigneto chiamato il "Piano della Vigna" (…)
– Così pure un altro appezzamento di terra a vigneto sito nel detto luogo (…)

Seguono i beni di Monte Franchi e di Schifanoia, nella Corte di Asciano:
– Così pure i sopra detti Pietro e Bernardino vendettero al medesimo Jacobo, presenti come sopra, la metà di una casa situata nel detto luogo di Schifanoia, come è il suo nome e confine.
– Così pure un pezzo di terra a sodo, atto al pascolo, di

staia ventiquattro (...), sito nel detto luogo di Schifanoia e li cinque querce e quercioli di là; Confinanti: da due lati, verso l'Ombrone, i detti acquirenti, da un lato, in basso, Andrea di Sano a mezza piaggia e sotto le cinque querce: e a mezza piaggia confina con la Chiesa di Monte Mori.

– Così pure due pezzi di terra a pascolo contigui di staia 36 e 40 all'incirca che sembrano un unico e medesimo pezzo di terra. Confini: in alto i detti acquirenti e verso l'Ombrone i detti acquirenti e verso le cinque querce in direzione di Monte Mori a mezza piaggia confina con la Chiesa di Monte Mori e dal lato in cui vi è il querceto di Andrea di Sano confina con un pascolo che un tempo fu di Jacobo di Fante, e al di sotto di detto querceto il detto pascolo raggiunge il fosso verso Monte Mori, che divide la proprietà della Chiesa di Monte Mori dal detto pascolo.

– Così pure un altro pezzo di terra a vigneto situato nel detto luogo e corte (...)

– Così pure due pezzi di terra a lavorativo, situati nella detta corte e nel luogo detto (...)

– Così pure più pascoli siti nella detta curia e nel luogo detto "La Fossa" (...)

– Così pure un pezzo di terra a solatio *(al sole)* presso il podere di Valle Piatta degli stessi acquirenti; confina con la via pubblica in alto, da un lato con i detti acquirenti dove vi sono alcuni poderi di olivi, da un altro il fosso divisorio tra i pini (...) dei detti acquirenti e dal lato verso la casa del podere di Schifanoia con i beni degli stessi.

– Così pure un altro pezzo di terra sito davanti alla casa del podere di Schifanoia a solatio (...)

– Così pure un altro pezzo di terra in parte a lavorativo ed in parte a sodo, situato oltre detto fosso, nella corte di Monte Franchi, chiamato La Prataia. Confinante in passato da ogni lato con Giovanni de'Giovannini, e con quanti ora posseggono i terreni circostanti.

Dokument 5

Compre fatte dai' Venturi
19 Gennaio 1497 *(1498)*
Più pezi di terreni et case del podere
di Monte Ghebbi
Archivio Venturi Gallerani VII
Documento 18
(cc. 30 v–31 r)

Dieses stark gekürzte Kaufdokument belegt die entscheidende Erweiterung des Bautenkomplexes, über welchem mutmaßlich die Villa errichtet wurde (s. Kap. V. 1. b). Das Datum Sieneser Zeitrechnung entspricht dem 19. I. 1498.

Christophoro di Vangelista di Nanni di Fante di Asciano vende a Jacomo di Ventura di Antonio de Venturi (...)

(...) Item unam domum cum casalino seu situm casalini iunctum retro cum dicta domo sita in curia Asciani et loco dicto poggio Montis Ghebbi cum omnibus et singulis rationibus quas ipse venditor habet in dicto podio Montis Ghebbi in platea (piazza) seu claustro ante dictam domum cui ex uno sunt bona dicti emptoris (compratore), ex alio situm casalini Andree Sani predicti et Jacobi Fantis, ex alio dictum claustrum seu platea (...)

Dokument 6

Mariano d'Agostino Chigi Banchiere e nipoti
Denunzia 1491
Lira 225
Terzo di Città
Compagnia del Casato di sotto

Veranlagtes Vermögen: Lire 7500
(Steuerforderung lt. registro 98, c. 74 r:
Soldi 6, denari 3)

In dieser Steuererklärung legt nicht der reiche Bankier Mariano Chigi selbst seine, wie wiederholt betont, „dürftigen" Einkünfte aus Immobilienbesitz und Landwirtschaft dar; stellvertretend für den seit zwei Jahren Kranken tut es ein „nipote" (Neffe oder Enkel). Als besondere Belastungen werden 4000 fiorini für die Mitgift dreier „fanciulle" geltend gemacht, weiblicher Familienmitglieder, die verheiratet wurden; weitere 1000 fiorini kosteten die Krankheiten eben des Familienoberhauptes, „il nostro Mariano", und auch Marianos Frau liegt schon seit einem Jahr mit einem seltsamen Leiden zu Bett („sta in letto gravata di strana infermità"). Große Ausgaben sind weiterhin in Viterbo und Rom zu verbuchen, in Viterbo wurden der Firma zudem 443 fiorini gestohlen, ein schwerer Verlust, weil sich das Kapital dort ohnehin nur auf 2000 fiorini beläuft. Zuguterletzt werden in naher Zukunft anstehende weitere Mitgiftzahlungen beklagt: Drei Töchter von Mariano, die älteste elf Jahre alt, sind innerhalb der kommenden Jahre zu verheiraten. Die Familie ist zahlreich, die Ausgaben sind hoch – „siamo chon grande fameglia e grave spessa" – so wird um milde Besteuerung gebeten.

(c. 98 r)
Esponssi dinanzi da voi Spettabili Cittadini preposti a fare la nuova Lira per noi Mariano d'Agostino Chigi e nipoti avere l'infrascritti beni chon le infrascritte gravezze chome apresso e in prima:

– Abiamo la casa dela nostra abitazione co masarizie apartenenti e sono a essa chasa; abiamo alquantie pigioni che astendano *(distendere)* a fiorini 15 l'ano che piu dele volte stano sanzia prenderne alchuno frutto, che pochi denari sono da stimare

– Abiamo una pocessione pichola a Cerrechio ale Volte con uno magro bu, semina al presentie staia 10 in 12 di grano stimialla fiorini 200

– Abiamo una pocessione in detto luogo chiamata la casa al piano, semina staia 40 in 44 di grano con uno paio di buoi e due paia di giovenchi et 12 in 16 pechore et capre, stimiala fiorini 500

– Abiamo una pocessione a Cereto apresso ala Selva che semina staia 36 di grano e uno paio di buoi e circha pechore 20, stimiala fiorini 400,

– e più abiamo in detto luogo uno fitto dela chiesa di Santo Giorgio che ne paghamo moggia 3 e staia 6 di grano e uno moggio di vino che lo teniamo per contento de mezaiuoli (...)

– Abiamo a Santa Maria a Pilli una vigniuola di staia 5 e staia 4 di grano stimiamo per essere cosi la giara *(contenitore)* (...)

– Abiamo di rendita di uno fitto che già vi era uno banchetto de notari lire 4 l'anno (..) e per non essere cosi scema non lo stimiamo

– Abiamo una casina a capo la via de'Maestri *(via Tito Sarrocchi)* che costo'ci fiorini 14 e non se ne cavia uno fiorino e perciò non la stimiamo.

– Abiamo una buttigha in Sto. Salvadore che tiene a pigione Pietro del campana, pagane fiorini 12 l'anno, stimiala fiorini 150

– Abiamo e'nostri trafichi di Siena, Viterbo e Roma, pocho chapitale perchè da tre anni in qua abiamo di contanti oltre ale spesse ordinarie che l'abiamo gravi fiorini 5000 come chiaramente si puo mostrare che sono fiorini 4000 che abiamo dato di dota a tre fanciulle abiamo maritate da tre anni in qua computato la donamenta datiole in dono. E fiorini 1000 s'è spesso in due malattie à'ne avuto il nostro Mariano da due anni in qua, con la malattia dela sua donna la quale n'è stata ammalata da uno anno in qua col presente sta in letto gravata di strana infermità con grave spessa.

(In più) al dì 2 del presentie ne fui robato a Viterbo fiorini 443, di lire 5 per fiorini di denari contanti, come puo esser noto a Vostre Magnificentie.
(c. 98 v)
Esperanzia alchuna noi abiamo di ritrovare tale furto (...) siamo con pocho chapitale e quelo pocho che faciamo puo si ragionare il chapitale nostro per tutto fiorini 2000, e la piu parte serve al chonto di Viterbo e Roma dove abiamo grave spessa (...)

– E per incharico abiamo che el nostro Mariano e'ne tre fanciulle che una è'ne d'anni 11, e l'altre due seguono dopo lei in tre anni a venire sarano da maritare chome ci è accaduto al presente che in tre anni sonno maritate tre, e siamo chon grande fameglia e

grave spessa e ala lira fumo gravati gravemente per racomandati ale Vostre Spetialità preghando quelle ci abino per racomandati noi se liciti chome (...)
Nella spessa de fiorini 1000 per la malattia vi computiamo uno danno di fiorini 200 che s'ebe in quello tenpo di denari che supera (...) del male di Mariano nostro (...)

Dokument 7

Pandolfo di Bartholomeo Petrucci
Denunzia 1509
Lira 235
Terzo di Città
Porta Salaia

Veranlagtes Vermögen: Lire 20 000
(Keine Angabe zur Höhe der Steuerforderung)

Mit einer wortkarg formulierten Steuererklärung präsentiert sich der damalige Stadtherrscher Pandolfo Petrucci den Inspektoren. Vielfältiger Besitz erklärt seinen immensen Reichtum, neben diversen poderi und Viehherden gibt er drei Eisenhütten zu Protokoll, ein Gasthaus, zwei Handelsfirmen und eine Bankbeteiligung. In seiner Schlussbemerkung bezieht er sich auf seine jüngst getätigten Land- und Immobilienkäufe und macht als steuermindernd geltend, wieviel ihn die Kultivierung des „noch neuen und verwilderten" Landes kontinuierlich koste, „per esser cose nove et salvatiche, et haversi ad rifare con continua spesa". Auch die finanzielle Belastung durch die Familie führt Petrucci an, dazu weist er auf die hohen Kosten für die Mitgift für eine offenbar größere Zahl von Töchtern hin.

(c. 202 r)
Dinanti da voi Sp.mi Allibratori, si dice et expone per me Pandolpho Petrucci tutti li mei beni mobili et immobili, crediti et debiti et Prima

– La casa dela mia habitatione, con massaritie, et due stalle fore di casa

– Una possessione nel corte di Monistero con vigne et prati in piu loci, et terreno laboratorio ad uno bove.

– Una vigna posticcia nel comune di S. Lorenzo in Valdimersa con una casa

– Tre edifitij da Ferro con uno pozo di Bosche, nela valle di Bocheggiano

– Una possessione con Poderi in loco decto Castello dela Selva, con paia sette di Bovi

– Una possessione con piu poderi posta nella Corte di Petriolo et pari, con prati et mulino, Hostaria et piu Boschi in decto Comuno di Pari, et altri Comuni circonstanti con para quatordici di Bovi

– Una possessione in la corte di Paganico con uno mulino terreni et prati, et certi Terreni in la corte del saxo in tutto con para cinque di Bovi

– Uno Terzo de Tombolo posto in la corte di Grosseto.
– Una possessione con piu Terreni in la Corte di Contignano et Castiglioncello et uno Mulinetto in decto loco con para otto di Bovi
– Una possessione in la Corte di Trequanda quale fu di giovanni di Andreoccio con vigne et Terreni insulaquale possessione ciè debito fiorini quatrocento con Marco di Sano di Marco: deli quali se ne li paga elfitto con para due di Bovi
– Una vigna con una Casa in valli che fu delle monache di Sto. Mimiliano la quale comprai per chi nominarei: et quando nominarò li denari si hanno ad investire per le monache di Sta. Maria Magdalena
– Due Cassette in Orbetello dele quali ne habiamo ad havere una doppo la vita Madonna Landa et una rata dela Peschiera di detta Terra
– Una Chiusarella con una pocha di vigna in la Corte di Campagnatico
– Due Traffichi uno di Arte di Lana, et uno di Ligrittiery, i quali ho insieme con Girolamo di ghino di Giovanni Marretti, dene ho di capitali fiorini 5000
– Una Rata del Traffico del Banco di Alixandro Bichi et compagni: dene ho di capitali fiorini 3000
– Trovomi piu Creditori et debitori quali non nominarò partitamente per non tediarne *(annoiare)* Le S.V. *(Signorie Vostre)*.

Signori Allibratori essendo ben noto alle S.V. quali sia el disordine delle sopradicte possessioni et cose nostre, per esser cose nove et salvatiche, et haversi ad rifare con continua spesa et ancora quali sia la grave spesa cotidiana dela fameglia con casa nostra, et pariter la graveza et numero dela dote quali ho adare ale figlie mie, non indico necessario replicarlo ad quelli a le quali mi racomando.

Dokument 8

Simone e Mino e Mattia di Pietro di Mino di Pavolo (Pannilini)
Denunzia 1478
Lira 177
Terzo di San Martino
Compagnia Realto e Cartagine

Veranlagtes Vermögen: Lire 20 275
(Steuerforderung lt. registro 70, c. 107 v:
Soldi 16, denari 10 3/4)

An dieser Steuererklärung berührt die unübliche Ehrlichkeit: „V'abiamo detto puramente la verità", wir haben Euch die reine Wahrheit gesagt, versichern die Kaufleute Simone und Mino Pannilini mehrfach, „auf umso mehr Gnade hoffend". Ihre Geschäfte sind mit 1600 fiorini an Schulden und Kreditzahlungen belastet,

nicht zu reden von einem zusätzlichen Verlust von 4500 fiorini: 2000 davon versanken, „wie bekannt", mit dem Genueser Schiff, welchem die Pannilini 135 Tonnen Weizen („moggia 300 di ghrano") als Transportgut anvertraut hatten. Weitere 2500 fiorini verloren sie, als vor drei Jahren 4000 ihrer weißen Wollschafe verendeten. Dank des günstigen Kredits des Bankhauses Spannocchi konnte jedoch die Schafzucht weitergeführt und auch (die Messe von) Lyon besucht werden. Als bedeutendster Besitz wird La Fratta genannt (vgl. Kap. VI. 4. und VII. 1.e), vor neun Jahren samt einem Haus im Kastell von „Asinalongha" (Sinalunga) von den Tolomei gekauft. Auf dem Tauschweg wurden die Ländereien erweitert, wegen der Grenzstreitigkeiten zwischen Sinalunga und Foiano liegt jedoch ein guter Teil davon brach: Männer wurden im Verlauf der Scharmützel getötet, die Bauern sind geflohen, die Höfe verlassen. Die Pannilini zählen weitere Besitztümer auf, darunter als besonders feuergefährdet zwei Gasthäuser in Monteroni d'Àrbia, und schließen mit dem Hinweis auf die Pest und den Krieg, welche die Besitzungen im Gebiet der Valdichiana schwerstens betroffen hätten; fünf Hütten und ein Haus sind verbrannt: „Seid mitfühlend mit all jenen, die Besitzungen an den Grenzen haben". Die aufgeführten Verluste werden pauschal auf insgesamt 2500 fiorini veranschlagt.

(c. 53 r)
Al nome di dio amen 1478
Spectatissimi Cittadini eletti e deputati a fare la nuova lira degli alliratori.
Dicesi per noi Simone e Mino di petro pannilini ed di tutti beni mobili ed imobili ci troviamo, ed prima:
– La casa de la nostra abitazione con poche massarizie posta nela chonpagnia Realto ed cartagine;
– item ci troviamo in sul trafico de'pannilino, cavati debiti ed crediti, fiorini 1600 nel quale corpo sonno fiorini 400 d'una conscia di chorame cô Christofano di Maestro Meo coraro, e fiorini 100 cô Mariano e Senzo da Pereta in sur una pocha buttigha di calzolari, e la metá di pechore 600 biancho abiamo in soccio a Pereta e Arcidosso cô bestie 38 baccine chon Valentino d'Arcidosso e bestie 8 bufaline brade *(libere)* in soccio a Magliano, tutte per corpo di detto trafico, e questa e la verità avixando le Vostre Spectatissime Reverenzie che da sette anni in qua abiamo perduto solamente in due capi fiorini 4500, cioé fiorini 2000 di moggia 300 di ghrano, caricato in su la nave Gienovese in comesione di Ghardo, chome e noto, è fiorini 2500 per capi 4000 di pechore bianche morte ora fa tre anni, chome vi puo essere noto e diciamvi ch'è sotto protesto degli sconti de'paschi ci distendemo e caricamo di bestiame pechorino, piu non portava el nostro stato, ricordando ale Vostre Spetabilità che se non fusse el buon chredito nel quale ci â mantenuti assai Ambruogio Spannocchi e chonpagnia, l'avremo fatta male per essarsi tropo distesi in pechore; e da

loro siamo stati serviti ed aiutati nel fare l'incette *(soldi)* per andare a Lione e altre chose chome c'è acaduto, cho quali abiamo participati e ghuadagni chome si vede e volentieri s'è fatto, facendo colloro achonpagnia simili incette e ciè (?) ancora le dette perdute assai, come sapete fanno e residui de'trafichi e semmai ne perdemo ora el tempo per le novità portate di ghuerra e di moría.

– Item una pocisione posta in Valdichiana in luogo detto La Fratta chor una chasa posta nel castello d'Asinalongha e staia tre di vigna, la quale abiamo conprata pocho tenpo fa *(1469)* da Misser Salvadore di Ghuccio *(Tolomei)*, ala quale abiamo agionto staia 120 di terra conprata a dì passati dal Friere di Sciano in baratto d'una casa e una vigna e parte d'uno mulinello avavamo a Sciano: sonno chostate in tutto fiorini 3100, cioè la prima compra fiorini 2600 e queste altre terre fiorini 500, avisando le Vostre Spectabilità che oggi sonno di peggio assai per le diferenzie degli huomini d'Asinalongha con Foiano, essendo a confino colloro bona parte ne sta sode, e non è diferenzia la loro da finire di leggere che ne corse l'ucisione degli huomini, come dovete sapere, è la pocisione abandonata da mezaiuoli, che non v'abergha persona, e questa è la verità.

(c. 53 v)

– Item abiamo conprato nela corte d'Asinalongha staia 54 di terre pratie e lavoratie, sonno coste da piu persone fiorini 240;

– item due case si tenghano per alberghi poste a Monterone di Val d'Arbia le quali sono di pocha facultà che l'uno per l'altro fanno male chon staia 16 di terra di valuto in tutto di fiorini 500. Sonno beni stabili di molto pericolo del fuocho e già è avenuto dio ne guardi ciaschuno.

– Item un albergho posto nel castello di San Quirico el quale abiamo comprato a dì passati: e costato fiorini 360.

– Item una vigna tiene da noi a fitto el Ghratta, posta nela corte di Vignano, costò fiorini 300 da Pavolo di Daniello se ne ha di fitto lire 68 l'anno.

– Item uno casalino posto fuore dela porta di Pereta. Non se ne cava nulla. contamocelo da uno nostro debitore fiorini 40 per non potere avere altro.

– Item abiamo avere da l'erede di Ghalgano di Petro fiorini 1300 per la dote della donna di Simone e non gli potiamo avere per essere molto disagiati.

Spectattissimi alliratori, noi v'abiamo detto puramente la verità sperando da voi per questo riportare piu ghrazia ponendo d'acanto se alquna alterazione fusse voluta fare fuore di questa scritta, la qualcosa non chrediamo e cô quella umanità dischreta essare trattati, che ci siamo trovati fare verso di voi e di tutti altri cittadini racomandiamo ale S.V. *(Signorie Vostre)* le quali dio feliciti e côservi in buono stato.

Le dette scritte furo fatte a l'uscita del mese di giugno: di poi, come sanno le Vostre Spectabilità, è seguita la morìa e la ghuerra e massime in Valdichiana dove abiamo totalmente sode le dette pocisioni senza nessune semente e per a tenpo ni una speranza di ronpare perduti 18 fra buoi e giovenchi ghrossi, arse *(bruciate)* cinque capanne e una casa; abiate cô passione a tutti quelli hanno le pocisioni ne confini.

Item perduti in Firenze e contado fiorini 500 e in Siena e per contado per le hocorenzie *(occorrenza)* del temporale potete pensare abiamo perdute tutte l'entrate e serrato el traficho che non si fa nulla.

Preghiamovi ci abiate per racomandati.

Mettiamo d'incharichi per le sudette perdite fiorini 2500.

Dokument 9

Pietro e Giulio di Simone Pannilini
Denunzia 1498
Lira 233
Terzo di San Martino
Compagnia Realto e Cartagine

Veranlagtes Vermögen: Lire 9650
(Keine Angabe zur Höhe der Steuerforderung)

Diese Erklärung der Söhne von Simone Pannilini weist im Vergleich zu der von 1478 ein auf mehr als die Hälfte geschrumpftes Vermögen aus. Der Grund könnte in einer Erbteilung zu suchen sein oder aber in einer Verschuldung des Hauses (vgl. Lira 227, c.13, von 1491). Nach wie vor ist jedoch La Fratta im Besitz der Familie.

(c. 4)

(...) In nella corte d'Asina longa dela Fratta et di Bettola terreni lavorativi a paia sei di buoi con prati e boschi al bisognio di dette terre et in detta terra d'Asinalonga case e vignie e ulivi per nostro bisognio, le quali cose sonno in su'confini et per essere in decti confini ne stanno sode la magiore parte et così l'una parte ce ne occupa lo fiume dela Foena, lo quale fiume alaga tutto tanto che una buona parte di dette terre stanno sode e male a ordine. Stimo dette cose in tutto fiorini 2000 (...).

Dokument 10

Giulio de Simone Pannilini
Denunzia 1509
Lira 239
Terzo di San Martino
Compagnia Realto e Cartagine

Veranlagtes Vermögen: Lire 3000
(Keine Angabe zur Höhe der Steuerforderung)

Diese von Giulio Pannilini allein abgegebene Steuerer-
klärung geht von einem wiederum stark geschrumpf-
ten Vermögen aus; Giulio gehörte nicht mehr zu den
Reichsten der Stadt. Dass er sich in den Folgejahren fi-
nanziell erholte, kann vermutet werden (immerhin er-
richtete er ab 1527 die Villa von La Fratta!, s. Kap. VI.4.),
ist aber nicht zu belegen. Der landwirtschaftliche Kom-
plex von La Fratta (der Name wird nicht genannt, je-
doch die Position beschrieben) ist Giulios bedeutends-
ter Immobilienbesitz, aber wie schon 1498 beklagt, sor-
gen häufige Grenzgefechte samt regelmäßigen Über-
schwemmungen dafür, dass ein großer Teil des Landes
nicht bestellt werden kann. Die Erbteilung mit seinem
Bruder Pietro stellt eine erhebliche finanzielle Belas-
tung für Giulio dar. Er spielt auf eine Zusage der Bank
des Alixandro Bichi an, und Pandolfo Petrucci, „la Mag-
nificientia", hat ihm – gratis – 300 lire geliehen, damit
er seinen Zahlungsverpflichtungen nachkommen kann.

(c. 12r)
Dinanzi da voi Spectatissimi Cittadini (...) dicesi per me
Giulio de Simon panni lini havere li infrascripti beni
con li infrascripti incarichi: et prima
– Una meza casa posta nel terzo de Santo martino contrada di realto e chartagine, piccola e con poche masaritie.
– Item in nella corte e iurisditione di Asinalonga terreni a cinque paia di buoi con case et prati al bisogno
  de'mezaioli et per essere decte possessioni (in) mezo
  a tre fiumi ci sonno di spesa ogn'anno più che fiorini
  sessanta; oltra ciò per l'esser in su' confini ogni piccolo sospecto le fa star sode et tanto più da consider-
  arlo quanto noi habiamo i casi de'Montepulciano (...)
  che sonno et veramente dall'altra lira in qua ce ne
  stato levato bestiame a più de 500 fiorini, et con decte
  possessione mi trovo la metà di una (...) posta nel castello di asinalonga et staia 4 de vigna et staia 4 de oliveto, quali tutte cose stimo de valuta de fiorini 1400.
– Item la meta per non diviso con petro mio de una
  casa posta a monterone val d'arbia quale serve adesso da hostaria, stimola fiorini 100.
– Item in nella Corte de scrofiano una possessioncella
  de staia 5 costa mi fiorini 36.
Trovomi debito con leonardo dal colecchio ducati 140
larghi quali sono debito della bottiga già nostra de panni
lini. tocchimi in parte delle divisioni con petro, e quali

per me gliela promissi Alixandro Bichi e compagni.
– Item me trovo debito con la Magnificientia de pandolpho fiorini 300 de lire 4 per fiorino de quali me ne
  ha servito gratis per excire de parte de debiti (...) in
  decta nella divisione con petro. Che veramente come
  vi posso far testimonio mi tocco ducati 1000 ad interessi.
(c. 12v)
– Item trovomi inanco *(inoltre)* che allaltra lira uno podere a tre boi et una casa in asina longa et la meta di
  una hostaria a monterone de val d'arbia roba de valuta de meglio che fiorini 1200 tutte date a Giovanni
  baptista panni lini nostro.
– Item me trovo inanco el dominio et proprietà della
  nostra buttiga gia de panni lini la quale vendei per
  fiorini 530 per pagare parte delli mei debiti quale era
  tocca a me nelle divisioni e cosi me trovo inanco la
  metà de vacche 100 et pecore 1000 quale sonno ite
  (andate) male nelle differentie de nostri cugini. Et
  così la meta de fiorini 3000 quali havaranno in sula
  nostra buttiga già de panni lini: al presente resoluta
  per el ché inteso vostra spetialità l'incarichi me racomando a quelle pregandole si degnino de sottrare.

Dokument 11

Ventura d'Antonio di Ventura
Denunzia 1453
Lira 138
Terzo di Città
Compagnia di San Pietro in Castelvecchio

Veranlagtes Vermögen: Lire 4000
(Steuerforderung lt. registro 57, c. 18 v:
Soldi 3, denari 4)

Zum Inhalt: Mit einem Vermögen von 4000 lire gehör-
te Ventura d'Antonio zur wohlhabenden Mittelschicht,
er gab jedoch vorerst bescheidenen Besitz zu Protokoll,
zwei kleine poderi ohne Landarbeiter und ohne Vieh
und eine „butigha dela pizicharia", einen Laden für Ge-
mischtwaren (er war am Campo von Siena). An Vorrä-
ten für seinen eigenen Bedarf und den „des Hauses"
nennt er Korn und Wein für 18 Monate.

(c. 604)
Al nome di dio a dì 20 di novembre 1453
Dinanzi da voi Spettabili e Savi cittadini eletti a fare la
nuova lira dela città di Siena vi si dicie per me Ventura
d'Antonio di Ventura quello ch'io one di mobille e
quello one debito come apresso
– In prima una chaxa dela mia abitazione posta nel
  Terzo di Città e popolo di San Pietro in Castelvecchio dela quale non chavo alchuna pigione. Sono
  solamentte il nostro abittare

– et più due poderetti posti a Prisciano e qualli sono sodi e senza mezaiuogli e senza buoi o bestie d'alchuna ragione, ne seminatovi nulla a chagione di preste (...) non sene chava alchuno frutto ma si chuastano per un tempo, credo vagliono fiorini 1100

– et più mi truovo in su la mia butigha dela pizicharia in dette merchantie e masaritie cioè fiorini 800 d'qualli me n'e in malle detto assai

– et più i denari del monte (...)

– et più un pocha masaritia bisognevoli et non superflue (...)

– Truovomi debito fiorini 100 chon più persone
Racommandomi a Voi umilemente (...)

E più mi truovo grano e vino per messi x viii (*XVIII*) per mio bisogno dela chassa.

Dokument 12

Ventura d'Antonio di Ventura
Denunzia 1467
Lira 157
Terzo di Città
Compagnia di San Pietro in Castelvecchio

Veranlagtes Vermögen: Lire 8325
(Keine Angabe zur Höhe der Steuerforderung)

Zum Inhalt: Der Besitz von Ventura hat sich seit seiner letzten Steuererklärung entscheidend vermehrt: Die beiden poderi von Prisciano werden jetzt bewirtschaftet, ferner wurden eine Eisenhütte gekauft sowie ein kleiner podere mit zwei Ochsen in Montecontieri (vgl. Kap. V.1.a - b). Als besondere Belastung macht Ventura seine „ungeordnete" große Familie („schoncia") geltend; vier von seinen neun Kindern sind Mädchen, und sie alle müssen – „che ventura"! – verheiratet werden: „Ihr wisst, was für eine Bürde Mädchen sind". Im übrigen beklagt er die ungerechte Besteuerung von vor zwei Jahren, die von einem Vermögen von 9000 lire ausging. In der ganzen Stadt gebe es keine andere derart unangemessene Einschätzung.

(*c. 26 v*)
Spetabili e prudenti Cittadini eletti e diputati a fare nuova lira, Vi si dicie per me Ventura d'Antonio Venturi del Terzo di Città e populo di Santo Pietro in Chastelvechio ongni mio mobili e inmobili chome apresso:

– Una chassa dela mia abitazione del sopradetto terzo e populo chon masarizie amme bisongnievogli e di pichola valutta

– Un podere posto a Prisciano a tre buoi di stima di fiorini seteciento (*700*)

– Uno poderazo a uno bu posto nel detto chomuno di Prisciano chiamato in 'l Pino di valutta di fiorini treciento (*300*)

– Uno difitio da ferro posto nel chomuno di Brenna, e il quale si chiama Champostarchi, lo quale comprai da pochi anni in qua da l'erede di Bindino Saracini costomi fiorini 700

– Due terzi d'uno poderetto a uno paio di buoi posto nela chorte di Monte Chontieri di quelo in Sciano e l'altro terzo e di Vangelista di Nanni di Fante et de'fratelli da Sciano; chostoci in tutto dalle monache di Sto. Nicholò fiorini 300, che miei due terzi sono fiorini 200

– due terzi d'uno champo di terra di staia 20 o circa posto nela chorte di Monte Chontieri in quelo di Sciano e l'altro terzo e di Vangelista di Nanni di Fante da Sciano; chostoci in tutto fiorini 125 d'Antonio di Filippo Schoti, che li miei due terzi sono fiorini 84

– una chassa posta nel Chastelo di Monticiano dela quale non si chava alchuna pigione perché non si truova, fiorini 30

– et più mi truovo in sul trafficho dela pizichería chon una butigha fo fare a Grossetto, fiorini 1800, cioè non di detta somma fiorini 600 nela detta chompagnia di Grossetto, e resto in su questa di Siena, i quali sono tutti o la maggiore parte in dette che non vagliano soldi 15 per lira, fiorini 1800.

Apresso sara scritto el debito e 'l charico che Io ò
Truovomi debito chon Petro Turamini e fratelli e chon altri: fiorini quatrociento nel mio trafficho (400).

E più ò 9 figliuogli, 4 femmine e 5 maschi, una famiglia schoncia (*non acconcia*). Le femmine ce n'è una d'anni 14, un'altra d'anni 12, un'altra d'anni 10, un'altra d'anni 7. Sapete di che incharicho sono le fanciule che n'arebbe che fare altri fati che ventura (*avventura*) a ghovernare tale fameglia e avere a maritare tante fanciule.
(*c. 26 v*)

E più Singniori allibratori Io fui alirato alla lira fu fatta ultimamente già due anni fiorini 9000 che non n'è in questa città la più disforma dela mia atesso (*visto che*) la sustanzia mia che senza dubbio estimo fusse errore de'frati ovi detto (*vi ho detto*) quello che ho, e per la lira fu fatta de l'anno 1453 io ero allirato fiorini 4000. da poi ó auto fatigha alevare la fameglia ch'io 'o che ongni uno sa che spesa che gli é.

Ò speranza nele vostre spetialità mi ridurette al dovere e di questo vi pregho quanto posso e so e che vorette che io ci possi estare chol paghare sempre il dovere ch'è quello rimassi e disformo alamia sustanzia vò'vi preghare che m'abiate per rachomandato che chome sapette una mala lira non si leva mai da dosso altrui senon quando egli è sprofondato.

Rachomandomi a voi humilemente.

Dokument 13

Erede di Ventura di Antonio Venturi
Denunzia 1481
Lira 190
Terzo di Città
Compagnia di San Pietro in Castelvecchio

Veranlagtes Vermögen: Lire 14 725
(Steuerforderung lt. registro 78, c.50r:
Soldi 12, denari 3 1/4)

Zum Inhalt: Bei den Erben des um 1470/1477 gestorbe-
nen Ventura d'Antonio handelt es sich um die Söhne,
wie aus den Hinweisen auf den Vater sowie aus der
Klage über eine 15jährige Schwester hervorgeht, die
endlich verheiratet werden müsse, obwohl das Geld für
die Mitgift fehle. Der Besitz in Montecontieri hat sich
noch nicht vergrößert, der Wert wird weiterhin mit 334
fiorini angegeben; das Eisenwerk von Campostarchi
bringt wenig ein, da dieses Gewerbe – „wie die ande-
ren" – nicht mehr gepflegt werde („l'arte del ferro ghu-
asta como l'altre"). Der podere in Sovicille ist über-
schwemmt, die Geschäfte lahmen, als Kapital bleiben
letztlich 2400 fiorini, größtenteils in Form von Schuld-
scheinen. Die Venturi selber sind Schuldner vor allem
des Bankhauses Spannocchi in Rom, dessen Mensch-
lichkeit, „loro humanità" – wie häufig auch von ande-
ren Steuerzahlern –, dankbar erwähnt wird (vgl. Doku-
ment Nr. 8). Den Schluss der Erklärung bildet die übli-
che Klage über die Belastung durch diverse Mitgiftzah-
lungen, durch den Verlust (in der Maremma) von mehr
als 45 Tonnen Weizen, die, verdorben, weggeworfen
werden mussten, und letztendlich durch die bereits
1467 reklamierte offenbar bislang nicht korrigierte un-
gerechte Besteuerung.

(c. 90 r)
Al nome didio Amen.
Spettabili et prudenti cipttadini eletty a fare nuova lira
vi si dicie per noi rede di ventura venturi nel 0/3 *(terzo)*
di ciptta compagnia di S. P. in chastelvechio ogni mobi-
le e inmobile

– Due chase poste in detto Terzo e compagnia, una per
nostra abitazione con masaritie bisognevoli, l'altra di
pocha valuta, che non se ne chava pigione alchuna
– due poderi a due paia di buoi posti nel la corte di
Presciano, uno de'quali si truova sodo e senza me-
zaiolo e bestiame co'la chasa la piu parte in terra e
piu lo quarto di un altro podere, il tutto a due paia di
buoi in detta corte pure senza mezaiuolo e bestiame e
sodo, fiorini 1400
– Uno podere posto nela chorte di Montechontieri, in
quello di Sciano, a uno paia di buoi, del quale ne
abiamo 5/6, e due terzi di uno campo di staia 20 vici-
nevole *(vicino)* a detto podere; l'altre rate del podere
e champo sonno del'erede di Vangielista di Nanni di

Fante d'Asciano, che il tutto ci viene fiorini 334
– Uno difizio da far ferro nel chomuno di Brenna chiamato Campostarchi, che per l'essere l'arte del ferro
ghuasta como l'altre, non se ne puo fare troppo
conto, et con una chasa in Monticiano stimiamo fiorini 550
– Nella corte di Sovicille un podere ad un paio di buoi
in luogo detto Malingnano che quando il lucho gitta
come fa di presente vi si richoglie pochisimo, vale
fiorini 1200
– Uno palazzone con staia di semente per anno in detta
corte di Sovicille fu di Christofano Lotti (...) fiorini
200
– E piu ci troviamo la butigha et la pizicharia con po-
chisima roba dentrovi che chose non vi s'avanza la
pigione d'essa con un poco di bestiame bacino e pecorino del quale ci è un poco di capitale abiamo in
sul banco dell'erede di Niccolò Branchini e soci, e un
altro poco in sulla buttigha della lana che fu di Angnolo di Tommaso di maestro Chelloccio, del quale
bancho e butigha ci siamo del forte ritratti in panni
anno prima 43 *(1443)* al prexente per mare al viaggio
di levante in ne quali nostri trafichi ci può restare di
chapitali e utili circha fiorini 2400 di lire 4 per fiorino li quali sonno la piu parte in dette *(debiti)* e per la
nostra ventura n'abiamo buona somma in sule fron-
tiere che le più anno l'exensione in modo non si po-
sono stimare soldi dieci per scudo e chome vostre
Spetialita sanno mille fiorini di dette chose non pagh-
ano 100 di debito e dela qualità sonno al prexente
fiorini 2400.

Apresso vi si dirà li nostri debiti e incharichi ci troviamo. In prima -
– agli Spannocchi di Roma siamo debitori per interessi patiti di denari tenuti in su'chambi per noi, de'quali per loro humanità ci anno soportati, fiorini 100
– con gli Spannocchi di Siena siamo debitori di lire 500
per rendita del palazzone vendutoci *(da)* la Balìa, del
quale furno dati in detta a loro, che non pocho ci pesò
lasciarla a pagare considerato la difficoltà del trovare
denari, fiorini 125
– a Madonna Pantasilea, donna che fu di messer Pandolfo degli Oddi, abiamo a dare lire 760 e per ragione el quarto del podere posto a Prisciano dettosi di
sopra, compramo dallui fiorini 190
(c. 90 v)
– A Alessandra donna di Giovanni Ghabrielli, nostra
sorella, per ragione di sua dote, fiorini 200
– A Iacomo di Bartolo Mingnanelli per ragione di dote
di Christofana sua donna e nostra sorella, fiorini 200
– A chonvento e frati di Sant'Aghostino per lascito lo
fé nostro padre da spendarsi in paramenti che infra
quattro mesi me viene il tenpo, fiorini 100
– A Polonio speziale, fiorini 25
– e a Mariano e Andreoccio speziali, fiorini 20
– a Giovanni d'Angnolo Venturi, fiorini 20 e simile

molti altri debiti a minuto che asciendano ala somma di fiorini 125

- E più ci troviamo una sorella d´anni 15 in chasa a maritare, che non ci da pocho da pensare considerato a'tenporali e trovarci senza dote e con debiti assai chome di sopra si dicie.

Singnori aliratori noi abiamo portato a questa Lira vecchia uno grandissimo peso el quale stato causa, insieme con una fanciulla maritata in detto tempo e una gran perdita avemo di grani in Maremma l'anno pasato che più di moggia 100 ne gittamo guasto d'averci fatto serrare un pocho di trafico aviamo a Grosseto di che chahavamo più utilità che di cosa ci trovasimo ed certamente non fù in questa città la più disforma lira dela nostra ed non sapiamo se prociede dal pigliare li frati errore o da mala informazione fusse data de fatti nostri e per tanto vi preghiamo cordialmente ci abbiate per racomandati di ridurci ad essa del tutto di vi si dice di sopra il puro vero ed certamente habiamo aprovato il detto che non s'escie di una mala lira se como non è sprofondato come interviene quante volte anno e avixando vostra spetialità che nostro padre alla lira vecchia non era più che lire 8325 e poi per l'esservi manchato lui che valeva più la sua persona che non potiemo far noi con la roba insieme furno fatti lire 18 675 sicché considerate con che difficultà l'habbiamo soportata, sicchè per l'avenire ci habiate per racomandati.

Dokument 14

Antonio, Jacomo, Girolamo di Ventura Venturi
Denunzia 1509
Lira 234
Terzo di Città
Compagnia di San Pietro in Castelvecchio

Veranlagtes Vermögen: Lire 14 000
(Keine Angabe zur Höhe der Steuerforderung)

Zum Inhalt: Antonio, Jacomo und Girolamo, die Söhne von Ventura Venturi, geben diese letzte vollständig erhaltene Steuererklärung des Hauses gemeinsam ab. Die ausführlichen Aussagen sind nicht in jeder Passage klar verständlich, unter anderem werden jedoch die Wohnverhältnisse der drei Brüder deutlich: Antonio und Girolamo wohnen in zwei aneinander angrenzenden Häusern in San Pietro in Castelvecchio, Jacomo dagegen hat ein Haus in Camollia in San Cristofano bezogen; das Stockwerk über seiner Wohnung hat er an Verwandte seiner Frau „verliehen", die Familie Capacci, die offenbar eine Zwangsanleihe schwer betroffen hat. Das andere Haus war die Herberge „del ré", aber der Wirt hat aufgegeben; wegen der Größe und der vielen Dächer dieses Bauwerks wird der Unterhalt in Zukunft

teuer werden. Als besondere Belastung werden insbesondere die missliche Lage der Eisenproduktion und der Landwirtschaft aufgeführt, die nunmehr große Besitzung von Montecontieri alias Monte Ghebbi mit Monte Franchi macht da keine Ausnahme, denn die Böden sind schlecht in der Creta. Darüber hinaus bringen die Handelsgeschäfte, sei es mit Eisenerz, sei es mit Korn, kontinuierlich Verluste. Der Familien mit insgesamt 13 Kindern wegen wird inständig um eine gerechte und weise Bemessung der Abgaben gebeten.

(c. 3 r)
Dinanzi a voi spectatissimi Cittadini diputati ad far la nuova libra exponsi per noi Antonio Jacomo et Girolamo di Ventura Venturi vostri figli et servitori trovarci l'infrascripti beni mobili et immobili et prima

- Due case nel terzo di città et compagna di San Pietro in Castelvecchio contigne luna a laltra et quella dove habita Antonio e assai trista e nel laltra habita Girolamo et sua famiglia

- Item due Case nel terzo di Camollia compagna di San Cristofano de le quale ne tiene una Jacomo per sua habitatione sopra de la quale prestamo a parenti suoi di Capaci quando furono gravati a pagare el debito per decenturioni per levare lo interdetto alla città vostra. Laltra ha servito fino a hora a hosteria chiamata del ré per li muli et per essersi mossa la doana et desegnatosi altro luogo per allogiarli più presso a essa l'hoste ce l'ha renuntiata et per l'avenir se ne havra spesa a mantenerla per esser gran casaria et havervi molti tecti.

- Item uno horto fuor de la porta a sancto vieno (...) di staia 20 incirca che la meta d'esso per esser volto a pagaccio (?) verso la porta nuova se ne po fare poca stima.

- Item una Casa insu la Mersa posta nel comune di castiglioni per edifitio da ferro il quale non habbiamo facto lavorar più anni sonno salvo da XVIII mesi in qua che vi habbiam messo un fiorentino che era meglio tenerlo serrato come molti anni prima et questo interviene per non haver homini et per mantenerlo di stechaie et gore et magisterij vi habbiamo speso da X anni in qua più di trecento fiorini senza haverne cavato nulla con una casa in monticiano deputata alli servitij d'essa

- Item nella corte di Soviclle e d'Ampugnano et di San Salvador a pilli in luogo detostrata con certi pezi nella corte di Rosia contigni l'una alaltra possessioni a para sette de buoi in parte magre maxime quelle distrate. Et quando gitta el luco *(fosso)* per tenerle in parte d'esse inferme et per esser rotte la fossa del luco se neha poco frutto, ne ce si trova modo a rifarlo.

(c. 3 v)

- Item nel comune di Presciano un mulino comprato hora fa due anni da francesco buonsegnori che per essere presso a laltre cose nostre ne spendemò il terzo o quarto più non havrebbe facto nessuno altro, atteso maxime come era in disordine et lui lo fini perche vi spendemo piu al mantenerlo non vi traheva: et non più che comprato et rifactovi la stechaia di nuovo se nando di fondo.

– In nel qual comune vi habbiamo possessioni computato una trista ne habbiamo nel Comune della pieve al bozone *(Pieve al Bozzone)* a capo di presciano di semente per un paio di buoi che quando fa quattro o 5 per i staio fa bene: quelli di Presciano hanno del grasso et del magro: ma strette et senza pasture per il che li mezaioli scorticha molti buoi per tal causa et per esser mal terreni in modo bisogna comprar i mezaioli et son presso al confin di broglio a due miglia in tutto a paia sei di buoi

– Item nella corte di Sciano in luogo detto Monte Ghebbi et parte nel comune di Monte Franchi terreni et poderi a quattro par di buoi che ve n'è una parte tutta greta *(creta)* et trista situata in quello di Monte Franchi et queste sono le proprie nostre questo vi se dice perché non intendeste *(credeste)* la possession teniamo a fitto de la chiesa di Rentessa benefitio di Ser Girolamo bertini posta nel comune di Monte Franchi et unaltra se ne tiene a fitto da Ser Luca prete d'Asciano posta a Monte Ghebbi che infra l'una e l'altra se ne dà moggia 7 di fitto

– Habbiamo il nostro Traffico di Siena al quale apartiene il bestiame bacino *(vaccine)* habbiamo in Maremma et pecorino in socio alla badia a San Salvador et il lavoro facciamo fare ad Grosseto in compagnia di Jacomo di Domenico con una casa ci troviamo in detta città di Grosseto quali teniamo per granaro. De le quali cosi di Grosseto se ne paga la graveza, là però non ci ne havete ad far conto nessuno per li

(c. 22 r)

capituli ha quella citta con vostre S. et per non trovar spaccio di lane francesche et matricine ci trovavamo per la mala dispositione dela città e poco farsi le habbiamo date ad lavorare con provisioni de la persona loro a Nicolo Bandinelli et Bartolomeo Saracini per far panni: ed havendo da quattro anni in qua infra beni comprati et denar prestati sopra el palazo de Capacci dettosi di sopra trattone molti denari et per damni et perdite riceute comè qui apresso.

Nella Jornata del S.or a Piombino per la compra havamo dal dura de le vene et per grani ci trovavamo et altro provisioni per far cavare le vene come saramo obligati in man di Gherardino per nostra parte piu che ducati 1200 et in ella barcia compramo da l'eredi di bartolomeo saracini che ando traverso in Alexandria padrone d'esso bartolomeo Mignanelli nostro Nipote con 300 ducati d'olio v'avamo suso in tutto per ducati 1300 et rimanemo al disotto con ner masi da lione quando mancò l'anno passato in ducati 1800. Per il che Vostre Signorie possano intendar di esso traffico habbiamo tratto per lo speso et dicti mancamenti che ascendano a bona quantità tutto (...) et volendo satisfar ai creditori non ci restara in esso se non scripture et libri o qualche

cosa stancha di nostri acomandatariy havuti et altri nostri giovani che si sono servitij et parenti e Amici: che quando si recuperassero sarebber buoni.

A quali se va continuamenti dietro et ci siam fermi come vedete per istrigar et mozar et idio voglia per bene dele nostre famigliole che sono tutti piccoli a numero di Xiii figlioli tra maschi et femine siamo a tempo per trovarci tutti o buona parte di noi presso alle vintiquattro hore et mancando come siamo sottoposti non ne vedrete altro di noi che quello sete soliti veder delli altri che fanno simili exercitii che lo bisogna pagare a XXV soldi per lira et non se risquote a sei. Et chi e stato nel caso il sa. per rispetto al nostro exercitio et per el viver in tre parti

(c. 22 v)

come e noto a V. S. habbiamo grandi spese: et in capo de l'anno fanno buona somma, per le qual tutte cose ci persuadiamo V. S. ci haranno per racomandati et misurandoci con quella clementia et misura fanno gli altro et cosí Le preghiamo et non altrimenti et come si trova la intentione del nostro Jacomo misurar ciaschuno di quelle et degli altri conseguenti et se al'altra libra *(Lira)* ci fu dato grave peso ne fu causa che havamo el traffico d'altra qualità; non si trova al presente per le cause sopradette.

Et di nuovo ci rimettiamo alla clementia di V. S. quale Iddio felici.

Dokument 15

Processo frà Venturi, e Venturi
1582
Archivio Venturi Del Testa XV
fascicolo 174

Dieses Prozessprotokoll dokumentiert die Zerstörung um 1558 und den Wiederaufbau des Palazzo Venturi 1563; es wird insbesondere in den Kapiteln V. 1.d und V. 2.c – d ausführlich zitiert. Das umfangreiche (hier nur auszugsweise veröffentlichte) Manuskript ist im Archivio Venturi Del Testa vorhanden als gut lesbare Kopie des Originals. Sie umfasst 40 Blatt, doppelseitig beschrieben, und stammt vermutlich aus dem 17. Jahrhundert; ein wörtlich weitgehend übereinstimmendes älteres, jedoch lückenhaftes Exemplar ist der Abschrift beigeheftet. Der Prozess begann am 18.7.1582, die Zeugen wurden vom 24. Juli bis zum 6. August zu 13 den Sachverhalt darlegenden „Articuli" vernommen, weiterhin zu den Komplexen „Preceptoria" à 66 und „Interrogatoria" à 18 Fragen. Die Vernehmung begann jeweils mit den „Preceptoria". (Die Nummerierung der in Auswahl wiedergegebenen Paragraphen und Zeugenaussagen folgt dem Manuskript). Prozessgegner sind einerseits die Söhne und Erben des verstorbenen Salustio Venturi, vertreten durch dessen Cousin Jacomo di

Alessandro, andererseits die Söhne Giulio und Ascanio des ebenfalls verstorbenen Patrizio di Jacomo mit ihren von der Gegenpartei nicht akzeptierten Erbansprüchen auf den Palazzo Venturi.

Als Zeugen sind geladen: Giulio d'Elci, Clemente Piccolomini, Jacomo d'Alessandro Venturi, Battista Ballati, Niccolò Brogioni, Astolfo Scheggi aus Castiglione d'Orcia, Valente Buscagli, Cesare Maichi (Verwalter auf dem podere Schifanoia, er wird vertreten durch einen Angehörigen, Bartolomeo Maichi), Antonmaria Gambatelli und Martino di Domenico gen. „il Corona".

**Processus, et examen factum cosam
Mag.co et eccelenti Domino Bernardino Monteluccio
in Tertium eletto à Nobilibus filiis quondam Domini
Salustij de Venturis ex una, et à Nobilibus
Filiis quondam Domini Patritii de Venturis ex altera.**

**Anno Domini 1582, Indictione decima,
Die verò 18 Julij**

Articuli
(c. 1 r)
1. Imprimis lingua materna loquendo articolano, e pongano come lamentà fù, et è che Ms Agnolo di Jacomo Venturi fratello di Ms Patritio, et zio di Ms Salustio morí del'anno 1558;
2. Item che nel detto tempo durava anco la guerra tra Siena e Montalcino;
3. Item che nel tempo sopradetto et inanzi, e poi erano nello Stato di Siena li beni stabili in prezzo vilissimo, et non si trovava compratore;
4. Item che al tempo della morte di Ms Agnolo Venturi sopradetto, il Palazzo di Schifanoia erà rovinato da alto e basso, le possessioni sue in detto luogo senza bestiami, e le case de'contadini mezze rovinate;
(c.1v)
5. Item che l'eredità di Ms Agnolo al tempo della sua morte et anco di poi fu comunemente, et universalmente tenuta, e reputata per dannosa, e per tale che chi l'accettava ne sentirebbe più pregiudizio che utile;
6. Item che Salustio detto non voleva in modo alcuno ingerirsi in detta heredità; item che a questo ci fu finalmente indotto e quasi forzato da i preghi e, del' habilità che riceve di Ms Jacomo et altri parenti. ma contra sua voglia giudicando non gli butasse conto fare detta rescossione;
7. Item che à fare detta rescossione si ci indusse dallo detti preghi di detti parenti, e anco per l'habilità che gli fù fatta, e di tempo a pagare, e di prestanze di denari da detti parenti, e di promessioni;
10. Item che Ms Giulio, Ms Ascanio, e il Cav.re Lucretio loro fratello de Venturi al tempo che il Cav.re Brogioni teneva li beni stabili di Schifanoia lassati da Ms Agnolo Venturi hanno separatamente, et insieme in più et in diversi tempi, et in più et diverse volte detto et affermato che in virtù del testamento di detto Ms Agnolo

potevano recuperare i detti beni e che volevano risquoterli, ad ogni modo.
11. Item che nel tempo che Ms Salustio Venturi sborsò tutti li denari al Cav.re Brogioni recuperò tutti li detti beni di Schifanoia, si seppe questo sborso e pagamento da tutta la Città di Siena, e principalmente da i figli di Ms Patritio Venturi, e da Mad.a Portia sua moglie.
12. Item che nel tempo di detto sborso, e pagamento et anco di poi continuamente li detti figli hanno in diverse occasioni detto publicamente che in virtu del detto testamento di detto Ms Agnolo havevano facultà di recuperare la parte di detti beni stabili lassati a Schifanoia da detto Ms Agnolo, e che volevano recuperarli senza manco.

Preceptoria
(cc. 3 r–v)
4. Sieno domandati se lo tenevano, e reputavano (mentre che visse) assai accomodato di facultà per havere il Capo di Schifanoia con quattro Poderi, cioè Castellare con Uliviera, Schifanoia, Vallepiatta e Rentessa, et il Palazzo finito di massaritie, con la Chiusa ò Giardino, e buona casa in Siena finita di massaritie e bene abrigliata e se li sopradetti quattro Poderi erano ben finiti di bestiame di più sorte;
(c. 4 r)
17. Item sieno domandati se sanno, ò, intesendire comunemente e publicamente nel tempo che morì detto Ms Agnolo, o poi, che la sua heredità era di buona importanza per haver lassato molti beni stabili, mobili e bestiami;
19. Sieno domandati quanti poderi siano, e come son chiamati, e se vi è habitatione per il padrone, e di che sorte e qualità;
(c. 4 v)
21. Item sieno domandati se li quattro Poderi già di detto Ms Agnolo à Schifanoia fanno, e rendano, et habbi fatto ereso da quattro anni in quà di frutto all'infradetta ragione e se più ò meno un'anno per l'altro, il frutto è l'infradetto cioè: Grano à ragione di Moggia 26. di parte, à netto di seme, Biade e legumi di più sorte Moggia .4. di parte, e netto di seme; vino some cinquantacinque di parte, e perfino utili di bestiame, Caccio, lane, Polli, et altre rigaglie à ragione di scudi 50 per ciasqun'anno, e in tutte le predette cose compiutato il fertile con lo sterile;
22. Item sieno domandati se sanno che al tempo della morte di detto Ms Agnolo le case delli detti suoi Poderi, e beni erano tutti in piedi, e habitabili, di sorte che i lavoratori ci stavano commodamente insieme con li bestiami;
23. Item se in detto tempo sanno che il Palazzo di Schifanoia già di detto Ms Agnolo erà tutto in piedi et in essere, eccetto che certa parte di una loggia la quale di poi è stata rifatta;
24. Item se sanno, ò, hanno intesodire, ò giudicano che nel rifare la detta loggia si sia speso in tutto scudi .60. incirca

(Zeuge I, Jacomo di Alessandro, nennt eine wesentlich höhere Summe, nämlich 200 scudi, vgl. cc. 10 v, 12 r)

et che detta spesa si appartenesse, et habbi fatta la metà Ms Jacomo Venturi per essere detto Palazzo mezzo suo;

25. Item se sanno, ò credano, ò habbiano sentito dire che doppo la guerra di Siena fin hoggi sempre si è trovato da vendere e da comprare beni stabili, e massime e buoni;

(c. 5 r)

26. Item sieno domandati se sanno, ò hanno notitia che i detti beni di detto Ms Agnolo nel tempo della morte sua erano di buona consideratione, et erà sicome, è, reputato buon capo, e da essersene trovato sempre il compratore;

27. Item sieno domandati se hanno havuto notitia, e cognossentia di Ms Salustio Venturi, e del suo negotiare, e trattare;

28. Item sieno domandati se l'havevano, e reputavano per huomo intelligente, e sagace, e che sapeva benissimo il conto suo intorno al fare della robba.

30. Item sieno domandati se giudicano, ò, credano che il già detto Ms Salustio in tutte le sue attioni percedesse sempre pensatamente, e con molta consideratione e cercasse sempre l'utile suo.

(c. 5 v)

33. Item se sanno in che modo e per qual causa i beni stabili e li bestiami ch'erano già di Ms Agnolo sian'pervenuti di poi in le mani di detto Salustio, e oggi posseduti da suoi figli;

34. Item sieno domandati se giudicano, o credano, ovvero habbino sentito dire che detto Ms Salustio pensasse di fare cosa molto utile à se e non dannosa quando riscosse i beni già di detto Ms Agnolo;

(c. 6 r)

43. Sieno domandati da chi gli fusse data tal'notitia, et da quanto tempo in 'quà l'habbino havuta, e con che occasione, e se tal'notitia sia solamente che detto Ms Agnolo facesse testamento òpure pienamente siano informati del tenore, e parole del detto testamento;

(c. 7 r)

56. Item sieno domandati quanti denari sborsasse il già detto Ms Salustio al detto Cav.re Brogioni per risquotere i detti beni già di detto Ms Agnolo;

(c. 7 v)

59. Item sieno domandati se sanno, ò hanno notitia, ò almeno sentito dire, che altri fuora di detto Ms Salustio pretendi haver parte in detti beni, e l'heredità del già detto Ms Agnolo;

(c. 8 r)

66. Item sieno domandati se giudicano, ò credano, che i figli di Ms Patritio Venturi sieno tali che usassero diligentia di risquotere loro erediti e che possendo recuperar beni, et havendone notitia cercasseno di recuperarli, òvero li lassassero andare come trascurati (...).

Beginn der Zeugenaussagen. Als Erster wird Jacomo di Alessandro vernommen; er vertritt die Interessen der aktuellen Besitzer des Palazzo, der Partei des Ventura Venturi.

Anno Domini 1582, Indictione decima, Die verò 24. Julij Magnificus Dominus Jacobus quondam Domini Alexandri de Venturis Civis senensis primus testis inductus productus, probatus et allegatus pro parte et ad instantiam Domini Venturae, et fratruum de Venturis (...).

Zu: Preceptoria

(c. 10 r)

4. sup. 4 risponde sapere che detto Ms Agnolo haveva un appartamento di casa in Siena compra da Colombini, la quale non erà finita di pagare al tempo della morte sua, nè anco oggi è finita di pagare con massaritie mediocremente, quali tutte furono lassate alla figlia, e sapere che detto Ms Agnolo haveva tre possessioni, cioè: Il Castellare, Schifanoia, e Rentessa con un poco di bestiame non abastanza di detti Poderi à gran prezzo, e sapere che Vallepiatta non essere stata podere perche non ha terreni di nessuna sorte, ma erà à pigionale, e di Ms Agnolo; e sapere che detto Ms Agnolo haveva la metà del palazzo di Schifanoia cioè il primo Piano con debito di pagare cento fiorini à esso testimone *(Jacomo di Alessandro)* per haverlo partito infra di loro, e sapere che il detto Palazzo

(c. 10 v)

al tempo della morte di detto Ms Agnolo erà rovinata la parte dinanzi insieme con due volte rovinate

(die Rede ist von der Vorderseite des Palastes – la parte dinanzi – inklusive beider „Gewölbe", mit due volte, hier zu verstehen als Loggien)

per la guerra per cavare le Catene di ferro, e che per restaurarlo esso testimone insieme con Salustio Venturi suo cugino hanno speso per restaurarlo scudi dugento come si puo vedere;

10. sup. 10 risponde Il contenuto del testamento, se bensi ricorda, esser questo cioè: che il detto testatore Ms Agnolo lassò come heredi Patritio Venturi fratello carnale del testatore per una terza parte, Salustio di Ms Ventura Venturi nepote carnale di esso testatore per un'altra terza parte, et esso testimone per un altra terza parte.

(c. 12 r)

22. sup. 22 risponde che le case de poderi erano coperte e li lavoratori ci habitavano commodamente ma havevano di bisogno di riparatione, e d'usci, e di fenestre, e di restauratione di faccie, sicome poi sono state restaurate, e il Palazzo essere in terra la parte dinanzi quanto tengono le loggie insieme con le due volte e tetto;

24. sup. 24 risponde sapere che per restaurare il detto

Palazzo esserci speso scudi dugento, e detto testimone haverci speso la parte sua;

(c. 12 v)

33. sup. 33 risponde sapere che li beni di detto Ms Agnolo esser venuti alle mani di Ms Salustio in questo modo, cioè, che essendosi maritata Ginevra figlia di Ms Agnolo à Ms Niccolò Brogioni li fù dato in dote tutti li beni di Ms Agnolo insieme con li bestiami, e mobili de quali detta Ginevra era usufruttuaria finche dalli heredi di detto Ms Agnolo non li fussero dati li fiorini tremila e le dote di sua madre; essendoli stati conti da Salustio Venturi le dette somme come herede li furono relassati li detti beni stabili, e bestiami che vi si trovarano a quel dì dalli detti Mad.a Ginevra, e Ms Niccolò, sicome appare per un'Contratto rogatore Ser Gismondo Manni già sono passati 20 anni, ò più, nel qual instrumento si vuole vedere quanto di sopra ho detto;

35. sup. 35 risponde che havendo esso testimone à considerare il prezzo al dì della morte del detto testatore per essere à quel dì li beni stabili in poca stima, li sarebbe stimati fiorini cinquemilia in sei milia, ma se si havesse à considerare il prezzo al tempo d'oggi li stimarrà più d'ottomilia fiorini;

(c. 13 v)

47. sup. 47 risponde (...) che Ginevra figlia di detto Ms Agnolo la quale era lassata usufruttuaria di tutti li beni di esso Ms Agnolo fin'tanto che dalli heredi di esso Ms Agnolo non gli fusse stata data la dote per detto testamento constituitoli, da parte delle dote di Mad.a Laudomia sua madre;

(c. 14 r)

56. sup. 56 risponde che Ms Salustio sborsò per rihavere detti beni al Sig. Cav.re se bensi ricorda scudi 2300 incirca ma di questo referirsi al contratto rogato Ser Gismondo Manni, e nei libri del bancho de'Ballati dove si vede il pagamento à punto;

(tatsächlich dürfte es sich nicht um eine Zahlung von 2300, sondern von nur 1732 scudi gehandelt haben; vgl. Archivio Venturi Del Testa III-42, c. 24 v).

Zu: Articuli

(c. 15 v)

2. Disse che e vero che al tempo della morte del detto Ms Agnolo durava ancora la guerra tra Siena et Montalcino, facendosi ribelli di quà, e di là;

3. Disse che nel detto tempo del 58 li beni stabili erano in prezzo vilissimo, né si trovava compratori, ò radi;

(c. 16 r)

4. Disse sapere che la parte del Palazzo dinanzi di Schifanoia cioé le loggie con due volte e il tetto quanto tengano le loggie essere stato rovinato, et parimente

(nur Zeuge I erinnert sich an „le loggie con due volte"; die anderen Zeugen sprechen von der Zerstörung „di una parte della loggia" (Zeuge IV), bzw. (Zeuge II) „la loggia in terra")

sapere che le cose delle possessioni sono state mal'trattate dalli soldati cavando gangari e piastrelle e patiti molti danni non solo lì, ma pertutto lo stato.

5. Disse non credere che l'heredità del detto Ms Agnolo fusse dannosa, sebene in quel tempo li beni erano in vil prezzo, e era difficile in quel tempo pagare le dote, e li debiti del testatore (...), non di meno crede che saria messo conto, et esso testimone quando havesse havuto denari l'havaria fatto, come quello che haveva li beni contigui, e gli metteva conto il farlo più che ad altri;

(c. 16 v)

6. Disse non sapere se detto Salustio voleva ingerirsi ò nò in detta heredità, ma sapere bene di havere indotto et pregato esso Salustio a volere venire in Siena per sborsare le dote à Mad.a Ginevra, figlia di Ms Agnolo, e recuperare detti beni, come quello che non volevo che detti beni andassero fuora di Casa Venturi non havendo modo io da sborsare detti denari, sicome ne posso mostrare lettere di mano di esso Salustio in risposta delle mie scrittogli perchè esso Salustio in quel tempo non habitava la Città.

(c. 17 r)

11. Disse credere che li figli di Ms Patritio Venturi potessero sapere il detto sborso fatto da Ms Salustio e che lui recuperò li beni, perchè fù atto notario, e publico, passato per mano di Notaro, e di Banchi;

Zu: Interrogatoria

(c. 18 r)

17. sup. 17 risponde che Ms Salustio lo sborsò lui in persona e per lui li Ballati Banchieri.

Am 26. Juli begann die Vernehmung des zweiten Zeugen, Giovan-Battista Ballati, Bankier und Schwager des verstorbenen Salustio, verheiratet mit dessen Schwester Ginevra Giovanna Maria. Auch er vertrat die Interessen der Partei des Ventura Venturi.

Die 26 mensis Julij 82
Multus Magnificus et Eccellentissimus Iuris utriusque Doctor Dominus Johannes Baptista quondam Domini Hieronimi de Ballatis
Civis senensis alius testis inductus pro parte di Domini Venturae, et fratruum de Venturis (...)

Zu: Preceptoria

(c. 19 r)

4. sup. 4 risponde che era commodo per haver le possessioni di Schifanoia cioè Castellare, Schifanoia, et Rentessa con una parte del palazzo, quale erà in parte rovinato dalla guerra e per questa ragione non crede che fusse abriglito di massaritie;

(c. 19 v)

10. sup. 10 risponde non si ricordare interamente di tutta la dispositione di esso testatore, ma sebene del principale capo dell'institutione delle Erede, et il lassito fatto alla detta Laudomia sua figlia,

(Ginevra war Agnolos Tochter, Laudomia seine Frau und Ginevras Mutter; die beiden werden auch in den folgenden Antworten miteinander verwechselt)

perchè il detto Ms Agnolo lassò heredi Patritio suo fratello, Jacomo Venturi suo nepote, e Salustio Venturi suo nepote (...) ciascun di loro per la terza parte, e lassò alla detta Laudomia *(Ginevra)* le sue dote materne, e di più fiorini tremilia, convenò che lei possedesse tutti li beni hereditarij fin'che fusse sodisfatta del detto lassito al che fare le dette Erede havevano tempo dieci anni e di poi non havendo pagato restava la detta Laudomia padrona di tutti li beni, referendomi però per sapere questo più pontalmente alla lettura del detto testamento;
23. sup. 23 risponde haver vistò doppo la guerra il detto Palazzo in molto disordine, e particolarmente haver visto la loggia in terra, la quale fù poi rifatta dal sopradetto Salustio;
24. sup. 24 risponde non sapere che spesa ci fusse fatta, ne se da Ms Jacomo Venturi fusse stato contribuito alcuna cosa à farlo;
30. sup. 30 risponde che il detto Salustio cercava sempre l'util suo, ma qualche volta si faceva danno per volerla troppo assottigliare;
(c. 21 r)
33. sup. 33 risponde sapere dei detti beni stabili (...) che il detto Ms Salustio li possedeva per haver pagato al Sig. Cav.re de Brogioni marito della detta Laudomia *(Ginevra)*, et a essa tutto quello che gli haveva lassato Ms Agnolo suo padre nel detto Testamento;
34. sup. 34 risponde sapere che il detto Ms Salustio quando pagò li detti denari come di sopra, non era con modo di poter fare tale sborso, e per questo, et ancora perche dubitava che la detta ricompra non gli fusse dannosa, non voleva entrare in questo imbarazzo, ma perche nè fù pregato da più parenti, e particolarmente da esso testimone, e da Jacomo Venturi, dicendolo che dovesse farlo perche non uscissero della Casa, e fameglia de Venturi e perche non ci era alcuno delli tre heredi, che potesse farlo senon lui questo passo, e cosi à persuasione delli detti, et anco di M.a Honesta sua madre, fece questo passamento di questi beni, massime che esso testimone *(Ballati)* ne aiutò con prestargli denari, e fargli promessa;
(c. 21 v)
43. sup. 43 risponde havere havuto notitia del testamento di detto Ms Agnolo da' primi giorni che morì, perche se ne vedde copia, e se ne ragionava da tutti li parenti, e da molti gentilhuomini principali della Città, da quali erà lodato *(Salustio)* e che erà stato fatto molto prudentemente per haver provisto e dato facoltà à suoi heredi che li suoi beni non uscissero di Casa Venturi;
57. sup. 57 risponde che in quel tempo che detto Ms Salustio riscosse detti beni, il detto Ms Salustio diceva che pagava prezzi che non valevano, e che sempre gl'erà replicato dai suoi parenti che non doveva guardare per salvare quei beni della fameglia de Venturi;

(c. 23 r)
66. sup. 66 risponde che al tempo della morte del detto Ms Agnolo e per molti anni di poi à suo giudizio li figli del detto Ms Patritio non havevano commodo di risquotere detti beni (...)

Zu: Articuli
(c. 23 v)
4. Disse sapere che al tempo della morte di Ms Agnolo il Palazzo di Schifanoia, e le case de poderi suoi erano in molto disordine per causa della guerra,
e particolarmente la loggia del detto Palazzo erà cascata in terra;
6. Disse sapere che detto Salustio non voleva ingerirsi in questo negotio (...) e perche lo disse à esso testimone più volte;
(c. 24 r)
5. Disse questo sapere che al tempo che morì il detto Ms Agnolo si giudicava fra parenti che respetto al guasto della guerra, et essere in vil prezzo li beni stabili, si giudicava che la sua heredità fusse di poca utilità;
7. Disse sapere che il detto Salustio ci fù indotto dalli preghi de parenti, e particolarmente da Mad.a Honesta sua madre, da detto Ms Jacomo suo cugino, e dal detto testimone dal quale fù aiutato in denari, et in promessa come di sopra;

Dritter Zeuge, vernommen am „letzten Tag des Monats Juli", war Giulio Graf d'Elci.

Die ultima mensis Julij 1582
Illustrissimus Comes Dominus Julius
quondam Thomassi de Comitibus de Ilcio

Zu: Preceptoria
(c. 27 r)
15. sup. 15 risponde che il maggiore di detti figli di Ms Patritio potevano essere al tempo della morte di Ms Agnolo secondome che 12 à 14 anni.
17. sup. 17 risponde che Ms Agnolo erà tenuto huomo molto intrigato, e mi pare ricordare che detto Ms Agnolo stesse in casa ritirato per debito longo tempo;
(c. 27 v)
33. sup. 33 risponde questo non lo so, se non intesodire che al detto Ms Salustio gli è pervenuta parte per heredità, e parte comprò il capo di Schifanoia da chi non so;
(c. 28 r)
57. sup. 57 risponde non so di quanta valuta fussero li detti beni ma credere, che se fussero stati di minor prezzo detto Ms Salustio non li havrebbe riscossi, ma si bene per la valuta senza perdita li havrebbe riscossi per l'honore della Casa.
59. sup. 59 risponde Io so inteso dire da Giulio proprio che lui pretendeva havere parte nell'heredità del detto Ms Agnolo, da sei ò otto mesi in quà;
(c. 28 v)

66. sup. 66 risponde che io so che da un certo tempo in là non tanto che li figli di detto Ms Patritio attendessero à risquotere ò potessero, mache affittavano il loro ad altri;

Zu: Articuli

3. sup. 3 disse che in detto tempo 1558 e più anni seguenti li beni stabili erano di vil prezzo, e si trovava assaissimi venditori, e pochi compratori;
(c. 29 r)
5. sup. 5 disse che io quando morse detto Ms Agnolo non so che cosa havesse, ma bene l'ho sentito nominare per debole, e per molto intrigato, ed haverlo visto stare in casa più tempo per debiti, ma non si ricorda di che tempo;

Der vierte Zeuge, Bartolomeo Maichi, vernommen am 2. August, gehörte zur Verwalterfamilie von Schifanoia, des bedeutendsten der poderi des Palazzo Venturi (vgl. Dokument 21).

Die secunda Augusti 1582
Bartholomeus quondam Julij de Meovis de Schifanoia alius testis inductus, productus, probatus et allegatus pro parte DD. heredum et filiorum d'quondam Domini Salustij de Venturii (...).

Zu: Preceptoria
(c. 30 v)
4. sup. 4 risponde che detto Ms Agnolo haveva il capo di Schifanoia con li poderi descritti nel preceptoria, et avanti la guerra li detti poderi erano finiti di bestiami, ma per la guerra non ci rimase bestiame;
5. sup. 5 risponde che li detti poderi Ms Agnolo mentre visse tenne tutti, e la Casa in Siena, ma non sò già se erà abrigliata di massaritie;
(c. 31 r)
19. sup. 19 risponde che erano quattro poderi quelli teneva detto Ms Agnolo, Schifanoia, Vallepiatta, Castellare, et Rentessa, ma con Mezzaiolo faceva Vallepiatta e Schifanoia, et era li il palazzo per il padrone, et erà buona habitazione;
21. sup. 21 risponde non lo so ma secondo me quando di grano faccino tutti tre li detti poderi hoggi à ragione di 45 moggia incirca è tutto quel del mondo in tutto, di biade non ne so parlare, perche quando se ne ricoglie, e quando non se ne ricoglie, di vero non lo so, et a loro non vi so dire;
(c. 31 v)
22. sup. 22 risponde che le Case delli detti Poderi al tempo di Ms Agnolo stavano in piedi, ma bene, è vero che detto Ms Salustio ne ha rassete una gran parte delle dette Case;
23. sup. 23 risponde che al tempo della guerra, di detto palazzo n'andò in terra una parte della loggia fino da piei *(piedi)*.

24. sup. 24 risponde che à Ms Jacomo gline toccò di rifare di detta loggia la sua parte, ma quello si habbino speso non lo so;
25. sup. 25 risponde che doppo la guerra di Siena fino à oggi li beni, e massime li buoni si trovavano da vendere et comprare;
26. sup. 26 risponde che li beni di detto Ms Agnolo al tempo della sua morte erano di buona consideratione, e se ne saria trovato il compratore.
28. sup. 28 risponde Io tenevo detto Ms Salustio per huomo intelligente et huomo da fare robba;
29. sup. 29 risponde Io ho inteso dire che detto Ms Salustio ha comprò beni stabili da più persone et anco più volte;
30. sup. 30 risponde io credo che il detto Ms Salustio in tutte le sue attioni cercasse sempre l'utile suo;
(c. 32 r)
33. sup. 33 risponde che li beni, e bestiami di detto Ms Agnolo sono pervenuti nelle mani di Ms Salustio perche intesi dire che li riscosse;

Zu: Articuli
(c. 33 v)
6. sup. 6 risponde (...) perché io ho intesodire à Ms Salustio insieme con Ms Jacomo io non voglio entrare in questi intrighi, perche ci è che debiti, e Ms Jacomo all'hora disse, vuoi che ci entri delle altre persone insieme con il nostro Casato, e detto Ms Salustio non li voleva risquotere;
(c. 34 r)
10. sup.10 disse solamente havere inteso dire da detto Ms Ascanio e da detto Ms Giulio Venturi che loro vogliano resquotere e recuperare detti beni dachè cominciano à litigare insieme;

Am 6. August trat als fünfter Zeuge der Schwiegersohn des Erblassers Agnolo auf, Niccolò Brogioni, verheiratet mit Agnolos Tochter Ginevra.

Die sesta Augusti
Magnificus et Generosus Eques Sacrae Religionis Sancti Stephani Dominus Niccolaus
quondam Hieronymi de Brogioni
Civis senensis, alius testis inductus, productus, probatus et allegatus pro parte dictorum filiorum di quondam Domini Salustij (...)

Zu: Preceptoria
(c. 35 v)
2. sup. 2 risponde Io non ho cognosciuto detto Ms Agnolo di Ms Jacomo Venturi, perche quando presi sua figlia per moglie erà morto;
(c. 36 r)
4. sup. 4 risponde credo, anzi posso dire di sì che detto Ms Agnolo fusse accomodato poiche le predette robbe descritte nei preceptoria li ho possedute per me fino à

tanto che Ms Salustio Venturi le riscosse, et hebbi mie dote in contanti e detti poderi erano finiti di bestiami così così; e non molto commodamente;

6. sup. 6 risponde non sapere che havesse altri figli che mia Consorte, che erà d'età d'anni 17 incirca;

10. sup. 10 risponde (...) che detto Ms Agnolo testatore dava attione à Ms Patritio Venturi, à Ms Jacomo Venturi, à Ms Salustio Venturi, che tra tanto tempo ognuno di loro potesse risquotere i beni sopradetti di Schifanoia dando in denari à Mad.a Ginevra sua figlia tanti mila fiorini.

(c. 36 v)

19. sup. 19 risponde li poderi come di sopra, con habitatione bellissima ma rovinata assaissimo che si entrava per tavole quando li possedevo io;

22. sup. 22 risponde che nel tempo che possedevo io erano le Case assai scassicciate tutte;

23. sup. 23 risponde mi ricordo che di detto Palazzo era scassicciata la loggia;

(c. 37 r)

33. sup. 33 risponde che li beni sopradetti sono pervenuti nelle mani di detto Ms Salustio per vigore del detto testamento, e per haver pagato li denari come nel testamento si diceva (...).

Dokument 16

Al mag:co mj Jacomo Venturi
fr.tto Caro a Siena 1563
Particolari „Famiglie Senesi"
busta 194

Brief vom 27. Oktober 1563 von Salustio Venturi an seinen Cousin Jacomo in Siena, hier angesprochen als „frattello caro", lieber Bruder. Der Brief wird ausführlich zitiert in Kapitel V. 1. d (s. a. Abb. 6).

Al mag:co mj Jacomo Venturi fr.tto Caro a Siena
Poi che' veggio che' li maestri ci vogliono condur'a murar'nela Vernata *(poi che vedo che i maestri ci vogliono condurre a murare in inverno)* et io no'ci posso riparar'ne tu ci ripari mi voglio partir di qui do mattina per quattro dì perche le mie faccende patano estremamente hor se puoi infatto mandar qui maestro Tommaso mandalo che qui ho dato ordine al tutto e io sarò lunedi qui se vengano intanto provede deli correnti et assari per coprir che qua non ne trovo et mandali di mano in mano per li che tornano scossi che li portaranno sopra li barili et io lasso a chi ci viene che li faccia molto, la misura la saprai da maestro Tommaso.

Pagarai quelli denari ali Paccinelli altro non si lamentara di me con ragione.

Domanda ms Giovan Battista che hor che la dogana passa io mi vorrei valere di quel credito di quel Biagione et non so da chi mi haver lume di quanto si procede a Grosseto da lì de Paschi pero se mene puo dar lume l'haro caro o vero domandali chi si trovo a far' l'accordo et informati et fra pochi dì penso venir costi per molte cause ma la principale è del Brogione.

El sparbier'mi è fuggito pero dillo in mio nome a ms Fausto et ogni modo non l'haveva perche v'era stato gente innanzi a lui se si da a un dì anzi 20 hore prima vi era et era il suo non altro Dio

ti Con... *(?)* dal Palazzo ali 27 di ott 1563

Farai dar'queste altre lettere a chi vanno

Sallustio Venturi

Dokument 17

Aussage zur Erbregelung nach dem
Tod von Patrizio di Jacomo Venturi
ca. 1615
Archivio Venturi Del Testa XI
fascicolo 122

Zum Inhalt: Wie bereits aus dem Prozessprotokoll von 1582 (Dokument 15) hervorging, war der Palast seit dem ausgehenden 16. Jh. Gegenstand anhaltender Erbstreitigkeiten, in deren Verlauf hier ein Zeuge zugunsten von Fulvio Venturi aussagt, Sohn von Giulio Venturi und Bruder des (ca. 1615 verstorbenen) Palastbesitzers Patrizio Venturi. In der (gekürzt wiedergegebenen) Darstellung erscheint Fulvio als ebenfalls erbberechtigt (vgl. Testament von Lucrezio Venturi, Dokument 20).

(c. 1 r)

– Pone come la verità fù et è che il medesimo Sig. Fulvio è figlio et herede del già Sig. Giulio Venturi, e fratello carnale del già Dottor Patritio Venturi;

– Item pone come la verità fù et è che fra detto Sig. Fulvio e detto Sig. Patritio mai è occorsa divisione alcuna di beni stabili, ne di cosa alcuna;

(c. 1 v)

– Item pone come la verità fù et è che detto Sig. Fulvio è stato sempre nella medesima casa et habitato dove habitava detto Sig. Patritio dà San Domenico;

– Item pone come la verità fù et è che detto Sig. Fulvio è sempre vissuto alla medesima tavola che viveva detto Sig. Patritio in Siena;

(c. 2 r)

– Item pone come la verità fù et è che diciasette anni fà incirca o altro più vero tempo al detto Sig.re Patrizio pervenisse un'heredità lassatali dal Sig.re Cav. Fra Lucrezio Venturi con quantità di riscossioni di denari, et un capo di poderi nella corte di Sciano detto il Palazzo Venturi et un poderetto fuor di porta Tufi;

– Item pone come la verità fù et è che detto Sig. Fulvio à detto Capo di Poderi nel tempo che erano di detto suo fratello *(Patrizio)* più volte si è stato;

– Item pone come la verità fù et è che quando andava à

detto Palazzo stava et habitava e mangiava insieme con il detto suo fratello o con sua famiglia;

– Item pone come la verità fù et è che d.tto Sig. Fulvio i mezzaioli *(mezzadri)* di detti poderi comandava di quanto l'occoreva;

– Item pone come la verità fù et è che il frutto di detti poderi o almeno la maggior parte venissero nell'istessa casa in Siena dove habitava detto Sig. Fulvio.

Übersetzung (Auszüge):
Hiermit bekunde ich als wahr in Vergangenheit und Gegenwart,

– *dass zwischen genanntem Sig. Fulvio und genanntem Sig. Patrizio niemals eine Teilung von Immobilienbesitz oder anderen Dingen stattgefunden hat;*

– *dass genanntem Sig. Fulvio immer im gleichen Haus zusammen mit genanntem Sig. Patrizio gewohnt hat, bei San Domenico, und dass sie immer an derselben Tafel gesessen sind;*

– *dass genanntem Sig. Fulvio vor ungefähr 17 Jahren ein Erbe von Seiten des Sig.re Cav. Fra Lucrezio Venturi zufiel, eine gewisse Menge an Geld und auch der (Mit-) Besitz des Palazzo Venturi, und ein kleiner podere außerhalb der Porta Tufi;*

– *dass genannter Sig. Fulvio die genannten Besitzungen zur Zeit, als sie noch seinem Bruder gehörten, mehrere Male besucht hat;*

– *dass er, wenn er diesen Palazzo (Venturi) besuchte, dort blieb und wohnte und zusammen mit seinem Bruder oder dessen Familie die Mahlzeiten einnahm;*

– *dass er den Arbeitern der genannten poderi Anweisungen erteilte, soweit es erforderlich war;*

– *dass die Erträge der Besitzungen oder zumindest der größte Teil davon in das Haus in Siena geschickt wurden, wo genannter Sig. Fulvio wohnte (...).*

Dokument 18

Descendentia della Casa nostra de' Venturi
1568

Archivio Venturi Gallerani IV
Libro dele Memorie (1552–1808)

Chronik der Familie des Agnolo di Mariano Venturi, als Aufzeichnung persönlicher Erinnerungen von Agnolo am 10. Mai 1552 begonnen und nach dessen Tod fortgeführt bis 1808. Der hier ungekürzt wiedergegebene Abschnitt zur „Herkunft unseres Hauses" wurde ab 6. Juni 1568 niedergeschrieben.

Zum Inhalt: Agnolo lebte von 1514 bis 1580 und gehörte der Linie der Venturi an, die mit umfangreichen landwirtschaftlichen Besitzungen und mehreren Eisenhütten im Westen von Siena vermögend wurden. Der Reichtum dieser Familie dürfte den des Zweiges Jacomo

– Ventura – Salustio weit übertroffen haben. In den Kapiteln IX und X wird mehrfach auf Agnolo wie auch auf seine hier veröffentlichten Erinnerungen eingegangen. Als Motiv für deren Niederschrift nennt er den Wunsch, seinen Söhnen zu überliefern, wieviel Ansehen die Familie genoss, auch wenn sie nur „geehrte und würdevolle Kaufleute" hervorgebracht hatte und nie „dottori".

Agnolo erinnert an erster Stelle an Jacomo Venturi (37r), der trotz seines Erfolges mit drei Banken – in Siena, Rom und Lyon – seinen Söhnen per Testament empfahl, aus diesem Geschäft auszusteigen. Sohn Conte übernahm nichtsdestotrotz das Bankhaus in Rom, wo er im Verlauf des Sacco di Roma quasi alles verlor, was die Familie dort besaß. Er führte die Bank anschließend noch einige Jahre in Siena weiter, bis zur ehrenvollen Aufgabe des Geschäfts. Jacomos Enkel Salustio wird als „sehr reich" und „fähig" zitiert (37r); weitere Namen sind zum Teil nicht dokumentarisch nachzuweisen. Agnolo berichtet über das Fehlen von Nachkommen in den einzelnen Familien Venturi, 1532 habe die „Casa" noch insgesamt 40 Jungen ab 15 Jahren aufwärts gezählt, alle auf Brautsuche, heute (1568) seien zwei Drittel von ihnen nicht mehr da (37v).

So wendet Agnolo sich also seiner eigenen Herkunft zu, seinem Vater Mariano (38r), der erst in der Bank der Spannocchi, danach in der seines Cousins (zweiten Grades) Jacomo Venturi in die kaufmännische Lehre ging. Als er 18 war, schickte Jacomo ihn mit Ware in die Levante; diese Handelsfahrten in den Orient hielten über 16 Jahre hin an, Mariano blieb jeweils zwei bis drei Jahre dort, um dann für drei bis vier Jahre nach Siena zurückzukehren. Er war in seiner Jugend gesund und schön wie kaum ein Altersgenosse; man nannte ihn „el Pavone", den Pfau. Mit 40 bis 42, nachdem er in der Levante „Kredit" gewonnen hatte und auch das eine oder andere Mädchen („qualche fanciulla"), heiratete er Lucrezia Lanzilotto aus dem Pisaner Adelshaus d'Appiano; Cousin Jacomo hatte die Ehe vermittelt. Den beiden wurden „viele" Kinder geboren, Jungen und Mädchen; Agnolo kannte nur drei (sic!) von ihnen.

Mariano starb 1550 mit 90 Jahren (38v); er las und schrieb ohne Brille, war aber im Alter seltsam, schrie oft, war dabei noch immer so schön, dass jeder ihn gern ansah. Er hatte alle Ämter und Ehren der Stadt. Zwei Jahre nach seinem Tod wurde Agnolos Bruder Scipione feierlich vom Rat der Stadt als Leiter des Ospedale di Santa Maria della Scala eingesetzt, jedoch abgesetzt, nachdem Siena in die Hände des Herzogs von Florenz „nostro signore" gefallen war. Zu sich selbst merkt Agnolo abschließend an, er habe 1547 auf Wunsch seines Vaters die Bankierstochter Beatrice Bertini geheiratet.

(c. 37 r)
Io Agnolo di Mariano Venturi fo memoria per el presente scritto di mia mano questo dì 6 di giugno anno detto a miei sucessori della discendenzia mia causa che sem-

pre li miei figli possino saperlo e prima fo menzione come, sendo io disceso de la casa dei Venturi, come la detta casa è stata longo tempo casa onorata d'omini e di robba, sonno stati dediti anticamente alla merchatura ma pocho alle lettare che fino a questo tempo benchè ne abbi studiati qualchuno niente di meno non c'è mai stati dottori ma sibene mercanti onorati e degni.

Lassaro da parte più uomini qualificati di mercatura che ci sono stati, e dicho solo che dal 1500 in qua ci fu uno Iacomo Venturi al tempo che Pandolfo regeva in Siena che fece tre banchi in uno medesimo tempo chon gran credito, uno in Siena, uno a Roma mentre Austino Chigi era florido e uno a Lione e fè durante la vita sua molta robba onorata, mentre lassò molti figli ben creati e vivi e benchè per testamento lassasse che non facesseno più banchi nondimeno uno che si chiamò Conte volle seguirlo a Roma dove che nel 1526 (sic) venne el sacho e perseno quasi ciò che vi avevano; successe poi dopo el detto sacho che seguirno qualche anno a Siena el bancho e la fininno onoratamente.

Di questa casa n'è ogi Salustio di messer Ventura Venturi e Iachomo d'Alixandro Venturi e tre figli di Patrisio Venturi; qual Salustio è molto ricco di roba e saputo di ghoverno; quali tutti questi sonno nipoti di detto Iachomo vechio: successe poi uno Girolimo d'Alixandro Venturi, Bandino, Fabio e Giulio e Ventura e Nicholò quali nel tempo di sacho di Roma 1526 ferno in nome di Girolamo bancho a Roma e fu chon tanto credito che non v'era rimasto altro bancho che il suo che
(c. 37 v)
potesse far facenda veruna; e questo fu per la tant'amicisia che lui ebbe chon la nasione spangnuola che messe a sacho Roma e per l'eredità aveva in Spangna. Fu grato questo Girolamo a papa Clemente e vi trattò la sua liberasione quando fu assediato in Castel Sant'Angelo di modo che questo Girolimo fe' bancho circa 8 anni, che visse fino al 1533 chon grande credito e onore e per la sua morte, benché fratelli seguisseno qualche pezo di tempo a la fine seronno e pagharno ongnuno; e per la morte loro e manchamento di quelli più sufisienti, a poco a poco si è a questo giorno la detta casa chondotta e manchata di omini e di robba, non c'è più veruno di loro.

Lassaro da parte li altri persone stati di Casa Venturi ma solo dirò che l'anno 1532 mi trovai a fare chonto dove si fe' lista che nella casa de Venturi c'era quaranta giovani da 15 anni in su, tutti atti a piglar mogle, dove che ogi è manchata i due terzi, ellassaro ancho da parte li altri che oggi ci sonno di chasa Venturi in Siena e a Roma. Solo mi riducho a fare menzione della mia discendenzia e dicho che fù un Giovanni d'Agnolo Venturi in Siena, omo che ebe più figli masti e femine, ebe per mogle una di Casa Tondi figlia di Lodovicho Tondi nobile Chasa di Siena; delli suoi figli di Giovanni ci fu fra quali uno che si domandò Antonio, uno Agnolo, uno Girolimo, Alixandro e Mariano mio padre. Non ci fu chi piglasse moglie sino Antonio e Mariano d'Antonio

naque più figli e figlie ogi non c'è di questa Casa sino Camillo quale è suo figlio Fausto nato di Casandra pure di Casa Venturi detta Casandra.

(c. 38 r)
E tornando a Mariano mio padre si dice chome lui fu molto dedito alla merchatura e inparò di merchatura prima al banco delli Spannocchi poi al banco di Iachomo Venturi (...) e di età di anni 18 il detto Iachomo lo mandò in Levante chon achomandite di merchansie; la prima volta andò provisionato, 2 altre volte ve lo mandò chonpagno; e durò l'andate sue nella sua gioventù circha anni 16, e stava alle volte 3 e 4 anni qua a Siena e alle volte 2 e 3 anni in Levante, che riceveva e mandava nuove merchansie. (Mariano) Fu uomo sano, bello del chorpo, che in sua gioventù i pochi in Siena lo paregiavano, era per sopranome chiamato el Pavone. Dell'età di anni 40 in 42 prese donna, trovandosi in quelle andate di Levante aveva acquistato credito e ancho qualche fanciulla; e la donna prese per mezo di Iachomo Venturi del quale abiamo fatto menzione, la prese a Pionbino chiamata Lucresia, figlia di padre d'uno Gerardo di Lanzilotto della casa d'Apiano, cittadino e nobile di Pisa, che per l'ultima guera si partì e andò abitare a Pionbino, per essare quelli signori di Pionbino discesi di Pisa e ancho della chasa d'Apiano dove n'era lui anchora; e prese donna a Pionbino chiamata Antonina di chasa Buzagla e ebe solo questa figla chiamata Lucresia, quale fu bella e di ghoverno, ebe molti parenti in Pionbino da parte d'Antonina sua madre che ancho ogi ve ne sonno assai.

Il quale Mariano della detta Lucresia ebe molti figli masti e femine; prima maritò Camilla sua figla a uno Bernardino d'Angelo Palmieri, che ogi n'è Ponpeo suo figlio, e ne fu un altro chiamato Mariano che ogi n'è 4 figli, 2 masti e 2 femine;
e delli masti che ebe al mio tempo non ne conobi sino quattro cioè messer Scipione, ogi vivo, Gerardo, Giovanbattista ogi morti e me Agnolo, ogi per Idio Grasia.

(c. 38 v)
Il detto Mariano nostro padre morì l'anno 1550, aveva anni novanta e legieva e scriveva senza ochiali; fu in vechiaia strano, era alquanto superbo e gridava spesse volte, ma fu tanto dilicato di bello di chorpo che ongnuno lo guardava volentieri, ebe tutti li ufisi e onori della città, e dopo anni due della sua morte il detto messer Scipione (fratello di Agnolo) fu eletto Rettore e Ghovernatore dello spedale grande di Santa Maria della Scala di Siena, fu fatto solennemente dal Consegio della città et fu fatto cavaliere dello Speron d'Oro; venne poi la città nelle mani dello Illustrissimo Signore Duca di Fiorenza nostro signore, li piaque levarlo e metarci questo che c'è ogi; non fu per questo levato per suoi difetti, anzi fu da la Sua Eccellenza riconosciuto sempre ne grandi de'cittadini qualificati, perché lo fe' di Conseglio d'ogi prima, poi lo fe' di Balia, Gonfaloniere, Capitano di Po-

polo e de' Governatori; prima per altri tempi el detto messer Scipione era stato delli Ufisiali e di Balia.

E tornando a me Agnolo Venturi detto farò memoria anchora di me e dico che per l'anno 1547 presi chon volontà di mio padre donna quale fu Beatrice figlia d'uno Messer Ascanio di Jachomo Bertini di nobile famegla di Siena e abitanti già a Roma perchè il detto Jachomo Bertini faceva già bancho a Roma.

Dokument 19

Angelo di Jacomo Venturi
compra per 700 fiorini la parte di una casa nel Terzo
di Camollia, popolo e contrada di Santo Stefano
1553
Archivio notarile antecosimiano 2388
atto 1095

Zum Inhalt: Agnolo Venturi, Mitbesitzer des Palazzo Venturi (den er bei seinem Tod 1558 als Halbruine hinterließ), kaufte sich 1553 für 700 fiorini den gesamten „oberen" Teil – piano nobile plus Dachgeschoss – eines Hauses im feinen Viertel Santo Stefano des Stadtbezirks Camollia. Die hier wiedergegebenen Auszüge des Kaufvertrags beziehen sich auf die Einteilung der Räume sowie auf die wichtigen Vereinbarungen zur Instandhaltung von Dach, Zisterne und Treppen. Die große Wohnung Agnolos verfügte u.a. über einen Kornspeicher, einen Stall, einen Keller und einen Weinkeller. (Vgl. auch Dokument 24).

(Agnolo compra) la parte di sopra: sala grande con cinque camere al piano della detta sala, una cucina e un andito che va nella loggia e la loggia stessa al medesimo piano della detta sala.

Item tutte le altre stanze e logge che vengano e son di sopra alla detta sala e stanze fino al tetto incluso.

La conservazione del qual tetto, perché serve al tutto il resto et a altre parti del ceppo dela casa, convennero detto Alfonso e Ms. Angnolo, che Alfonso sia obbligato a fare si e in tal modo che gli altri participanti in detta casa conferischino alla spesa del mantenimento del detto tetto.

Item si dichiara comprendersi nella sopradetta vendita un altra stanza la quale è, salita la prima scala, a mano dritta sopra il ridotto, la quale e stata adoperata e si adopera per granaio.

Item si comprende una stalla, un celliere, et una cantina, le quali vengono sotto alle dette stanze et alle stanze che habita al presente Callistro Cerini; le quali stalla, celliere et cantina, oggi tiene detto Callistro.

Item si comprende ancora l'uso della citerna e del ridotto delle scale et che al mantenimento deli aqueducti dela citerna et altre spese d'essa et conservation di scale comuni, Alfonso sia obbligato fare si e in tal modo che gli altri participanti contribuischino (...).

Dokument 20

Testamento del Sig. Cavaliere
Frater Lucrezio Venturi
1601
Archivio Venturi Del Testa IX
fascicolo 82

Das Testament von Lucrezio Venturi, Sohn des Patrizio, Kanoniker am Dom von Siena und Malteserritter, wird in Kapitel V.1.e besprochen.

(c. 4 v)
(...) Item disse esso Sig.re Testatore ritrovarsi la tenuta, ò Capo di Schifanoia con Palazzo, e Poderi, posta nella Corte d'Asciano a esso pervenuta dell'eredità del Magnifico già Mj Ventura Venturi, la quale desidera, e vuole, che in perpetuo senza diminutione alcuna si conservi nella Casa e fameglia de'Venturi, et appresso l'infrascritto suo Erede
(cc. 5 r–v)
nel modo infrascritto. Però volse, e comandò all'infrascritto suo Erede, che da esso la detta tenuta come sopra lasciata integramente si restituisca, in alcuna parte non diminuita, come da basso più espressamente si dirà, et in detto et in infrascritto suo erede, e suo ingrado sostituto in infinito integramente la detta tenuta per l'avvenire in perpetuo rimanghi, et stìa, proibendo espressamente ogni detrattione di legittima, e trebellianica, e divisione della proprietà dei detti beni, e quella mai per alcun tempo in tutto ò in parte si possi inpegnare, hipotecare, obbligare, per longo tempo affittare, alienare, e distraere per qualsivoglia causa, ancorche urgentissima, ò pensare, ò non pensare, e per dote, fame, ricuperare schiavi, o vero simili, che per leggi comuni, e statuti, ò in qualsivoglia altro modo fosse permesso, e concesso. E perche detto Signore Testatore vuole che detta Tenuta con tutte le sue ragioni e pertinenze, e nell'ordine che da basso si dirà perpetuamente pervenghi al suo Erede, e successore. Però per proibire ogni delitto, ò misfatto per qualsivoglia causa ancora di rebellione, lesa Maestà, ò in qualsivoglia altro modo, ordinò e comandò, et instituì detto Signore Testatore, che quello che perpetuara, ò commetterà delitto alcuno come sopra, caschi dalla presente sua primogenitura, e quella in tutto integramente, e senza diminutione, e detrattione alcuna sia, e vada, e sintenda translata, e transferischi si nel successore che vi sarà come da basso si dirà, sicome ora per allora ce la transferisce, e manda ipso fatto e senza misterio di Giudice alcuno, senza detrattione di legittima, ò di trebellianica, e sopra detti beni suoi frutti, e ragioni, il fisco, o qualsivoglia altro noncipossi perciò pretendere, o domandare cosa alcuna.
Di modo tale che detti beni in perpetuo, et interamente si preservino, stieno, e mantengnino in Casa Venturi, perche questa è la sua mera, e pura intentione, et in detta sua primogenitura suo herede primo chiamato

volse essere, e così espressamente nominò, fece, e chiamò il Magnifico et eccellente Mj Patritio Venturi, al quale sostituì il primo Figlio maschio legittimo e naturale, che sarà di detto Mj Patritio con peso che se detto erede sostituito ancora (?) altro fratello, mentre esso vivera sia tenuto a dargli ogn'Anno Scudi Cinquanta, e se havera due fratelli sia tenuto a darli Scudi Cento (...).
(c. 6 r)

Mancando come sopra tutti li sopranominati senza figli legittimi e naturali in detta sua primogenitura, succeda il più prossimo di Casa Venturi con i pesi, prohibitioni, et obblighi che sopra.

Dokument 21

Tutela, ed inventario de' figli pupilli di Salustio Venturi
1574
Archivio Venturi Del Testa XIII
fascicolo 168

Inventar des Gesamtnachlasses von Salustio Venturi. Die Inventarisierung begann im März 1574 (nach Sieneser Zeitrechnung im März 1573), und endete am 9. Juni 1574. Der Faszikel beginnt mit einer alphabetischen Übersicht über die Bestände des Hauses der Familie in Siena und des Palazzo Venturi (der Besitz erscheint unter dem Namen seines bedeutendsten podere, Schifanoia). Das der Übersicht folgende umfangreiche Dokument wurde für das Haus in Siena auszugsweise transkribiert, für den Palazzo Venturi komplett.

Das Inventar des ebenfalls zum Nachlass von Salustio gehörenden Palazzo von Potentino am Monte Amiata (samt einer Eisenhütte und fünf poderi) füllt im Faszikel 168 weitere 30 Seiten, aus Platzgründen musste jedoch auf eine Veröffentlichung an dieser Stelle verzichtet werden. Salustio hatte sich Potentino mit seinen Cousins Giulio und Ascanio bzw. deren Erben geteilt. (Vgl. hierzu auch Kapitel IX. 3. b und 4. c.)

Das Inventar von 1574 wird wie jenes von 1599 (Dokument 22) in den Kapiteln V. 4. c–d und IX. 4. b ausgewertet; Zitate des Inhalts in deutscher Übersetzung s. dort.

Alphabetische Übersicht über das Inventar

Spoglio per Alfabeto tratto dallo inventario delle robbe restate di Salustio Venturi al Marzo 1573 (*1574*)
– Armary quattro. Un armariotto dentrovi sedie et altro uno Armario vechio, et Armarietto con palle d'ottone in Siena et a Schifanoia uno Armarino in camera
– Arpicordi uno guasto in Siena
– Una Banca da Donne in Siena
– Quattro Banche longhe da tavola a Schifanoia 2 in sala e 2 in cucina

– Tredici botti, quattro delle quali in Siena di tenuta di tre some l'una incirca, e 9 a Schifanoia una di some 10, 2 di 8, 2 di 7, una di 4 et 3 di 3.
– Due Barili a Schifanoia
– Quattro Bigonzi a Schifanoia 2 da Vino e 2 da calcina
– 11 Camicie di Donna 9 delle quali lavorate di refe seta pura et 1 lavorata di seta verde
– Cinque Coltelli con manica d'argento in Siena
– Sette Cuchiari d'argento; sei in Siena uno de quali con manica di corallo, et uno a Schifanoia
– Due Credenzie use una a Siena e l'altra à Schifanoia
– Dieci forzieri 6. in Siena 4. ferrati e 2 dipinti, e 2 a Schifanoia uno lungo e l'altro vechio, e due coverti di cuoio vechio
– Sedici forchette d'argento. Undici in Siena et cinque fuore a Schifanoia
– Cinquantasette Lenzuola 41 in Siena, 2 sottili con lavori, 7 sottili senza lavori, il restante ordinarie delle quali 25 buone. et a Schifanoia 16. quattro delle quali grosse
– Undici Matarazzi. 6 in Siena, e 5 a Schifanoia uno dei quali assai tristo
– Un panno Verde della tavola longa di Sala di Schifanoia.
– Sette quadri di tele, Uno Nome di Dio grande dorato, uno con Sta. Caterina. Uno con una Lucrezia, Uno con Europa, uno con Moisè et Farraone, Uno con Sta. Maria Maddalena, Uno dorato della (...)
– Quindici Tovaglie da sala in Siena tre di lenza, e 9 sottili use, et a Schifanoia tre sottili use
– Un Tappeto in Siena
– Tre Tavole longhe, due a Schifanoia
– Quattro Tavolini, uno piccolo in Siena, a Schifanoia 2 longhi et uno assai uso
– Dieci Ziri da Olio in Siena 4 grandi et un'mezzano, à Schifanoia 3 grandi uno piccolo
– Due Zanne con guere d'argento, una da citti una da spianar´costu (...)

Inventar des Hauses in Siena
(cc. 1 r – 14 v)

Salustio wohnte mit seiner Mutter Honesta im oberen Teil (dem piano nobile) eines Hauses in der Pfarrei San Desiderio, sein Schwager Giovanni Battista Ballati, verheiratet mit Salustios Schwester Ginevra – vgl. Dokument 15 und Kap. IX. 2. a – , bewohnte „den Rest".

(c. 1 r)
Al nome di Dio
addí 2 di marzo 1573
Inventario de beni restati nella heredita del Nobile Salustio di Messer Ventura Venturi
Nobile cittadino senese
facto et descritto da me notaro infrascritto
di commissione delli magnifici Sig.ri Giudici et Savi

Pupilli,
et prima
Una casa posta in Siena
nel Terzo di Città popolo di Santo Desiderio
fra suoi confini, della quale il detto già Salustio n'habitava solo la parte di sopra,
et il resto si habita dal'Magnifico et Eccellente Ms Giovanni Battista Ballati et nelle stanze si habitavano dal
detto Ms Salustio, et Madonna Honesta sua Madre.

Nel salotto
vi sono,
– Un'armariotto drentovi le robbe infrascritte più à
  basso
– Quattro sedie di legno con corame
– Due sedie di legno alla montagnola
(c. 1 v)
– Due altre sedie di legno più piccole
– Quattro scabelli di noce e un'dipento
– Uno Arpicordo guasto con due trepiedi
– Una bancha da donne per sedere
– Due casse d'abeto grandi
– Un forzier dipento
– Un forzier ferrato
(c. 2 r)
– Otto fazzoletti
– (...)
(c. 2 v)
– Libre vintisette d'accia con le paniere
– Una paniera dentrovi più lettere e scritte, et partico-
  larmente una scritta della allogagione della casa di
  Camollia a Ms Gio:Battista santi del dì primo di no-
  vembre del 1571
– Una scritta della bottiga appigionata à pittorj del dì
  primo d'Aprile del 1564
– Una scritta d'Alexandro colombini di grano dato a
  suo conto (...)

Inventar des „halben" (mit Jacomo Venturi geteilten) Palazzo Venturi

(cc. 15 r– 20 v)

La metà del Palazzo per diviso col Magnifico Ms Jacomo Venturis detto il Palazzo de'Venturi
posto in corte di 'Sciano infra sui vocaboli ed confini et
con sue ragioni, et pertinentie
Nel quale vi si trovano le infrascritte robbe et beni

(c. 15 r)
In sala
– una tavola longa da mangiare
– una bancha longa per detta tavola da sedere
– un panno verde ovvero spalliera sopra detta tavola
– un altra bancha longa simile per detta tavola
– una credenza usa con sue predelle
– tre siede di legname alla montagnola buone due alte
  et una bassa

(c. 15 v)
– uno scharbello
– una brochetta di rame
– un paio di capo fuochi grandi con palle d'ottone
– una secchia di rame

In camera
– un armarino con più pezzi di libri d'humanità piccoli, et una bibbia grande legata in cartapecora
– un letto con sue cuccie. Due matarazzi, et un saccone
– due coperte drentovi lana
– un padiglione di panno lino con suo pomo
– una cassettina con più ferri vecchi
– un fortiere uso drentovi un par di lenzuoli
– un libro delle stime et bestiami, legate in carta pecora
  con fibbie
(c. 16 r)
– Un'altro paio di lenzuola in detto letto
– Un forziere covertato di cuoio vecchio drentovi una
  tovaglia due tovagliole longhe da sciugare mani
– quattro manti lette
– un tavolino longo uso assai

In altra camera al piano della sala
– una cuccia con suo saccone. un letto di piuma
– Un padiglione di panno lino con reticelle di refe rug-
  gine, et con suo pomo
– Un capezzale di penna
– Un paio di lenzuola
– Un'altro capezzale di penna et due fodaruccie di
  penna con sue vesti di pannolino nel primo letto
– un altro tavolino uso
(c. 16 v)
– Un tavolino longo con suoi piedi
– Un forziere longo drentovi quattro lenzuola
– Un'altro tavolino uso
– Una spelatoia di pelo
– sette libre di funi nuove
– diciotto staia di cicerchia

In altra camera al piano della sala
– una cucciarella vecchia
– un saccone, un matarazzo
– un paio di lenzuola, un capezzale
– un panno rosso per coperta sopravi
– un altro matarasso
– un cassone grande con sua chiave da tenervi grano
– Una madia, un'altro cassone grande anticho.
– Due sete
– cinque staia di farina

In altra camera al piano di detta sala
– Una cuccia anzi, un matarazzo
– Un saccone, e un capezzale
(c. 17 r)
– un paio di lenzuola grosse
– un sacconcello dela culla

– un altro matarazzo et un saccone.
– Un capezzale con lana drentovi
– un paio di lenzuola grosse
– Un forziere covertato di cuoio uso
– Una cuperta di panno rosso vecchia
– Cinque vergoni di ferro

In cucina
– una tavola longa da mangiare con suoi treppiedi usa
– due banche longhe per ditta tavola use
– Uno schabello
– Un paio di capi fuochi
– Un paio di molli da fuoco
– Un apaletto
– Più vasi da Cucina

(c. 17 v)
Nel granaio
– Sedici moggia di grano duro, uno staio di ferro. Una pala da grano
– Cinque ziri da olio, tre grandi et due piccoli, in uno drentovi otto staia d'olio
– Un mappo et un imbuto di rame da olio
– Una statera grande di peso dal lato großo di lire 130

In cantina
– una botte grande di tenuta di some dieci piena di vin nero
– un'altra botte di tenuta di some otto piena di vino nero
– un'altra botte simile piena di vino bianco
– un'altra botta di tenuta di some tre piena di vino nero
(c. 18 r)
– Una botte di tenuta di some sette vuota
– un'altra botte di tenuta di some quattro di vin votia quale si asseri da Astolfo (...) fattore essere di Messer Jacomo Venturi
– Tre altre botti due di tenuta di some tre, et una di some sette vuote, quali botti tutte sono cherchiate di legno, eccietto una quale è cerchiata di ferro
– Un paio di terzini. Un paio di barili
– Un imbuto grande con ca'na di ferro
– Un caratello da agresto
– Un paio di bigonti da vino et un paio da calcina

Nel Tinaio
– Quattro tine grandi di tenuta di some vinti l'una
– Quattro tinelli di tenuta di some .5. uno de'quali è di tenuta di some sette
– due crivelli da cuoio da grano

Die sechs *poderi* und ihr Viehbestand
(Vgl. Übersicht „Ausstattung, Größe und Erträge der po-deri des Palazzo Venturi" im Anhang)

(c. 18 v)
Un podere chiamato il Castellare
nella corte di 'Sciano, infra suoi vocaboli et confini, et

sue ragioni et pertinentie, lavorativo, arborato et bosca-to, et vignato, et olivato.
Nel quale vi sta al presente per lavoratore Antonio di bello et vi si trovano l'infrascritti bestiami si come ci (?) asseri dal medesimo
– Quattro buoi aranti
– Un giovenco
– Pecore quaranta
– due cavalle

Un podere chiamato Schifanoia
posto in detta corte.
Nel quale vi si ritrova per lavoratore Cesare maichi

(Cesare Maichi war 1582 als Zeuge zum Prozess gela-den, vgl. Dokument 15)

(c. 19 r)
Infra suoi ragioni et pertinentie, lavorativo, sodivo, bos-cato, et vignato, et olivato sopravi li infrascritti bestia-mi, sicome da esso si disse
– Cinque buoi aranti
– Un paro di manzi
– Una pollera *(piccola)* cavallina
– Pecore numero quarantaquattro
– Un paio di troie *(Muttersäue)*, et un paio di porchetti

Un podere posto in Corte di Montefranchi
luogo detto Rentessa
lavorativo, et vignato con suoi ragioni et pertinentie, et infra suoi Vocaboli, et confini, nel quale vi lavora al presente Giovanni di santi salvadori
nel quale sono l'infrascritti bestiami asserendosi da esso
– Tre buoi aranti et un manzo.
– Pecore vinticinque. Capre.

Un podere in detta corte
luogo detto Mocine
lavorativo, vignato, olivato et arborato infra suoi voca-boli et confini, et con sue ragioni et pertinentie, nel quale vi lavora
(c. 19 v)
al presente Agnolo bindi, et vi sono l'infrascritti bestia-mi si come da esso si è asserito
– Tre paia di buoi aranti vecchi
– tre giovenchj
– un paio di vacche
– un paio di cavalle
– quaranta fra capre e pecore cioe vinti capre, et vinti pecore
– un paio di troie
– otto porchetti di tre mesi

Un podere posto nella corte di Montefranchi
luogo detto Montefranchi
lavorativo, vignato, olivato, sodivo et boscativo infra

suoi confini, et ragioni, et pertinentie, nel quale vi lavora Alexandro di Agnolo pelli quale asseri esserci li infrascripti bestiami, cioè
– Quattro buoi aranti
– Due Giovenchi
– Una vaccha
– Quattro pecore, due troie et quattordici porchetti
– Una cavalla

(c. 20 r)
Un podere posto in detta corte
luogo detto Montefranchino
lavorativo, vignato, olivato, et arborato, fra suoi soliti confini, con le sue ragioni, et pertinentie, nel quale vi lavora al presente Giulio di Francesco, et si come esso asseri vi si ritrovano l'infrascripti bestiami
– Tre buoi aranti
– Una pollera cavallina
– Trenta pecore
– Una troia, sei porchetti
– Una scritta contro Saneti Jacomo et Agnolo da Pietro rima (?) di lire 144 di denari per la valuta di tre moggia di grano del dì 20 di dicembre 1573
– Uno scritto dell'dì 17 di Gennaio 1573 *(1574)* dove Marcantonio di Fabio Venturi si fa debitore di some due di grano a Ms Salustio Venturi

(c. 20 v)
– Un cucchiaio d'argento, Quattro forcine d'argento, Una lucerna con pie tonda d'ottone, Una tovaglietta longa dalle mani, Un moggio d'orzo in circa.

Dokument 22

**Inventar des Nachlasses
von Ventura di Salustio Venturi
in Asciano (Palazzo Venturi)
1599**
Curia del placito 272
(cc. 15 r – 49 r)

Das Inventar von 1599 wird wie jenes von 1574 (Dokument 21) in den Kapiteln V. 4. c–d und IX. 4. b ausgewertet; Zitate des Inhalts in deutscher Übersetzung s. dort. Inventarisiert ist nicht nur die Hinterlassenschaft von Salustios Sohn Ventura, sondern ebenso die seines Bruders Ranuccio, Mitbesitzer des Palazzo.

Protocollum Undecimum pro diversis Instrumentis Tutelazi, et inventariorum cartarum ducentarum, Signatumque, Consignatum Egregio viro D. Flaminio Michaelis Notario pubblico senensi à me Nicolo Tiburrio Archivij pubblici senensis, in servitio SSA custode, viso praecedens protocollo completo, hac díe 7 Maij 1599

Testament
von Ventura di Salustio Venturi
zum Palazzo Venturi von Asciano

Testamento di Ventura di Salustio Venturi sul Palazzo di Asciano
(c. 15 r)
A dí otto di Febbraio, anno indictione pontificato Imperio, e dominatione di desopra, li magnifici amministratore, testamentario e tutore di sopra nominati, e per esso messer Girolamo Ballati, il magnifico Camillo suo Fratello carnale, e per detto messer Ascanio il magnifico Horatio del magnifico Carlo Nuti delli predetti a questi priori spetiali respettivamente, rogato ser Flaminio Micheli notaio in virtù della sopra scritta,
(c. 15 v)
preseno il possesso attuale delli sottoscritti palazzo, giardino, e vignolo apartenente all'heredità del sopranominato Ventura Venturi come disseno, facendo l'atti soliti, e postumi alla presentia d'Olivo di Gratia detto il Gamba da Seggiano, e Petro Pauolo d'Ascanio testimoni, e sonno cioè

*Der Palazzo für den Edelmann
(Zur Raumeinteilung s. Kapitel V. 4. c und Abb. 21)*

Un palazzo a uso di gentiluomo
con sue ragioni, e pertinentie, e con giardino dietro a esso Palazzo, con vignato di staia dodici in circa, chiamato il Palazzo de' Venturi nel comune, e corte d'Asciano tra suoi confini, nel qual giardino Giovan Battista di Pier Boscaglia giardiniere referse con giuramento d'aver seminato staia quattro di grano e mezzo staio di fave, e in esso palazzo si trovano le sottoscritte robbe, e massaritie apartenenti come affermornoli detti procuratori all'heredità di detto Ranuccio Venturi descritte da me Alessandro Rocchigiani Pretiano coadiutore di detto Flaminio nella corte de' Pupilli nella Città di Siena, e prima

Die sala *des* piano nobile
Nella sala del'primo piano
di detto Palazzo quattro pezzi di corame dipento con oro intorno detta sala, quattro portiere del medesimo corame use, undici pezzi di tela incorniciati di paesi diversi. Intorno detta sala un ritratto di Messer Ranuccio Venturi senza cornici in tela, una credenzia di legname bianco con suoi gradini usa, e con sue serrature, e un panno verdicchio
(c.16r)
sopra detta credenzia, due vasi di legno, un oracolo da polvere, una tavola di braccia sei in circa con suoi trepiedi all'antica con due banche di simil mesura vecchie di legname bianco, un'altra tavola di braccia quattro in circa di legname bianco con suoi trespidi, una vaselliera da arme con tre pezzi d'arme in haste *(asta)* vecchi, un tamburo guasto, tre scabelli di legname bianco

vecchi, cinque sedie alla Montagnola use, un tavolino con piedi a tilaio di legname bianco uso, un paio di capifuochi grandi con palle d'ottone, nell'acquaio sedici pezzi di vasi di terra di più sorte parte rotti, onsi, cinque pezzi di vetro, un paio di brocchini *(brocca, kleine Karaffe, Kanne)* di rame da tavola vecchi, un tondo di stagno, un arme di casa Venturi sopra detto acquaio, undici vasetti di legno intorno la sala

Raum 1
„linker Hand"
Al pari di detta sala
in una camera a man'manca

quando s'entra in detta sala, una cuccia vecchia di legname bianco con mezze colonne, con saccone, un materasso di lana, una stiavina, un capezzale di penna, un par di lenzuola use, un padiglione di pannolino vecchio bene, una cucciarellaccia vecchia sotto detto letto, una credentia vecchia bene dentrovi un pomo di padiglione dorato a uso di prima, un piatto di stagno grande, un pezzo di corame vecchio, e rotto in sette pezzi, una cassetta da limoni con sua serratura con cuperchio rotto, un quadretto di carta con una pietà vecchio, cinque pianere fra grandi e piccole, un cassone di legname bianco uso dentrovi una gierletta piccola, con serratura, e chiave de detto cassone, una sedia alla Montagnola una cetera vecchia con capo rotto, una cassa di legname bianco usa.

Raum 4
„zur Rechten der *sala*"
(c. 16 v)
Nella camera
a man'dritta di detta sala

un cassone da farina di legname bianco vecchio dentrovi cinque staia di farina in circa, una madia *(Truhe)* vecchia senza piedi, un banchettaccio vecchio sotto detta madia, uno scabello di legname bianco e tre sete da cernere vecchie bene, una cassaccia vecchia guasta, una fiasca di stagno rotta, una concha piccola da bocata, un crivello da biada rotto, tre tavole da pane, due lettiere vecchie di legname bianco con saccone, letto di penna, e un materasso di lana vecchia, un paio di lenzuola rotte, un letto di penna e un saccone, un capezzale di penna, una stiaccina vecchia, un ragnino, uno scabello vecchio grande, una cassa da campo vecchia con sua serratura, una cassa di legname bianco vecchia, cinque gierle di giunchi use, uno scatoletto con cuperchio guasto e vecchio, una corzese vecchia.

Raum 2
„zweiter Raum links"
Nella seconda camera,
a man'manca

una cuccia di noce con mezze colonne, un padiglione di pannolino con suo padiglioncino con lavoro a uso di retecella vecchio, saccone, due matarassi di lana, un par

di lenzuola sottili use, una coperta di bordo usa piena di bambagia, una coltre di bambagia cuperta di taffettà cremisi usa, buona, un pezzo di tornaletto dinanti di pannolino, una carriola di legname bianco sotto detto letto, con saccone e matarasso di stoppa vecchi bene, *(c. 17 r)*

una spada e un pugnale alla fiorentina con maniche di fil d'argento con cinturino pendenti di corame, due stioppi a ruota e uno a fuoco antichi, vecchi, un paio di ferri da pamparigi, un cantaro di rame, una cassa da leuto dentrovi il suo leuto vecchio, un pezzo di canape di quindici braccia incirca sottile, quattro verghe di ferro nuovo, una lira con suo archetto, nove candele di cera bianca dorate piccolette, uno attacca cappe, uno scabello di legname bianco da far suo agio, una sedia di stiancia piccola, una sedia alla montagnola usa, un capezzale di penna uso, due quadretti di carta con lor cornici, un pezzo di corame vecchio, una speravecchia con un pannetto lavorato di seta di più colori, un cappello di paglia piccolo vecchio, un tramaglio uso con suoi piombini, un fortiere vecchio voto, una cassettina di legname bianco buona dentrovi un paro di mutande di pannolino, un trinciante, un paro di calcetti *(leichte Damenschuhe)* di pannolino con sua serratura senza chiave, una cassa di legname bianco buona dentrovi un feltro vecchio con suo falde, un paro di maniche di raso cremisi rotte, una casacca d'ermelino rotta, senza maniche, una cassacciola d'ermelino vellutato a opera vecchia bene, un paio di calze con suoi cosciali di velluto cremisi con bigliare use, un'altro paio di calze alla medesima usanza di raso giallo con suo fette di seta gialla, un paro di calze e simili de raso cremisi da giovanetti, un paro di calzoni d'ermelino rosso rotti, *(c. 17 v)*

un paro di calzoni di damasco verde con trina d'oro, e bottoni simili, un pannetto da culla rosso vecchio con il nome di Giosù in mezzo, due pezzetti di panni verde da scannelli, uno scanello di legname bianco vecchio all'antica, quattro pezzi di libri in quarto foglio, quattro pezzi di libri in attacco foglio usi, due pezzi di libri in foglio, una toppa vecchia con sua chiave, uno schacchiero con schacchi vecchi, un paro di tanaglie da corame, quattro coltelli all'antica con manicha d'argento, quattro coltelli con manicha d'osso, una forcina da trinciare, una tazza d'argento dorata rasposa *(satinata)*, un altra tazzetta pur d'argento più piccola con la sua veste di corame,

un corno da cacciatori con tre ghiere d'argento, sei caricature da stioppo con suo cordone di seta gialla e nera, un cordone da tenere la chiave dello stioppo con sua mappa di seta nera, e oro, un cordoncino da borsa di seta turchina, coro con sue mappe, uno scatolino rosso dentrovi una fascia da cappello di margaritine nere, e un pezzuolino di corallo, due cassettini piccoli rossi a uso di fortiere dentrovi due Agnus Dei d'oro, e perline con nastrino di seta incannatina, e gioelli legati in oro, due collanine di christallo tramezzate con bottoncini di dia-

pero, due maniglie di coralli, e diasperi gialli, una corona d'arancini vecchia, un pugnale stretto all'antica con
(c. 18 r)
finimenti dorati vecchio, due pesi da scudo, un piccolo e l'altro grande un paro di forme di ferro da palline, un coltello grande da serrare con forcina, una paro di cisoie dorate, un astuccio vecchio con suoi ferri, un bossolo di legno dipento, un paro di Madonne in tela con sue cornici, una cassa di legname bianco con cornici dentrovi otto lenzuoli, sei reti bone, un paio ripiene di bambagia con reticelle, uno scampolo di due braccia di pannolino grossetto, un altro scampolo d'un braccio e mezzo più grosso.

Un paro di guanciali con mostre di taffetà cremisi, e fodaruccie lavorate di seta cremusi, un guanciale piccolo con mostre di velluto cremisi con sue fodaruccie, anzi senza fodaruccie, un paro di tovagliolini sottili, vinti quattro tovagliolini in due pezze, e una tovagliola, una berretta d'ermelino con cordone di velo bianco con nosette di vetro, una panerina di vecchia tenta di rosso, foderata di taffetà rosa cremisi dentrovi due spalagrembi di pannolino bianchi con reticella, tre fodaruccie lavorate di seta turchina e in ferruggine, una babaiolina da citti lavorata, uno sciugatoio da spesa con pendaglie di seta gialla, e paonazza lavorato con seta della medesima sorte, una gierletta di venchi grossi dentrovi quattro tovagliolini grossi anzi vecchi, una tovaglia piccola usa, una tovaglia usa e piccola rotta, un paro di fodaruccie da guanciali rotte, un pettinatoio nuovo di pannolino sottile con lavoro e frangie intorno, una paneretta dentrovi
(c. 18 v)
più ritagli di pannolino e uno scampolo di triccioli grossi nuovi, una gierletta di venchi dentrovi uno scatolino a fortiere di velluto giallo sgangarato, due scampoli di frangine turchine e bianche di refe, una pezza di frangie di refe turchine e bianche e una matassa di refe turchino, una di refe bianco, una ruggine, tre braccia di retino lavorato di ruggine, un tovagliolo nuovo, sei fodaruccie da guanciali buone, una fodaruccia da guanciali con reticella ruggine e una babaiola lavorata di refe ruggine buona, un fazzoletto da collo di bambagia e un pezzo di retino largo, tre paia di rinvercie nuove con lavoro e finimento, un altro paio non finite, una babaiolina da citti di retino vecchia, uno scanpolo di retino stretto di braccia due, sei braccia di reticella da lenzuola, una camicia da citti con il collare lavorato di seta rossa, un altra camicia più piccola, due fascie vecchie da citti rigate, uno scampoletto di bigano di refe bianco di braccia sette nuovo, una scatola tonda dentrovi un collaretto da citte non finito, due fiori di seta con la Madonna del Loreto, due brevi a quore di seta, un attrecciolatoio di vergola, un paio di pianelle bianche vecchie alte, una paneretta di venchi dentrovi quattro collari con finimenti e senza vecchi da buono, due collari a cavolo un puro e l'altro lavorato vecchi, un berrettino da huomo di pannolino rotto, un paro di calzini di trame rossi rotti vecchi.

Raum 3
„zweiter Raum rechts"
(c. 19 r)
Nella seconda camera a man'dritta
una cuccia di noce con colonnette quadre scannellate a uso di cortinaggio con quattro palle sopra vecchie, saccone, due matarazzi di lana e capezzale di piuma, un paro di lenzuola use con reticella ruggine.

Un panno bianco vecchio e rotto, una cuperta di tela rigata piena di borra vecchia e rotta, un guancialetto con una fodaruccia, due sedie alla Montagnola, una Madonnina all'antica piccola, tre guancialetti senza fodaruccia di penna usi, una predellina da far suo agio, una gierla e un paniere di venchi, un rinfrescatoio di Coccio grande rotto il pie, un armario di legname bianco dentrovi vinti lenzuola vecchie e rotte in parte, pagliericce dodici da carriola piccole rotte e ratoppate, un padiglione di pannolino vecchio rigato di ruggine e con reticelle ruggine senza padiglioncino, due gierle di venchi vecchie, una panerina di stiancia bianca, un tornaletto di pannolino a staffa venchi, otto fodaruccie di pannolino con reticelle bianche e ruggine vecchie, due camicie da huomo buone, un mezzo telo di lenzuolo vecchio, un tovagliolo, una tovaglia usa da tavolino, un pezzo di corame rotto
(c. 19 v)
per la lunghezza di detta camera rosso, listrato con listre di corame dorato, una cassa di legname bianco vecchia con sua serratura e chiave dentrovi due guanciali da culla con mostre rosse, una tovaglia grossa da cucina, un telo da pane rotto, libre dodici di avena in jomiccioli, un padiglione di cataluffa bianco e giallo con tornaletto e padiglioncino con frangie di seta rossa e gialla, uno sciugatoio da cassa grossetto, due tappeti grandi da tavola usi, un pezzo di panno verde uso di braccia cinque.

Un paro di casse di legname bianco grandi con sue serrature dentrovi una tovaglia di braccia quattro e largha braccia uno e mezzo nuova ma adoperata, uno scampolo di tovaglia grossa di braccia tre e un terzo larga un braccio e mezzo, una tovaglia grossa di braccia cinque e due tondi, un altra tovaglia simile, un'altro pezzo di tovaglia di braccia quattro simile, otto tovaglioli in pezza mezzani, tre tovagliole in pezza della medesima sorte, tre tovagliolini usi, un altro tovagliolo con frangie a torno, una tovaglia sottile usa da tavolino, un par di lenzuola use sottili con reticelle bianche e frangine, un paro di fodaruccie di cambra con oro vecchio, due sciugatoi grossi da dirannare con righe turchine dalle teste, panno grosso da saccha di stoppa grossa e canape per far lenzuola da contadini, e canavacci da cucina curato braccia trecento trentaquattro, pannolino grossetto ordito di lino nostrano di stoppa curato braccia sessantuno,
(c. 20 r)
panno di stoppa e stoppa curato e mezzano braccia duegento novanta.
Diciassette fazzoletti grossi da collo da serve rigati ruggine nelle teste in pezza,

due sciugatoi grossi da dirannare, uno scampoletto di panno grosso per schena d'un braccio e mezzo, un pettinatoio sottile con reticelle ruggini e bianche e frangine.

Am 9. Tag (des Mai 1599) wurde die Inventarisierung mit jener der Küche des Palazzo fortgesetzt.

A dí nove segue il detto inventario:
In cucina
una tavola di quattro braccia in circa vecchia con due banche, una scaffaia nel muro con suoi sportelli dentrovi sei vagelli fra grandi e piccoli pieni di susine e ciliegie secche, tre fiaschi nuovi, una lanterna di legno da bruscellare, una cassettaccia piccola vecchia con la sua toppa da tenere l'utili, una stadera grossa con suo romano, un ceppo da batter la carne, un coltellaccio grande stretto per batter polpette, un tavolinaccio vecchio, un armario vecchio di legname bianco dentrovi due scudelle, uno scudelino di stagno, una barlettina da olio vecchia, un calbione da carne, uno scabello di legname bianco uno scaldaletto con suo coperchio di rame, un mezzo porco salato dentro un bigonzo quale disseno non esser di casa, di litre cento in circa, una cassetta da certe spazzatura vecchia tre canavacci da cucina grossi, un caldarone, un ceppo di rame vecchi, un paiolo uso, un mortaio di pietra uso, due padelle da friggere, un altra padella che non s'adopera, una mensola da pesce, un paiolo grande, una concha da bocata, due sedie basse alla montagnola e due di stiancia vecchie bene, un paio di capofuochi piccoli, una catena da fuoco di due pezzi, due paletti da fuoco di ferro, un paio
(c. 20 v)
di mollette guaste, due spedoni, un trepide grande, due triangoli piccoli, una graticola di ferro. Un lucerniere di legno, una pignatta da mognai, latte, cinque candelieri d'ottone all'antica vecchi, un candeliere d'ottone rotto e vecchio, con una lucerna sopra di stagno, una lucerna d'ottone, tre scudellini di stagno, una tovaglia da cucina, trenta pezzi di vaso di più sorte, due cerchi di ferro piccoli, una sega a telaio piccola, due accette grandi, due piccole, un'ascia, un paro di tanaglie, uno scarpello di ferro grande, rena muraiola, un martello da muratori, una zappa da fornaciai, un sarchiello, una pala piccoletta vecchia, una secchia di rame vecchia e rotta, un palo di ferro, un paro di lenzuola vecchie e piccole, una tovagliaccia, un mesce robba e suo braccino di maiolica.

Die Loggia des piano nobile
Nella loggia n'ananzi che s'entri nella detta sala
due banche vecchie di braccia quattro in circa l'una, sopra la porta di detta sala un crocifisso in tela con sue cornici, tre paesetti in tela con sue cornici, quattro teste di coccio grandi, una uccelliera nel muro con sportelli di filo di ferro.

Das Dachgeschoss
Nel piano di sopra
un abboccatoio di forno di ferro alla bocca del forno in detto piano, due tavole da pane.

Nella sala del detto piano a tetto
due campane da distillare con fornello di ferro use, una altra da piccioni vecchia, una sella vecchia guasta, un pomo da padiglione vecchio, un cabbione da coppiole dentrovi quindici cabbie in circa,
(c. 21 r)
un tamburo da cavalcare vecchio e guasto, una cucciarellaccia guasta, due nasse da pigliar pesce, dieci torcifecci vecchi e rattoppati, sette forme di legno di fornace di più sorte, quattro mazze da coppiole, una culla dentrovi vintiquattro pezzi di vasi di terra bianchi, tra piatti, scudelle, e scudellini, una paniera con otto boccali di terra bianca, un cassone da farina alla montagnola vecchio con sua serratura, una segha grande a telaio, un telaio simile senza segha, un bastio vecchio, e rotto, due ceppi di terra, un boccale di terra bianco e grande, cinque panieri di venchi, sei pezzi molli mollettedi legname, staia diciassette di fichi secchi dozzinali, noci staia vintisette, tre staia di mandorle con il guscio, lana pecorina bassa libre quarantasei, vintidue staia di fave minute, moggia tre e mezza staia cinque e mezzo di cicerchie, staia sette di veccie.

Nella stanza a man'manca di detto piano seconda
staia vint'uno, e mezzo di fave minute.

Nella stanza all'incontro della sopradetta
lino nostrano grosso con coperchio libre cinquantacinque, canape grosse da far freni libre novantasette, sei staia d'orzuola, tre staia di conciglio, otto staia di segala, due staia di noci, un pezzo di tavola di braccia tre in circa.

Nella prima stanza
grano moggia otto, staia diciassette, libre ottanta d'una secca, due gierle di venchi.

Die Räume des Verwalters
Nella stanza prima del fattore del mezzo tempo
primo una cuccia vecchia, un matarassaccio vecchio pieno di coperchio, un matarasso di lana, un capezzale rotto vecchio pieno di pelo, un paio di lenzuola vecchie grosse, una stiamina vecchia rotta, una sella vecchia, una tavolaccia vecchia con trespidi, una
(c. 21 v)
cupertina da sella di quoio vecchia, due bandili di fune, una susta nuova, una lanterna di ferro grande, vecchia con suoi ossi, una sega a telaio grande, un carniere rotto, nove moggia staia uno e mezzo di grano.

In un altra stanza del fattore nel detto mezzo tempo un tavolino di braccia due semplice, con un pannetto uso, due altri tavolini più longhi rossi, a usanza di banchette, un ancudine di ferro vecchia, e rotta, nel piano uno staio di cicerchie per la casa, uno staio di castagne secche vecchie, dodici fra saula e sacchette use, una cabbia da piccioni usa, otto panieri di venchi, tra grandi e piccoli vecchi, uno staio e mezzo di fave, una tefania di legno, una sedia alla montagnola bassa, un bigonzo pieno di fichi secchi, libre vinti in circa d'una sevola vecchia, una cassa di legname bianco vecchia, una cassa da campo vecchia, un dosso di legno, una lettiera all'antica vecchia, un materasso pieno di capecchio vecchio, un mataraso di lana buona, un capezzale di penna, un paro di lenzuola use, due stiavine vecchie, un libro tenuto dal fattore chiamato libro delle stime fogliati fino centotrentatre carte cominciante da capo con pradi Schifanoia, la prima partita Messer Agusto di Iacomo Venturi, nostro zio, a dieci d'Aprile mille cinquecento cinquanta otto, scritto fino carte

(c. 22 r)

cento trenta due, l'ultima partita comincia Carlo da Fronte e finisce in foglio vinti sette, un'altro libro in quarto foglio, numerato fino carta novanta, comincia la prima partita a dí vint'uno di Gennaro Mille cinquecento novanta sei, ricordo hoggi questo dí sopradetto scritto, carte ottantanove, l'ultima partita al Casino seminato per li mani dell'Acidore, e finisce tre quarti cinque libre di lana balla.

Der Gärkeller
Nel Tinaio
sette tine grandi cerchiate, due sacche dentrovi dodici staia di grano, ne suoi sedimi, quattro ricoglitoi, tre tini guasti piccoli, un imbuto con la canna piccolo, un banco da torniere, un bancaccio, tre pezzi di modelli guasti, un monte di calcina di circa cinque o sei moggia.

Der Kornspeicher über dem Stall
Nelli granari detti mezzi tempi sopra la stalla
moggia cinquantacinque, staia vinti di grano, moggia cinque, e staia dieci di grano, quale Francesco Sazzari fattore disse l'aver mandato al sig. Girolamo Ballati.

Der Stall
Nella stalla
la rastrelleria sopra la mangiatoia, un cavallo di pelo bianco vecchio per uso del fattore, una bandella vecchia con le staffe, un terzo d'un castello di piane d'albero con alquante taccole, un forcone di ferro nel forno della piazza, vinticinque pezzi di piane d'albero, e altro legname, setti modelli di noce piccoli, 7 pezzi di tavole, un rastrello di ferro da forno.

Die Kellerräume
Nell'entrata della cantina
un bastio vecchio, una bigonzaccia.

Nella cantina
nove botti di tenuta di some cinquanta quattro in circa, otto delle quali sono cerchiate di ferro dentrovi quaranta quattro some di vino fra bianco e nero
(c. 22 v)
e più some sedici in due botti accattate da Messer Vittorio Pretiani prete, mezzo bianco e mezzo nero, un terzino vecchio, sedimi per servitio di detti botti, un imbuto con la canna di ferro, un galletoncello di legno.

Nel primo cellierino a piano
una tinetta vecchia con due cerchi di ferro di tenuta some sette a cavallo, un mastello da sengner vinaccia con due cerchi di ferro, un carratello vecchio, quattro barili vecchi, una barlettaccia, quattro botti di tenuta circa diciotto some, due delle quali sono cerchiate di ferro, dentrovi some quattro di vin vecchio d'anno, una bigonzella da tener sotto li botti, due basilacci guasti, due mollette, due molloni.

Nella caciaia
otto botti di tenuta circa vinti some, una delle quali è cerchiata di ferro, dentrovi tredici some di vino in circa fra bianco e nero, quattro barili, due terzini, nove ziri da olio di tenuta di circa vinti sei stai, dentrovi staia vinti d'olio, in circa un cabbone di cacio, cinque pezzi di tavole, due pezzi di lardo per uso di casa, quattrocento ottanta libre di cacio.

Der Geräteschuppen
Nella capanna
una scala mezaiola, cinque pezzi di tavole, di più si trovorno in detto palazzo quattro forchette d'argento due coltelli piccoletti ed maniche d'ottone.
Nel medesimo palazzo, in una cassa murata a mezza scala per andar di sopra, una ragniaccia gattina, un paio di coppiole con lor tiro, una cassetta piccola senza cuperchio,
(c. 23 r)
nove pezzi di ferri da tornio, tre lime di ferro, due da ferro, e una da legno, un coltello di ferro da cerchia, due succhiellotti, un marco, un segone da ricidere, un paio di molli rotte, una toppa vecchia e guasta, una segha da annessi, un cane e un cagnolodi ferro da bottai, un accetta grande alla franzise, una zappa da fornaciai, due picconi, una segha a telaio, due pesti grossi, una pialla grossa con suo ferro, due pialluzzi longhi con il ferro, due pezzi di ferri da scorniciare, una carriola di ferro, due picconi di ferro, un ferro da pialla, un pialluzzo con ferro, una piastra di ferro, un martello grande, un paio di piastrelle grandi di ferro, una piastrella più grande, più ferracci vecchi di poco conto.

Beschreibung der *poderi* der Venturi
(Siehe hierzu Tabellen „Die poderi
des Palazzo Venturi" im Anhang).

Descrizione di poderi ed altri beni Venturi
(cc. 23 v – 25 r, 46 v – 48 r)

Podere *Il Castellare*
(c. 23 v)
Un podere detto il Castellare
vignate, olivate, arborate, boscate, e sodive di moggia
circa sedici, confina da una banda le chiuse della Chiesa di S. Giovanni Monte Contieri, dall'altra il podere
detto il Cernitoio di Ms Marcantonio Venturi, (...) e con
casa avuta dal contadino, e oliviera da macinare (...) e
sotto mezzaria di Biagio di Giulio Lucatti dalle terre
con quattro paia di buoi da giogo *(Zugochsen)*, uno
detto brunello di pelo nero d'anni dieci, uno il Galatino
di pel'bianco di anni sette, uno detto battaglino di pelo
buglise d'anni nove, uno detto il Ciappino (?) di pelo
rosso d'anni dieci, uno detto il Cernino di pelo buglise
d'anni undici, uno detto il Contadino di pelo nero d'anni sei, uno detto il Tamburino di pelo buglise di anni
sei, (...) di pelo buglise d'anni sette.
Cinque giovenchi *(Alter 5, 4, 3, 1 Jahre)*, una vacca
con una manza piccola, due cavalle, 57 pecore, 37
agnollini, 18 capre, 17 porci fra piccoli, e grandi, due
troie pregne, quale (...) disse S. Biagio esser per nondi-
viso con il podere detto.

(c. 24 v)
Una fornace
con casa appontellata sulle ragion'del Podere del Castellare
con lavoro di Mattoni, docci, e altra sorte di lavoro di
circa trenta migliaia,
delle quali ne presino il possesso detti padroni come
sopra alla presenza di Santi d' Agnolo Capitani, e Jacomo di Domenico da Bibbiano testimoni.

Rintessa
del già Ms Ranuccio Venturi, sotto la medesima mezzaria, sementa di detto Podere staia sessantadue di grano,
due staia di vena. Un altro podere detto

(c. 24 r)
Le Chiuse
sotto la mezzaria di Santi d'Agnolo Capitani con casa a
uso del Contadino con terre lavorative, vignate, olivate,
arborate, boscate, prative e sodive di moggia otto incirca, al quale da il podere detto il Cernitoio, dall'altro la
chiesa S. Giovanni (...) Quattro buoi da giogo in detto
podere *(12 - 6 Jahre alt)*, un giovenco d'anni quattro di
pelo brunello, un manzo (...) pecore et agnelli grandi,
29 agnillini piccoli, due troie con dieci porcellini tre
porci da carne piccolini.
Nel granaio di detto podere vintire e mezzo staia di

grano, (sei ?) staia di fave, otto staia di cicerchie e un
quarto, sementa di detto podere due moggia di grano
staia due di fave, sei staia di vena, un (...) con una pollera nera.

Schifanoia
Un altro podere chiamato Schifanoia
con casa a uso del'Contadino con terre lavorative, vignate, olivate, arborate, boscate, prative e sodive di moggia
dodici incirca (...)
sotto mezzaria di Alardo, e Pasquino.
In detto podere sette buoi da giogo, uno chiamato Co-
lombino di pelo pugliese d'anni nove,
(c. 24 v)
uno vezzotto di pelo puglise d'anni otto, uno Rosino di
pelo rosso d'anni otto, l'altro chiamato inamorato di
pel'puglise d'anni sette, uno detto Montagnolo di pelo
puglise d'anni sei, uno chiamato Tamburino di pelo puglise d'anni sei, l'altro detto Bufalino di pelo brunello
d'anni cinque, un giovenco detto Drillino di pelo brunello d'anni quattro, due giovenchi di pelo nero d'anni
due l'uno, uno cavallo di pelo rosso con uno allievo
sopra due anni, quarantotto capre di pecore, cioè quar-
antadue femine e sei maschij, tre troie con ventuno por-
chette, quattro porci sopra'anno.

Sementa di detto Podere staia cento di grano, sei
staia di Biada, uno staio di fave, delli quali e dì sopradetti poderi i detti padroni ne preseno il possesso alla
presenzia di Jacomo d'Andrea Senesi habitante a Bibbiano, e Santi d'Agnolo Capitano, e nel granaio di detto
Podere di Schifanoia moggia dodici, e staia tre di grano,
staia nove e mezzo di vena un cippo di casa con suo
Chiostro, posto nelle terre del Podere di Schifanoia appigionata una parte a Fabio di Piero Boscaglia, e la loro
parte a Gianni del (...).

(c. 25 r)
Brettonica
Un podere detto Brettonica con casa ad uso del Contadino con terre di staia trenta in circa sotto la mezzaria di
Menico di Zenone Savilli, (...)
sementa di detto Podere nove staia, e mezzo di grano,
due staia e un quarto di fave, una somara, e una pollera,
del quale fu preso il possesso, come sopra, alla presentia di Jacomo d'Andrea Senesi, e Giovanni di Persio
Boscaglia giardiniere testimoni.

*Hier folgt im Nachtrag ein – Wortlaut: – „vor einigen
Monaten wieder gefundenes" Inventar der Hinterlassenschaft von Ranuccio di Salustio Venturi.*

(c. 46 v)
Al nome di Dio, e di Maria Vergine.
Questo è l'Inventario de beni di Villa stabili, e di qual-
che mesi fu ritrovato, appartenenti all'Eredità del Mag-
nifico Ranuccio del Magnifico già Ms Salustio Venturi
Cittadino senese fatto d'ordine del Magistrato de pupil-

li della magnifica città di Siena ed intervento di Ms Camillo Ballati come procuratore, et a'nome di Ms Girolamo Ballati (...)

Die poderi *Montefranchi und Montefranchino mit dem „Il Casino" genannten Haus*

(c. 47 r)
Due Poderi in corte di Monte Franchi,
uno detto Montefranchi, l'altro Montefranchino
sotto mezzaria di Domenico Gorella con terre lavorative (...) di moggia in tutto di circa trenta (...), sei buoi da giogo (...),
(c. 47 v)
cinque giovenchi (...), una cavalla di pelo nero con un pollero rosso sopr'anno, 23 capre (...), tredici porci da carne (...), due troie, cinque porchetti piccoli, cinquantadue pecore. Venti agnelli d'anno fra maschij e femine, quarantatre Agnellini nati questo anno (...). Seminato in detti poderi some tredici di Grano. Due staia di Fave (...).

Nelle ragionij di detti Poderij una Casa detta il Casino con otto staia di terra incirca (...), sotto la mezzaria di Lattantio di Pietro Boscaglia, il quale disse con giuramento haver seminato tre quarti di grano (...).
Erano come detto Lattantio uno staio di Fave.

Una casa per habitatione del Cittadino
dentrovi in due stanze, quattordici moggia, e due staia (?) di grano.
Staia Cinque di Fave, otto staia, e mezzo di Cicerchie, tredici staia di vena.

Muocini (Mocine)
Podere detto Muocini
con Casa a uso del contadino con due Cappanne ed terre lavorative (...) di moggia 25 incirca, al quale danno i fratri di Monteoliveto di Chiusure
(c. 48 r)
(...) sotto la mezzaria di Bartolomeo di Marco Scassi. Quattro buoi da giogo (...), sei giovenchi (...), una somara con una pollera, sessanta pecore, trentadue Agnellini, Venti capre, tre troie con dodici porcellinj, diciasette Porci (...) e detto Bartolomeo mezzaiolo con giuramento disse haver seminato undici some di grano, due staia, e mezzo di fave.

S'aggiongano al sopradetto Inventario moggia ventidue, e staia dicenove, e mezzo di grano in due monti ritrovati in Asciano con (?) Granaio de'Ballati (...)
che appartenessero alla detta Eredità di Ranuccio (...).

Dokument 23

Ehevertrag für Celia di Patrizio di Giulio Venturi und Giulio di Niccolò del Testa
1612 *(1613)*
Archivio Venturi Del Testa XIII
fascicolo 156

Zum Inhalt: Celia, geboren 1599, war das älteste von sechs Kindern des Patrizio di Giulio di Patrizio Venturi; sie heiratete 1614 mit einer Mitgift von 7000 fiorini Giulio di Niccolò del Testa Piccolomini. Unterzeichner des Vertrages waren neben dem Notar der Bräutigam Giulio, der Brautvater Patrizio und Celias Onkel Fulvio. Im zweiten Absatz des Schriftstücks wird im Hinblick auf das zarte Alter der Verlobten ausdrücklich gesagt, dass die Heirat nicht vor Ablauf von zwei Jahren nach Vertragsabschluss stattfinden solle. Tatsächlich heirateten die beiden jedoch bereits im Jahr danach. Die Bedeutung des Vertrages für die vorliegende Arbeit besteht in den Bestimmungen zur Nutzung des Palazzo Venturi; sie sind zitiert in Kapitel IX.4.a.

Adi 18 dÌ Febbraio 1612 *(1613)* in Siena
Per la presente scrittura apparisca come Nel Nome del Omnipotente Dio il Sigre. Giulio del Magnifico già Ser Nicholò del Testa piglia per sua legittima sposa e futura consorte la honestissima Sig.ra Celia Figlia del Eccellente Sig.re Patritio del Magnifico già Sig.re Giulio Venturi, e con essa promette consumare il Santissimo Matrimonio sicome il Sig.re Patritio come padre della medesima promette ch'ella vi consentira secondo la forma data da Sta. Chiesa e per il peso del Matrimonio il Sig.re Patritio promette dargli per dote piastre quattromilia nelli modi, et tempi che da basso.

Primieramente perche li detti sposi sono di étá troppo tenara, ad ogni buono effetto convennero che le nozze non si celebrino se non passati dua anni da hoggi et in quel tempo, e non prima nella datione del'anello, et sebene anco fusse dato prima, il chè non si vorebbe, a conto della sopradetta dote promette il Sig.re Patritio consegniarli in soluto pagamento. Sicome il Sig.re Giulio hora per all'hora si accetta un suo luogo posto fuor della porta Tufi comune di S. Maffeo con tutte sue case, ragioni, pertinentie, e noti confini per la stima, che ne sara fatta all'ora da due huomini da elegersi comunemente, et dal terzo in caso di lor discordia secondo li statuti delli offisiali; c'è di più à conto di dote promette dargli nel medesimo tempo, e il Sig.re Giulio s'accetta quella quantità di donamenti, che li occorirà.

E per il supplimento promette consegniarli passati quattro anni da oggi, e non prima, sicome egli hora per al'hora s'accetta un suo podere detto Schifanoia nel Comune d'Asciano, ed tutte sue ragioni, e pertinentie, e con tutti li anguillacci nuovi, che di presente fà a sue mani, da tenersi, usarsi, et usufruttarsi da detto Sig.re Giulio a uso, e modo d'huomo da bene per tanto tempo,

che egli sia interamente finito di satisfare, il quale usu-
frutto ora per all'ora valutano, e dichiarano asciendere,
et il Sig.re Giulio si accetta a piastre cento settanta l'anno di parte del padrone, e tante promette computassi
ogni anno in dote,

Dichiarando, che li tempi li quali si danno a detto
Sig.re Patritio per far le sopradette consegniationi, e pa-
gamenti, non li corgino interessi dotati, ma dichiara il
Sig.re Giulio farli queste comodita gratis.

E perché il Sig.re Giulio possa commodamente
usare il detto podere di Schifanoia si è obbligà il Sig.re
Patritio ad esso dargli, e consegniarli per tal servitio le
due tina, et un tinello soliti di detto podere, et a questo
affetto il tinaio del Palazzo nel tempo della vendemmia,
sia comune, sicome anco promette prestargli quattro
botti di 4 some l'una. e di più bisogniandoli achomodar-
li della sala, et due camare del piano di sopra del Palazzo, lo stallino del pollaio, e il celliere del forno per do-
verli il tutto restituire e relassare non deteriorato, insieme con il detto podere di Schifanoia.

Item convengono che il detto Sig.re Patritio sia obbligato consegnarli per stima da farsi da due huomini da
leggersi comunemente, et il Sig.re Giulio sia obbligato
ricieverli, sicome ora per all'ora li accetta ogni quantita
di bestiame, che in quel tempo si trovara in detto podere da restituirsi pur per stima come sopra nella restituti-
on di detto podere seminato nella quantità, et forma che
l'haverà ricieuto.

Item convengono che il detto Sig.re Giulio sia obligato dal Sig.re Patritio per li tempi ricievere ogni quantita di denaro da cinquanta scudi in su, che li occorrisse
volerli pagare a conto di dote, e non possa recusarli.

Item et finalmente s'obliga il Sig.re Giulio subbito
che sarà finito di satisfare, a volunta del Sig.re Patritio,
o da chi in quel tempo sarà che lo procuri per servitio di
detta Sig.ra Celia farli l'istrumento dotale, in forma, e il
patto del'Antifasi secondo l'uso, del quale convengono
per la presente scrittura e il tutto segua a buona fede, e
a lode, e gloria di Dio, quale per sua misericordia con-
ceda alli detti sposi lunga, e felicie vita con feconda
prole di figli, e che sieno a servitio di S Divina Maestà,
et Io Rutilio Marsilij ho fatta la presente adistanza delle
dette parti, e da esse sara sottoscritta di propria mano
questo dì e anno detto e della presente ho di mia mano
fatto una copia la quale anco sara nel medesimo modo
soscritta dalle parti, e servirà anco essa per originale per
doverne restare una per ciascuna delle parti.

Il medesimo Rutilio che sopra
Io Giulio sopradetto affermo e m'obligo a quanto sopra
Io Patritio Venturi prometto et affermo quanto sopra
Io Fulvio Venturi (...)

Dokument 24

Divisione fra Antonio Venturj e Mariano Venturj
1509 *(1510?)*
Archivio Venturi Gallerani XVII
fascicolo 21

*Zum Inhalt: Bei diesem Dokument - einer frühen Kopie
des nicht mehr auffindbaren Originals - handelt es sich
um den Vertrag zur Aufteilung des Hauses der Venturi
in Siena, Via delle Cerchia 5, zwischen den Brüdern Antonio und Mariano Venturi. (Zu Mariano vgl. die Erinnerungen seines Sohnes Agnolo, Dokument 18). Die
räumliche Disposition des dreistöckigen Gebäudes am
Prato di Sant'Agostino wird exakt dargelegt, gleichzeitig geht es um die präzise Auflistung der Pflichten seiner Bewohner. Beide Parteien haben in gleicher Weise
zur Instandhaltung des „Palazzo" beizutragen, für welchen einige Veränderungen vorgesehen sind, wie etwa
der Einbau diverser Fenster (1 v), darunter zweier Glas-
fenster, „finestre vetriate" (4 v), oder auch der eines in
Haustein gefassten Portals (2 r).*

*An erster Stelle der Pflichten erscheint das Verbot,
Abfälle aus den Obergeschossfenstern zu werfen – es
sei denn aus den Küchenfenstern und zwar jenen, die
sich auf den in Richtung San Marco führenden „Ausguss" (acquaio, hier wohl als Rinnstein zu verstehen)
öffnen (1 v). Auch dürfen die Bewohner der unteren
Räume nicht dadurch belästigt werden (4 r). Ein weiterer Punkt betrifft die Pflege der Zisterne und ihre regel-
mäßige Säuberung und Entleerung mit Eimern „an
Stricken" (a funi) und Karren (1 v). Auch die Straße muß
gereinigt werden (2 r). Die Anlage der Treppen wird
ebenso expliziert wie die Einteilung der der Aufbewah-
rung von Öl, Korn und Wein, Holz und Stroh dienenden
Räume. Ein gemeinsames großes Kellergeschoss muss
mit einem Schlüssel verschlossen werden, jede Partei
soll ihren eigenen Schlüssel haben (3 v). Die Mauern des
Hauses dürfen nicht verändert werden (2 r). Der
Schlusssatz stellt klar, dass Mariano Venturi das Obergeschoss bewohnen wird (6 r). Weniger klar ist jedoch
die Datierung des Dokuments: Dessen Beginn mit dem
22. Januar 1509 Sieneser Zeitrechnung, also dem 22. Januar 1510, müsste am Schluss der 22. Juni 1510 folgen,
jedoch ist wiederum das Jahr 1509 genannt. Wie anzunehmen, handelt es sich hier um einen Fehler des Ko-
pisten.*

(c. 1 r)
Al nome di dio adì 22 di gennaro 1509
(...) Antonio di Giovanni d'Agnolo Venturi con Mariano mio fratello carnale et
imprima si porra la divisione della casa nostra di Siena
partita in duo parti come qui di sotto
– Dichiaro che una parte di dicta casa sía al primo
    piano con tutte le sue stanze a piano rimanendo l'en-
    trata principale di essa casa col ridotto suo comunale

Et che'l fondo di dicta parte sia tutto il fondo che viene verso san marcho congionto col muro comunale et vicino a Ser Quirico di Ser Riccio al presente, nel qual fondo v'è al presente la camera del pane et dinanzi el celliere dietro del aceto e cosi sia di dicta parte puto *(ritengo)* e'l fondo di dicte stanze com suo celliere et cantina qui disotto seguano guincto - però dichiarato che'l fondo di dicta parte possi andar'ala boccha della citerna factovi per tramezo al celliere, di mezo il qual celliere vi era sotto el granaio della sala el qual muro si vien di farci ali spese comuni in modo che detto andito venghi largo braccia due.

– Et piu con questa parte do et aggiongho il granaio grande sotto la sala questo però dichiarito che l'entrata di dicta granaio et fondo dicto debbi essare et sia scendendo personalmente giu per la piaggiarella infino ala pianarella et che l'entrata (...) dicto fondo sia et esser s'intenda solo il primo uscio amano retta

(c. 1 v)

– Et piu con questa parte dichiaro et aggiongho le stanze che sonno al terzo piano verso Santo Augustino et allato Ipolito begliarmati et dale finestre dinanzi infino di dentro e seguitando sopra dicte stanze insì *(in su)* al tecto rimanendo però delle schale per transito et non per uso come insino a l'entrara dell'uscio della camera del'uscio di sopra dele camere teneva già Agnolo alqual uscio solo sìa l'entrata di dette stanze et non per altro lato dovendosi murar qualunche altro uscio o finestre fussero nel muro di mezo insino ala mora della cola *(scolo)* della citerna et simile di sopra infino al tetto con questa dichiarar che chi havra hora questa parte possi fornire uno tramezo di sopra financho insino al palcho morto a fare el palcho rozo al modo degli altri a spese comune

– E piu sida a questa parte le stanze sotto al'arco dell'abbadia cioè quello che v'è il camino fosse da grano

– E pui si dichiara e a qualunche tocchara dicta parte non possi ne debbi gittare per uso di casa excepto che per le finestre di chucina cioè a quello che è piu presso a l'aquaio *(acquaio)* verso san marcho

– E piu si dichiara che, tanto colui a chi tocchara questa parte, quanto il l'altro, essar obbligato a mantenere la citerna di docci *(tegola)* come chole secchie a funi et charriuole *(carriole)* et così di vuotarle e per qualunche spesa acchadesse necessaria.

– Et più si dichiara chi tochara questa parte non tochare ne rimuovare cosa alchuna nele mura principali quando pericholo vi fusse, senza consenso et di volontà dell'altra parte,

(c. 2 r)

ma solo li sia licito et possi livoti (?) et corpi di drento a suo modo riactare, salvo sempre le mura, non si venghino a (...) cosi s'intenda parimente ciaschuno obligato a mantenere le mura et fondi di dicta casa.

– Et piu si dichiara che a chi tochara questa parte sia tenuto, insieme con l'altra parte, far nectare *(nettare,*

pulire) la via di dietro cioè quella dinanzi ala casa nostra.

– Et piu s'aggiogne a questa in una parte che possi usare nel intrare et usare l'uscio del celliere di mezo dovendosi però tener chiuso a chiave et ciaschuno habbi la sua chiave et la toppa si facci comunemente.

– Et piu si da a questa parte una porta di macigno di concio *(pietra tagliata, Haustein)* la quale e nel ridotto non ancho *(ancora)* murata che sia di questa parte

– Et piu si da con questa parte la credentia la quale e al presente nela sala a piano di questa parte.

(...)

(c. 3 v)

– Segue qui di sotto l'altra parte facta per me, Antonio venturi con Mariano mio fratello come di sopra, et per prima dichiaro per l'altra parte della casa intendi essare el secondo piano tutto, salite le prime schale, rimanendo però l'entrata della casa et ridotto principale di sotto comune come è nell'altra parte.

– Et similmente rimanghino le schale comuni infino al terzo piano et il fondo di questa parte s'intendi essare di potere scendere per la comunale scessa che va a dicti fondi come ne l'altra parte e detto, et alla fine di dicta scessa voltando a man' mancha s'intendi per tutto seguitare il fondo di questa parte, cioè che sia suo la stanza dove è el'oglio sotto al ridotto, et di poi le stanze dove sono le legnia et il palcho dove sta la paglia et tutte le stalle di sotto a dicto palcho con quella pocha cantina.

– Et piu al celliere grande di mezo con suo cantina, el qual celliere viene sotto el granaio dato a l'altra parte, questo pero dichiarato: che in dicto celliere si facci un tramezo di costo ala boccha della citerna per braccia due, et questo a chagione che l'altra parte possi dicta citerna usare come in quella si contiene; el qual muro ovver tramezo si facci di comune spesa et così rilasciamo l'uso dela porta di fuore di questo cellier comune dovendosi tener chiusa a chiave et ognuna dele parti habbi la sua chiave, questo però dichiarato:

(c. 4 r)

Che questa parte possi serrare el uscio et andito che al presente va a dicti fondi di stalle et legnia et così rimanghi libero l'uscio in pie' *(piedi)* della pianarella che scende a dicta celliere grande.

– Et piu si aggiogne a questa parte le stanze del terzo piano che vengano verso San Marcho, cioè la sala grande et loggia, camara con finestre diverso la strada et sua anticamera insino al muro di dietro et seguitino tutte dicte stanze di sopra al tecto.

– Et più agiognamo a questa parte le due stanze di dietro che so'rimaste sotto il lorto dell'abadia diverso la cavina.

– Et piu dichiariamo che questa parte non possi per alchuno modo usare di gittare per alchuna finestra o loggia di dietro e dinanzi excepto solo che per la finestra la quale viene a lato a l'aquaio di questo aciò

178

che la parte di sotto in alchuno modo non vengha impedita.

– Et piu si dichiara achi tochara questa parte, sia obbligato mantenere la citerna di docci, cole funi secchie et parimente come nel'altra parte.

– Et piu si dichiara che a chi tochara questa parte, non possi mandar *(?)* le mura principali senza consensa dell'altra parte ma solo possi li corpi et voti rimutare stando ferme le mura principali et ognaltra cosa sia obligato al mantenimento d'epsa casa come nel l'altra parte si contiene

(c. 4 v)

– Et piu si concede a dicta parte che possi et li sia licito fare ale spese comune due finestre vetriate in sala a capo l'uscio dela loggia e una piccola in camera al lato al palcho che circa a uno braccio 1/4 per ogni verso

(...)

(c. 6 r)

Io Mariano di Giovanni d'Agnolo venturi questo dì 22 di guigno accepto et piglio per la parte mia delle due parti facte per Antonio mio fratello maggiore questa (...) parte cioè la casa di Siena cioè el piano di sopra (...)

Anno domini 1509

Dokument 25

Libro delle Scritte del Contado dell'anno 1525
Lira 267

Die Erklärungen wurden von allen Gemeinden des contado abgegeben. Jede von ihnen war in einem der drei terzi Sienas steuerpflichtig; die landesweite Aktion war nach dem Sturz der Regierung Petrucci zur Vorbereitung einer Reform der vorangehenden (1485) extrem harten Besteuerung beschlossen worden. Zitiert ist hier eine signifikante Auswahl aus dem insgesamt 730 Blatt umfassenden Dokument.

Zum Inhalt: Die verarmten Gemeinden beklagen übereinstimmend, dass ihr gesamter Besitz an Land und Vieh seit der letzten Besteuerung in die Hände der Städter übergegangen und ihre Verschuldung derart gestiegen sei, dass nicht einmal mehr das Arbeitsgerät bezahlt werden könne (Vescona). In Leonina ist kein Zugochse mehr in Gemeindebesitz, 1485 waren es noch zwölf. Die (sieben) Bauern von Campriano bei Murlo, die früher eigenen Grund hatten, mussten schon „vor mehr als 30 Jahren" alles Hab und Gut an die Städter verkaufen, geblieben ist der Gemeinde nur das bescheidene Gasthaus, das jedoch weder Pferde noch Fußgänger beherbergt, weil eine Straße fehlt. Die Männer von Iesa bei Monticiano müssen sich als Taglöhner „mit der

Hacke" verdingen - die Erben von Pandolfo Petrucci hätten den Gemeindegrund aufgekauft aber nie bezahlt, ihre Verwalter das Vieh geraubt. Den 35 Männern des Dorfes seien insgesamt 80 staia Grund geblieben (rund 3000 qm pro Kopf bezw. Familie).

Campriano
Terzo di Città
(cc. 191 r–v)

(...) li omini partichulari non anno cossa nisuna propria è perche tutti per molti anni addrietro anno vendutto a cittadini: solo l'è rimassa una chasetta, quale serve per hostaria di chomuno che non allogia ne chavalli ne pedoni perche, chome e noto a Vostra Signoría li non è strada e prebenda nisuna dela quale si cava (...) che non bastano a pagare licienza ala vostra chiesa chatredale (...)

più che 30 anni sonno che tutti li omini del comuno vendero loro beni e (danno) aiuto loro e povari mezzaiuoli di Campriano a paghare detta mala tassa adesso che non si truova chi vi voglia stare (...)

Comune della villa di Iesa
Terzo di Città
(c. 136)

El nostro povaro chomuno non si trova piu avere corte o pocha perche la magiore parte la tiene le rede del magnifico pandolfo per la quale luy ne dava lanno fiorini (?) 15 di fatto cioè lire 60 e da anni 18 o 20 in qua ci disse averla chomprata e non cia dato mai niente e per non essarsi mai terminata labbiamo persa quasi tutta perche li suoi fattori per tutto ci predaro *(rubarono)* le bestie e accusaronci tutto dy modo non ci potiamo stare e siamo forzati andare allavoro chon la zappa per la maremma (...)

Item in nostra villa dei nostri uomini partichulari sonno chirca vintj chasipoli e fra tuttj li uomini che siamo circa 35, si trovano circha staia 80 di terra (...)

Leonina
Terzo di San Martino
(c. 113)
(10 poderi, 15 paia di buoi)

E tutti questi beni qui di sopra scritti sonno beni di cittadina e ala tasa vechia ci trovavamo paia 6 di buoi di chontadini e al presente non ce ne troviamo nisuno (...)

Vescona
Terzo di San Martino
(c. 229)

(...) tutti li beni (...) sono di cittadini e noi non ci habbiamo alcuna cosa stabile

habbiamo ben grandissimo debito con li nostri magnifici e con altri cittadini e simile debito grandissimo in comune tale che a pena possiamo radunare li detti per li mezzi e beni habbiamo a lavorare (...)

Roccatederighi
Terzo di Città
(c. 73r)
Al nome di dio
Dinanzi da vuoi spectattissimi cittadini eletti et deputati a fare la nova tassa del contado dela magnifica Città di Siena
Dicesi per noi comuno dela rocha Tederigi umilissimi servidori di Vostra Spettabilità chome si trovano havere in comuno li sottosrcitti beni et entrate cossi la sottoscritta uscita et prima
(...)
Item si fanno a Vostra Spettabilità come nela Corte nostra non ci è poderi perchè è hogni cossa a boschi et machie et si va a lavorare ne li piani a terra tichi neli terreni di Lattaia et Sticiano. Circha a li beni de' particulari deli nostri homini sonno beni di pocho valore et frutto et per seguitare l'ordine dato da vostra Spettabilità saranno descritti partichularmente voi di sotto et ragionarassi la valuta a fiorini di lire quattro per fiorino. Secondo sonno alirati nela nostra Lira, et prima (...)
(c.76v)
Si racomanda quella terra a vostra Spettabilità, che è in uno luogo diserto et sonno povarissimi et essi, preso la stima deli beni de' particulari secondo la nostra lira, che volendosi vendare dette robbe non se ne trovarebbe niente perchè non sonno di frutto, né in prezo alchuno. Et si aricorda a vostra Spettabilità chome et quando furono tassati lire 516, che è la tassa che si seguia al presente, li homini dela terra nostra erano di richeze et di robbe benestanti et le cosse de' partichulari erano bene a hordine et di frutto asai, che al presente sonno di frutto quasi niente perché siamo impoveriti et le cosse nostre stabili sonno abandonate et tutto si pò vedere per le scritture di chi viene a scrivere li vini. Del grano non se ne ricoglie nela nostra corte altro che pochissimo, et quello pocho che si richoglie con la zappa con le braccia, di sorte che siamo in grande povertà.
Ci raccomandiamo a vostre Signiorie.

Übersetzung der Erklärung der
Gemeinde Roccatederighi:
(c. 73 r)
Im Namen Gottes
Vor Euch allerehrwürdigste Bürger, die ihr gewählt und gesandt seid die neue Steuer des contado der hohen Stadt Siena zu festzusetzen, erklären wir, comune von Roccatederighi, untertänigste Diener Euer Ehrwürden, welchen Besitz die Unterzeichneten haben, welche Einkünfte und ebenso welche Ausgaben (...). Ebenso machen wir Euer Ehrwürden bekannt, dass sich in unserem Gemeindebezirk keine poderi mehr finden, weil alles Buschwald ist, so gehen wir zur Arbeit in die Ebenen (...). Der Besitz der Selbständigen unter unseren Leuten ist von geringem Wert, er bringt wenig Frucht. Um die Anordnung von Euer Ehrwürden zu befolgen, wird hier im Einzelnen beschrieben, worum es sich handelt, und der Wert in fiorini zu vier lire per fiorino angegeben (...).
(c. 76 v)
Wir tragen Euer Ehrwürden vor, dass unser Land an einem verlassenen Ort liegt und dass die Bürger sehr, sehr arm sind und dass sie, wie der aufgeführte Wert der Besitztümer zeigt, diese auch nicht verkaufen könnten. Es fände sich kein Käufer, denn der Besitz bringt keine Frucht und hat keinen Preis. Und so wollen wir Euer Ehrwürden in Erinnerung rufen, dass die Menschen in unserem Gebiet noch reich und wohlhabend waren, als wir – vor der jetzigen Steuer – mit 516 lire besteuert wurden (Gesamtabgabe für die Gemeinde); die Selbständigen hatten ihre Güter in Ordnung und reichlichen Ertrag, wo heute nichts mehr zu ernten ist, weil wir verarmt sind und unser Land verlassen ist, und das alles kann man aus den schriftlichen Zeugnissen jener ersehen, die kommen, um die Weinernte zu protokollieren. Korn wird bei uns nur noch ganz wenig geerntet, und das Wenige mit der Hacke und der Kraft unserer Arme. So leben wir in großer Armut.
Wir empfehlen uns (der Gnade) des Rats der Stadt.

Anmerkungen

Abkürzungen

In den Anmerkungen, der Dokumentation und der Bibliographie werden die unten folgenden Abkürzungen verwendet; die Archivbestände sind in Kapitel XI, Die Quellen, näher beschrieben; zu einzelnen der zitierten Begriffe s.a. Fachworterläuterungen.

Auf Literatur wird durch den Namen des Verfassers, ggfs. den Kurztitel eines Werkes verwiesen, dessen voller Titel in der Bibliographie erscheint.

Institutionen:

ASF	Archivio di Stato di Firenze
ASS	Archivio di Stato di Siena
BAV	Biblioteca Apostolica Vaticana
BCS	Biblioteca Comunale degli Intronati di Siena
CISA	Centro Internazionale di Studi di Architettura Andrea Palladio

Archivbestände, Zeitschriften:

ANAC	ASS, Archivio notarile antecosimiano (→ Kap. XI. 1.)
BSSP	Bullettino senese di storia patria
Cat.tosc.	ASS, Catasto toscano (→ Fachworterläuterungen)
Curia	ASS, Curia del placito (→ Kap. XI. 1.)
Particolari	ASS, Particolari „Famiglie senesi" (→ Kap. XI. 1.)
Vent.Gall.	ASS, Archivio Venturi Gallerani (→ Kap. XI. 1.)
Vent.Test.	Archivio Venturi del Testa Piccolomini (→ Kap. XI. 2.)

Italienische Abkürzungen in Quellenzitaten:

c., cc.	= carta, carte
ms., mss.	= manoscritto, manoscritti
r., v.	= recto, verso
rist. anast.	= ristampa anastatica
vol., voll.	= volume, volumi

Zu: Einleitung

[1] Vgl. Bödefeld/Hinz 1998, 69 – 163; Ulmer, 33f.

[2] Die Angaben des geographisch/geschichtlichen Überblicks entstammen folgenden Quellen: Cammarosano/Passeri 1985, 378 – 383; Chironi, 395 – 406; Davidsohn, Bd. 4, 1925, 12 ff; Ginatempo 1988, 254, 461ff; Herlihy-Klapisch-Zuber, 183; Moscadelli, 275 – 278; Opll, 428 – 434; Piccinni/Francovich 1985, 259 f, 263, Anm. 10; Pinto 1987, 241; Vismara, 219 – 257.

Zu Kap. I, 1

[3] Mielsch, 7 ff.

[4] Ulmer, 15; v. Moos, 103; Ackerman 1990, 9; Frommel 1961, 86.

Zu Kap. I, 2

[5] Patzak I, 72; Beiworte wie *Villa suburbana, Villa rustica* bezeichnen besondere Ausprägungen in der Nutzung der Villa; vgl. Fachworterläuterungen im Anhang.

[6] Vita di Donato Velluti, Giudice. Firenze 1731, 3, 4.

[7] Dörrenhaus, 40, Fußn.31.

[8] Das Villani so Begeisternde an dieser römischen „Mode" dürfte die Öffnung der Erdgeschosse mittels säulengetragener Portiken gewesen sein: „Portiken schienen zum Markenzeichen der prächtigen Typen der hochmittelalterlichen Wohnhäuser in Rom geworden zu sein" (Krautheimer 1987, 322 f).

[9] Cronica di Giovanni Villani, Firenze 1823, Libro XI, Cap. XCIV (Vol. VI, 187). Das Zitat übersetzt: „Es gab keinen Bürger aus dem Volk oder der Oberschicht, der sich nicht im *contado* einen großen und reichen Besitz errichtet hätte oder errichtete (...). Und so Wunderbares war da zu sehen, dass die Fremden angesichts dieser reichen Bauten und Paläste im städtischen Umkreis von drei Meilen glaubten, dies alles sei bereits die Stadt selbst. (Eine Stadt) wie ein Rom ohne die über die Stadt hinausreichenden reichen Paläste, Türme, Höfe und ummauerten Gärten, die in anderen Landstrichen Kastelle genannt würden".

[10] Vgl. Cherubini 1974, 146: (Repetti) „non si è affatto posto il problema di rispettare la terminologia corrente alla fine del medioevo per indicare le varie forme dell'insediamento umano nella campagna".

[11] Giovanni Boccaccio, *Il Decameron*, a c. di Giuseppe Petroni, Torino 1950, Vol. 1, Prima Giornata, Introduz., pag. 122: „Era il detto luogo sopra una piccola montagnetta (...) in sul colmo della quale era un palagio (...)".

[12] „Giovanni Boccaccio ci ha lasciato una preziosa descrizione di questo tipo di villa ..."; Ville Italiane. Toscana (1), 12.

[13] Patzak I, 108.

[14] Villa Guinigi, Lucca, 1413/20.

Zu Kap. II, 1

[15] Cherubini 1974, 146 ff; Vismara, 219.

[16] Die Verleihung zweier Privilegien Barbarossas, 1158 und 1167, erlaubt eine präzise Datierung des kommunalen Vordringens in den *contado*; Cammarosano/Passeri 1985, 379.

[17] Cammarosano 1979, 266.

[18] Pinto 1982, 157 f.

[19] Cherubini 1974, 264 – 273.

[20] Pinto 1982, 238.

[21] Die Zitate sind Cherubini 1974, 271 ff entnommen.

Zu Kap. II, 2

[22] Archivio dell'Ospedale degli Innocenti, Ospedale di San Gallo, s. LXXIII, Estranei, 576, cc. 78 v, 80 v (zit. nach Pinto 1982, 240, Fußn. 73).

[23] *Palco*: Gerüst, Bühne, hier zur Unterteilung des Hauses in Erd- und Obergeschoss. Zitiert aus: I libri di commercio dei Peruzzi, 468 (s. folgd. Anm. 25).

[24] Conti III, 15; Stopani, 33, Fußn. 1.

[25] Der Libro segreto ist Bestandteil einer Sammlung von Rechnungsbüchern des Florentiner Handelshauses Peruzzi, herausgegeb. v. Armando Sapori: I libri di commercio dei Peruzzi, Milano 1934.

[26] Beispielsweise 1313 „un palagio con corte e case", 1315 „un podere con palagio e corte e case basse", 1320 ein größeres Anwesen „con corti palagi e giardini"; I Libro di commercio – Il Libro segreto, 484, 469, 431.

[27] Braune, 49: „Palasbauten waren durch ein Portal zugänglich (...). Bei allen überwölbten Grundgeschossen, in denen ein Durchbruch in der Wölbung fehlte, musste der Zugang zum Wohnbereich im ersten Obergeschoss über einen Einstieg (meist) direkt über dem Portal (erfolgen)".

[28] I libri di commercio – Il Libro segreto, 479, 481, 482; der Gesamtwert des *podere*: 5089 *lire*, 5 *soldi*; ausführl. zum Besitz der Peruzzi: Stopani, 28.

Zu Kap. II, 3

[29] 1316 beschloss der Sieneser Consiglio generale (das Parlament) diese 1320 beendete Erhebung, die einer revidierten Besteuerung der Bürger dienen sollte. Erst 100 Jahre später folgte die bekanntere Florentiner Erhebung, der *Catasto* von 1427. Hierzu u. a. Conti, 1965, Herlihy/Klapisch-Zuber, 1978. Zur Interpretation des Sieneser Datenmaterials s. Cherubini 1974, 231 – 311; zu den Daten selbst s. Cherubini 1975, 355 – 510.

[30] Deklarationen s. ASS, Estimo 130, c. 14 r (Fazio); c. 9 r (Bullione); Cherubini 1974, 248.

[31] Dargestellt ist die Landschaft im Süden/Südwesten Sienas (Starn, 41; Siena, Le Masse, Terzo di Città,18). Dass die Darstellung realistisch sei, vertritt auch Cherubini 1974, 154 – 156.

[32] Von relativer Sicherheit insbes. in Stadtnähe ist im frühen Trecento noch auszugehen. Im Zusammenhang mit Hungersnöten, Pest und Entvölkerung verschlechterte sich die Situation etwa vom vierten Jahrzehnt an drastisch; bislang ungeschützte *insediamenti* wurden

nach Mitte des Jhs. befestigt; Passeri 1977, 269; Piccinni/Francovich, 260.

Zu Kap. III, 1

[33] Bödefeld/Hinz 1998, 69 – 77.

[34] Zu Entstehung u. Architektur der Villa, in der Literatur auch als „Palazzo Quarconia" bezeichnet, s. Belli Barsali 1980, 77 ff; Patzak II, 65 ff.

[35] So Bandmann zur Dreibogengruppe, die in der byzantinischen Baukunst als eine ein Geschoss oder ein ganzes Bauwerk nobilitierende Fenster- und Portalgliederung große Verbreitung hatte; Bandmann, 110f.

[36] Etwa 70 Jahre später wird dieser Portikus bei Palladio Leitmotiv seiner Villenbauten.

[37] Frommel 1961, 88.

[38] Rupprecht 1966, 243.

Zu Kap. III, 2

[39] Während Swoboda 1969, 307 f, selbst einschränkte, dass deren Eckrisalite „nicht ganz sicher" zu rekonstruieren seien, wurde die viel diskutierte These u.a. von Ackerman 1963, 16 („Galeata is proof of the Italian ancestry of the Fondaco") als hinreichend bewiesen erachtet, inzwischen gilt sie jedoch als unhaltbar; s. u.a. Bolzani 1994 in Fiore 1998, 238, Fußn. 72. Zur Problematik von Swobodas Herleitungsvorschlägen s. a. Mielsch, insb. 57 f.

[40] Anders als in den nordwestl. röm. Provinzen, in Britannien, Gallien, Germanien, in welchen sich die Portikusvilla insbes. im 2. u. 3. Jh. häufig u. in beträchtl. Größe findet (z. B. in Nennig), ist in Italien selbst von einer Verbreitung der Peristylvilla auszugehen. Sie besteht aus einem durch Säulenhallen gegliederten offenen Komplex von Bauteilen u. hat keine Verteidigungsfunktion, wie sie die Portikusvilla in der Spätantike unter Diokletian aufwies, Mielsch 57 f, 159; Swoboda 1969, 273 – 278, zur Portikusvilla als dreischiffigem Typus. insb. 282 f.

[41] Im Verlauf von Grabungen in Istanbul südöstl. des Aksaray wurden die Fundamente des von Romanos I. Lakapenos ab 920 errichteten sog. Bodrum-Palasts freigelegt, die den Fassadenschema der Portikusvilla mit Eckrisaliten folgen; Restle 1976, 296 f; 1990, Sp. 513.

[42] Patzak äußert sich mehrfach zum „nachweisbar starken Import orientalischer Kultur" u.a. via Pisa; so habe die Stadt bereits um 1100 einen *Fondaco*, eine eigene Handelsniederlassung in Konstantinopel besessen; „die Vermutung, dass auch orientalische Baugedanken zugleich mit der massenhaften Einfuhr morgenländischer Erzeugnisse in die Toscana eingewandert sein könnten (...) liegt schon a priori recht nahe"; Patzak I, 43 ff, 81, 85.– Zum Baukunst-Transfer von Ost nach West s. a. Sanpaolesi, 142; Braune, 59 – 67, 78, 91.– Zur Bedeutung Pisas für Siena s. Hicks, der Siena als „kulturellen Satelliten" Pisas bezeichnet, Hicks, 9; zu Pisa als Drehscheibe für intensive Handelskontakte Sienas zum Orient s. Tangheroni, 85 – 88.

[43] Frommel 1961, 116.

[44] Plinius d. J., Briefe, II/17, V/6, IX/7.

[45] Vgl. hierzu auch Peruzzis Villenskizzen, besonders UA 15, 15 b r, 15 b v, 614 r und 616 r, in welchen er jeweils Kastelltürme durch Portiken verbindet.

[46] Vgl. das Anschauungsmaterial bei Lensi Orlandi u. im Band Toscana (1), Ville Italiane.

[47] Vgl. Villa Fagnano Kap. VIII, Abb. 55/56 und Farbabb. 11 – ein wahres Paradebeispiel!

Zu Kap. IV, 1

[48] Der ursprüngliche Bestand umfasste über 600 Zeichnungen; die Biblioteca Comunale degli Intronati di Siena bewahrt sie, soweit erhalten, in den Manuskriptsammlungen C.II.3 u.4 und legte 2000 eine Veröffentlichung vor (s. Bibliographie). Romagnoli (1772-1838) war Historiker, Komponist und Kapellmeister in Siena; seine Lebensdaten finden sich außer in der zitierten Veröffentlichung u.a. in seiner nicht publizierten Autobiographie (BCS, ms. K, IX, 36).

[49] Der Vorortsbereich von Siena, spätestens vom 13. Jh. an *Masse* genannt, war ein Gebiet mit eigener Rechtsform unter direkter Verwaltung durch die Stadt.

[50] Der Chianti gehörte von einem schmalen Streifen an seiner südlichen Grenze abgesehen bis zu den Verwaltungsreformen des 18. Jhs. zu Florenz; der Baustil seiner Villen ist florentinisch geprägt: Steinbauten und durchgehende, nur von Fenstern und Portalöffnungen unterbrochene Wandflächen überwiegen.

Zu Kap. IV, 2

[51] BCS, ms C. II. 4, c. 134; die dem Blatt mitgegebene Beischrift lautet: „Il Pavone, già Palazzo dei Sig.ri Bandinelli fuori di Pta. Romana, architett. da Cecco di Giorgio per ordine di Lorenzo Ghini nel 1465. Atterato nel 1825 dal Sig. Mario Bianchi per fare il prossimo Casino architettato da Agostino Fantastici" („Cecco": Diminutiv von Francesco).

[52] Patzak II, 53, 143, 197, Anm. 354.

[53] 1465: „La casa che cominciò Lorenzo mio padre dela quale e fatto solo lo scoglio di fuora" („die äußere Schale"); Transkription s. Dokument 1.

[54] Romagnoli beschreibt „Il Pavone" detailliert in seiner Biografia Cronologica de'Bellartisti Senesi, IV, 927.

[55] Diese Form, das steinerne Ädikulafenster – in Florenz für sakrale und öffentliche Bauten konzipiert (erstes Beispiel im Profanbau: Ospedale degli Innocenti, 1445) –, wurde nur in Siena so zügig in den privaten Palastbau übernommen; das früheste bekannte Beispiel stellt tatsächlich „Il Pavone" dar, solang der vermutlich zeitgleich errichtete Palazzo Bandini nicht präzis datiert ist. In offensichtlicher Unkenntnis der vorhandenen Archivalien wird dessen chronologische Einordnung jedoch als „unsicher" bezeichnet; Heil, 261f, 272.

[56] Palazzi Piccolomini „delle Papesse", ab 1460, Piccolomini, ab 1469, Spannocchi, 1473–75.

Zu Kap. IV, 3

[57] SIGISMUNDUS CHISIUS HOC CURARUM REFUGIUM EXTRUXIT. A. D. MDV.

[58] Die Arkaden sind im Erdgeschoss leicht, im Obergeschoss stärker abgeflacht; die Pfeilerhöhen vermindern sich im Obergeschoss gegenüber jenen des Erdgeschosses um ca. 25 %.

[59] Die malerische Ausstattg. war 1522 vollendet; F. Chigi, Chisiae Familiae Commentarii, 96f.

[60] So etwa den Fenstern und ihrer Rangordnung: Hochrechteckige Fenster mit profilierter Rahmung und Gesims- oder Gebälkabschluss sind Kennzeichen der Renaissancefassade; an Le Volte erscheinen sie erstmals an einer Sieneser Villa; gleichzeitig setzen sie sich mit dem Palazzo del Magnifico (1503–1508) auch an Stadtpalästen dauerhaft durch. Als Vorbild für die ionischen Konsolen der Erdgeschossfenster von Le Volte gilt Poggio a Caiano; auch die Gartenseite des Pal. Piccolomini in Pienza weist diese Fensterform innerhalb des Erdgeschossportikus auf; Heil, 231–234, 240f; Fiore 1993, 322. Neu für den Senese ist außer der Form der Fenster deren unterschiedliche Größe: die kleinere Form gehört dem Erdgeschoss, das Hochformat zeichnet den *piano nobile* aus, eine Differenzierung, die Francesco di Giorgio auch an Pal. della Signoria in Jesi (1485/86) realisierte; Heil, 230.

[61] Bödefeld/Hinz 1998, 201f, 222.

[62] Fiore sind die maßgebenden, zugleich neuesten Forschungen zu Le Volte zu verdanken; er erkennt Francescos Modell in S. Chiara; Fiore 1993, 321f.

[63] Poggio Reale, ein Entwurf Giulianos da Maiano, nach Mitte des 18.Jhs. vom Erdboden verschwunden und außer aus Beschreibungen nur aus der – nicht zuverlässigen – Darstellung Serlios (III, 146f) bekannt, wurde im Zusammenhang mit Planung u. Bau der Farnesina auch von Peruzzi studiert, der den Grundriss skizzierte (UA 363r–v); Francesco di Giorgio fungierte vermutlich zwischen 1491 u. 1493 als Berater für das Projekt; Frommel 1961, 9off, 96.

[64] Noch für den Aufriss des Florentiner Pal. Medici konnte bislang (1995) kein schlüssiges Proportionssystem gefunden werden, Heil, 27.

[65] Eine Mitwirkung Peruzzis an Le Volte wird überzeugend von Fiore vertreten, Fiore 1987, 149, 167; 1993, 322; 1998, 286; Frommel geht einen Schritt weiter – er hält Le Volte für das Erstlingswerk Peruzzis; Frommel 1987, 26.

[66] Offiziell tritt Sigismondo das Erbe erst im Todesjahr des Vaters an, 1504, aber bereits 1500 finden wir ihn mit der Erweiterung des väterlichen Palasts in Siena befasst; die Kommune hatte Einspruch wegen allzu großer Prachtentfaltung gegen das Projekt erhoben, woraufhin Sigismondo sich enttäuscht zur umso luxuriöseren Ausstattung von Le Volte entschloss; F. Chigi, Chisiae Familiae Commentarii, 50; Belli Barsali, 38.

[67] Ihm wird der Pal. del Magnifico zugeschrieben, so von Stegmann-Geymüller, V, G. Cozzarelli, 5, weiterhin von A. Ferrari, R. Valentini, M. Vivi, Il Pal. del Magnifico a Siena. Eine Zuschreibung der Villa Le Volte an Cozzarelli halten jedoch weder Frommel noch Fiore für stilistisch gerechtfertigt, Frommel 1961, 123f; Fiore 1993, 322.

[68] Auch Frommel hält die Jugend Peruzzis für einen möglichen Vorzug in den Augen Sigismondos, der „bei dem jungen ideenreichen Künstler mehr Verständnis für seine Wünsche finden (mochte) als bei dem routinierten Cozzarelli"; Frommel 1961, 124.

Zu Kap. IV, 4

[69] „Einige Sieneser wollen, dass man alle ihre einigermaßen bedeutenden Bauten jener Zeit Baldassarre zuschreibt", Della Valle, Lettere Sanesi, To III,197.

[70] Franchina, in: Rilievi, 127ff; 138: „Dal '700 in poi ogni proprietario di una villa a doppio loggiato in laterizio continua a sognare invano di poter dimostrare che essa fu costruita dal Peruzzi. Ma si dà il caso che di nessuna co-

struzione con un tale loggiato si siano finora rinvenuti documenti che dimostrino l'origine peruzziana".

[71] Vasari, IV, 602.

[72] Peruzzi, „probably the greatest master of the theory and practice of perspective of his time", neigte dank einer enormen Fähigkeit im architektonischen Zeichnen zur Ausarbeitung von „innumerable alternatives, which may well have absorbed energies which would have been more profitably spent in selling a rather clearer and more limited choice of alternatives to his patrons", Burns, 266; Frommel 1987, 23.

[73] UA 346r.- Eine ansehnliche Zahl von Villen schreibt hingegen Isa Belli Barsali (1977) Peruzzi zu; sie wird bis heute als verlässliche Quelle zitiert, ohne dass ihre Attributionen wissenschaftliche Bestätigung erfahren hätten.

[74] Siehe Kap. VI. 4. a.

[75] Als Stadtbaumeister v. Siena hatte Peruzzi 1527 ein Gehalt von 60 scudi pro Jahr (ca. 300 lire), bei seinem Weggang 1535 betrug es 1200 lire; Adams 1983, 18 ff, Fußn. 10, 13.

[76] „Sein Ruhm und sein Name waren nach seinem Tod größer als zu seinen Lebzeiten", Vasari, IV, 606. – „Non fu mai l'artista festeggiato, l'eroe famoso della sua patria" bestätigt Frommel (1987, 21f, 38), mit dessen Arbeit über die Farnesina die Peruzzi-Forschung 1961 begann.

[77] Vasari, IV, 589; Frommel 1987, 22.

[78] Franchina, in: Rilievi, 127.

Zu Kap. IV, 5 – 6

[79] Er war als Bildhauer bekannter denn als Architekt; 1496 wird er als Festungsbaumeister der Republik erwähnt (S. Borghesi, L. Banchi, Nuovi documenti per la storia dell'arte senese, Siena 1898, 355 ff), 1499 ist er Dombaumeister (Tafuri, in: Fiore 1993, 310). Als führender Meister der Werkstatt (Fiore 1998, 286) unterrichtete er nach dem Tod von Antonio Federighi die Lehrlinge im Zeichnen, s. dazu Milanesi, Documenti per la storia dell'arte senese, Siena 1856, Tom. III, 28, nota: „Fu architetto ai servigi della Repubblica e dell'opera del Duomo, dove, dopo la morte di Antonio Federighi, ebbe il carico di ammaestrare nel disegno alcuni giovanotti".

[80] Chronologische Biographie von Francesco di Giorgio in: Fiore/Tafuri, 412 ff.

[81] „Es gab keine humanistische Aktivität von Belang, was jeder Betrachtung vorauszuschicken ist. Die Architektur wurde vorrangig hinsichtlich ihres dekorativen Aspekts bewertet, es ging um vergoldete Oberflächen", Sanpaolesi, 139, 151.

[82] Fiore 1998, 303. – „Francesco di Giorgios Ruhm als Architekt ist ohne seine mechanischen und chemischen Erfahrungen als Kriegstechniker oder Hydrauliker undenkbar; diese, nicht sein 'künstlerisches Talent' allein waren der primäre Grund für seine Berufung an den Hof Federicos da Montefeltro", v. Moos, 208. Für Adams (in: Fiore 1993, 288) war Francesco der „wichtigste Künstler des zentralen Italien" u. als solcher u. a. am Hof der Aragon in Neapel geschätzt.

[83] Unbestritten sein Werk: S. Maria delle Grazie al Calcinaio, Cortona; für S. Sebastiano in Vallepiatta/Siena, von Tafuri Francesco di Giorgio zugeschrieben, lagen der Werkstatt vermutl. nur dessen Pläne vor; Fiore/Tafuri

1993, 302, 305, 310; Adams, in: Fiore 1998, 291. Auch S. Bernardino in Urbino ist nicht sicher für Francesco bezeugt, Burns, in: Fiore/Tafuri 1993, 234 f; Fiore 1998, 299. – Innerhalb des urbinatischen Palastkomplexes werden Francesco die nicht vollendete Umgestaltung der facciata ad ali attribuiert, die Planung des Cortile del Pasquino u. die Terrazza del Gallo; Rotondi, Il palazzo ducale di Urbino, 291ff; Fiore/Tafuri 1993, 169.

[84] Sie sind in einer noch vor 1483 verfassten Version überliefert, die der Codex Saluzzianus 148 enthält (mit ihm übereinstimmend auch der Cod. Ashb. 361), und in einer gegen 1492 entstandenen Überarbeitung, die sich im Codex Magliabechianus II. I. 141 und parallel dazu im Cod. S.IV.4 findet; s. C. Maltese 1967.

[85] Heil geht mehrfach auf Francescos Bedeutung für die Baupraxis ein, die sie in Gegensatz zur abstrakt gehaltenen Lehrmeinung Albertis stellt; Heil, 310 ff, 326 ff.

[86] „(...) E questa è che tutti li vacui debbano essere sopra li vacui: vani sopra vani e pieni sopra pieni (...) e generalmente ogni posamento e ogni simile sia per retta linea dell'asse almeno sopra il suo simile". Francesco di Giorgio, Trattati, ed. Maltese II, 412.

[87] Ignazio Danti, Anm. 3, zur ersten Regel von Vignola, Le due regole della prospettiva (...), Rom 1583, 72; Frommel hält Dantis Notiz für „recht glaubhaft", da auch der junge Peruzzi „eine besondere Meisterschaft auf diesem Gebiet" besessen habe und weist in diesem Zusammenhang auf die „technische Solidität" von Peruzzis Bauten gegenüber jenen Bramantes und Raffaels hin, Frommel 1961, 120.

[88] Zu Francescos prägendem Einfluß auf Peruzzi s. bes. Frommel 1961, 120; 1987, 26 f.

[89] Er kam erst 1527 wieder nach Siena zurück und blieb bis 1535, nun als Dombaumeister der Stadt und Kreisbaumeister der Republik; Adams 1981, 256 ff; 1982, 17.

[90] Stegmann-Geymüller, VI, G. Cozzarelli, 5; Frommel 1961, 122 f; A. Ferrari, R. Valentini, M. Vivi, 107 f; Heil, 232 f; Fiore 1998, 286. Die Autorschaft Cozzarellis ist jedoch nicht für den Bau, sondern nur für Teile der Dekoration gesichert.

[91] Heil, 232 ff; wie erwähnt, tritt diese Fensterform in Siena sporadisch bereits seit Mitte der 1460er Jahre auf, aber erst mit dem Pal. Magnifico resp. der Villa Le Volte wird sie für repräsentative Bauten kanonisch.

[92] Fiore 1987, 150, verweist – allerdings ohne Angabe einer Quelle – auf Pinturicchio als Autor der Fresken; zu Pinturicchio und Signorelli als Freskanten insbesondere des studiolo im Palazzo s. Clough, 393 ff.

[93] Sie sind noch vorhanden, während der größte Teil der Ausstattung, auch des Inneren, ab Mitte des 19. bis zum Beginn des 20. Jhs. sukzessive abgenommen und in der Sieneser Pinakothek u. anderen Museen (Berlin, London, Paris, New York) untergebracht wurde, Torriti, 158.

Zu Kap. V, 1

[94] Vgl. Kap. VII. 1. b–c.

[95] Vgl. zu diesem Abschnitt auch Kap. IX. 3.– Montecontieri, das 1939 noch ca. 400 auf einzelne poderi verteilte Einwohner hatte, ist heute samt seinem Pfarrhaus menschenleer. Laut Angaben der Gemeinde Asciano zählte der gesamte Bezirk 1950 noch 9889 Einwohner, 1980 waren es schließlich 6014. Die Bevölkerung verringerte sich also in drei Jahrzehnten um 40 %, wobei der

Verlust ausschließlich die *campagna* traf, nicht Asciano selbst, dessen Einwohnerzahl konstant blieb, allerdings auch nicht zunahm, da Industrie und damit Arbeitsplätze fehlen. Der leichte Anstieg der Bevölkerung auf neuerdings 6365 Einwohner (31.XII.1999) betrifft wiederum das offene Land; er verdankt sich weitgehend privaten touristischen Initiativen.

96 P. F. Kehr, Nachträge zu den Papsturkunden Italiens II., in: Nachr. der Königl. Gesellsch. der Wissensch. zu Göttingen, philolog.-histor. Klasse, 1908.–*„Monte gunteri"*: möglicherweise Kastell eines fränkischen Ministerialen namens „Gunter". Asciano war v. 9. Jh. an Herrschaftslehen der Grafen della Scialenga, bis diese ab 1168 von Siena teils mit Waffengewalt unterworfen, teils zum Verkauf ihrer Burgen genötigt wurden. In diesem Zusammenhang wird Montecontieri um 1212 als Sitz eines Geschlechts erwähnt, das sich ebenfalls dem Sienesischen Diktat beugte. Wann das Kastell geschleift wurde, geht aus den Quellen nicht hervor. Bereits die *Tavola delle possessioni* von Asciano verzeichnet 1320 einen zu einer Kastellruine gehörenden *„podere del castellare"* in Montecontieri.

97 Der *Decimario della Chiesa di Sto. Giovanni a Monte Contieri*, das Zehntbuch des Pfarrers von Montecontieri, registriert diese Gemeinden zum Teil noch bis 1648 als Zahler des Kirchenzehnten. Vgl. Kap. XI. 3 und Dokument 2.

98 Vgl. Dokumente 3, 4 und 5.

99 ASS, *Tavola delle possessioni del contado* no. 42, Asciano; vgl. Kap. II. 3.

100 ASS, *Tavola delle possessioni del contado* no. 42, Asciano. Die Einträge sind wie folgt zitiert: cc. 694, 696, 588, 914, 1022, 1021.

101 Wie Sestigiani anmerkt, gehörte die Familie in Siena zur führenden Schicht der „Turmbesitzer" („hebbero la Torre"), die die kriegerische Bauweise ihres Feudalsitzes in die Stadt übernehmen hatten; ASS, ms. A 30 III, c. 681 r. Das Wappen der Siribelli findet sich in ASS, ms. A 22, c. 72 v. Dass der Name vermutlich auf einstiges Rebellentum anspielt *(ribellarsi)*, legt einen Zusammenhang mit den um 1200 nach Siena umgesiedelten Feudalherren nahe, die in Montecontieri nur ihre Lehenshoheit verloren hatten, nicht jedoch ihren zivilrechtlich gestützten Anspruch auf das zurückgelassene Land; vgl. Braunfels, 25.

102 ASS, Estimo 95, San Pellegrino, Conte Siribelli, cc. 194 r – 196 v.

103 ASS, ms. A 30 III, cc. 291, 292.

104 Vent.Test.XIX-214; „Ventura d'Andrea piccicaiuolus" *(pizzicaiolo:* Händler), einer der vier Vertreter des Terzo San Martino im *Governo dei Dodici*; ASS, Concistoro, Vol. 15, 1359, c. 1r.

105 Vent. Gall. 7,"Compre fatte" no. 25, cc. 49 v – 50 v, vgl. Dokument 3. Vallepiatta, früher ein *podere* in Montecontieri, ist heute nicht mehr zu lokalisieren; „tina": Bottich für die Weinernte.

106 Vgl. Dokument 11. Zum Begriff Lira s. Kap.XI.1.

107 „Pizicharia", *pizzicheria:* Handel mit Gemischtwaren für gewerbliche wie Haushaltszwecke; *„butigha":* bottega, Laden, Werkstatt.– Aus einer Beschreibung von 1771 geht hervor, dass sich der Laden an der Südwestseite des *Campo* befand, nahe der Einmündung des „Costarella" genannten Strässchens: „La Bottega posta

in Piazza sotto il Palazzo Cerretani, vicino alla Costarella (...) si trova denominata nei tempi più antichi *Fondaco della Casa Venturi*, e vi si è venduto Ferro, Cera, e altro"; Vent. Gall. 101, c. 51.

108 Siehe Dokument 12. In diesen Jahrzehnten wird rund ein Dutzend miteinander verwandter Familienvorstände namens Venturi versteuert; Ventura scheint vorläufig noch der Wohlhabendste von ihnen zu sein, offenbar erst später kommt die von seinem Cousin Giovanni d'Agnolo abstammende Linie zu größerem Reichtum. Vgl. Stammbaum der Venturi im Anhang.

109 Siehe Dokument 13.

110 Diese Mauer ist heute rund 6 m hoch; von einer Aufschüttung des Terrains zu einem frühen Zeitpunkt ist auszugehen; vgl. Kap. V. 1. f sowie Dokument 2, c. 109.

111 Vgl. Dokumente 4 und 5 sowie Kapitel IX. 3. b.

112 Die Lira 234 von 1509 ist die letzte für den Stadtbezirk S. Pietro in Castelvecchio erhaltene, in welchem die Venturi steuerlich erfasst wurden; s. Dokument 14.

113 Zu Jacomos Grundkäufen s. Dokument 18; zu den Erbstreitigkeiten Dok. 15 und 17.

114 ASS, ANAC 1147, atti 1037–1038; Holz- und Wasserreichtum war unerlässlich für die Eisenbearbeitung; vgl. Kap. IX. 4. c.

115 Das Todesdatum ist errechnet aus der Nachlassverfügung vom 3.8.1515, ASS, ANAC 1004, atto 3880; vgl. *L'ultimo Statuto della Repubblica di Siena* (1545), insb. c. 92.

116 Dokumentiert durch die Einträge im Taufbuch (Vent. Test. XIX-214); da die Taufe der Geburt üblicherweise binnen kürzester Frist, oft noch am selben Tag folgte, entsprechen die Taufdaten durchweg recht genau den Geburtsdaten (ggfs. mit Verschiebungen entsprechend Sieneser Datierung – das Jahr begann hier am 25. März; s. Übersicht im Anhang).

117 Vgl. Kap. VII. 2. a; sowohl die stringente Durchgestaltung des Aufrisses im Goldenen Schnitt als auch die ausschließliche Übernahme von Formengut des Quattrocento legen eine frühe Datierung nahe; denkbar wäre bereits an das zweite Jahrz. des Cinquecento.

118 „Der Palast ist noch modern, und das, weil er meiner Meinung nach vor ca. 80 Jahren errichtet worden ist"; *Decimario*, c. 109.

119 1553 steht sein Name noch im Heiratsvertrag für die Tochter des verstorbenen Bruders Conte, aber er selbst erscheint nicht mehr vor dem Notar (ASS, ANAC 2360, atto 91).

120 Es handelte sich um den Palazzo Colombini (Vent. Test. III – 40, u. ASS, ANAC 2388, atto 1095), der bei Agnolos Tod 1558 noch nicht abbezahlt war; s. Dokumente 19 u.15, c. 10 r. Agnolos hohe Verschuldung kommt im letztgenannten Dokument mehrfach zur Sprache (cc. 27 r, 29 r): „uomo debole e molto intrigato (...) stesse in casa ritirato per debito longo tempo"; *intrigato* bedeutet hier so viel wie verstrickt in Schwierigkeiten.

121 Die folgenden wie auch die vorhergehenden Zitate entstammen dem Prozessprotokoll von 1582, Vent. Test. XV-174, s. Dokument 15; daraus zitiert sind hier cc. 1 r, 36 v.

122 Montalcino, letzte Bastion der Sienesen gegen die Medici, fiel erst 1559, vier Jahre nach der Niederlage Sienas 1555; das Gebiet von Asciano, in der Hand spani-

scher Truppen, gehörte zu den am schwersten unter der Besatzung leidenden Teilen des Sieneser *contado;* Plünderungen und Zerstörungen waren an der Tagesordnung; Giorgetti, 75f.

[123] Unter *gangari,* mod. *gangheri,* sind Zuganker zu verstehen; *piastrelle,* im modernen Sprachgebrauch Fliesen, Kacheln oder auch flache Steine, dürften im vorliegenden Text die Bauzier bezeichnen; speziell die flach geschichteten Ziegelgesimse auf Erdgeschosshöhe könnten herausgerissen worden sein.

[124] Im Bericht über die Schäden wird nicht zwischen Loggien und „volte" (Gewölben) unterschieden, das Dokument lässt aber keinen Zweifel daran, dass beide Loggien gemeint sind, über welchen das Dach mit einstürzte, s. Dokument 15, cc. 10 v, 12 r, 16 r.

[125] Aufgrund des geltenden Erbrechts war Agnolo nicht Alleinbesitzer gewesen, er hatte sich mit dem Sohn seines älteren Bruders Alessandro, Jacomo, in die Nutzung des Palasts geteilt, „il primo piano" bewohnt und Jacomo dafür jährlich 100 Florin Miete gezahlt (vgl. Kap. IX. 4. a). Bei Agnolos Tod 1558 traten weitere Erbberechtigte auf: Agnolos Tochter Ginevra und Venturas Sohn Salustio; auch die Erben des jüngsten der Brüder, Patrizio, erhoben Ansprüche. Um diese ging es im Prozess (Dokument 15, cc. 10 r, 10 v, 23 r). Ginevra war laut väterlichem Testament bei ihrer Heirat von Salustio ausbezahlt worden.

[126] Dokument 15, cc. 1 v, 5 r, 20 v, 21 r, 23 v, 31 v, 33 v.

[127] Jacomos Zahlungsschwierigkeiten führten 1568 zu seinem Erbverzicht (Vent. Test. III-42, cc. 24 v, 26 r), der Salustio offenbar zum eigentlichen Alleinbesitzer machte (Dokument 15, cc. 12 v, 16 v, 21 r, 37 r). Maßgebend für Salustios Zögern, das Erbe 1558 anzutreten, war u. a. auch die geringe Aussicht, eine derart beschädigte Immobilie im Wert von bestenfalls noch 5000 bis 6000 Florin verkaufen zu können (Dokument 15, cc. 12 v, 24 r, 28 v).

[128] Dokument 15. Reihenfolge der Zitate: cc. 21 r, 24 r, 28 r; cc. 18 r, 24 r, 40 r; cc. 1 v, 5 r, 18 r.

[129] Salustio kaufte u.a. 1567 für 850 Florin Mocine (Vent. Test. III-43) und 1571 für 3100 Florin Montefranchi mit Montefranchino, letztere *poderi* „colla Casa per uso del Padrone e del colono" (Vent. Test. III-47). Vgl. Kapitel IX. 4. b.

[130] Vgl. Dokument 18, c. 37 r.

[131] Dokument 16; zu den Kosten des Wiederaufbaus s. Dokument 15.

[132] Vgl. Kap. IV. 5; VII. 2.

[133] Am 2.III.1573 Sieneser Zeitrechnung, somit am 2.III.1574, wurde die Hinterlassenschaft Salustios inventarisiert, s. Dokument 21. Ein Eintrag vom 9.VI.1574 im Vormundschaftsregister, ASS, Curia del placito 285, c. 286 r, bestätigt das Todesjahr.

[134] ASS, Ruota (Giudice Ordinario) 3069, atto 291.

[135] Vgl. Dokument 20.

[136] *Fedecommesso:* ursprünglich Instrument des römischen Rechts, heute in dieser Form nicht mehr gültig, das insbesondere Immobilienbesitz für eine oder mehrere Generationen oder auch auf Dauer als unveräußerlich an die Familie band.

[137] *Schifanoia:* ein bedeutender, seit 1496 zum Besitz der Venturi gehörender *podere* (s. Dok. 4), dessen Name

häufig in den Namen der Villa integriert erscheint, so 1602: „Palazzo Venturi alias di Schifanoia" (Vent. Gall. XVII-17); zur Bedeutg. des Wortes *Schifanoia* lt. Enciclop. Treccani: „Fuggifatica", Ort, wohin man sich vor der täglichen Mühsal zurückziehen kann.

[138] Es handelte sich um jenen Patrizio, über dessen Herrsch- und Streitsucht Pfarrer Pretiani Klage führt; s. Dokument 2, c. 109.

[139] Ende des 17. Jhs. wird der letzte männliche Spross dieses Zweiges der Venturi durch Adoption Mitglied des Hauses Del Testa Piccolomini, vgl. Kap. XI. 2.

[140] ASS, Cat. tosc., Com. di Asciano, Vol. 24, Volture Anno 1834, nennt als neue Besitzer Bernardino-Alderano, Giovan-Colombino u. Cecilia-Giuseppa Palmieri; Katasterblatt s. mappa no. 18, Com. di Asciano di 1819, sez. HH di Montemori.

[141] Repetti III, 374.

[142] ASS, Cat.tosc., Com. di Asciano, Cat. dei Fabbricati, registro delle partite, Vol. 7, part. 1475; Vol. 8, part. 1658.

[143] ASS, Cat.tosc., Com. di Asciano, Cat.dei Fabbricati, registro delle partite, Vol. 9, part. 1833/II; Vol. 10, part. 1899.

[144] Vgl. Dokumente 4 und 5, s. a. Kap. V. 1.b.

[145] Die Eingangsebene an der Südseite des Palasts liegt um 1,70 m höher als der rückwärtige Kellereingang; vgl. Kap. V. 2. a.

[146] Der „junge" Keller unterläuft die Ostflanke des Hauses von der Süd- zur Nordseite; er ist Ende des letzten Jhs. im Verlauf der Umbauten entweder neu ausgehoben oder tiefer gelegt worden; Zugang von der Rückseite des Palasts aus. Der älteste Keller unter dem Portikusbereich ist nur über den Haupteingang des Palazzo erreichbar; früher gab es (zusätzliche?) Öffnungen im östl. und westl. Flankenbereich der Hauptfassade, die sich dort noch als niedrige Bögen in je einem Blendrahmen abzeichnen (vgl. Anm. 154).

[147] Dokument 2, c. 100.- Zum oben erwähnten Garten s. Dokument 22, c. 15 v, und Übersicht „Die *poderi*" (1599) im Anhang.

[148] Die Maße des Hofs: 30,42 m (Palastseite) – 30,90 m (Straßenseite) – 16,90 m (Ostseite) – 15,75 m (Torseite).

[149] Der Torbau mit dem rundbogigen Portal wird gerahmt von toscanisch instrumentierten Wandpfeilern und Gebälk; seine Dekoration legt eine spätere Errichtung nahe; sie weist manieristische Züge auf, so etwa den unverhältnismäßig wuchtigen Bossenkranz aus Travertin, der die Arkatur an der Außenseite einfasst.

[150] Zum Brunnen s. Kap. V. 5.

[151] „(...) furono qui al Benefitio il P. Segnari, et il P. Piemonti Gesuiti a fär la Missione pricissionalmente con tutte le compagnie di Asciano e tutto il Popolo, che ascendeva quasi al numero di tremila e fece la Predica in detto P. Segnari accanto alla Cisterna nella Piazza del Palazzo"; *Decimario,* c. 127; das Fassungsvermögen von 500 qm beläuft sich allerdings auf nur etwa 2000 Personen, wenn man von maximal vier Personen pro qm ausgeht.

Zu Kap. V, 2

[152] Die folgenden Abschnitte stützen sich wesentlich auf Untersuchungsergebnisse von Architekt Günther Eckert sowie auf die Bauaufnahme des Palazzo Venturi der Architektinnen Elisabetta Dreassi, Roberta Ravagni und Beatrice Tommasi.

153 Die niederen west- und ostseitigen Anbauten – z.T. des 19.Jhs. – sind in dieser Beschreibung nicht berücksichtigt; das Dach, ein flaches Satteldach, wurde nicht vermessen.

154 Die Flanken weisen im Erdgeschoss je eine unterschiedlich dimensionierte zugemauerte Blendarkade auf, frühere Zugänge zum Keller oder Einschütten für landwirtschaftliche Produkte (vgl. Anm. 146). Die Ziegelqualität lässt die südöstliche Vermauerung als die ältere erkennen; sie gehörte vermutlich bereits zum ersten Bau. Die lukenartigen Rechtecköffnungen in der Ostflanke – pro Geschoss je eine – sind ebenso wie die Verglasung der Loggia das Ergebnis der Modernisierung des Hauses in den vierziger Jahren des 20.Jhs.

155 An den Portikuspfeilern finden sich noch die schmiedeeisernen *arpioni a campanella*, Haken mit Ringen zum Anbinden der Pferde; die vier schmiedeeisernen *erri* an den Pfeilern der Obergeschossloggia waren Halter für Stangen, an welchen schmückende Tücher, Fahnen oder Teppiche aufgehängt wurden. (Ich danke Matthias Quast für diese Information.)

156 Die Mezzaninfenster von Le Volte tendieren allerdings deutlicher zum Quadrat, vor allem gegenüber den (jetzt zugemauerten) Originalfenstern des Palazzo Venturi in der Proportion von 2 : 3.- Als Stadtpalazzi, denen eine generelle Vorbildfunktion für das Motiv zugeschrieben werden kann, sind die Palazzi Piccolomini und del Magnifico anzusehen.

157 Weitere Veränderungen in den Fensterbereichen lassen sich ebenso an den seitlichen wie der rückwärtigen Fassade des Palazzo ablesen; sie weisen auf eine ursprünglich andere Form und Gruppierung der Öffnungen hin.

158 Offene Loggien waren die Regel; üblicherweise wurden sie vom 17. Jh. an entweder verglast (aber Glas war teuer) oder tamponiert, wie der Pal. Venturi, dessen Tamponierungen erst in den 40er Jahren des 20.Jhs. durch Fenster ersetzt wurden. Eine andere, bis ins 16.Jh. hinein genutzte Möglichkeit, Arkaturen zu verschließen, boten hölzerne Flügel mit Luken zur Belichtung/Belüftung; Heil, 66, Fußn. 209; 154.

159 Vgl. Kap. V. 3. b.

160 Ihre Höhe entspricht mit ca. 0.30 m der halben Pfeilerbreite, hinzuzurechnen ist die Breite des Formsteinwulstes mit 0,06 m.

161 An den Seiten und der Rückfront des Palazzo setzt sich die Horizontalgliederung der Südfassade nur reduziert fort; außer dem Kranzgesims zieht sich lediglich das untere der beiden Travertingesimse (teilw. durch den Anbau verdeckt) um das Gebäude herum.

162 179 v. Chr., Forum Romanum; Klotz, 321, 323.

163 Neubau durch Tiberius, 7 v. Chr., der Tempel galt als einer der schönsten Roms. Vorhanden sind nur noch wenige Gebälk- und Kapitellfragmente; sie werden im Museum des Forums bewahrt; Sanpaolesi, 159.

164 Zur Villa Vicobello s. Kap. VI. 3.

165 Sie wurden erst nach dem Fassadenumbau zugemauert und durch die drei aktuellen Fenster ersetzt.

Zu Kap. V, 3

166 Der Terminus setzte sich erst im 19.Jh. durch. Eine Strecke wird so in zwei ungleiche Teile geteilt, dass sich der kleinere zum größeren Teil verhält, wie der größere zur ganzen Strecke.

167 v. Naredi-Rainer verweist auf Versuche der Forschung, den Gold. Schnitt als „wichtigstes Proportionsgesetz der Architektur an Bauten aller Epochen nachzuweisen", und vermutet den „eigentlichen Grund" für dessen Wirkung „vor allem auch in seiner mathematischen Eigenschaft der sukzessiven, bis ins Unendliche fortsetzbaren Teilbarkeit in beide Richtungen". Diese Fortsetzbarkeit ist jedoch – da unsichtbar – ohne anschaulichen Wert, gilt im übrigen auch für andere Teilungsverhältnisse (vgl. u. a. Hellmann, 158); v.Naredi-Rainer, 191, 193, 196.

168 Eine rationale Zahl ist ein Bruch, bei welchem im Zähler wie im Nenner sogenannte natürliche Zahlen stehen (1, 2, 3, 4, ...); eine rationale Zahl besitzt entweder eine abbrechende oder eine nicht-abbrechende, periodische (d.h. unendliche) Dezimaldarstellung (Beispiele: 1/4 = 0,25, 1/3 = 0,3333...). Eine irrationale Zahl dagegen besitzt eine nicht-abbrechende Dezimalbruchentwicklung, deren Zahlenfolge keine Gesetzmäßigkeit aufweist (Beispiel: Wurzel 2 = 1,4142135...). Irrationale Zahlen können prinzipiell nur näherungsweise angegeben werden. (Ich danke Gerhard Merz, Univ. Kassel, Fachber. Mathematik, für diese Information sowie für die freundliche Durchsicht meiner Ausführungen zu den Proportionen des Palazzo Venturi.)

169 Das Skizzenbuch des französischen Baumeisters Villard de Honnecourt, entstanden um 1230/40; Paris, Bibliothèque Nationale, Ms. fr. 19093; Reproduktionen in *Carnet de Villard de Honnecourt*, hsg. A. Erlande-Brandenbourg u.a., Paris 1896 (Nachruck 1994).

170 Heil, 19.

171 Der griechische Mathematiker Pythagoras (582 – 497 v. Chr.) entdeckte, dass die Maßverhältnisse kleiner ganzer Zahlen die Tonhöhen bestimmen, daraus resultierte sein Gedanke, die Harmonie des Kosmos bilde musikalische Zahlenverhältnisse ab. Er sah darin eine das ganze Universum umfassende Gesetzmäßigkeit, die auch die Architekturästhetik der Renaissance prägte; v. Naredi-Rainer, 158; Wittkower 1983, 8.

172 „Die Überzeugung, dass die Baukunst eine mathematische Wissenschaft ist und dass jeder Teil eines Gebäudes, sei es innen oder außen, in ein einheitliches System mathematischer Beziehungen eingeordnet werden muss, kann man recht eigentlich das zentrale Dogma der Renaissance-Architekten nennen". Wittkower 1983, 83.

173 Vitruvs Traktat „De architectura libri decem" ist die einzige aus der Antike bekannte und überlieferte Schrift zur Baukunst, Grundlage jedes seit dem Quattrocento neu verfassten Architekturtraktats. Dass Vitruv sich jedoch nicht zur Fassadengestaltung äußerte, erklärt sich z.T. aus der antiken Baukunst selbst: Tempelfronten werden „im wesentlichen durch einen Säulenportikus bestimmt. Der Durchmesser einer Säule ist die Grundeinheit, aus der die Höhe und Breite aller Bauteile und ihrer Abstände voneinander abgeleitet werden (...), d.h. mit der Entscheidung für eine bestimmte Säulenordnung (sind) die Proportionen und das äußere Erscheinungsbild eines Tempels insgesamt weitgehend festgelegt", Heil, 300.

174 Heil, 52 ff, 305; Murray, 28.

175 Zit. n. Wittkower 1983, 127.

[176] v. Naredi-Rainer, 150.

[177] Heil, 481; 460–466; zu Peruzzis Proportionsverfahren ausführl. Frommel 1961, 64–76.

[178] „Kommensurabilität als Vergleichbarkeit der Maßverhältnisse (bezüglich zu einer festen Einheit) entspringt einem völlig anderen Kunstverständnis als das sukzessive, geometrisch konstruierte Hervorwachsen eines Maßes aus dem anderen"; v. Naredi-Rainer, 150.

[179] Maßstäbliche Aufrisszeichnungen sind aus der Renaissance kaum überliefert; Heil, 302, Fußn. 14.

[180] Entsprechend den begrenzten technischen Möglichkeiten der Zeit weichen die am Bau feststellbaren Maße mehrfach von den zu errechnenden Sollmaßen ab, jedoch nirgends so gravierend, dass sie die Proportionen verzerrten. Nach Auffassung Thierschs nimmt das Auge geringfügige Proportionsveränderungen nicht als störend wahr; v. Naredi-Rainer, 146.

[181] Der Einfachheit halber wird der Modul im folgenden Text als Modul 0,58 (abgekürzt „M") bezeichnet, obwohl die am Bau feststellbaren Maße entsprechend Fugenzugaben häufiger zu 0,59 m, gelegentlich auch 0,60 m tendieren.

[182] Alberti fordert im Hauptgeschoss eine Verminderung der Höhen der Säulenschäfte um ca. ein Viertel gegenüber dem Erdgeschoss; Heil, 307.

[183] Darauf, dass ein 3 : 2-Verhältnis zwischen Geschoss- und Fensterhöhe in Florenz Tradition hat, weist E. Heil hin, Heil, 54, Fußn.170.

[184] Von Vitruv wie von Alberti für die lichte Türöffnung gefordert; Heil, 220.

[185] A. Thiersch, Die Proportionen i. d. Architektur. Durms Handb. d. Architektur IV, I, 1898, 297 ff.

Zu Kap. V, 4

[186] Die Ablesbarkeit der Funktion der Innenräume an der Fassade beziehungsweise der Fenstergruppierung in deren Zentrum gilt gemeinhin als Charakteristikum der *casa veneziana* und der von ihr hergeleiteten Bauform der Veneto-Villa, darüber hinaus aber für jede Villa, die dem gleichen Grundrisstypus angehört. Ersetzen große Räume in der Gebäudemitte den Innenhof, muss vermittels besonders großer Fenster bzw. Loggien für Beleuchtung gesorgt werden. So schafft die notwendige Lichtführung die bezeichnende Fenstergruppierung im Fassadenzentrum, die die Lage der *sala* im Gebäude anzeigt; vgl. Kap. VII. 1. c.

[187] Fiore 1987, 147 f.

[188] Vgl. Kap. VII. 1. b–e; Grundriss-Beispiele für d. westl. Oberitalien s. Comoli Mandracci u. Prinz.

[189] Heil, 223.

[190] Vgl. Kap. VI. 2. b.

[191] Für diesen und den folgenden Abschnitt zur Nutzung des Palazzo habe ich zwei notarielle Inventare ausgewertet, die jeweils der amtlichen Nachlassregelung nach dem Tod von Salustio (1574) und Ventura Venturi (1599) zugrunde lagen (Vent. Test. XIII-168, cc. 15 r– 20v und ASS, Curia del placito 272, cc. 15 r–23 r). Hinweise auf diese Inventare folgen von jetzt an nur noch unter Bezug auf die Dokumentation, Dokumente 21 und 22.

[192] Dokument 22, c. 20 v.

[193] Deren Position ist eindeutig: „Nella loggia n'ananzi

[194] che s'entri nella detta sala" – „anschließend" an die Küche folgt die Loggia, von der aus man die *sala* betritt; Dok. 22, c. 20 v.

[194] Keines der erwähnten Bilder existiert noch.– Ranuccio war das jüngste der vier Kinder von Salustio; im Testament von Ventura von 1599 werden Teile des Besitzes ausdrücklich als Nachlass von Ranuccio bezeichnet; Dokument 22, cc. 15 v, 46 v.

[195] Bereits das Inventar von 1574 erwähnt diesen Wandbehang als Kopf- respektive „Schulterteil"; Dokument 21, c. 15 r.

[196] Dokument 22, cc. 15 v, 16 r.

[197] Die vier Räume sind, beginnend an der Westseite, nummeriert. Zitiert sind – auszugsweise – nur Passagen aus dem Inventar, die eindeutig zu lesen waren; s. Dokument 22.

[198] Dokument 22, cc. 19 r–v, 20 r.

[199] *Staio*, pl. *staia*: Hohlmaß für Gewicht, auch Flächenmaß (siehe Übersicht im Anhang); der Vergleichbarkeit halber sind im weiteren Text alle Mengenangaben in das heute gebräuchliche Dezimalsystem umgerechnet, die Ergebnisse können jedoch nur als approximativ gelten.

[200] Dokument 22, cc. 16 r–v.

[201] Dokument 22, cc. 16 v–18 v.

[202] Ihres großen Gewichts wegen mussten die Gewehre beim Schießen durch Gewehrgabeln oder Hakenstangen gestützt werden.

[203] Palladio, Die vier Bücher, 167, 168, 177, 179.

[204] Alberti, Vom Hauswesen, 283.

[205] Zum Inventar dieses Raumes s. Dokument 22, c. 21 r.– *libbra*, Pfund, entspr. 0.34 kg; wie in Anm. 199 erwähnt, sind alle Mengen in das heute gültige Dezimalsystem umgerechnet; eine Übersicht über die der Umrechnung zugrunde liegenden sogen. Schüttgewichte von Getreide, Hülsenfrüchten etc. findet sich in der Tabelle im Anhang.

[206] Dokument 22, cc. 20 v, 21 r.

[207] „Alla montagnola" : Herkunftsbezeichnung. Die Hügelkette der Montagnola liegt westl. v. Siena.

[208] „Nella stanza prima del fattore del mezzo tempo", „in un altra stanza del fattore" (s. Dokument 22, cc. 21 r, 21 v): Die Position beider Räume ist unklar, da das Dokument von *stanze del mezzo tempo* spricht. Der Grundriss des Dachgeschosses ist deckungsgleich mit jenem von Erdgeschoss und *piano nobile*, so stellt sich die Frage, ob evtl. Abseiten unmittelbar unter dem Dach oder der Bereich über der Loggia gemeint sein könnten. Die Bezeichnung „mezzo tempo" findet sich ebenso im Zusammenhang mit weiteren Speichern über dem Stall, „Nelli granari detti mezzi tempi sopra la stalla" (Dokument 22, c. 22 r) und könnte hier mit „Halbgeschoss" zu deuten sein. Eine überzeugendere Interpretation macht jedoch an dem Begriff der „halben" Zeit fest, der vielleicht auf eine nur zeitweise Nutzung anspielt.

[209] „Cuccia", Lager, hat in diesem Inventar durchweg die Bedeutung Bett; die häufige Angabe „vecchio", „vecchia" wurde ebenso häufig transkribiert, wie sie original erscheint.

[210] Sie sind beschrieben in Kap. IX. 4. b u. Dokument 22, cc. 23 v – 48 r, vgl. Anm. 437.

[211] Zur Nutzung des Palazzo s. Dokumente 15 und 17; zur

Teilung zwischen Salustio und Jacomo siehe Dokumente 21, c. 15 r und 15, c. 10 r.

[212] Zu *granaio* und Weinkeller s. Dokument 21, c. 17 v.

[213] Dokument 22, cc. 22 r – v.

Zu Kap. V, 5 – 6

[214] Tonietti, 341. – Das Vorbild der südtoscanischen Brunnen, 1462 von Bernardo Rossellino geschaffen, schmückt die Piazza Pio II in Pienza.

[215] Tonietti unterscheidet folgende im Senese vertretene Varianten des Typus: den Trog, dessen Säulen resp. Pfeiler auf der Brüstung stehen, den Trog ohne Säulen resp. Überbau, ferner den zylindrischen Trog, den gebauchten Trog mit kreisrundem Querschnitt und den Trog mit sechs- oder achteckigem Querschnitt sowie jenen, der in eine Nische eingefügt wurde bezw. an einer Wand lehnt; Tonietti, 327.

[216] Mit dem Brunnen des Palazzo Venturi lassen sich in Siena insbesondere der Brunnen der Villa La Marciana vergleichen, der die Form des Venturi-Troges weitgehend getreu wiederholt; als ähnlich formverwandt zeigen sich die Brunnen des Sieneser Convento del Carmine, der Villa La Fratta, der Abtei S. Antimo bei Montalcino, der Löwen- und Greifenbrunnen von Montepulciano oder auch der weiter entfernte Brunnen des Palazzo von Potentino.

[217] Vgl. La Fratta, Kap. VI. 4. b.

[218] Etwa von der Wende zum 17. Jh. an wurden Brunnen da errichtet, wo sie der öffentlichen Versorgung dienten, d.h. in bewohnten Gebieten, auch Klöstern; im Zusammenhang mit Privatbauten wie Villen und Palästen verschwanden sie zugunsten von Springbrunnen, die den szenischen Bedürfnissen barocker Architektur eher entgegenkamen; Tonietti, 331.

[219] Vgl. Kap. IV. 4. – 5.

[220] Außer bei Belli Barsali 1977, 106 f.

[221] Vgl. Kap. V. 2. b, 4. b, 3. b. – Zumindest die Planung des Palasts könnte noch um die Zeit des Todes von Jacomo, 1515, angesetzt werden; Jacomo hinterließ u.a. die 1513 gekaufte Festung Potentino nicht seinem ältesten Sohn Ventura, sondern dem Zweitgeborenen Alessandro; die Annahme, dass das Erbe des Älteren, Montecontieri, auch der Stadtnähe wegen den wichtigeren Besitz darstellte, liegt nahe, ebenso, dass dort bereits früh ein repräsentativer Palazzo projektiert war.

Zu Kap. VI, 1

[222] Verg., Buc.II, 61 – 62.

[223] Das Wappen wird diagonal von einem Knospenzweig zwischen zweimal zwei Eichenblättern geteilt.

[224] ASS, Particolari, busta 189; dem an einen Bischof in Rom gerichteten Brief sind keinerlei persönliche Daten zu entnehmen. Giulio war Geistlicher; dass er mit dem 1585 dokumentierten gleichnamigen Abt der Badia Ardenga identisch ist, erscheint des hohen Alters wegen, das er dann gehabt haben müsste, unwahrscheinlich; Girolamo Gigli, vol. II, p. II, 842.

[225] ASS, Lira 123, San Martino, Pantaneto, c. 24 r: „Nicolo et herede di Alessandro di Archangelo Tutti". – Zum Vergleich mit der Mutter –„Compromesso fra Lucrezia *(donna già)* di Arcangelo Tuti, e Niccolò ed Pia suoi figli" – s. ASS, Particolari, busta 189.

[226] „M.o Arcangelo di M.o Giovanni Doctore", ASS, Lira 117, San Martino, Pantaneto, c. 11 v.-Laut Sestigiani stammte die Familie aus Roccalbegna in der Maremma und war seit 1388 in Siena nachweisbar, ASS, ms. A 30 III, c. 811 (277),"Tuti del Monte del Popolo".

[227] Das Wappen des Heiligen wurde über dem Wappen der Tuti über dem Hofportal angebracht; die Inschrift lautet: „HIC EGO SUM CUSTOS / GENS INIMICA PROCHUL / A.D.MDCXXXII".

[228] Della Valle, To. III, 199.

[229] ASS, Cat.tosc., Territorio della Com. di Montalcino, Vol. 40, Volture Anno 1837, part. 16 und Vol. 43, Volture Anno 1840, part. 7; eine erste kartographische Erfassung des Besitzes (1820) zeigt das Katasterblatt mappa no. 5, Com. di Montalcino, Sez. B I di Montosoli.

[230] Nach Süden schließt ein heute völlig verwilderter Renaissance-Garten an die Villa an; ausführliche Besprechung bei Belli Barsali 1987, 131.

[231] Er integriert an seinem östlichen Ende eine Kapelle des Cinquecento, deren Eingangsfassade der an der Hofmauer vorbeiführenden Straße zugewandt ist, es handelte sich also nicht um eine Privatkapelle der einstigen Villenbesitzer, sondern um eine auch für die Bauern zugängliche Kirche.

[232] Der Pfeilerquerschnitt unterscheidet sich kaum von jenem des Pal. Venturi, aber anders als dort sind die Pfeiler um 90 Grad gedreht, die Schmalseite schaut nach vorn, nicht die Breitseite. Im Erdgeschoss von Montosoli sind die Querschnitte quadratisch, 0,58 x 0,58 m.

[233] Della Valle, To III, 199.

[234] Ich beziehe mich auf meinen ersten Besuch in der Villa 1985 und den damals noch deutlich besseren Erhaltungszustand des Freskos.

[235] Vgl. Kap. VIII, Katalog S. 112.

[236] Sie stammen von Giorgio di Giovanni oder aus seinem Umkreis; Vita in Villa, 143 – 147.

[237] Belli Barsali 1977, 96, 102; 1987, 131, schreibt die Villa Peruzzi zu und hält die Lünette für „sicuramente di mano del Peruzzi"; Franchina bezeichnet Della Valle als „l'uomo chiave del mito", Schlüsselfigur für den Peruzzi-Mythos, Rilievi, 135.

[238] Adams 1981, 261.

[239] Braune, 45; vgl. auch Kap. IV. 1., Kap. VII. 1. d.

[240] Vgl. Kap. II.1.

[241] Stopani, siehe insbes. 36 – 40.

[242] Diese Hypothese wird sowohl vom Grundriss gestützt als auch von den Stärken der heutigen Innenmauern; sie lassen darauf schließen, dass es sich bei ihnen um einstige Außenmauern handelt; ein Brunnen ist in diesem mutmaßlichen früheren *cortile*, jetzt Erdgeschoss, nicht zu lokalisieren.

[243] Cherubini 1974, 169.

Zu Kap. VI, 2

[244] ASS, Bichi, ms. A 52, c. 153 r. Die zitierte Steuererklärung ist die von 1481 für S. Martino, Lira 194, c. 138.

[245] Siehe Dokument 13 und Kapitel V. 1. b.

[246] ASS, ANAC 1146, atto 430.

[247] ASS, *I Libri dei Leoni*, 525. Die *Libri dei Leoni*, halbjährlich

revidiert und von 1371 an erhalten, waren die Register jener Adligen, die in Siena die oberste Regierungsgewalt innehatten, den Concistoro bildeten (die Bezeichnung hat gleiche Bedeutung wie Signoría). Der Name rührt her von den auf den Buchdeckeln (234 x 333 cm) abgebildeten Löwen.

248 Mitglied des Concistoro ist 1571 Pavolos Sohn Cesare, die vollständige Nennung lautet „Cesare di Pavolo eques cataphractus di Giovanni di Pavolo di Spennazza". Die Namensfolge, die die direkte Verwandtschaft zwischen dem Steuerzahler Pavolo von 1481 und dem Cesare von 1571 – seinem Urenkel – belegt, findet sich bei Bichi, Taufdaten, ASS, ms. A 52.

249 Dass das Kastell klein war, zeigt seine Spurlosigkeit in der Lokalchronik; größere Kastelle waren bekannt, s. Bestandsaufnahme in I Castelli del Senese, die Medane nicht enthält.

250 ASS, ms. A 30 III, 705 (219); das Wappen der Spennazzi zeigt gekreuzte Federn zwischen einem Löwenkopf oben, einem unten; das Geschlecht gehörte dem Monte del Popolo an.

251 Beschreibung von Medane s. Bartolomeo Gherardini, ASS, ms. D 82, c. 97. – Auditore Generale: oberster Ratgeber, zu Zeiten der Medici insbes. in Rechtsangelegenheiten.

252 Romagnoli, Biografia cronologica VI, c. 239.

253 ASS, Cat. tosc., Com. di Asciano, Libri degli Arroti 1856 – 60, vol. 31, arroto 16.

254 Sestigiani erwähnt den in Anm. 248 genannten Cesare mit Datum 1591 als einen der 100 Mann der Ehrentruppe des Großherzogs („uno dè cento Huomini d'Arme della Compagnia del Gran Duca di Toscana"), nennt ferner Enea u. Giovanni Spennazzi als Bischöfe von Sovana resp. Pienza (bis 1667 gehörten die Diözesanbischöfe meist zum Sieneser Adel; ASS, Libri leoni, 129, n. 268); Sestigiani, ms. A 30 III, c. 705 (219); Aurieri, ms. A 15, cc. 167 r–v.

255 Isa Belli Barsali fasst die Datierung etwas weiter und plädiert für die zweite Jahrhunderthälfte; Belli Barsali 1977, 112.

256 Da der Umbau des Palazzo Venturi erst 1563 erfolgte, wird – wie schon im Fall Montosoli – im Vergleich der untersuchten Villen nur der Vorgänger von 1524 – Venturi I – zitiert.

Zu Kap. VI, 3

257 Vgl. Frittelli, 73 ff, tav. I, II; zu Le Volte s. u. a. Kap. IV. 3.

258 Lira 242, Terzo di Città, comp. di Sancto Giovanni, c.1114.– Aus früheren Jahrzehnten ist keine Steuererklärung von Scipione erhalten; 1509 (Lira 234) ist der Besitz nicht erwähnt.

259 Vgl Kap.XI.1.

260 Er ließ diesen Palast – den späteren Pal. Chigi-Piccolomini alla Postierla – bereits kurz nach Mitte des Cinquecento vermutlich von Bartolommeo Neroni detto il Riccio umbauen; Torriti, 80.

261 ASS, Giudice Ordinario 3065, Nrn. 46, 131.

262 Repetti V, 755.

263 „Casino di Vico, presso Siena", BAV, Chigi P. VII 11, c. 127; der Name des Zeichners fehlt, es dürfte Carlo Cerdini da Osimo gewesen sein, Landvermesser, der 1664 den gesamten Besitz aufgenommen hat.

264 Braune, 46 f, 53 ff; siehe auch Kap. VI. 4. e, Kap. VII. 1. e.

265 Es sei noch einmal darauf hingewiesen, dass mit dem frühen Palazzo Venturi (I) verglichen wird, nicht mit jenem von 1563 (II).

266 Vgl. Kap. VI. 1. d.

267 „(...) considerata la più bella villa rinascimentale disegnata dal Peruzzi" ; Guaita, 418; Felicia Rotundo nennt die Villa den „vielleicht interessantesten" der Peruzzi zugeschriebenen Bauten; Rotundo, 526; Skepsis hingegen äußern Cresti/Listri, 144.

268 Tatsächlich zweifelt Della Valle jedoch an Peruzzis Autorschaft; Lettere Sanesi, To. III, 197; ausführl. Kritik der Zuschreibungstradition bei Letizia Franchina, 134 ff; s. a. Kap. IV. 4.

269 Romagnoli, Biografía Cronologica, VI, 238.

270 „Es ist ein anmutiger Hügel, auf welchem sich die Vico Bello genannte Königin der Sieneser Villen der Grafen Chigi erhebt, erbaut von dem berühmten Baldassarre Peruzzi, zeitgemäß verschönt vom gegenwärtigen Marchese Angelo Chigi"; Repetti V, 755.

271 Macchi, ASS, mss. D 106, c. 49; D 111, c. 410.

272 Der Garten entstand in seiner heutigen Form in Abänderung der vorher vorhandenen Anlage erst im 18. Jh., also im späten Barock. Ausführliche Beschreibung s. Belli Barsali 1977, 18f, 87; Bödefeld/Hinz 1991, 296.

273 Belli Barsali 1977, 87; 18 f; Abb. 24, 93, 94; 1987, 109.

274 „Taccuino di disegni", BCS, ms. S. IV. 7, cc. 18, 37.

275 Der Brunnen hat Ähnlichkeit mit der Zeichnung UA 2198 r., die jedoch von Wurm unter „Abgelehnte Zuschreibungen" aufgeführt wird; Wurm, 519. Der Brunnen aus Travertin mit einem 0,98 m hohen, rechteckigen Trog (1,61 x 0,55 m) hat ionische Säulen, die auf der Brunnenbrüstung stehen; ein pompöser Aufsatz, der das Chigi-Wappen zwischen zwei Amphoren zeigt, bekrönt das Gebälk. Vgl. Kap. V. 5.

Zu Kap. VI, 4

276 La Fratta war Gegenstand einer unveröffentlichten Tesi di Laurea von Olga Cabrioni und Giovanni Corti (s. Bibliographie). Ich habe für meine Baugeschichte der Villa auf einige der Daten der Arbeit zurückgegriffen – sie sind in den Anmerkungen kenntlich gemacht – und danke für die Zustimmung der Autoren.

277 Giulios Großvater Pietro di Mino war 1429 Mitglied des Concistoro; Cabrioni/Corti, 34f. Sestigiani datiert die Ansiedlung der aus dem Sieneser Umland (Cuna) stammenden Familie ebenfalls in dieses Jahr; ASS, ms A 12, cc. 9 r–v; 10 v.

278 Pandolfo war 1512 gestorben; die Familie blieb an der Macht bis 1524. Die Heirat beider Pannilini-Kinder ist im Februar 1523 Sieneser Zeitrechnung in der Gabella dokumentiert, den Registern der Finanzverwaltung, ASS, Gabella 346, cc. 35 r–v.

279 Vom Kontext her gesehen, in welchem dieses Zitat quasi als Anhängsel an die Beschreibung des Familienarchivs der Pannilini erscheint, besteht m. E. kein Zweifel, dass die Briefe damals tatsächlich vorhanden waren. Im Anschluß an die Chronik des Hauses geht deren Autor mit folgenden Worten auf das Archiv ein: „L'archivio di casa Pannilini oggi è posseduto dal Conte Cav. Balì Augusto Gori-Pannilini, e contiene circa

2000 pergamene molte delle quali di somma importanza. Fra le altre vi sono (...)" – folgen Einzelbeschreibungen – „e finalmente alcune lettere di Baldassarre Peruzzi Pittore ed Architetto, dirette a Marcantonio Pannilini, colle quali lo rende inteso del memorabile sacco di Roma di cui era stato testimone oculare, e gli chiede un'anticipazione sui lavori già incominciati della Fratta"; Galleria Genealogica Araldica dell'Episcopato Italiano, vol. II, 1884, voce „Pannilini".

280 Diskutiert wird auch die Autorschaft des zum Kreis um Peruzzi gehörenden Bartolommeo Neroni detto il Riccio; vorstellbar wäre eine Zusammenarbeit beider Architekten, vielleicht die Vollendung eines Peruzzi-Entwurfs durch Riccio; Vita in Villa, 549 f.

281 Das genaue Datum der Übersiedlung Peruzzis von Siena nach Rom ist unbekannt; er war dort ab 1505/06 tätig, zunächst für Agostino Chigi und dessen Farnesina-Projekt. Nach seiner Rückkehr nach Siena 1527 nahm er bereits ab 10.VII. seine Tätigkeit als Regierungs- und Dombaumeister der Republik auf; Wurm 1984, XI–XII; Adams 1981, 256 f; Adams 1982, 17. – Die Plünderung Roms durch deutsche u. span. Söldnerheere Karls V. begann am 6.V.1527 und endete Mitte Febr. 1528. Vasari berichtet über die Misshandlungen, die Peruzzi durch die Spanier erlitt, und darüber, dass ihn auf dem Weg nach Siena Straßenräuber derart ausplünderten, „che se n'andò a Siena in camicia"; Vasari IV, 602. – Peruzzi blieb als Baumeister in Diensten der Republik bis zu seinem neuerlichen Weggang nach Rom 1535.

282 Das erste dieser Schreiben trägt das Datum 5.X.1528 (ASS, Balìa 583, nr. 63); Giulio Pannilini verliert kein Wort über die Villa, berichtet dafür über den unerklärlichen Tod eines Pferdes („mi è un cavallo morto senza vedersili alcuna ferita"); drei weitere Briefe mit Absenderadresse „Dela Fratta" folgen am 7. u. 8.II.1529 (Balìa 588, nr. 72, 74, 76), dann jedoch schreibt Giulio bis 1533 aus Sinalunga, wo die Pannilini ein Haus besaßen.

283 ASS, Balìa 651, no.95.

284 Castelli del Senese, 388, § 60.5.

285 ASS, Diplomatico Arch. Riformagioni, 1210, Agosto 27; Pecci, ms. D 69, c. 158. – „Fratta" bedeutet soviel wie *macchia*, Buschwald, ein von Dornenhecken und Gestrüpp in einer Weise überwucherter Ort, die ihn für die Landwirtschaft unbrauchbar macht.

286 ASS, Cat.tosc., Comunità di Asinalunga, Cat. dei fabbricati, Registro delle partite, Vol. 3, part. 801; die Bank Monte dei Paschi di Siena ersteigerte den Besitz.

287 ASS, Gabella 258, c. 76 r. Politische Gründe dürften dafür maßgebend gewesen sein, dass die Tolomei ihr *Feudum* verkauften; Gigli, 34 f.

288 Mit einem geschätzten Vermögen von 20 275 *lire* rangierten Simone und Mino zusammen mit ihrem Bruder Mattia an der Spitze der Reichtumspyramide der Stadt. Die Brüder waren als Geschäftspartner aktiv in Bankwesen, Handel, Viehzucht u. Textilgewerbe bzw. Leinenhandel u. -verarbeitung, wie der Name Pannilini besagt. Im Übrigen besaßen sie zwei Gasthöfe, beschrieben aber nichtsdestotrotz ihr gemeinsam bewohntes Haus in Siena in der *compagnia* Realto ed Cartagine als dürftig ausgestattet, „con poche massarizie"; s. Dokument 8.

289 So auch bei Machiavelli, Modo del trattare i popoli della Valdichiana ribellati, in N. Machiavelli, Scritti inediti, a cura di G. Canestrini, Firenze 1857.

290 Siehe Dokument 9. – Zwar hatte Siena bereits zu Beginn des 14. Jhs. erste Entwässerungsarbeiten veranlasst, eine durchgreifende Trockenlegung war jedoch erst Mitte des 19.Jhs. erreicht. Das Projekt war in den letzten Jahrzehnten des 18.Jhs. unter Peter Leopold II. von Lothringen begonnen worden.

291 Die Urkunde ist Bestandteil der „Pergamene del Conte Gori"; ASS, Dono Gori, ms. B. 23. – Die Kriege des aragonesischen Königshauses gegen französische Besitzansprüche auf Unteritalien endeten 1503 mit dem Sieg über Ludwig XII. von Frankreich; 1504 wurde Neapel zusammen mit Sizilien der spanischen Krone unterstellt.

292 Siehe Dokumente 9 und 10.

293 Siehe Dokument 10; La Fratta erscheint in dieser Lira als Besitz der Erben von Simone, nicht jener von Mino.

294 Unter Bezugnahme auf von ihm eingesehene Dokumente geht Corti von einem Verkauf aus (Cabrioni/Corti, 59ff), während Chronisten wie Sestigiani die Transaktion verneinen, da die Republik die Genehmigung verweigert habe: „e nel 1553 al detto Antonio non fú permesso dalla Reppublica che vendesse la sua Tenuta della Fratta, la quale voleva comprare da lui Papa Giulio Terzo per farne una contea a Balduino suo Nipote"; ASS, ms. A 30 III, c. 34 r.

295 ASS, ANAC 2363, no. 11; Gabella 425, cc. 181 r–v; 182 r.

296 Unter *Chiusa* ist ein von schwer durchdringlichem Busch- und Strauchwerk umschlossener oder auch mit Holzpfählen eingezäunter Ort zu verstehen, wohin Jäger ihre Beute trieben.

297 Zum Brunnen s. Kap. V. 5. – Jede der in der vorliegenden Arbeit behandelten Villen verfügt über eine Kapelle oder eine Kirche – Bauten, die eine eigene Untersuchung erfordern würden. Das gilt auch für die zum Komplex von La Fratta gehörende Cappella di S. Michele, zu welcher jedoch folgende Anmerkung gemacht sei: Die Kapelle wird von Gherardini (1676) als von Fabio Gori errichtet erwähnt; Fabio Gori heiratete 1579 in die Fam. Pannilini ein, aber eine so späte Errichtung würde keine Zuschreibung der Fresken mehr an Sodoma erlauben, wie sie von den heutigen Besitzern und insbes. auch dem Sieneser Amt für Denkmalpflege aufrechterhalten wird; Quaderni, 33, 40 ff; „Visita Gherardini", ASS, ms. D 82, cc. 208, 210 f.

298 Pecci, ASS, ms. D 69, c. 156. Eine von Fabio Gori Pannilini an der Fassade angebrachte Marmortafel erinnert an den Besuch: „Sereniss:Cosmum Med: Mag. Etr. Duce: IV/Mariam Magdalena Austriacam Uxore/Christenam Lotharingia Matrem:Dum/Etruscum Imp.ium Subditor utilitate/perlustraret Francisco Med:eiusdem/Sereniss: Fratre aliisqu Principibus/comitatibus Fabius Gorus Pannelineus/covivio quo potuit per eum splendidius/hac sua Villula parari hilaris ac devotus/except IV Idus Octobris A D MDCXII/idem Fabius gratie huius memor. P."

299 „(...) è opera squisita di Baldassarre Peruzzi (...) Dodici case coloniche fabbricate intorno al palazzo, un vasto granajo ed una gran tinaja rendono questo locale (...) meritevole di osservazione"; Repetti VI (Supplemento), c. 104. Vgl. Anm. 302.

300 ASS, Cat.tosc., Com. Asinalunga, Cat. dei fabbricati, Registro partite, Vol. 3, part. 941.

301 Eine Bauaufnahme des gesamten Komplexes von La

Fratta ist Bestandteil der *Tesi di Laurea* von Cabrioni/Corti; dankenswerter Weise konnte ich für die folgenden Abschnitte auf die Vermessungsergebnisse zurückgreifen.

[302] Gelobt von Gherardini 1676 (ASS, D 82, cc. 208, 210f) u. Pecci 1755 (ASS, D 69, cc. 155 f); 1835 registriert Repetti die „grandiosi annessi" und „buone case coloniche"; Repetti II, 343.

[303] Die Fotografie der Jahre um 1880/1890 belegt nicht nur das damalige Fehlen einer Bebauung entlang der nordöstl. Straßenseite, sondern zeigt auch die Villa vor ihrer bald folgenden Renovierung, d.h. rund einen halben Meter niedriger als heute (vgl. Anm. 306) und noch gekrönt von ihrem schlichten alten Taubenturm. Das moderne, wesentlich größere Belvedere in Form einer allseits geöffneten, drei Achsen breiten u. zwei Achsen tiefen Loggia hat bei einer Höhe von ca. 4,50 m eine Breite von acht und eine Tiefe von fünf Metern.

[304] Der Garten, eine von niedrigen Mauern eingefasste kreuzförmige Anlage, bietet eines der eindrucksvollsten noch vorhandenen Beispiele für die Renaissancegärten, die zu sehr vielen Villen gehört haben.

[305] Rechts greift es noch 0,60 m um die Hausecke herum, links ist es vom anschließenden Torbau überschnitten.

[306] Die Distanz vom oberen Rand der Mezzaninfensterrahmen zum Gesimsansatz misst aktuell 0,49 m entsprechend sieben Ziegellagen à 0,06 m plus Fugenzugabe à 0,01 m. Die erwähnte Fotografie (s. Anm. 303) belegt, dass das Gesims vorher fast unmittelbar auf den Fensterrahmen aufsaß; geht man von einem ursprünglich vorhandenen Abstand in Höhe von maximal einer Ziegellage aus, wurden sechs Lagen aufgestockt, rund 0,42 m.

[307] So hat das Kranzgesims des Palazzo Venturi eine der Pfeilerbreite entsprechende Höhe von 0,60 m, ebenso dürfte der Säulensockel von La Fratta den Modul bestimmt haben, nach welchem die Höhe des Kranzgesimses bemessen wurde. Schon Francesco di Giorgio forderte, dass das Kranzgesims entsprechend den Säulen zu bilden sei.

[308] Florenz, UA 511r. Wurm 1984, 173, ordnet die Zeichnung allerdings nicht der Farnesina zu; anders dagegen Rilievi, 312: „Disegno di B. Peruzzi relativo alla Finestra di sopra della Farnesina". – Peruzzi gibt die Fenstermaße in *palmi romani* (à 0,2234 m) an; bei ihm wie an der Villa La Fratta entsprechen sich mit sieben *palmi* (1,56 m) die Gesamtbreiten, mit rund einem *palmo* (0,22 m) die Rahmenbreiten, mit 7/8 *palmi* (0,19 m) die Höhe des Frieses und mit fünf *palmi* (1,11 m) die lichten Weiten der Fenster des *piano nobile* (La Fratta: 1,06 m). Lediglich deren lichte Höhen weisen an La Fratta mit nur 1,72 m eine etwas größere Differenz zu Peruzzis Vorgabe von 8 1/3 *palmi* auf (1,85 m), dennoch regelt auch bei ihnen der Goldene Schnitt das Maßverhältnis, bei Peruzzi mit 1 : 1,66 (entspr. 3 : 5), an der Villa La Fratta mit 1 : 1,62 (5 : 8).

[309] Die Sockel der Säulen haben, bei einer Seitenlänge von 0,60 m, einen quadratischen Querschnitt und eine Höhe von 0,76 m; die Säulen selbst messen bis zum Architrav drei Meter; das Balkönchen hat inklusive Architrav und Brüstung eine Höhe von 1,30 m.

[310] Zur Mittelschicht passe dagegen ein als Bogenstellung ausgebildeter Portikus; Alberti, Zehn Bücher, IX, Kap. 4, 488.

[311] Ich gehe hier von der angenommenen ursprünglichen Traufhöhe von 11,70 m aus.

[312] Erstmals formuliert von A. Thiersch, welchem zufolge Harmonie „durch Wiederholung der Hauptfigur des Werkes in seinen Unterabteilungen" entsteht; s. Kap. VI. 4. d.

[313] Die lichten Weiten der Arkaden messen zwischen 3,03 und 3,17 m, die lichten Höhen weisen folgende Werte auf: Arkade unten links außen 3,83 m, rechts außen 4,02 m, oben links wie rechts außen 4,26 m, oben Mitte 3,93 m.

[314] Belli Barsali 1977, 108.

[315] Braune, 46 f, 53 ff; vgl. auch Kap. VI. 3. b.

[316] Kap. VII. 1. e.

[317] Cabrioni/Corti, 72f; vgl. Anm. 297, 298.

[318] Romagnoli, Biografia cronologica VI, 243.

[319] Ädikulafenster mit Segmentgiebeln aus der ersten Hälfte des Cinquecento sind im sienesischen Villenbau heute nur noch ein weiteres Mal vorhanden, an der Villa di Belcaro (s. Kap. VIII, S. 112); Beispiele aus späterer Zeit für eine Verdachung mit Dreiecks- oder, seltener, Segmentgiebeln bieten etwa die – ebenfalls in Kap. VIII beschriebenen – Villen S. Colomba (Fassade des Seicento mit Segmentgiebeln im *piano nobile* und Dreiecksgiebeln im Obergeschoss, Abb. 49) und S. Regina (Abb. 61; die Fenster wurden erst im 18. Jh. im Zusammenhang mit der Tamponierung der Arkaden eingesetzt). Zur noch späteren Fassadengestaltung von Vicobello (ab 1840) vgl. Kap. VI. 3. d.

[320] Heil, 247, stellt diesen Typus als „Rahmenädikula" in Gegensatz zu einer Pilaster- oder Säulenädikula.

[321] Als eindrucksvollstes Beispiel gilt das Pantheon; weiterhin boten sich u.a. das Obergeschoss des Trajansforums u. die Thermensäle als Anschauungsmaterial; Heil macht darauf aufmerksam, dass Ädikulen als Fenstereinfassungen an den Fassaden privater Bauten weitgehend fehlten, jedoch seit augusteischer Zeit die Staatsarchitektur zierten; Heil, 247f.

[322] Palazzi Caprini (ab 1501), Farnese (ab 1515), Branconio (1518); Heil, 372 ff, 419 f, 427.

[323] Steinmetzrechnungen von 1439 belegen eine Entstehung des Obergeschosses um diese Zeit; Heil, 255.

[324] Das vollständige Zitat: „e perchè fu il primo edifizio, quel palazzo, che fusse fatto con ornamento di finestre quadre con frontispizii e con porta, le cui colonne reggessino architrave, fregio e cornice, furono queste cose tanto biasimate dai Fiorentini con parole, con sonetti e con appiccarvi filze di frasche, come si fa alle chiese per le feste, dicendosi che aveva più forma di facciata di tempio che di palazzo, che Baccio fu per uscir di cervello"; Vasari, V, 351f.

[325] Die Anfänge einer Neugestaltung von Fassadenaufrissen um 1465 lassen sich anhand der Errichtung der Villa „Il Pavone" datieren; siehe Kap. IV. 2 und Dokument 1. Erst ab 1500 setzten sich mit dem Pal. del Magnifico waagrechte Verdachungen durch, während Ädikulafenster in der Stadt nicht heimisch wurden.

[326] Auf überdurchschnittliche Bildung lassen Duktus und Stil seiner Briefe schließen, wie die Beispiele von 1528, 1529 und 1537 zeigen; s. Kap. VI. 4. a.

[327] Frommel 1973, I, 136 f; Sani-Franchina, 287 ff; Heil, 475 f; der Palast wurde 1771 um eine Fensterachse nach links

verbreitet; im 19. Jh. wurden die Öffnungen im Eingangsbereich verändert.

[328] Burns, 266.– Der ursprünglich von mir beabsichtigte Vergleich der Proportionen von La Fratta mit jenen des Palazzo Pollini ließ sich nicht durchführen, da die Fassade des Palazzo nicht vermessen ist. Zwar hat Letizia Franchina 1982 ein Proportionsschema für den Palazzo vorgestellt, jedoch ohne dass sie auf eine Bauaufnahme hätte zurückgreifen können. Wie sie mir sagte, hat sie sich dabei auf reine Schätzungen anhand einer Zählung der Ziegellagen der Fassade verlassen; aufgrund der allzu großzügigen Interpretation erscheint die Arbeit wenig geeignet für einen Vergleich; Sani-Franchina, 287–295.

[329] Eine Zuschreibung an Peruzzi vertritt Belli Barsali 1977, 94 f; es existieren Zeichnungen Peruzzis für die Anlage, gesichert ist jedoch nur der Lageplan der Uffiziensammlung UA 346 r. Zu Belcaro s. Kap. VIII, S. 112.

[330] Erste Eingriffe erfolgten bereits 1802 durch Serafino Belli, einer der Hauptvertreter des Sieneser Purismus war jedoch Giuseppe Partini, der Belcaro von 1865 bis 1870 grundlegend renovierte; Siena, Le Masse, Il Terzo di Città, 87.

[331] Heil, 482.

Zu Kap. VII, 1

[332] Günther Eckert, dem ich diese Information verdanke, machte mich auf mehrere, z.T. weit entlegene Beispiele für diesen Grundriss aufmerksam, darunter auch estländische und hessische Speicherbauten bereits des frühen 14. Jahrhunderts.

[333] Die mittlere der Raumbahnen der Sieneser Villen, somit der Grundriss der *sala* in Erd- und Obergeschoss, hat eine lichte Breite von sieben bis maximal 8,50 m, die Spannweiten der beiderseits flankierenden Raumfluchten betragen fünf bis sechs Meter.

[334] Ein erhaltenes Beispiel des 13. Jhs. bietet die Ca'Loredan: Einen in der Mittelachse in ganzer Länge von einer Halle durchschnittenen Gebäudeblock, den beidseitig zwei annähernd gleich dimensionierte Raumfolgen begleiten; dem Aggregat vorgelegt ist ein querrechteckiger Baukörper mit breiter Loggia und symmetrischer dreiteiliger Fassade; zu diesem und weiteren Beispielen – alle am Canal Grande gelegen - s. Maretto, 128 f, 138, 140 f, 154.

[335] Vgl. Kap. V. 4. a und Anm. 186.

[336] Zur mutmaßlichen Herkunft des Loggienschemas s. Kap. III. 2., zum Villenbau des Veneto Bödefeld-Hinz 1998.

[337] Der alte Gebäudekern des weitläufigen Palazzo an der Via di Città weist den die Villen charakterisierenden Speichergrundriss mit vorgelegter Loggia und Außentreppe auf; er entstand vermutlich bereits vor dem Cinquecento durch Anbau an einen wuchtigen Turm; Grundriss s. Lusini, I Chigi, I, 4 ff.

[338] Siehe Kap. II. 1.

[339] Zu den mittelalterl. Wehrbauten u. deren Abmessungen s. Braune, 24, 44 ff, 53 ff.

[340] Pecci berichtet 1755 über La Fratta, dass es „gegenwärtig nichts anderes als ein Dorf" sei, früher aber sicher befestigt und Sitz eines *Podestà* war: „presentamente non è altro che un villaggio, o Borgo di Case, fù certamente Terra murata, e vi risedeva il Podestà", ASS, ms.

D 69, c.155.– Zu Ringmauern als wichtigstem Merkmal des Kastells – des *castrum* – sowie zu *terrae muratae* s. Braune, 12 ff. La Fratta wurde um 1210 ummauert, s. Kap. VI. 4. b.

[341] Zum Speicherbau s. Braune, 14. Es war Tradition, das Erdgeschoss möglichst nicht zu bewohnen; Braune, 49 f.

[342] Landwirtschaftsbauten sind meist ähnlich dimensioniert, so wie z. B. auch Militär- oder Befestigungsbauten; schon römische Kastelle waren genormt; Kretschmer, 22 ff, 118 ff.

Zu Kap. VII, 2

[343] In der Kunstwissenschaft wird häufig davon ausgegangen, dass der Goldene Schnitt in der Theorie eine weit größere Rolle gespielt habe als in der bildenden Kunst, dass zudem das Desinteresse der Traktatliteratur an seiner Anwendung seine geringe Bedeutung für die Baupraxis der Renaissance zu bestätigen scheine. Vgl. Anm. 347.

[344] Siehe Kap. V. 3. b, VI. 4. d.

[345] Sie lassen sich von seinem ersten Bau, der Farnesina, bis hin zu seinen letzten Werken durch sein gesamtes Schaffen hindurch verfolgen; Frommel 1961, 76.

[346] Wittkower 1983, 88.

[347] v. Naredi-Rainer, 196.– Reallexikon zur deutschen Kunstgeschichte, „Goldener Schnitt", zit. n. Manuskript.

[348] Saalman, 95, geht davon aus, dass Brunelleschi seine Kirchen ohne Aufrisszeichnungen allein nach geometrischen Verfahren gebaut habe; siehe auch Heil, 19; erst Alberti verlangte maßstäbliche Aufrisszeichnungen.

[349] Eine Besprechung beider Objekte folgt in Kap. VIII, Katalog Sieneser Villen, S. 119 f.

[350] Zu Montosoli s. Kap. VI. 1. b, zur im folgd. Text zitierten Villa Medane s. Kap. VI. 2. b.

[351] Zum Vergleich: Die Höhe der *sala* des Palazzo Venturi beträgt (bei einem Grundriss von 7,40 : 10,60 m) 4,95 m.

[352] Die Fassaden der frühen Villen blieben unverputzt; wo nicht, sollten wie im Fall Montosoli – s. Kap.VI.1. – Defekte in der Mauer, Flickwerk, Umbauspuren überdeckt werden.

[353] Doppelgurte, zum Teil das Erd- wie auch das Obergeschoss markierend, sowie Rustikakanten finden sich bereits gegen Mitte des Cinquecento an einer Reihe von Stadtpalästen, beispielsweise dem Palazzo Chigi alla Postierla (um 1550).

Zu Kap. VIII

[354] Literatur: Castelli del Senese, 30, 336, § 33.3; Vita in Villa, 481, 541, Farbabb. Nr. 461.

[355] Vgl. die Geschicke der Villa Fagnano. Literatur: Bödefeld/Hinz 1991, 276 f; Guaita, 394 ff; Romagnoli, Vedute, Abb. S. 220; Vita in Villa, 534.

[356] Literatur: Vita in Villa, 502, 521.

[357] Literatur: Belli Barsali 1977, 67 ff; Guaita, 341 f; Vita in Villa, 229, 520, Farbabb. Nr. 200, 484; Siena, Le Masse, Il Terzo di Città, 80; vgl. auch Kap. IV. 4.

[358] Bei Dreiflügelanlagen – häufig mit Risaliten unterschiedlicher Breite – handelt es sich meist um Festungsadaptionen, vgl. in diesem Katalog die Beispiele

Casabianca, Finetti und Grotti, ebenso die in Kap. IV. 3. behandelte dreiflügelige Villa Le Volte. Auch deren Maße wurden vermutlich durch ein vorangegangenes befestigtes Ensemble vorgegeben.

[359] Literatur: Castelli del Senese, 326, § 29.2; Vita in Villa, 503.

[360] Vgl. Kap. VI. 4. f.

[361] Zu den Fresken vgl. Kap. VI. 1. c und Anm. 236. – Literatur zu Belcaro: Belli Barsali 1977, 94ff; Bödefeld/Hinz 1991, 291ff; Castelli del Senese, 30, 35, 269, 385, § 59.2; Cresti/Listri, 156ff; Guaita, 348 – 51; Rilievi, 435 – 39; Romagnoli, Vedute, Abb. S. 58, 96; Vita in Villa, 137, 142f, 236, 519, Farbabb. 481; Siena, Le Masse, Terzo Città, 87ff.

[362] Zur Loggienhöhe vgl. Kap.VII.2.b. Literatur: Belli Barsali 1977, 110; Siena, Le Masse, I Terzi di Camollia e San Martino, 58; L'Università di Siena, 493 f.

[363] Literatur: Siena, Le Masse, I Terzi di Camollia e San Martino, 63 f; s. a. Kap. VII. 2. b – c.

[364] Literatur: Belli Barsali 1977, 84 ff; Bödefeld/Hinz 1991, 290f; Castelli del Senese, 260f, 335, § 32.28; Guaita, 404ff; Müller, 59 – 68; Rilievi, 341 – 360; Vita in Villa, 499, 540.

[365] Literatur: Siena, Le Masse, I Terzi di Camollia e San Martino, 75 f; Vita in Villa, 503, 520, Farbabb. Nr. 488.

[366] Vgl. Kap.VII.2, s. a. Besprechg. der Villa L'Apparita. Literatur: Belli Barsali 1977, 70; Bödefeld/Hinz 1991, 297f; Vita in Villa, 522; Siena, Le Masse, Terzi di Camollia e S. Martino, 73.

[367] Literatur: Bödefeld/Hinz 1991, 287f; Castelli del Senese, 288f, § 7.13; Cresti/Listri, 134 – 143; Frommel 1961, 105f; Guaita, 416ff; Müller, 86 – 90, 137; Romagnoli, Vedute, Abb. S. 3; Vita in Villa, 136, 499, 529.

[368] (Spärliche) Baunachrichten zur Villa finden sich in folgender Veröffentlichung der Associazione Pro-Loco Serremaggio (o.J.): Giulio Pini, Casolari della Campagna Senese. Le vicende dell'insediamento sparso nel territorio del Comune di Rapolano Terme, Tomo 1.

[369] BAV, Chigi P. VII 11, cc. 113 – 115; die Bauzeichnungen (1663) stammen von Carlo Cerdini da Osimo, der auch den Chigi-Besitz Vicobello vermessen hat, vgl. Kap. VI. 3. b. – Literatur: Bödefeld/Hinz 1991, 277ff; Cresti/Listri, 312 – 315; Guaita, 366 – 369; Vita in Villa, 286 f, 327, 330 f, 506 f, 550, Farbabb. Nr. 221, 222, 326.

[370] Literatur: Castelli del Senese, 294, § 11.14; Guaita, 374ff; Vita in Villa, 470, 510, 533.

[371] Literatur: Siena, Le Masse, I Terzi di Camollia e San Martino, 63, 65 ff.

[372] Literatur: Siena, Le Masse, Terzi di Cam. e S. Martino, 53 f; Vita in Villa, 507, 524 f, Farbabb. 491; Wharton, Edith, Ville italiane e loro giardini, Firenze 1983 (New York 1903, 1976), 57 f.

[373] Literatur: Siena, Le Masse, I Terzi di Camollia e S. Martino, 56f; Vita in Villa, 507, 527.

[374] Literatur: Guaita, 380 – 83; Vita in Villa, 511, 533; Abb. Nr. 473 u. 510; zahlreiche Farbtafeln dieses Bandes zeigen die Fresken der Villa.

[375] Zum Kauf der Villa 1734 s. ASS, Vent.Gall.4, *Libro dele Memorie*, c. 139 v. Im „Compra della Villa di S.a Reina" überschriebenen Abschnitt berichtet Giovanni Venturi Gallerani, „come questo dì 27: Settembre 1734 hò fatto acquisto della Villetta di S.a Reina con due Poderi contigui". (Vgl. zu diesem Kauf auch Vent. Gall. 27, n. 7).

Ebenfalls im *Libro dele Memorie*, Vent. Gall. 4, c. 164 v, äußert sich Giovannis Sohn Giuseppe zum fünfzig Jahre später erfolgten Umbau: „Da me Giuseppe del fù Cav.re Gio:Venturi Gallerani si fà memoria come nello scorso anno 1783 fù intrapreso il compimento del Palazzo della Villa di S. Reina, à cui fù costruito di Pianta il braccio della parte dell'entrata principale del Prato, Cortile, ò sia lanterna, Ridotto, Stalla, Sagrestia alla Cappella, officine (...) e tutto sembra che sia riuscito grandioso, nobile, e di buon gusto, come richiedeva il buon disegno e situazione di questa Villa. La Spesa occorsa in tal lavoro ascendente alla Somma di Scudi 735.5.2.4."

[376] ASS, Gab. 349, c. 14 r. Zur Errichtung des Palazzo Venturi siehe Kap. V. 1. c.

[377] Literatur: Belli Barsali 1977, 80f; Bödefeld/Hinz 1991, 295f; Rilievi, 335 – 340; Vita in Villa, 122, 502f, 524, Farbabb. Nr.124; Siena, Le Masse, I Terzi di Camollia e San Martino, 57.

Zu Kap. IX, 1

[378] Ginatempo 1988, 467 f, 471 f.

[379] Vgl. die venezianischen Maßnahmen zur Entwässerung der Sümpfe der Terraferma, Bödefeld/Hinz 1998, 34 – 37; zur Urbarmachung von Lombardei / Veneto s. a. Ginatempo 1988, 480.

[380] Pinto 1982, 62; Pinto 1995, 69 f.

[381] Hicks, 9; Cammarosano 1985, 269; Pinto 1995, 76; Cipolla, 16 f. Vgl. auch den geschichtlichen Überblick am Anfang des Bandes.

[382] Der Markt für sienesische Erzeugnisse hatte sich nie weit über die Stadt selbst und ihren *contado* hinaus erstreckt, Hicks 27f, 32f; Cipolla, 15.

[383] Die *Tavola delle Possessioni* zeigt eine Durchdringung stadtnaher Zonen mit bürgerlichem Privatgrund zu annähernd 80 Prozent; Cherubini 1974, 279 – 285.

[384] Biancucci, 66ff. Untersucht wurden 420 Steuererklärungen des Jahres 1488 aus sieben Steuerbezirken des *Terzo di Città*; Biancucci stellte die Verteilung des Gesamtvermögens wie folgt fest: 70,9 % waren angelegt in ländlichen Immobilien, 15,6 % in städtischen, 13,5 % in Handel, Bankgeschäften und Gewerbe.

Zu Kap. IX, 2

[385] Zur Lira siehe die generellen Informationen in Kap. XI. 1. – Grundlegend sind folgende Untersuchungen: Zur Lira von 1453 Catoni/Piccinni 1984 u.1987, zur Lira von 1488 Biancucci, zur Lira von 1509, 1524 u. 1531 A. K. Isaacs 1970. – Neun Steuererklärungen, teilweise übersetzt und kommentiert, finden sich in der Dokumentation, Nrn. 6–14.

[386] Die Dokumente 12, 13 und 14 geben Auskunft über die Aufwendungen der Venturi für die Aussteuer der Töchter; Dokument 7 erwähnt gleiche Nöte im Haus Petrucci, Dok. 6 sowohl die Aussteuersorgen als auch die Krankheiten der Chigi. Der Bericht über den beraubten Warenboten (Lira 151, c. 30 u. Lira 152, c. 100) ist nicht Bestandteil der Dokumentation.

[387] Auch Petrucci deklarierte (1509) nur ein „Wohnhaus mit Einrichtung und zwei Ställen" (Dokument 7) – den soeben (um 1508) vollendeten Palazzo del Magnifico.

[388] Die Via dei Pellegrini gehörte zum Steuerbezirk Porta Salaia, für welchen eine halbwegs vollständige Lira

nur noch aus dem Jahr 1509 existiert (Nr.235); die nächstfolgende (letzte) Lira, Nr. 244 von 1548, weist keinen Venturi als wohnhaft in der Via Pellegrini aus.

389 Angelini, 373f. Zum Palazzo selbst, später Pal. Agostini Bindi Sergardi, s. Torriti 158f. Dass der Bau in den 1520er Jahren – vielleicht nach dem frühen Tod von Alessandro, 1523 – von den Venturi an Marcello Agostini verkauft wurde, wird vermutet, ist aber nicht belegt.

390 Isaacs spricht vom mittelalterlichen Brauch insbes. des Adels, „di abitare tutti in uno stesso palazzo o ʻcasamentoʻ, formando delle consorterie"; Isaacs 1970, 55 f.

391 Dokument 24; s. a. Torriti, 223.

392 Zu Jacomos Wohnung s. Dokument 14; zu Sto. Desiderio s. Torriti, 149. Sollte der dortige Palazzo Venturi tatsächlich bereits in den 1520er Jahren verkauft worden sein – vgl. Anm. 389 – schlösse das allerdings aus, dass Salustio noch dort gewohnt hat.

393 Siehe Dokument 21, cc. 1 r – 2 v.

394 Wenn in einem armen Haushalt nichts, nicht einmal Korn vorhanden ist, teilt die Lira das ebenso zuverlässig mit. Ein Beispiel von vielen: „Ziovanni d'Andrea di Tozuolo lavoratore" gibt 1453 zu Protokoll, weder Haus, noch Anstellung, noch Geld, noch Korn zu besitzen, „non n'ô casa, ne posisioni, ne denari, ne grano" (Lira 139, c.56). – Zur Disposition der Lagerräume in Stadthäusern siehe außer Dokument 24 bes. auch Dokument 19.

395 Alberti, Vom Hauswesen, 250 ff.

396 Die Grundstücksgrößen entstammen der Untersuchung des Katasters von 1320 von Cherubini 1974, 245-262, 279 – 285.

397 Steuern wurden für ein belastbares Vermögen ab 50 *lire* erhoben; sie betrugen ein Prozent der ermittelten Summe, jedoch in *denari* resp. *soldi*. Wer mit 100 *lire* veranlagt war, bezahlte 1 *denaro*, für 200 *lire* 2 *denari* usw. Vom Vater des künftigen Stadtherrschers, Bartolomeo Petrucci, 1481 mit 6025 *lire* veranlagt, wurden folgerichtig 60,25 *denari* gefordert, umgerechnet 5 *soldi* und 1/4 *denaro*. (Zur Währung vgl. Tabelle im Anhang.)

398 Auch der Maler Sodoma rechnete dazu. Er wurde 1531 mit nur 100 *lire* eingestuft („Giovanni Antonio dipentor alias il Soddoma", Lira 124, c. 61 v). Beträge dieser Größenordnung galten für viele der damals als Handwerker gesehenen Künstler, so auch für den Architekten Francesco di Giorgio, dessen Einkommen 1488 mit 300 *lire* notiert ist (Lira 216, c. 306).

399 Die Quellen in der Reihenfolge der Zitate: Lira 215 (1488), c. 208; Lira 139 (1453), cc. 151, 107; Lira 217 (1488), cc. 346; 372; Lira 216 (1488), cc. 251, 252, 334, 362.

400 Die Steuererklärungen finden sich wie folgt in der Dokumentation: Chigi, Dokument 6 (Steuererklärung von 1491), Pannilini, Dokumente 8 u. 10, Venturi, Dok. 13 u. 14.

401 1890 Eigentümer teilten sich damals in die Ländereien des *contado*, 55 % von ihnen hatten nicht mehr als einen *podere*. Großgrundbesitz war außer Orden und kirchlichen Verbänden dem Patriziat vorbehalten, Familien wie den oben genannten, an erster Stelle der reichsten von allen, den Piccolomini mit 239 *poderi*. Vita in Villa, 466 – 495.

Zu Kap. IX, 3

402 Im Anschluß an die Forschungen von G. Pinto findet sich das Thema erneut umfassend behandelt bei M.

Ginatempo 1988; s. insb. Teile III, Kap. I, 261–347, und IV, Kap. II, 507 – 558.

403 Das „quasi totale" Vorherrschen der *mezzadria* im Senese wird nirgends in Zweifel gezogen, vgl. Pinto 1982, 234; das Lob der mezzadria verkündet u. a. Tichy, 398: „Die Mezzadrifamilien waren wirtschaftlich und sozial gesichert und hatten wenig Probleme zu bestehen. Die Mezzadria galt als eines der stabilsten, wirtschaftlich produktivsten und sozial gesündesten Agrarsysteme Italiens."

404 Pinto 1987, 252 – 260, geht ausführlich auf die fortschreitende Entrechtung der *mezzadri* ein; s.a. Cherubini 1974, 358 – 364, 384 f.

405 „Ciò creava una spirale d'indebitamento che neppure le annate buone erano in grado di spezzare", Giorgetti, 123.

406 „Der *contado* der Florentiner ist voll von euren Bauern, die wegen ihrer Schulden geflohen sind"; ASS, Concistoro, 2140, c. 70 r, zit. nach Pinto 1982, 424, Anm. 19. Überaus zahlreiche Quellenzitate außer bei Pinto 1982 insbes. auch bei Ginatempo 1988.

407 Das Verlassen der Dörfer gilt als „eines der auffälligsten Daten für den Senese"; Piccinni/Francovich, 260. Ginatempo meint dagegen, Rückkehrer hätten ebenso wie Zuwanderer aus dem Florentiner Gebiet – auch sie unterwegs wegen Verschuldung und drohender Haft – das Dörfersterben aufgehalten; Ginatempo 1988, 284 f, 507 ff.

408 Ginatempo 1988, 276 f.

409 Isaacs 1979, 377 – 403; Ginatempo 1988, 342.

410 Pandolfo Petrucci zog von den späten 1480er Jahren immer mehr Macht an sich; ab 1500 übte er bis zu seinem Tod 1512 unangefochten die Alleinherrschaft aus. Zu seiner *Legge agraria* sehr detailliert Isaacs 1979, 394 – 403; Chironi 401; Chironi geht vor allem auf die politischen Hintergründe der Aktion ein.

411 Siena argumentierte damit, dass die Allmendeflächen staatliches, nicht Gemeindeeigentum seien, es sich somit nicht um „Enteignungen" handelte; die Gemeinden erhielten keinerlei Ausgleich für den Verlust. Sie konnten die Gründe in geringem Umfang zurückkaufen, sofern sich kein städtischer Interessent dafür fand.

412 Cherubini 1974, 288; 150 Jahre später vollzogen sich im Veneto ähnliche Transaktionen, allerdings erheblich größeren Umfangs: ab 1646 ließ die Signoria von Venedig 209 000 ha Gemeindeland auf der Terraferma versteigern; s. hierzu Beltrami, Saggio di Storia dell' Agricoltura nella Repubblica di Venezia durante l'età moderna, 36 – 51; Bödefeld/Hinz 1998, 29 – 31.

413 Petrucci sah die Basis der Stabilität seines Staates in einer starken Militärmacht, so umfasste sein Regierungsprogramm neben der Schaffung einer adäquaten Infrastruktur u.a. den Ausbau eines Netzes von Festungen. An der technischen Organisation des Programms hatte ab 1489 auch Francesco di Giorgio teil. Für Siena bedeutete jedoch die Aufrechterhaltung einer hohen Truppenstärke und funktionsfähiger Festungen sowie die durch ungeheure Schenkungen erkaufte Unterstützung ausländischer Mächte eine überproportionale Anstrengung im Vergleich zu den realen Möglichkeiten; Chironi 397 – 399.

414 Chironi, 406.

415 Petrucci wurde 1451 geboren, Jacomo 1452, sein Cousin Mariano 1462 (s. Stammbaum im Anhang). Die Linie Jacomo-Ventura errichtete den Palazzo von Montecontieri, s. Kap. V. 1. b–c; zu Mariano siehe Memoiren seines Sohnes Agnolo, Dokument 18.

416 Eine wichtige Rolle im Budget der großen Familien wie auch für den Sieneser Staatshaushalt spielte die Eisenverarbeitung, die *siderurgia* (s. Kap. IX. 4. c). Bereits ab Beginn der 1490er Jahre hatte Petrucci einen hochmodernen staatlichen Produktionsapparat geschaffen, der sowohl Eisenvorkommen ausschöpfte als auch Eisenhütten unterhielt, dazu ein Labor, das mit Schmelztechniken experimentierte; Chironi, 397.

417 Vent. Gall. XVII-7. Außer dem hier aufgeführten Grundeigentum gab es weiteren Venturi-Besitz insbesondere im Osten von Siena (Rotundo, 483), jedoch hat der Zweig Mariano-Agnolo im Gegensatz zur Linie Jacomo-Ventura-Salustio (Palazzo Venturi) keine frühe Villa von Bedeutung hinterlassen, die noch erhalten wäre.

418 Siehe Dokumente 3–5. Den hier belegten Ankäufen vorangegangen waren in diesem Gebiet die des Vaters von Jacomo, Ventura, vgl. Kap. IV. 1. a.

419 „Der überhöhten Ausgaben und Belastungen wegen, die (uns) die beste Gemeinde im Umkreis von fünf Meilen (rund 8 km) von Siena getroffen haben, sind wir nun die Ärmsten und Elendesten geworden"; Lira 267, Scritte del contado dell'anno 1525, Terzo di Città, 23, Santa Maria a Pilli; zit. n. Isaacs 1979, 391.

420 ASS, ANAC 1147, atti n.1037–1038. Auf den Kauf wurde bereits in Kap. V.1.c eingegangen; vgl. auch Kap. IX. 3. b–4. c.

421 Ginatempo 1988, 330–332.

422 Zu den drei zitierten Steuererklärungen siehe Dokumente 11, 13 und 14.

Zu Kap. IX, 4, Kap. X

423 Siehe Dokument 18.

424 Es handelt sich insbes. um das Prozessprotokoll von 1582 (Dok.15) u. die Nachlass-Inventare v. 1574 u. 1599 (Dok. 21 u. 22). Zu den Grundkäufen im Gebiet der Villa s. Kap. V. 1. b.

425 Zum Palazzo Venturi s. Kap. V. Der Familie gehörte seit 1513 außerdem die später zur Villa umgebaute Festung von Potentino, s. Kap. V. 1. c und IX. 3. b–4. c. Über ein mögliches Vorhandensein weiterer früher Villen existieren keine Nachrichten.

426 Zur Vermietung des *piano nobile* s. Dokument 15, c.10r, zum Ehevertrag Celia Dokument 23, zu Fulvios Erbansprüchen Dokument 17.

427 Dokument 15, cc. 36 v, 21 v.

428 Siehe Katalog Sieneser Villen, Kap.VIII, Bauten des 17./18. Jhs; vgl. auch die Beispiele im Bd. Vita in Villa. Zur vergleichbaren Situation in Veneto s. Bödefeld/Hinz 1998, 37 f; 43–54.

429 Siehe Dokumente 21 und 22 (das zitierte „alphabetische Verzeichnis" findet sich am Anfang von Dok. 22) und Kapitel V. 4. c.

430 Conti I, 1; am umfangreichsten zu Einrichtung und Betrieb der *poderi* speziell in der *Creta* Giorgetti, 70-76, auch Pinto 1982, 227–230. Die „bequeme" Unterbringung des Viehs zusammen mit den Arbeitern findet sich zitiert in Dokument 15, c. 4 v, § 22.

431 Laut Giorgetti, 73, galt diese Norm bis über das 16. Jh. hinaus.

432 Inventare s. Dokumente 21 und 22 sowie Tabellen „Die *poderi* des Palazzo Venturi" im Anhang; Beschreibung des Viehs: Dokument 22, cc. 23 r–24 v.

433 Vent. Test. III-43, c. 30 v, und III-47, c. 3 v.

434 Giorgetti geht von einem Ertrag von 6–7 *staia* Korn pro *staio* Aussaat aus, vice versa wurde rund ein Sechstel des Ertrags als Saatgut benötigt; Giorgetti 72; Cherubini 1974, 384. zur Erholung der Böden wurde jeweils ein Jahr mit der Aussaat ausgesetzt.

435 „Un anno per l'altro": „ein übers andere Jahr", s. Anm. 434; „di parte, e netto di seme": „aufgeteilt" zwischen Besitzer u. Halbpächter, abzügl. Saatgut („netto"); s. Dok. 15, c. 4 v, § 21.

436 Dokument 15, c. 31 r, § 21.

437 Die Lagerbestände sind in Dokument 22, Abschnitt „Beschreibung der *poderi*" (cc. 23 v–48 r) erwähnt, zu den Getreidevorräten im Palazzo selbst s. Kapitel V. 4. d.

438 In Potentino, dem Besitz der Venturi am Monte Amiata, wurde eine ca. 45 Belege umfassende Sammlung namens „Libri di più sorti anzi scritte" gefunden, die allerdings zur Hälfte Transaktionen von Holz und Eisenwaren betraf. Die Sammlung ist (nicht veröffentlichter) Bestandteil von Dokument 22 (ASS, Curia del placito 272, cc. 27 v–33 v).

439 Die drei Brüder Pannilini beklagen den Verlust von 135 Tonnen Getreide im Wert von 2000 Florin, die, verladen auf ein Genueser Schiff, „chome è noto", „wie bekannt", samt diesem untergegangen waren oder gekapert worden sind; Dokument 8, c.53r.

440 Dokument 22, c. 24 v.– In Rechnungsbuch des Agnolo Venturi findet sich im ASS, Vent.Gall.XXVI-4: „Libro de Conti della fornace de mattonj faciamo a mezo Agnolo Venturi e Gerardo con Pietrolino fornaciario (...) cominciato questo dí 18 d'aprile 1558".

441 Auf das Ausschmelzen des Eisens folgte seine weitere Verarbeitung zu schmiedbarer Halbfertigware; Holzkohle aus Kastanienholz sollte die optimale Qualität der Produktion sichern; Giovagnoli 1986–1987, 26, 51. – Das Sieneser Eisenhüttenwesen hatte mit dem schon vom frühen Trecento an rasch verbreitenden Einsatz von Wasserkraft einen ersten großen Aufschwung genommen, wie bereits die *Tavola delle Possessioni* (1318-1320) dokumentiert. Maria Elena Cortese erkennt um diese Zeit einen regelrechten „*boom* della siderurgia idraulica"; Giovagnoli 1986–1987, 15; Cortese, 198.

442 Das Netz von Hütten ist bis heute anhand der Ortsnamen zu identifizieren; Cortese, 35–39; 223–316; Giovagnoli 1986–1987, 4. Eine dritte, im Zusammenhang mit der Eisenindustrie interessierende Zone, das Bergbauzentrum von Massa Marittima, war im 15./16.Jh. nicht aktiv.

443 Der Übergang vom Monte Amiata zur Maremma war eines der Haupttätigkeitsgebiete der *Sex ad Vendendum*, denn Absicht der *Legge agraria* war u.a., dem städtischen Vordringen speziell weiter entfernte Zonen zu öffnen; Isaacs 1979, 397; Pinto 1987, 281 f.

444 Daten und Beschreibung der Anlage bei Cortese, 245 ff.

445 Siehe Dokument 14, c. 3 r; eine Beschreibung der Staudämme, im Dokument „stechaie" genannt (korrekt: *steccaia*), findet sich bei Cortese, 70 f.

446 Zu dem Besitz gehörten zwei Eisenhütten, eine verfallene und eine funktionsfähige; auf den Kauf von Potentino wurde in Kap. V. 1. c und IX. 3. b eingegangen.

447 ASS, Particolari, b 194. Zum Handel mit Eisen und Holz in Potentino s. Anm. 438.

448 Eine Bestandsaufnahme zu Beginn des 19. Jhs. zeigte eine erhebliche Verminderung der Wälder des Amiatagebiets und eine daraus resultierende entscheidende Veränderung des ökologischen Gleichgewichts der Zone. Ginatempo 1988, 482f.

449 Agnolo hatte die urkundlich erstmals 1331 erwähnte, südlich von Monticiano gelegene Hütte von Ruota 1571 gekauft; Giovagnoli 1992, 12; Cortese, 237 – 242. Seinen Söhnen Augusto und Ascanio hinterließ er die detaillierte, 1571–1573 verfasste Unterweisung „Sul modo di governare la ferriera di Ruota" (ASS, Vent. Gall. XXXIII-2), hier zit. n. Giovagnoli 1992, 38.

450 Zitate von 1429 u. 1472 s. Giovagnoli 1986 – 1987, 27 f. Giovagnoli zitiert umfangreiche behördliche Protokolle zur Frage der Übergriffe auf gemeindeeigene Wälder, so auch das von Cosimo Acciaioli 1592 niedergeschriebene, die sogenannte „Visita Acciaioli", die Agnolo Venturi als einen von denen bezeichnet, die sich rücksichtslos des Gemeindeguts bedienten; Giovagnoli 1986 – 1987, 27 f, 67 ff, Fußn. 121 – 122.

451 Gherardini am 23. Juni 1677: „Die Herren Venturi fällen Fruchtbäume ohne Ende, insbesondere Kastanien, Eigentum der Gemeinden, folglich verringern sich die Erträge an Mehl außerordentlich"; zit. n. Giovagnoli 1986 – 1987, 29. Zu Gherardini s. a. Anm. 251.

452 Burckhardt, Der Cicerone, 1855 (Ausg. Stuttgart 1978), 294.

453 „Wer Haus und *podere* hat, mag sich krümmen, aber er stürzt nicht"; Conti I, 2.

Stammbaum der Venturi

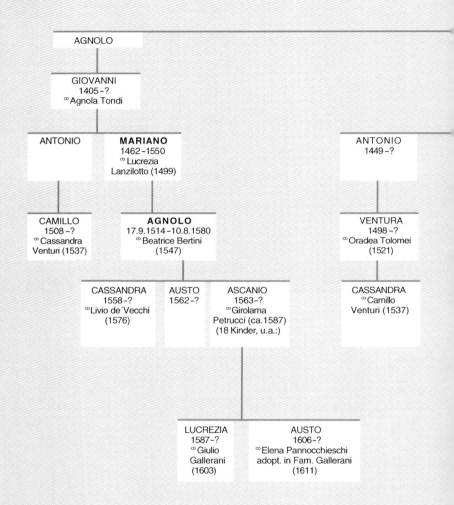

Namen, die im Zusammenhang mit der vorliegenden Arbeit von größerem Interesse sind, erscheinen halbfett; in Klammern: Heiratsdaten.

Die Daten erscheinen in den Urkunden nur selten unter Angabe von
Tag und Monat. Entsprechend Sieneser Zeitrechnung können sich deshalb im Einzelfall Verschiebungen nach vorn um ein Jahr ergeben.

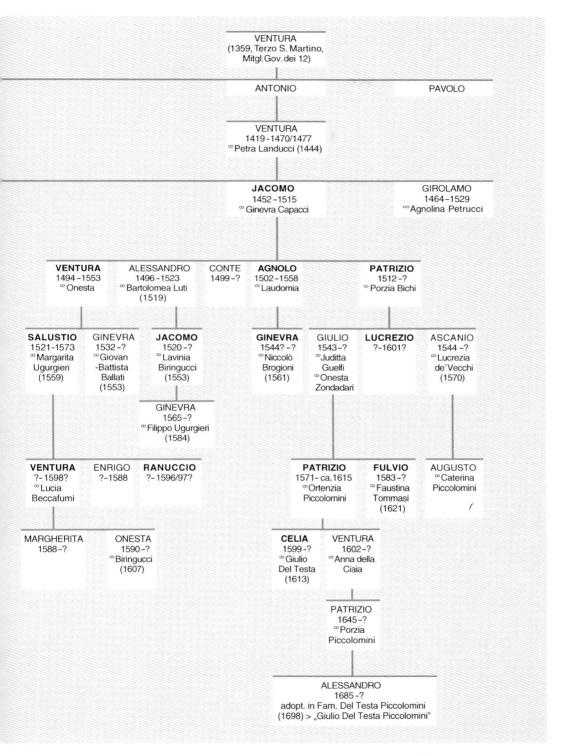

Die Villen im Überblick: Daten, Maße, Proportionen

Baujahr	1524 (1563)	1527	1535	1520/30	1540/50
Villa	**Venturi I (II)**	**La Fratta**	**Montosoli**	**Vicobello**	**Medane**
Vorgänger	unbekannt	Speicher	Kastell	Kastell/ Kloster	Kastell
Material	Ziegel	Ziegel	Bruchstein verputzt	verputzt	Ziegel
Maße					
Grundfläche qm	323	290	294	346	312
Baubreite	20,52	19,44	22,63	22,40	20,25
Tiefe	15,75	15,00	13,00	15,40	15,40
Traufhöhe	12,54	11,70 (ursprgl.)	12,14	12,72	10,15
Fassadenhöhe bis Kranzgesims	11,94	11,10 (ursprgl.)	11,69	12,02	9,65
EG-Höhe bis inkl. Gurtgesims	5,80	5,10	5,15	6,10	5,16
Höhe Gurtges.> Kranzgesims	6,14	6,00 (ursprgl.)	6,54	5,92	4,49
Arkaden/EG, OG lichte Weite	2,01 (II: 2,39)	(Fenster OG) 1,06 – 1,11	EG: 2,48 OG: 2,58	1,79 (ursprgl.)	2,10
Arkaden EG lichte Höhe	3,95 (II: 4,15)	-	3,52	4,40	3,91
Arkaden OG lichte Höhe	3,30 (II: 3,50)	(Fenster OG) 1,72	3,70	-	3,12
Proportion					
Grundriss	1 : 1,3	1 : 1,3	1 : 1,7	1 : 1,4	1 : 1,3
Baubreite : Traufhöhe	1 : 1,6	1 : 1,6	1 : 1,8	1 : 1,7	1 : 2

Ausstattung, Größe und Erträge der *poderi* des Palazzo Venturi

Die Angaben entstammen den Inventaren von 1574 und 1599 (Dokumente 21 und 22). Alle in den Inventaren auffindbaren Hinweise sind berücksichtigt; Häuser für die Landarbeiter waren vermutlich auf allen *poderi* vorhanden, auch wenn sie nicht gesondert erwähnt sind; in einem Fall (Il Casino) wird ein Herrenhaus genannt. Zu den angegebenen Maßen und Gewichten s. Tabelle Seite 204; zur Errechnung der jeweils in Klammern angegebenen Mengen in Zentnern wurde von Schüttgewichten ausgegangen. Die Kornerträge wurden errechnet auf Basis eines Durchschnittsertrags von 6,5 *staia* pro 1 *staio* Aussaat.

1574
Quelle: Dokument 21
(cc. 18 v – 20 v)

Podere	Größe	Viehbestand	Aussaat	Ertrag	Mezzadro
(Anbau, soweit im Dok. angegeben) * Wein ** Wein und Oliven			(keine Angaben)	(Errechnung nicht möglich, da keine Ang. zur Aussaat)	
Castellare** *(c. 18 v)*		4 Zugochsen 1 Rind 2 Pferde 40 Schafe			Antonio di Bello
Schifanoia** *(cc. 18 v – 19 r)*		5 Zugochsen 2 Rinder 1 „Pferdchen" 44 Schafe 2 Säue 2 Ferkel			Cesare Maichi
Rentessa* *(c. 19 r)*		3 Zugochsen 1 Rind 25 Schafe ... Ziegen			Giovanni di Santi Salvadori
Mocine** *(cc. 19 r – v)*		6 Zugochsen, „alt" 3 Rinder 2 Kühe 2 Pferde 20 Schafe 20 Ziegen 2 Säue 8 Ferkel à 3 Mon.			Agnolo Bindi
Montefranchi** *(c. 19 v)*		4 Zugochsen 2 Rinder 1 Kuh 1 Pferd 4 Schafe 2 Säue 14 Ferkel			Alexandro di Agnolo Pelli
Montefranchino** *(c. 20 r)*		3 Zugochsen 1 „Pferdchen" 30 Schafe 1 Sau 6 Ferkel			Giulio di Francesco

1599
Quelle: Dokument 22

(cc. 23 r – 49 r)

Podere * Wein ** Wein und Oliven	Größe Gesamtfl. (316 ha)	Viehbestand	Aussaat staia (Ztr.)	Korn- Ertrag staia (Ztr.)	Mezzadro
Castellare** *(casa contadina,* Brennofen für Ziegel, Ölpresse) *(cc. 23 v, 24 v)*	16 moggia = 50 ha	8 Zugochsen 5 Rinder 1 Kuh mit Kalb 2 Pferde 57 Schafe 37 Lämmer 18 Ziegen 17 Schweine 2 Säue, trächtig	keine Angabe	(325?) (Schätzung anhand Flächen- größe)	Biagio di Giulio Lucatti
Schifanoia** *(casa contadina* mit Hof und „Anbau", vermietet) *(cc. 24 r–v)*	12 moggia = 37,5 ha	7 Zugochsen 3 Rinder 1 Pferd 1 Fohlen 42 Ziegen 6 Böcke 3 Säue 21 Ferkel 4 Schweine	**100** (37,5) Korn **6** (1,6) Futter- getreide **1** (0,3) Bohnen	**650** (245)	Alardo und Pasquino
Rentessa* *(cc. 23 v–24 r)*	ca. 25 ha		**62** (23,2) Korn **2** (0,5) Hafer	**403** (151)	Biagio di Giulio Lucatti
Mocine** *(casa da* *contadino* mit 2 Hütten) *(c. 48 r)*	25 moggia = 78 ha	4 Zugochsen 6 Rinder 1 Eselin 1 Junges 60 Schafe 32 Lämmer 20 Ziegen 3 Säue 12 Ferkel 17 Schweine	**41** (15,4) Korn **2,5** (0,7) Hafer	**266,5** (100)	Bartolomeo di Marco Scassi
Montefranchi** Montefranchino** *(cc. 47 r–v)*	30 moggia = 94 ha	6 Zugochsen 5 Rinder 1 Pferd 1 Fohlen, einjähr. 52 Schafe 20 Lämmer 43 Lämmer, diesjähr. 23 Ziegen 2 Säue 5 Ferkel 13 Schweine	**48** (18) Korn **2** (0,5) Bohnen	**312** (117)	Domenico Gorella

Podere * Wein ** Wein und Oliven	Größe Gesamtfl. (316 ha)	Viehbestand	Aussaat staia (Ztr.)	Korn- Ertrag staia (Ztr.)	Mezzadro
Casino mit *casa del cittadino* (Montefranchi) (*c. 47 v*)	8 staia = ca.1 ha		**0,75** (0,28) **1** (0,3) Bohnen	**4,8** (1,8)	Lattantio di Pier Boscaglia
Le Chiuse (mit *casa contadina* und Kornspeicher) (*c. 24 r*)	8 moggia = 25 ha	4 Zugochsen 2 Rinder ... Schafe ... Lämmer 29 Lämmer, klein 2 Säue 10 Ferkel 3 Schweine, jung	**48** (18) Korn **6** (1,6) Hafer **2** (0,5) Bohnen	**312** (117)	Santi d'Agnolo Capitani
Brettonica (*c.25r*)	30 staia = 4 ha	1 Eselin 1 Esel, jung	**9,5** (3,5) Korn **2,2** (0,6) Bohnen	**61,75** (23)	Menico di Zenone Savilli
„Il Giardino" * (Garten „hinter dem Palazzo") (*c. 15 v*)	12 staia = 1,5 ha (Wein)		**4** (1,5) Korn **0,5** (0,1) Bohnen	**26** (10)	Gio. Battista di Pier Boscaglia (Gärtner)

Maße und Gewichte

Bis 1861 in der Toscana gebräuchliche Florentiner Maße, die – eingeschränkt – auch für Siena galten; abweichende, nur in Siena gebräuchliche Einheiten sind mit * gekennzeichnet.

Längenmaße
1 palmo romano* .... 0,2234 m
1 braccio fiorentino .... 0,583626 m
1 miglio (*pl. -a*) toscano .... 1653,607 m

Flächenmaße
staio (*pl. -a*), auch staioro: Die Bodenfläche, die mit einem staio Korn eingesät werden konnte
1 staio .... 1300,75 qm
1 moggio = 24 staia = 31 218 qm ..... 3,12 Hektar

Hohlmaße
1 staio .... 24,3628 Liter**
1 staio da olio .... 20,8* Liter
1 moggio = 24 staia .... 584,7 Liter
1 terzino da vino .... 0,75 Liter
1 barile da vino* =
32 boccali à 1,3675 Liter .... 43,76 Liter
1 soma da vino .... 91,168 Liter
1 soma da olio .... 66,857 Liter

Gewichte***
(Umrechnung entsprechend sogen. Schüttgewichten)
1 Liter Korn (Weizen) .... 0,77 kg
1 Liter Gerste .... 0,63 kg
1 Liter Roggen .... 0,73 kg
1 Liter Hafer, Platterbsen, Futterwicke, Nüsse, Trockenobst, Mehl .... ca. 0,55 kg
1 staio Korn = 24,36 Liter .... 18,75 kg
1 moggio Korn = 584,7 Liter = 450 kg .. 9 Zentner

1 libbra (*pl -e*) .... 0,3395 kg
100 libbre = 1 quintale .... 33,95 kg

Währung
Der *fiorino d'oro* (Florin), der florentinische Goldgulden, erstmals 1252 geschlagen, eröffnete die Goldprägung. Er trug auf der Vorderseite die Lilie von Florenz, auf der Rückseite das Bild Johannes des Täufers, und enthielt 3,53 gr Feingold. Der alltägliche Geschäftsgang wurde jedoch über eine Silberwährung (*scudi, lire*) abgewickelt, deren Verhältnis zum Florin stark schwankte.

Folgende Werte galten um 1500:
1 *fiorino d'oro* entsprach ca. 4 *lire*
1 *scudo d'argento* entsprach 4 – 5 *lire* (gegen Jahrhundertende 7 *lire*)
1 *lira* = 20 *soldi*
1 *soldo* = 12 *denari*

Zur Datierung
Die Jahresanfänge in Siena folgten (wie in Florenz und dem größten Teil der übrigen Toscana) bis 1. Januar 1750 dem sogen. Annuntiationsstil, das heißt, Neujahr war in Siena am 25. März, das alte Jahr endete jeweils am 24. März. Für die Transkriptionspraxis bedeutet das, dass überlieferte Daten ggfs. umzurechnen sind, so wurde z. B. ein Brief vom 20. Februar 1527 nach heute gültiger Datierung am 20. Februar 1528 geschrieben.

Indiktion:
573 von Kaiser Justinian gesetzlich vorgeschriebene Jahreszählung, die generell in Urkunden übernommen wurde (in Siena vom 13. Jh. an), in der Regel zusätzlich zur Datierung nach Inkarnationsjahren. Die Indiktion nennt die Position eines Jahres innerhalb eines 15jährigen Zyklus der nach Ablauf neu begann, in Siena jeweils am 8. September.

**Abweichend vom Florentiner Maß wird der „staio senese" gelegentlich auch mit nur 22,84 Litern angegeben; Parenti, G., Prezzi e mercato del grano a Siena (1546 – 1765), Firenze 1942, 30 f

***Quelle: F. Beck/E. Henning (Hrsg.): Die archivalischen Quellen, Weimar 1994, 255 f

Fachworterläuterungen

Ädikula
(lat. aedicula, Häuschen, Tempelchen). Rahmung von Portalen, Fenstern etc. durch Stützen, die ein Gebälk und einen Dreiecks- oder Segmentgiebel tragen.

Architrav
Waagrecht auf Stützen aufliegender tragender Balken in der antiken Baukunst und den von ihr abhängigen Baustilen.

Arenaria
Sandstein unterschiedlicher Konsistenz und Färbung (→ *pietra serena*).

Arkade, Arkatur
Bogen samt Stützen (Säulen oder Pfeilern); Arkatur: fortlaufende Bogenreihe.

Balustrade
Brüstung, Geländer, von Balustern (gebauchten Säulchen) getragen.

Bottega *(pl. -ghe)*
Werkstatt; mittelalterliche Tradition war die Nutzung des Erdgeschosses von Stadtpalästen als *bottega*.

Braccio *(pl. -a)*
Längenmaß, etwas mehr als 0,50 m
(s. Übersicht Seite 204).

Casa colonica
Bauernhaus, Pächterhaus (→ *mezzadria*, → *podere*).

Casa-torre *(pl. case-torri)*
Freistehendes „Turmhaus" im offenen Land, unterscheidet sich vom Wehrturm formal durch eine größere Grundfläche; Nutzung als befestigtes Wohngebäude.

Cassero
Teil eines Kastells, ehemals vermutlich die private, aus einem oder mehreren Gebäuden bestehende Residenz eines Feudalherrn (→ *palagio, Palas*).

Castellare
Verfallendes, verlassenes, auch geschleiftes Kastell.

Castrum *(pl. -a)*
Kastellsiedlung, in welcher auch die bäuerliche Bevölkerung wohnte.

Catasto toscano,
Nuovo Catasto generale della Toscana
Das erste offizielle Grundstücksverzeichnis für die gesamte Toscana, ab 1818 unter Großherzog Ferdinand III. von Habsburg-Lothringen angelegt, ab 1835 rechtskräftig.

Cinquecento
('500) Italienische Bezeichnung für das 16. Jahrhundert.

Contado
Das zur Stadt gehörende Land, ehemals feudales Territorium in der Hand des *comes*, des Grafen, dann in Besitz der Bürger. Comitatus wird sprachlich zu *contado*.

Compagnia *(pl. -e)*
Kleinste Struktureinheit der Stadt, benannt nach der zugehörigen Pfarrkirche, dem Bereich einer Straße, eines Platzes oder auch eines Stadttors. Im frühen 14. Jh. hatte Siena 60 *compagnie*, die Pestepidemien reduzierten die Zahl nach und nach auf 41 (um 1500).

Corte
Amtsbezirk, Sprengel; von lat. curtis, Ansammlung von (auch befestigten) Gehöften.

Cortile
Hof, Innenhof.

Creta *(pl. -e)*
Tonerde, Lehm. Im Senese (meist im Plural gebrauchte) Bezeichnung für die Landschaft südöstlich von Siena, die von der SS 438 durchschnitten wird. Im Zentrum liegt die Stadt Asciano, am Südrand die Abtei Monte Oliveto Maggiore.

Denuncia *(pl. -ce)*
(In älteren Dokumenten auch *denunzia*). Vermögensbekenntnisse der Haushaltsvorstände, Basis aller ordentlichen und außerordentlichen Steuerbemessung (→ Lira; s.a. Kapitel XI. 1).

Dugento
('200) Italienische Bezeichnung für das 13. Jahrhundert.

Faszien
Horizontal in Form einer Treppe übereinander liegende flache Streifen (meist zwei bis drei).

Fattoria
Wirtschaftsgebäude, auch Verwaltungszentrum eines aus mehreren Gütern (→ *podere*) bestehenden Agrarbetriebes, Bereich des Verwalters, des *fattore*.

Fedecommesso
Unveräußerliches Erbgut (vgl. Anmerkung 136).

Fiorino
Florentinischer Goldgulden (s. Übersicht Seite 204).

Fondaco
Handelshof, Handelsniederlassung.

Francigena
→ Via Francigena.

Fresko
Wandmalerei auf frischem (nassem) Putz. Die Be-

zeichnung wird fälschlich auch verwendet für Wandmalerei überhaupt.

Fries
Flächiger oder plastischer, häufig geometrisch ornamentierter Schmuckstreifen zur Begrenzung oder Untergliederung einer Wand (→ Gesims; → Zahnschnitt).

Gebälk
Am griechischen Tempel die Gesamtheit von → Architrav, → Fries und → Kranzgesims.

Gesims
Im Gegensatz zum → Fries stufenförmig aus der Mauer hervortretender waagrechter Streifen zur Betonung der Bauabschnitte; das Gurtgesims teilt die Geschosse; das Kranzgesims zwischen Fassade und Dach bildet den Abschluss des Gebäudes.

Goldener Schnitt
Proportionssystem (siehe Anmerkungen Nrn. 166 – 168).

Granaio, granaro
Getreidespeicher.

Kämpfer
Auflager, Zone zwischen Stütze (Mauer, Pfeiler, Säule) und Bogen oder Gewölbe. Kämpfergesims: vorspringende waagrechte Tragplatte zwischen tragendem Teil und Gewölbe- oder Bogenansatz.

Kanon, kanonische Form
Richtmaß, Regel, fixierte Form (eine nicht kanonische Form dagegen ist variabel).

Kapitell
Kopfstück von Säulen, Pfeilern, Pilastern am Treffpunkt von Stütze und Last.

Karnies
Konkav-konvexes Bauglied, das heißt, Element mit S-förmigem Profil.

Kolosseumsmotiv
Nach dem Kolosseum, dem römischen Amphitheater, benanntes System einer Wandgliederung durch axial übereinander gestellte Bogenreihen, die von Säulenordnungen begleitet werden.

Konsole
Vorkragender, meist profilierter Tragstein.

Lira
Währung (siehe Übersicht im Anhang); in Siena auch das Verzeichnis der Vermögensbekenntnisse der Bürger (*I libri della lira*), sowie Bezeichnung für die Steuererhebung selbst (vgl. Kapitel XI. 1).

Lisene
Senkrechter, nur wenig vorstehender Mauerstreifen ohne Basis und Kapitell, der die Wände gliedert.

Loggia
Gewölbter Bogengang oder Bogenhalle an der Front eines Gebäudes, gestützt durch Pfeiler oder Säulen; auch zwei- oder dreigeschossig (→ Portikus).

Messer, Messere
Ehrentitel und respektvolle Anrede für Ritter, Richter und Doktoren der Rechte; Notare führten den Titel „Ser".

Mezzadria
Landwirtschaftliches Halbpachtsystem; der → *mezzadro* bewirtschaftete den → *podere* selbständig; der Besitzer stellte den Betrieb mit Grundstück, → *casa colonica*, Arbeitsgeräten und Vieh; die Betriebskosten und die Erträge sollten halbiert werden (vgl. Kap. IX. 3. a).

Mezzadro (tosc. mezzaiolo)
Landarbeiter, Bauer, der den → *podere*, das Landgut, bewirtschaftet.

Mezzanin
Zwischen- oder Halbgeschoss. Die geringere Höhe ist an den kleineren Fensteröffnungen ablesbar.

Modul
Grundmaß, kleinste Einheit, auf welcher weitere Maße als Vielfaches beruhen.

Moggio (*pl. -a*)
(Scheffel). Altes italienisches Hohlmaß, auch Flächenmaß; → *staio* (s. Übersicht S. 204).

Monti (*sing. -e*)
Die politisch-sozialen Gruppierungen, die einander ablösend vom 14. Jh. an die Macht in Siena hatten (vgl. einleitenden Überblick zur Geschichte Sienas, Die Epochen, 14. Jh).

Nobile
Adliger, → Patrizier.

Padrone
„Herr", Villenbesitzer, Gutsherr.

Palagio, Palas
Wohngebäude für den Burgherrn, meist wehrhaft bei allerdings schwächeren Mauerstärken, als sie die *case-torri* aufweisen (→ *casa-torre*, → *cassero*).

Pasticcio
„Mischmasch", aus ursprünglich nicht zusammengehörigen Elementen zusammengesetztes (Pseudo-) Kunstwerk.

Patriziat, Patrizier
Städtischer Adel im Gegensatz zum landsässigen, ur-

sprünglich mit feudalen Rechten ausgestatteten „echten" Adel, der Feudalaristokratie.

Piano nobile
Hauptgeschoss, „edles" bzw. „adliges" Geschoss einer Villa oder eines Stadtpalasts (→ *sala*).

Pietra serena
Helles, für seine Schönheit berühmtes Bau- und Dekorationsmaterial (→ *arenaria*).

Podere (*pl. -i*)
Landgut, speziell in der Toscana Halbpachthof in bürgerlichem Besitz, bewirtschaftet von einem → *mezzadro* (→ *mezzadria*, → *fattoria*).

Portikus
Von Säulen getragene Vorhalle eines Bauwerks, in der Villenarchitektur in Form einer → Loggia.

Proportion
Das Maßverhältnis einzelner Bauteile zueinander und zum Ganzen, ausgehend von einem Grundmaß (Modul) oder einer Grundfigur (z.B. dem Quadrat; → Quadratur).

Quadratur
Geometrisches Schema zur Gewinnung von Proportionen aus dem Quadrat.

Quattrocento
('400) Italienische Bezeichnung für das 15. Jahrhundert.

Risalit
Vorzugsweise in der Mitte oder an den Seiten vorspringender Teil eines Gebäudes.

Rustika
Roh behauene, „bossierte" Quaderung eines Mauerwerks, kennzeichnend für den mittelalterlichen Burgenbau; im Palastbau der Renaissance häufig (auch als Imitat aus verputztem Backstein) im Sockelbereich angewandt, später werden Gebäudekanten gern „rustiziert".

Säulenordnung
Baudekoration des griechischen Tempels. Drei verschiedene Säulen- und Gebälksysteme sorgten hier für die rhythmische Gliederung der Fronten, die dorische, ionische oder korinthische Ordnung. Die Säulenordnungen erfuhren in römischer Zeit verschiedene Umbildungen, blieben jedoch auf ihre streng geregelten Maßverhältnisse festgelegt. Vermittelt durch die Vitruv'sche Architekturlehre fanden sie Eingang in die Baukunst der Renaissance.

Sala
In der Mitte des Hauptgeschosses (→ *piano nobile*) gelegener Hauptsaal von Villa/Stadtpalast.

Scudo
Silbermünze (s. Übersicht Seite 204).

Seicento
('600) Italienische Bezeichnung für das 17. Jahrhundert.

Settecento
('700) Italienische Bezeichnung für das 18. Jahrhundert.

Signore
(Italienisch: Herr). Volkstümliche Bezeichnung für jeden, der Geld und Macht besaß; historisch: Alleinherrscher in den Stadtstaaten, Stadtdespot.

Signoria, „S. V."
Stadtherrschaft in den nord- und mittelitalienischen Stadtstaaten, höchste politische Instanz mit gesetzgebender und richterlicher Befugnis.
„S. V.": Bis zur ausgehenden Renaissance in sienesischen Dokumenten häufige Abkürzung für „Signorie Vostre", an die Adresse der Signoria gerichtete Bittformel („preghiamo le S. V.").

Sima
Traufleiste des antiken Tempels, Traufgesims (→ Traufe).

Staio (*pl. -a*)
Hohlmaß, auch Flächenmaß, → *moggio* (s. Übersicht S. 204).

Tenuta
Gesamtheit eines landwirtschaftlichen Betriebes/Anwesens.

Terraferma
Das „Festland" von Venedig, sein Hinterland.

Terzo (*pl. -i*)
Einteilung der Stadtfläche von Siena in Drittel entsprechend der Lage der Stadt auf drei Höhenzügen, die miteinander ein Ypsilon bilden. Der Schnittpunkt liegt nahe der Piazza del Campo. Auf dem südwestlichen, höchsten, Hügel liegt das Terzo di Città, im Südosten das Drittel San Martino, im Norden das Drittel Camollia. Ursprung der Dreiteilung sind die drei älteren Siedlungen, aus welchen Siena ab dem 6./7.Jh. zusammenwuchs.

Tinaio
Gärkeller mit Holzbottichen unterschiedlicher Größe (tino, tinello) zum Keltern der Trauben.

Traufe
Die waagrechte Unterkante eines Daches, an der die Dachrinne angebracht ist (→ Sima).

Travertin
Kalktuff, wetterbeständiger Stein von teils dichter,

teils poröser Beschaffenheit; Farbschattierungen von reinem Weiß bis Grau und Rötlichbraun; seit dem Altertum auch seiner lebendigen Oberfläche wegen gesuchtes Baumaterial (Kolosseum, Peterskirche).Travertin im Wechsel mit Backstein ist im Senese als Baudekoration weit verbreitet.

Trecento
('300) Italienische Bezeichnung für das 14. Jahrhundert.

Vedute
Sachlich genaue Wiedergabe der Ansicht einer Stadt oder einer Landschaft als Gemälde, Zeichnung oder Stich.

Verkröpfung
→ Gebälke oder → Gesimse, die um Säulen, Pfeiler und Mauervorsprünge herumgeführt werden.

Via Francigena
Hochmittelalterliche Handels- und Pilgerstraße, auch Romea oder „Frankenstraße" genannt, die (mit Varianten) von Rom über die Poebene weiter in Richtung Frankreich führte.

Vigna *(pl. -e)*
Grundstücke für den Weinbau, darüber hinaus aber generell landwirtschaftlich genutzte Flächen, insbesondere auch für den Obst- und Gemüseanbau.

Villa
In der römischen Antike zunächst Bezeichnung für ein bäuerliches Anwesen, auch ein Dorf, erst später zugleich für ein zugehöriges Herrenhaus. Auch zu Beginn der Villenkultur im 15. Jahrhundert hatte das Wort noch beide Bedeutungen. Im Verlauf der Renaissance engte sich der Begriff auf das Herrenhaus allein ein, das allerdings stets mit landwirtschaftl. Zweckbauten verbunden blieb. Unter *villa suburbana* ist eine Villa in unmittelbarer Nähe der Stadt zu verstehen, die vorrangig Residenzcharakter hatte (vgl. Kap. I. 1). *Villa rustica*: Irreführd. Begriff für Villa als Agrarunternehmen, was jedoch in unterschiedl. Maß nahezu alle Villen waren.

Villeggiatura
Sommerfrische, Landaufenthalt (in dieser Bedeutung bis heute in Gebrauch); vom 15.–18. Jh. in Nord- und Mittelitalien fester Begriff für Villenleben und Villenkultur.

Zahnschnitt
→ Fries aus einer Reihe rechteckiger, regelmäßig gesetzter, vorspringender Steine, „Zähne".

Zuganker
Sie halten Gewölbe beziehungsweise Mauern zusammen.

Bibliographie

Abkürzungen
siehe Seite 181

Quellen

AURIERI, ANTONIO,
Raccolta di notizie riguardanti le famiglie nobili di Siena, raccolte dal sacerdote Antonio Aurieri parroco di S. Giovanni in Pantaneto nella metà del sec. XIX, ASS, ms. A 15

BICHI, GALGANO (ca. 1700–1720),
„Raccolta di Nomi di Persone Nobili Battezzate in Siena, nate da Fameglie, che sono esistenti nel presente Anno 1713 (...). Il tutto estratto da Libri de Battezzati, che si conservano nella Cancellaria del Magistrato della Magnifica Biccherna di Siena (...). Il tutto formato, et eseguito per ordine, con direzione et assistenza, et a' spese dell'Ill'mo Sig.r Abbate Galgano Bichi, e terminato nel Mese di Maggio dell'Anno 1717". ASS, mss. A 51–52

ders.,
„Notizie Istoriche de Capitanati della Città e Stato di Siena astratte da Pubblici Documenti e da più antichi, e Rinomati Autori dal Nob. Sig. Ab. Galgano de Conti Bichi coll'Indice in fine". ASS, mss. D 73–79

CHIGI, FABIO,
Chisiae Familiae Commentarij, 1618. BAV, mss. Chigiani, a. I. 1 (2536)

GHERARDINI, BARTOLOMEO,
„Visita fatta nell'anno 1676 alle città, terre, castella, comuni, e comunelli dello stato della città di Siena dall'Ill.mo Sig.re Bartolomeo Gherardini. Auditore Generale in Siena per l' A.S. di Cosimo III de Medici, Gran Duca VI di Toscana mediante la qual Visita fu'fatta dal d.to Auditor Gherardini Relazione del Sito, del Materiale, del Formale, dello Spirituale, del Politico, del Militare, del Civile, e dell'Economico e d'ogn'altra qualunque cosa specifica, ed'importa'za di ciascun'Luogo del Territorio di Siena". Trascrizione di P. Mocenni, 1723. ASS, mss. D 82–86

MACCHI, GIROLAMO,
Scrittore Maggiore del Piissimo Spedale di Sta. Maria della Scala di Siena (ab ca. 1684),
Memorie, secc. XVII–XVIII. ASS, ms. D 111

PECCI, GIOVANNI ANTONIO,
Memorie Storiche, Politiche, Civili, e Naturali Delle Città, Terre, e Castella, che sono, e sono state suddite della Città di Siena, Raccolte Dal Cav.re Gio.Antonio Pecci, Patrizio Sanese (ca.1740–1758), ASS, mss. D 67/72

ROMAGNOLI, ETTORE,
Vedute (...), Biblioteca Comunale degli Intronati, Siena, mss. C. II. 3–4 (Veröff. s. Romagnoli, Ettore)

SESTIGIANI, PRETE ANTONIO,
Compendio Istorico di Sanesi Nobili per Nascità, Illustri per Attioni, Riguardevoli per Dignità, raccolto, come si dimostra, da diversi Autori, che hanno stampato, da'Manuscritti antichi, e moderni, da'Archivi, da Contratti publici, e da Scritture esistenti appresso Persone particolari da me Prete Antonio Sestigiani. 1696. ASS, mss. A 30 II–III

ders.,
Spoglio e compendio de'contratti in cartapecora della Comunità dell'Asinalonga, fatto nell'anno 1701 da Antonio Sestigiani, e copiato nell'anno 1703 da Francesco Maria Mannelli. BCS, B. IV. 24

Literatur

ACKERMAN, JAMES S.,
Sources of the Renaissance Villa, in: Studies in Western Art, Bd. 2, The Renaissance and the Mannerism. Princeton, N. J. 1963, 6–18

ders. (1967),
Palladio's Villas. New York / Glückstadt 1967

ders. (1990),
The Villa. Form an Ideology of Country Houses. Princeton (N. J.) 1990

ADAMS, NICHOLAS,
Baldassarre Peruzzi and a Tour of Inspection in the Valdichiana 1528–1529, in: Revue d'art canadienne / Canadian Art Review, 5, 1978, 28–36

ders. (1982),
Baldassare Peruzzi as architect to the Republic of Siena 1527–1535: Archival notes, in: BSSP, LXXXVIII (1981), Siena 1982, 256–267

ders. (1982),
La personalità di Baldassarre Peruzzi e la sua pratica in architettura, in: Rilievi (a. a. O.),17–20

ders. (1993),
L'architettura militare di Francesco di Giorgio, in: Francesco di Giorgio architetto (a. a. O.), 126–162

AGNOLO DI TURA DEL GRASSO,
Cronaca senese, in: Cronache senesi, a c. di A. Lisini / F. Jacometti, Bologna 1931–1939, 253–264

ALBERTI, LEON BATTISTA,
I libri della Famiglia (1437–1441), a c. di G. Mancini, Firenze 1908; dt. Ausg.: Vom Hauswesen, Übersetzg. Walther Kraus, München 1986

ders.,
Zehn Bücher über die Baukunst, ed. M. Theuer (Wien/ Leipzig 1912), Darmstadt 1991

ANGELINI, ALESSANDRO,
Il Beccafumi e la volta dipinta della camera di casa Venturi: L'artista e i suoi committenti, in: BSSP, XCVI (1989), Siena 1990, 371–383

ASCHERI, MARIO,
Siena nel rinascimento. Istituzioni e sistema politico,
Siena 1985

ders. (1993),
(a c. di) L'ultimo Statuto della Repubblica di Siena
(1545)

ders. (1995),
Istituzioni e governo della città, in: Storia di Siena (a.
a. O.), 327–340

AZZI VISENTINI, MARGHERITA,
Die italienische Villa: Bauten des 15. und 16. Jahrhun-
derts. Aus d. Italien. v. Ulrike Stopfel. Stuttgart 1997
(Mailand 1995)

BAGATTI VALSECCHI, PIER FAUSTO,
Tipologia ed evoluzione storica della Villa Italiana, in:
Ville d'Italia. Mailand 1972

BAGATTI VALSECCHI, PIER FAUSTO /
LANGÉ, SANTINO,
La Villa, in: Storia dell'arte Italiana. Forme e modelli,
XI, Torino 1982

BALDASSARRE PERUZZI, PITTURA SCENA
E ARCHITETTURA NEL CINQUECENTO.
A c. di Marcello Fagiolo e Maria Luisa Madonna. Roma
1987

BALESTRACCI, DUCCIO,
Lavoro e povertà in Toscana alla fine del Medioevo, in:
Studi Storici, III (luglio-sett. 1982), 565–582

ders. (1984),
La zappa e la retorica. Memorie familiari di un contadino toscano del Quattrocento, Firenze 1984

BALESTRACCI, DUCCIO / PICCINNI, GABRIELLA,
Siena nel Trecento. Assetto urbano e strutture edilizie,
Firenze 1977

BANDMANN, GÜNTER,
Mittelalterliche Architektur als Bedeutungsträger,
Darmstadt 1990 (Berlin 1951)

BANCHIERI E MERCANTI DI SIENA.
Siena 1987

BELLI BARSALI, ISA,
Baldassarre Peruzzi e le ville senesi del Cinquecento.
Archivio Italiano dell'Arte dei Giardini, Biblioteca Co-
munale di S. Quirico d'Orcia, 1977

dies. (1980),
Ville e committenti dello Stato di Lucca. Lucca 1980

dies. (1987),
Il Peruzzi architetto di giardini, in: Baldassarre Peruzzi (a. a. O.), 103–132

BELTRAMI, DANIELE,
Saggio di Storia dell'Agricoltura nella Repubblica di
Venezia durante l'età moderna, (Civiltà veneziana,
Saggi Storici 1) Venezia / Roma

ders. (1961),
Forze di lavoro e proprietà fondiarie nelle campagne

venete dei secoli XVII e XVIII, (Civiltà veneziana, Studi
12) Venezia / Roma 1961

BENTMANN, REINHARD / MÜLLER, MICHAEL,
Die Villa als Herrschaftsarchitektur. Versuch einer
kunst- und sozialgeschichtlichen Analyse, Frankfurt /
Main 1970

dies. (1972),
(Hrsg.) Materialien zur italienischen Villa der Renais-
sance, in: architectura – Zeitschrift für Geschichte der
Architektur, Bd. 2, 1972, 167–191

BIANCUCCI, ADAMO,
L'Archivio della Lira Senese. Le Denunce di sette compagnie del Terzo di Città nel 1488. Università degli
Studi di Siena, Facoltà di Lettere e Filosofia, Tesi di Laurea, a.a. 1995–1996 (unveröff.)

BIASUTTI, RENATO,
La casa rurale della Toscana, erw. Ausg. Firenze 1952

BOCCACCIO, GIOVANNI,
Der Decamerone (1348–1355). Übers. Heinrich Conrad;
5 Bde., Zürich 1984

BÖDEFELD, GERDA / HINZ, BERTHOLD,
Die Villen der Toscana und ihre Gärten, Köln 1991

dies. (1998),
Die Villen im Veneto. Baukunst und Lebensform,
Darmstadt 1998 (Köln 1987)

BONELLI CONENNA, LUCIA,
Proprietà fondiaria e rifeudalizzazione nello stato senese tra il XVIe il XVII secolo, in: BSSP, LXXXII–LXXXIII
(1975/76), Siena 1977, 405–412

dies. (1990),
Il contado senese alla fine del XVII secolo. Poderi, rendite e proprietari, Siena 1990

BORTOLOTTI, LANDO,
Siena. Rom/Bari (1983) 1988

BOWSKY, WILLIAM M.,
Le finanze del comune di Siena 1287–1355, (it.) Firenze 1976 (Oxford 1970)

ders. (1981),
A Medieval Italian Commune: Siena under the Nine,
1287–1355, Berkeley/Los Angeles 1981

BRAUNE, MICHAEL,
Türme und Turmhäuser. Untersuchungen zu den An-
fängen des monumentalen Wohn- und Wehrbaus in
Toscana (1000 bis 1350). Köln 1983

BRAUNFELS, WOLFGANG,
Mittelalterliche Stadtbaukunst in der Toskana (1953),
1988

BURNS, HOWARD,
Andrea Palladio 1508–1580. The portico and the farm-
yard. Catalogue by H. Burns, The Arts Council of Great
Britain 1975

ders. (1993),
I disegni di Francesco di Giorgio agli Uffizi di Firenze,
in: Francesco di Giorgio architetto (a. a. O.), 330–357

ders. (1998),

Leon Battista Alberti, in: Storia dell'architett. italiana. Il Quattrocento (a. a. O.), 114–165

CABRIONI, OLGA / CORTI, GIOVANNI,
La Tenuta La Fratta. Tesi di laurea, Università degli Studi di Firenze, Facoltà di Architettura, a. a. 1994/1995 (unveröff.)

CAMMAROSANO, PAOLO,
Le campagne senesi dalla fine del secolo XII agli inizi del Trecento: dinamica interna e forme del dominio cittadino, in: Contadini e proprietari (a. a. O.), 1979, 153–222

ders. (1985),
I castelli medievali del territorio senese nel contesto sociale ed economico, in: I Castelli (a. a. O.), 266–270

ders. (1991),
Italia medievale. Struttura e geografia delle fonti scritte. Roma 1991

CAMMAROSANO, PAOLO / PASSERI, VINCENZO,
Città, borghi e castelli dell'area senese-grossetana. Repertorio delle strutture fortificate dal medioevo alla caduta della Repubblica senese. Siena, Amministraz. Provinciale 1984

dies. (1985),
Repertorio (dei castelli del Senese), in: I Castelli (a. a. O.), 271–417

CARNASCIALI, MAURIZIO,
(a c. di), Le campagne senesi del primo '800. Documenti preparatori del Catasto generale della Toscana. Rapporti di stima e Repliche ai quesiti agrari, Firenze 1990

I CASTELLI DEL SENESE. STRUTTURE FORTIFICATE DELL' AREA SENESE-GROSSETANA.
Siena, 1985

CATONI, GIULIANO,
Le denunce della Lira senese del 1453, in: Alfabetismo e cultura scritta. Notizie marzo 1980, 13 ff

CATONI, GIULIANO / PICCINNI, GABRIELLA,
Famiglie e redditi nella Lira senese del 1453, in: Strutture familiari, epidemie, migrazioni nell'Italia medievale: A c. di R. Comba, G. Pinto, G. Piccinni. Napoli 1984, 291–304

dies. (1987),
Alliramento e ceto dirigente nella Siena del Quattrocento, in: I ceti (a. a. O.), 451–461

I CETI DIRIGENTI NELLA TOSCANA DEL QUATTROCENTO.
Atti del V/VI Convegno: Firenze 1982/83. Firenze 1987

CHERUBINI, GIOVANNI,
Signori, Contadini, Borghesi. Ricerche sulla società italiana del Basso Medioevo. Firenze 1974

ders. (1975),
I proprietari di beni immobili e di terre a Siena intorno al 1320 (dalla Tavola delle possessioni), in: Ricerche storiche, V, 1975, 355–510

ders. (1979),
La mezzadria toscana delle origini, in: Contadini e proprietari (a. a. O.), 1979, 131–152

ders. (1987),
I mercanti e il potere, in: Banchieri (a. a. O.), 163–220

CHIANCONE ISAACS, ANN KATHERINE,
s. Isaacs, Ann Katherine

CHIRONI, GIUSEPPE,
La Signoria breve di Pandolfo Petrucci, in: Storia di Siena (a. a. O.), 1995, 395–406

CIPOLLA, CARLO MARIA,
Per un profilo di storia economica senese, in: Banchieri (a. a. O.), 1987, 9–19

CLOUGH, CECIL H.,
Pandolfo Petrucci e il concetto di „magnificenza", in: Arte, committenza ed economia a Roma e nelle corti del rinascimento (1420–1530). Atti del Convegno Internazionale Roma 24–27 ott. 1990. A c. di A. Esch e C. L. Frommel. Torino 1995

COMOLI MANDRACCI, VERA,
L'Architettura delle case a loggiati nel Biellese e nella Valsesia, in: Palladio. Rivista di Storia dell'Architettura, 1960, 123–202

CONTADINI E PROPRIETARI NELLA TOSCANA MODERNA.
Atti del Convegno di studi in onore di Giorgio Giorgetti, 1: Dal Medioevo all'età moderna, Firenze 1979

CONTI, ELIO,
La formazione della struttura agraria moderna nel contado fiorentino. I, Le campagne nell'età precomunale, III, parte II, Monografie e tavole statistiche (sec. XV–XIX), Roma 1965

CORTESE, MARIA ELENA,
L'Acqua, il Grano, il Ferro. Opifici idraulici medievali nel Bacino Farma-Merse, Firenze 1997

CRESTI, CARLO / LISTRI, MASSIMO,
Villen der Toskana (it. Udine 1992), München 1992

DAVIDSOHN, ROBERT,
Geschichte von Florenz, Berlin 1896 ff

DELLA VALLE, GUGLIELMO,
Lettere Sanesi del Padre Maestro Guglielmo della Valle minor conventuale (…) sopra le Belle Arti. 3 voll., Roma 1782–1786; rist. anast., o.J.

DÖRRENHAUS, FRITZ,
Villa und Villeggiatura in der Toskana. Eine italienische Institution und ihre gesellschaftsgeographische Bedeutung, Wiesbaden 1976

DREASSI, ELISABETTA / RAVAGNI, ROBERTA / TOMMASI, BEATRICE,
Restauro Architettonico: Palazzo Venturi, Asciano (Siena). Tesi di laurea, Università degli Studi di Firenze, Facoltà di Architettura, a. a. 1994/1995 (unveröff.)

ENGLISH, EDWARD D.,
La prassi testamentaria delle famiglie nobili a Siena e
nella Toscana del Tre-Quattrocento, in: I ceti (a. a. O.),
1987, 463–472

FAGIOLO, MARCELLO / MADONNA, MARIA LUISA,
(a c. di), Baldassarre Peruzzi. Pittura, scena e architettura nel Cinquecento, Roma 1987

FERRARI, ALESSANDRO / VALENTINI, ROLANDO /
VIVI, MASSIMO,
Il Palazzo del Magnifico a Siena, in: BSSP, XCII (1985),
Siena 1985, 107–153

FIORE, FRANCESCO PAOLO,
La Villa Chigi a „Le Volte" e il linguaggio architettonico peruzziano nella tradizione di Francesco di Giorgio,
in: Baldassarre Peruzzi (a. a. O.), 1987, 133–167

ders. (1993),
L'architettura civile di Francesco di Giorgio, in: Francesco di Giorgio architetto (a. a. O.), 74–125

ders. (1993),
La Villa Chigi a Le Volte, in: Francesco di Giorgio architetto (a. a. O.), 318–325

ders. (1998),
Siena e Urbino, in: Storia dell'architettura italiana (a.
a. O.), 272–313

ders. (1998),
(a c. di), Storia dell'architettura italiana. Il Quattrocento. Milano 1998

FIORE, FRANCESCO PAOLO / TAFURI, MANFREDO,
(a c. di), Francesco di Giorgio architetto. Milano 1993

FORLANI CONTI, MARISA,
Rilievi di fabbriche attribuite a Baldassarre Peruzzi.
Catalogo della Mostra a c. della Soprintendenza per i
Beni Ambientali e Architettonici di Siena e Grosseto,
Siena 1982

FORSSMAN, ERIK,
Dorisch, jonisch, korinthisch. Studien über den Gebrauch der Säulenordnungen in der Architektur des
16.–18. Jahrhunderts, Stockholm, 1961

FRANCESCO DI GIORGIO ARCHITETTO.
A c. di Francesco Paolo Fiore e Manfredo Tafuri, Milano 1993

FRANCESCO DI GIORGIO MARTINI,
Trattati di architettura ingegneria e arte militare. A c.
di Corrado Maltese (2 voll.), Milano 1967

FRANCHINA, LETIZIA,
Sviluppo e variazioni delle attribuzioni a Baldassarre
Peruzzi con il mutare del gusto dal sec. XVI al XIX
(Siena e dintorni), in: Rilievi (a. a. O.), 1982, 127–168

LA FRATTA.
Quaderni Sinalunghesi, a c. della Biblioteca Comunale di Sinalunga, VII, 1, 1996

FRITTELLI, UGO,
La Famiglia Chigi, Siena, 1922

FROMMEL, CHRISTOPH LUITPOLD,
Die Farnesina und Peruzzis architektonisches Früh-
werk. Neue Münchner Beiträge zur Kunstgeschichte
Bd. 1, Berlin 1961

ders. (1973),
Der Römische Palastbau der Hochrenaissance, 3 Bde.,
(Römische Forschungen der Bibliotheca Hertziana,
XXI) Tübingen 1973

ders. (1987),
Baldassarre Peruzzi, pittore e architetto, in: Baldassarre Peruzzi (a. a. O.), 21–46

ders. (1987),
Palazzo Massimo alle Colonne, in: Baldassarre Peruzzi (a. a. O.), 241–262

GIGLI, GIROLAMO,
Diario Sanese, Lucca 1723, II ed. (2 voll.) Siena 1854; rist.
anast., 1974

GINATEMPO, MARIA,
Crisi di un territorio. Il popolamento della Toscana senese alla fine del medioevo, Firenze 1988

GIORGETTI, GIORGIO,
Le crete senesi nell'età moderna, studi e ricerche di
storia rurale. A c. di Lucia Bonelli Conenna, Firenze
1983

GIOVAGNOLI, RENATO,
I Venturi Gallerani, nobili e siderurgici senesi (secc.
XVI–XIX), Tesi di laurea, Università degli Studi di
Siena, Facoltà di Lettere e Filosofia, a. a. 1986–1987
(unveröff.)

ders. (1992),
„Sul modo di governare la Ferriera di Ruota". Memoria
di Agnolo di Mariano Venturi (...), a c. di Renato Giova-
gnoli, in: Una tradizione senese: dalla „Pirotechnia" di
Vannoccio Biringucci al Museo del Mercurio. Convegno
Internaz. di Studi, Siena, 29–30 giugno 1992, Abbadia
S. Salvatore, 1–2 luglio 1992, Siena (unveröff.)

GOEZ, WERNER,
Von Pavia nach Rom. Ein Reisebegleiter entlang der
mittelalterl. Kaiserstraße Italiens, Köln 1976 (1972)

ders. (1988),
Geschichte Italiens in Mittelalter und Renaissance,
Darmstadt 1988

GUAITA, OVIDIO,
Le ville della Toscana, Roma 1997

GUIDONI, ENRICO / MARINO, ANGELA,
Territorio e città della Valdichiana, Roma 1972

HARPRATH, RICHARD,
(Katalogbearbeitung) Giuseppe Zocchi. Veduten der
Villen und anderer Orte der Toscana 1744. Ausstel-
lungskatalog, Staatliche Graphische Sammlung München, München 1988

HEIL, ELISABETH,
Fenster als Gestaltungsmittel an Palastfassaden der

italienischen Früh- und Hochrenaissance, Hildesheim 1995

HELLMANN, GÜNTER,
Proportionsverfahren des Francesco di Giorgio Martini, in: Miscellanea Bibliothecae Hertzianae, Festschrift für L. Bruhns, München 1961, 157–166

HERLIHY, DAVID,
Pisa in the Early Renaissance. A study of Urban Growth, New Haven / Yale 1958

ders. (1967),
Medieval and Renaissance Pistoia. The social history of an Italian Town, 1200–1430, Yale University Press, New Haven and London, 1967

HERLIHY, DAVID / KLAPISCH-ZUBER CHRISTIANE,
Les Toscans et leurs familles. Une étude du catasto florentin de 1427, Paris 1978

HEYDENREICH, LUDWIG H. / LOTZ, WOLFGANG,
Architecture in Italy 1400 to 1600, (Pelican History of Art) Harmondsworth 1974

HICKS, DAVID L.,
Sources of wealth in Renaissance Siena: businessmen and landowners, in: BSSP, XCIII (1986), Siena 1986, 9–42

HOOK, JUDITH,
Siena. Una città e la sua storia. Siena 1988 (London 1979)

IMBERCIADORI, ILDEBRANDO,
Mezzadria classica toscana, con documentazione inedita al IX al XIV secolo, Firenze 1951

ISAACS, ANN KATHERINE,
(Chiancone Isaacs, Ann Katherine), Popolo e monti nella Siena del primo Cinquecento, in: Rivista Storica Italiana, Anno LXXXII, Fasc. I, 32–80, Napoli 1970

dies. (1979),
Le campagne senesi fra Quattro e Cinquecento, regime fondiario e governo signorile, in: Contadini e proprietari (a. a. O.), 377–403

KLOTZ, HEINRICH,
Der Florentiner Stadtpalast. Zum Verständnis einer Repräsentationsform, in: Architektur des Mittelalters. Funktion und Gestalt, Weimar 1984, 307–343

KRAUTHEIMER, RICHARD,
Early Christian and Byzantine Architecture, (Pelican History of Art) New Haven / London 1986 (Harmondsworth 1965)

ders. (1987),
Rom: Schicksal einer Stadt, 312–1308, München 1987 (New Jersey 1980)

KRETZSCHMER, FRITZ,
Bilddokumente römischer Technik. Im Auftrag des Vereins Deutscher Ingenieure zusammengestellt und bearbeitet, Düsseldorf 1983

LANDUCCI, LUCA,
Ein Florentinisches Tagebuch 1450–1516. Nebst einer anonymen Fortsetzung 1516–1542. Übersetzt, eingeleitet und erklärt von Marie Herzfeld, Jena 1912

LENSI, ALFREDO,
Ville fiorentine medievali, in: Dedalo XI, 17, 1931

LENSI ORLANDI, GIULIO,
Le ville di Firenze. 2 voll.: Di qua d'Arno; Di là d'Arno, Firenze (1954) 1965

I LIBRI DEI LEONI. LA NOBILTÀ DI SIENA IN ETÀ MEDICEA (1557–1737).
A c. di Mario Ascheri, Milano 1996

LUCATTI, RENATO,
La Toponomastica del Comune di Asciano. 1178: La bolla di Papa Alessandro III. Taccuini Ascianesi 2, Comune di Asciano, 1992

ders. (1993),
Storia di Asciano, a c. della Cassa Rurale ed Artigiana di Asciano, 1993

LUSINI, VITTORIO,
I Chigi. Storia del Palazzo Chigi Saracini. (2 voll.), Siena 1927

MALANIMA, PAOLO,
La formazione di una regione economica: La Toscana nei secoli XIII–XV, in: Società e storia 1983, n. 20, 229–269

ders. (1990),
Il lusso dei contadini. Consumi e industria nelle campagne toscane del Sei e Settecento, Bologna 1990

ders. (1995),
Economia preindustriale. Mille anni: dal IX al XVIII secolo. Milano 1995

MALAVOLTI, ORLANDO,
Dell'historia di Siena. Venezia 1599; rist. anast., Bologna 1968

MALTESE, CORRADO,
(a c. di), Francesco di Giorgio Martini, Trattati di architettura ingegneria e arte militare (2 voll.), Milano 1967

MARETTO, PAOLO,
L'edilizia gotica veneziana, in: Palladio. Rivista di Storia dell'Architettura, 1960, 123–202

MARRARA, DANILO,
Riseduti e nobiltà. Profilo storico-istituzionale di un'oligarchia toscana nei secoli XVI–XVIII, Pisa 1976

MARRI MARTINI, LILIA,
L'architettura di Baldassarre Peruzzi in Siena, in: „La Diana", IV, 1929, n. 3, 200–210

MIELSCH, HARALD,
Die römische Villa. Architektur und Lebensform, München 1987

MILANESI, GAETANO,
Documenti per la storia dell'arte senese, (3 voll.), I–II, Siena 1854; III, Siena 1856

ders. (1862),
Sulla storia civile ed artistica senese, Siena 1862

MONUMENTA D'ITALIA. VILLE E GIARDINI.
(A c. di) Franco Borsi e Geno Pampaloni, Novara 1984

MOOS, STANISLAUS VON,
Turm und Bollwerk. Beiträge zu einer politischen Iko-
nographie der italienischen Renaissancearchitektur,
Zürich / Freiburg i. Br. 1974

MORETTI, ITALO / STOPANI, RENATO,
Romanico Senese. Firenze 1981

MÜLLER, SONJA,
Palast- und Villenbau in Siena um 1500: Studien zur
Entwicklung der sienesischen Renaissancearchitektur,
Darmstadt 1999

MURRAY, PETER,
Architektur der Renaissance. (Aus d. Engl. v. G. u. K. E.
Felten), Stuttgart 1989

NAREDI-RAINER, PAUL VON,
Architektur und Harmonie. Zahl, Maß und Proportion
in der abendländischen Baukunst. Köln 1982

OPLL, FERDINAND,
Stadt und Reich im 12. Jahrhundert (1125 – 1190). Wien-
Köln-Graz 1986

ORIGO, IRIS,
Im Namen Gottes und des Geschäfts. Lebensbild
eines toskanischen Kaufmanns der Frührenaissance:
Francesco di Marco Datini, 1335 – 1410. Aus d. Engl. v.
U.-E. Trott. München 1985 (1957)

OTTOLENGHI, DONATO,
Studi demografici sulla popolazione di Siena dal sec.
XIV al XIX, in: BSSP, X (1903), Siena 1903, 297 – 358

PALLADIO, ANDREA,
I quattro libri dell'architettura. Venedig 1570 (Reprint
Milano 1945) (Die vier Bücher zur Architektur, übers. v.
A. Beyer u. U. Schütte. Darmstadt 1984)

PAOLO DA CERTALDO,
Il Libro di buoni costumi di Paolo di Messer Pace da
Certaldo. Documento di Vita Trecentesca Fiorentina, a
c.di S. Morpurgo, Firenze 1921 (neuere Ausgabe: Libro di
buoni costumi. A c. di Alfredo Schiaffini, Firenze 1943)

PASSERI, VINCENZO,
L'architettura rurale fortificata nel Senese, in: BSSP,
LXXXIV – LXXXV (1977/78), Siena 1979, 267 – 282

ders. (1983),
(a c. di), Repertorio dei toponimi della provincia di
Siena desunti dalla cartografia dell'Istituto Geografico Militare. Siena, Amministrazione Provinciale, 1983

PATZAK, BERNHARD,
Die Renaissance- und Barockvilla in Italien. 3 Bde.
Leipzig 1908 – 13; Bd. I / II Palast und Villa in Toskana,
Leipzig 1912 – 1913

PECCI, GIOVANNI ANTONIO,
Memorie storico-critiche della città di Siena ecc. dal
1480 al 1559, (4 voll.), Siena 1755 – 60; rist. anast., Siena
1988

PELLEGRINI, ETTORE,
L'iconografia di Siena nelle opere a stampa: Vedute
generali della città dal XV al XIX sec., Siena 1986

ders. (1987),
Palazzi e vie di Siena nelle opere a stampa dal XVI al
XX secolo, Siena 1987

PERTICI, PETRA,
La città magnificata: Interventi edilizi a Siena nel Rinascimento. L'Ufficio dell'Ornato (1428 – 1480), Siena
1995

PICCINNI, GABRIELLA,
L'Amiata nel contesto della Montagna Toscana: am-
biente, produzione, sodietà nel tardo medioevo, in:
L'Amiata nel Medioevo, a c. di M. Ascheri, W. Kurze,
Roma 1989

dies. (1992),
Il contratto di mezzadria nella Toscana medievale, III,
Contado di Siena, 1349 – 1518, Appendice: La normati-
va, 1256 – 1510. Accademia Toscana di scienze e lettere
„La Colombaria", Studi CXXIV, Firenze 1992

PICCINNI, GABRIELLA / FRANCOVICH, RICCARDO,
Aspetti del popolamento e del paesaggio nelle campagne senesi bassomedievali, in: I Castelli (a. a. O.),
1985, 259 – 265

PINTO, GIULIANO,
La Toscana nel tardo Medioevo. Ambiente, economia
rurale, società, Firenze 1982

ders. (1987),
I mercanti e la terra, in: Banchieri (a. a. O.), 221 – 290

ders. (1995),
Signori delle finanze: le grandi compagnie bancarie,
in: Storia di Siena (a. a. O.), 69 – 78

PLINIUS DER JÜNGERE,
Briefe. Lateinisch-deutsch, ed. Helmut Kasten, 6. Aufl.,
München/Zürich 1990

PRINZ, WOLFRAM u.a.,
Studien zu den Anfängen des oberitalienischen Vil-
lenbaues, in: Kunst in Hessen und am Mittelrhein, Bd.
13, 1973, 7 – 45

QUAST, MATTHIAS,
Zur Planung römischer Villenanlagen der zweiten
Hälfte des Cinquecento: Die Organisation des Terrains, Mitteilungen des Kunsthistorischen Institutes
in Florenz, Bd. XXXVIII 1994, Heft 2/3

REPERTORIO DEI TOPONIMI DELLA PROVINCIA DI SIENA.
(S. Passeri, Vincenzo)

REPETTI EMANUELE,
Dizionario geografico-fisico-storico della Toscana, (6
voll.), Firenze 1833 – 1846

RESTLE, MARCELL,
Konstantinopel, in: RBK (Reallexikon zur Byzantinischen Kunst), Bd. 4, Stuttgart 1990, Sp. 366–737

RILIEVI DI FABBRICHE ATTRIBUITE
A BALDASSARRE PERUZZI.
Catalogo della Mostra a. c. della Soprintendenza per i Beni Ambientali e Architettonici di Siena e Grosseto (Marisa Forlani Conti), Siena 1982

ROMAGNOLI, ETTORE,
Biografia cronologica de'Bellartisti senesi dal Secolo XII a tutto il XVIII, voll. I–XIII, Siena 1836–38. Ed. stereot. del ms. L. II. 1–13 della Biblioteca Comunale di Siena, Firenze 1976

ders.,
Cenni storico artistici di Siena e suoi suburbi (Siena 1840), rist. anast. Bologna 1990

ders.,
Vedute dei contorni di Siena, a c. della Biblioteca Comunale di Siena, Siena 2000

ROTONDI, PASQUALE,
Francesco di Giorgio nel Palazzo Ducale di Urbino, Novilara 1970

ROTUNDO, FELICIA,
Repertorio delle ville e dei giardini nel territorio senese, in: Vita in villa (a. a. O.), 2000, 517–557

RUPPRECHT, BERNHARD,
Ville venete del '400 e del primo '500: forme e sviluppo. In: Bollettino CISA, VI, 1964, 239–250

ders. (1966),
Villa. Zur Geschichte eines Ideals, in: Probleme der Kunstwissenschaft, II, Berlin 1966, 210–250

ders. (1968),
L'iconologia nella villa veneta, in: Bollettino CISA, X, 1968, 229–240

SAALMAN, HOWARD,
Early Renaissance Architectural Theory and Practice in Antonio Filarete's Trattato di Architettura, in: The Art Bulletin XLI, 1959, 89–106

SANI, CECILIA / FRANCHINA, LETIZIA,
Siena, palazzo Celsi-Pollini, in: Rilievi (a. a. O.), 1982, 287–295

SANPAOLESI, PIERO,
Aspetti dell'architettura del Quattrocento a Siena e Francesco di Giorgio, in: Studi Artistici Urbinati, I, a c. di Pasquale Rotondi, Urbino 1949, 137–168

SECCHI TARUGI, FAUSTO,
Aspetti del Manierismo nell'architettura senese del Cinquecento, in: Palladio, n. s. XVI, 1966, n. 1/4, 103–130

SIENA, LE MASSE.
(2 voll.), a c. di Roberto Guerrini, Il Terzo di Città; I Terzi di Camollia e San Martino, Siena 1994 /1996

STEGMANN, CARL / GEYMÜLLER, HEINRICH VON,
Die Architektur der Renaissance in Toscana, 11 Bde., München 1885–1908

STOPANI, RENATO,
Medievali „Case da Signore" nella campagna fiorentina. Sec. ed., Firenze 1981

STORIA DELL'ARCHITETTURA ITALIANA.
IL QUATTROCENTO.
A c. di Francesco Paolo Fiore, Milano 1998

STORIA DI SIENA.
(3 voll.), I. Dalle origini alla fine della Repubblica.
A c. di Roberto Barzanti, Giuliano Catoni, Mario De Gregorio. Siena 1995

SWOBODA, KARL M.,
Römische und romanische Paläste, 3. erw. Aufl. Graz 1969 (Wien 1918)

ders. (1961),
The Problem of the Iconography of Late Antique and Early Mediaeval Palaces, in: Journal of The Society of Architectural Historians, XX, No. 2, 1961

SZABÓ, THOMAS,
La rete stradale del contado di Siena. Legislazione statutaria e amministrazione comunale nel Duecento, in: Mélanges de l'école fran. de Rome, Moyen Age-Temps mod.,Tome 87-1975-1, 141–186

TANGHERONI, MARCO,
Siena e il commercio internazionale nel Duecento e nel Trecento, in: Banchieri (a. a. O.), 1987, 21–105

TICHY, FRANZ,
Italien. Eine geographische Landeskunde. Wissenschaftl. Länderkunden, Bd. 24, Darmstadt 1985

TÖNNESMANN, ANDREAS,
Pienza. Städtebau und Humanismus, München 1991

TONIETTI, EVA,
Pozzi nel Senese, in: BSSP, XCIV (1987), Siena 1987, 322–371

TORRITI, PIERO,
Tutta Siena, Contrada per Contrada. Nuova Guida illustrata storico-artistica della Città e dintorni, Firenze 1992

ULMER, CHRISTOPH,
Die Villen des Friaul, München-New York 1994

L'ULTIMO STATUTO DELLA REPUBBLICA DI SIENA (1545).
A c. di Mario Ascheri. Siena 1993

L'UNIVERSITÀ DI SIENA.
750 anni di storia, Siena 1991

VASARI, GIORGIO,
Le vite de'più eccellenti pittori, scultori ed architettori (...), ed. 1568, a. c. di Gaetano Milanesi. 9 voll. (Firenze 1878–1885), Firenze 1906

VISMARA, GIULIO,
Istituzioni e disciplina giuridica del castello senese, in:
I Castelli (a. a. O.), 219–257

VITA IN VILLA NEL SENESE.
DIMORE, GIARDINI E FATTORIE.
A c. di Lucia Bonelli Conenna e Ettore Pacini, Siena
2000

VITRUVII DE ARCHITECTURA LIBRI DECEM / VITRUV.
ZEHN BÜCHER ÜBER ARCHITEKTUR, übers. und mit
Anm. vers. von C. Fensterbusch. Darmstadt 1991

WITTKOWER, RUDOLF,
Grundlagen der Architektur im Zeitalter des Huma-
nismus. A.d. Engl. von Georg Leser (London 1962),
München 1983

ders. (1982),
Art and Architecture in Italy 1600 – 1750. (Pelican Hist.
of Art) Harmondsworth 1982

WUNDRAM, MANFRED / HUBALA, ERICH,
Renaissance und Manierismus – Barock und Rokoko.
(Neue Belser Stilgeschichte, Bd.V), Darmstadt 1985

WURM, HEINRICH,
Baldassarre Peruzzi, Architekturzeichnungen. Tafel-
band, Tübingen 1984

ZANGHERI, LUIGI,
Ville della Provincia di Firenze, I, La città, Milano 1989

ZOCCHI, GIUSEPPE,
Vedute delle ville e d'altri luoghi della Toscana, Firenze 1744; dt. Ausg. s. Harprath, Richard.

Abbildungsnachweis

Zeichnungen:
Die Zeichnungen von Ettore Romagnoli entstammen
der Manuskriptsammlung der Biblioteca Comunale
degli Intronati di Siena (BCS) und sind entsprechend
gekennzeichnet. Sie werden mit freundlicher Genehmigung der Bibliothek veröffentlicht, die auch die
Diapositive für die Abbildungen Nr. 42, 45, 49, 50, 54 -
57 zur Verfügung gestellt hat. Alle übrigen Romagno-
li-Zeichnungen wurden von Roberto Testi, Siena, foto-
grafiert.

Die Zeichnungen Nr. 29, 41 und 62 stellte die Biblioteca Apostolica Vaticana (BAV), Rom, zur Verfügung.

Architekturzeichnungen:
Cabrioni / Corti, Abb. 38
Dreassi / Ravagni / Tommasi, Abb. 17
Soprintendenza per i Beni Ambientali e
Architettonici, Siena, Abb. 3 (unten)

Sämtliche übrigen Architekturzeichnungen:
Günther Eckert

Fotos:
Bruno Bruchi, Siena, Farbabb. 1, 9
Carlo Cantini, Florenz, Abb. 12, 22, Farbabb. 4 und
Umschlagfoto
Berthold Hinz, Abb. 31, 36, 41, 43, 46, 51, 54, 61
Hotel La Suvera, Pievescola, Abb. 52 und Farbabb. 10
Fabio Lensini, Siena, Abb. 28, Farbabb. 2, 6, 11, 12, 13

Alle übrigen Fotos: Autorin

1 Villa Le Volte, Blick auf Ost- und Südfassade (vgl. Abbildung 3)

*2 Villa
Montosoli,
Ostfassade
(vgl. Abb. 23,
24)*

*3 (unten)
Palazzo
Venturi,
Proportionen
der Fassade
(I) von 1524
(M = Modul
Pfeilerbreite)*

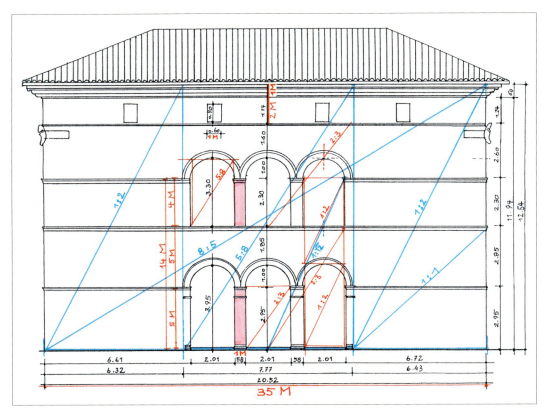

4 Palazzo Venturi, Südfassade (vgl. Abbildung 5, 7, 10 –12, 14, 15, 22 und Umschlagfoto)

5 (unten) Palazzo Venturi, Proportionen der aktuellen Fassade (II) (blaue Linien: Proportionen von 1524, grün: von 1563) (vgl. Abbildung 19)

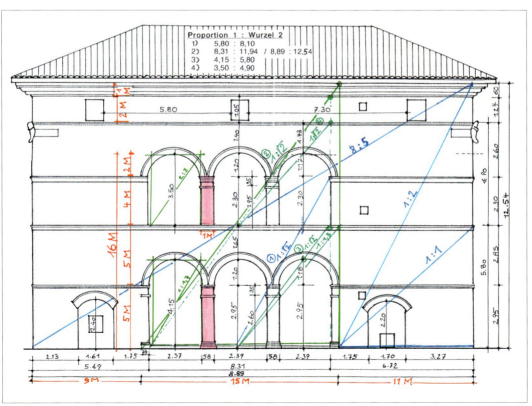

6 *Villa Montosoli, Fresko in der Loggia des* piano nobile

7 *Villa Montosoli, Kapitelle im Loggienbereich*   8 *Villa La Fratta, Segmentgiebel (vgl. Abb. 31)*

9 L'Apparita

10 La Suvera (vgl. Abbildung 52)

11 Villa di Fagnano, Gartenseite (vgl. Abbildung 56)

12 *Villa di Argiano, Innenhof (vgl. Abbildung 45)*

13 Villa Placidi (vgl. Abb. 59)

14 „Gli Effetti del Buongoverno", Fresko (Ausschnitt) von Ambrogio Lorenzetti im Sieneser Rathaus (1338/40)

Die Autorin

Gerda Bödefeld,
geb. in Karlsruhe; studierte Kunstgeschichte und Romanistik; arbeitete dann als
Journalistin; nach Beendigung ihrer Berufstätigkeit promovierte sie mit einem
Forschungsprojekt über sienesische Renaissancevillen, dessen Ergebnis mit diesem
Band vorliegt; vorhergehende Veröffentlichungen (zus. mit Berthold Hinz): *Die
Villen im Veneto, Köln 1987, 1989; Darmstadt 1998; Die Villen der Toscana und
ihre Gärten, Köln 1991*

REIMER

Reinhold Persius
**Architekturzeichnungen
von einer Italienreise 1860**
Hg. und mit einem Nachwort versehen
von G. Adreg
108 Seiten mit 95 Abbildungen und 1 Karte
Broschiert / ISBN 3-496-00764-8

María Ocón Fernández
Ornament und Moderne
Theoriebildung und Ornamentdebatte
im deutschen Architekturdiskurs (1850–1930)
ca. 440 Seiten mit ca. 48 s/w-Abbildungen
Broschiert / ISBN 3-496-01284-6

Ralph Musielski
Bau-Gespräche
Architekturvisionen von Paul Scheerbart,
Bruno Taut und der »Gläsernen Kette«
229 Seiten mit 50 s/w-Abbildungen
Broschiert / ISBN 3-496-01274-9

MatthiasPabsch
Zweimal Weltstadt
Architektur und Städtebau am Potsdamer Platz
135 Seiten mit 105 Abbildungen
Broschiert / ISBN 3-496-01191-2

Matthias Pabsch
Pariser Platz – Architektur und Technik
Vom manuellen zum digitalen Zeitalter
248 Seiten mit 135 Abbildungen, Personen-,
Orts- und Sachregister
Gebunden / ISBN 3-496-01259-5

REIMER